高度成長と千葉の変貌

友納県政の一二年

池田邦樹
Kuniki Ikeda

アルファベータ
ブックス

高度成長と千葉の変貌——友納県政の一二年　目次

第二章　暮らしの変化と友納二期県政　151

終章　465

高度成長と千葉の変貌——友納県政の一二年

序　章

一　今、なぜ友納県政を取り上げるのか

千葉県は房総半島にあり、海に囲まれた県である。銚子市から館山市までの外房、館山市から富津市までの内房地域では沢山の魚介類や海苔も採れている。しかし東京湾岸の浦安市から富津岬まではコンクリートの岸壁で砂浜が無い（除く盤州干潟、人工的に造られた千葉市稲毛の浜や船橋市海浜公園など）。このような状態が造られたのは友納県政期であった。

二〇二三年（令和五）八月三一日、東京・池袋駅東口にある西武デパート本店でストライキがあった。デパートのストライキは六一年ぶりということで珍しがられ、多くのマスコミがトップニュースで取り上げていた。現代の多くの人々は、ストの経験を知らない。しかし一九六〇から七〇年代は、ストが横行した時代であった。私も体験した。賃金引上げや週休二日制など労働条件の改善はストライキで実現させた。この頃の千葉県は「開発大明神」と呼ばれた友納武人《とものうたけと》知事が海岸を埋立て、工場誘致をした時期であった。農業県千葉が全国有数の工業県となり、人口が激増し過密と過疎が生まれ地域が大きく変貌した。今、友納知事と言われても、知らない人がほとんどだ。千葉県の変貌を知ることは、今日の当面する様々な問題を解明する手がかりになると言えよう。そこで友納県政によって千葉県はどのように変貌していったのかを明らかにすることにした。

二　友納県政への問題提起

1　友納武人とは

友納武人とはどういう人物だったのか少し触れてみたい。友納は一九一四年（大正三）九月に生まれた。東京府立六中（現・新宿高校）から東京大学法学部を卒業し、三七年（昭和一二）に内務省に入省し、埼玉県総務部に出向した。兵役では習志野騎兵隊の見習士官となり、満州に出兵し陸軍中尉となり終戦を迎えた。戦後は滋賀県学務課長、岐阜県庶務課長を経て厚生省に戻り健康保険課勤務となった。その後四七年二月、同課課長となる（三二歳）。五一年五月、柴田等千葉県知事に招かれ県総務部長となる（三六歳）。同年九月、鈴木斗人副知事が急逝したため副知事になる。同年一〇月、柴田知事は企画部門と企業誘致部門を一本化し、開発を推進する企画調査室を設置した。友納は総務、湾岸開発（海岸埋立て、漁業補償、企業誘致）などを担当した。しかし柴田知事が三期目に就任した直後の五九年一月、知事との確執が生じ三月に副知事を辞任した。本省に戻り公営企業金融公庫監事や社会保険診療報酬支払基金常務理事などを務めた。友納は六三年一月、柴田知事を破って当選した加納久朗知事に招かれ再び千葉県副知事に復帰している。しかし加納知事は就任四ヵ月で急逝した。友納は後任を決める知事選に自民党から出馬し当選した。六三年四月から七五年四月まで千葉県知事を三期務めた。友納は副知事として、また知事として二〇年間、千葉県の開発行政などに直接携わった。知事退任後は七六年一二月、旧千葉四区（東葛飾地域）から衆議院議員選挙に立候補し当選（途中一回落選）、四期務めた。自民党では福田派、後の安倍派に属し、九〇年（平成二）に政界を引退した。

2　友納に影響を与えた二人

友納知事を語る時、菅野儀作（千葉県議会議員）と江戸英雄（三井不動産社長）との関係は避けて通れない。菅野は一九四七年（昭和二二）から市原郡八幡町の町長（三〇歳）となり、その後県議会議員となった。自民党県議会議員団内では行動力と人望が厚く、〝県議会のドン〟と言わる実力者であった。菅野は友納が柴田知事の総務部長になった時から盟友関係になった。知事は自著『続・疾風怒涛』の中で菅野との関係を記している。その主な内容は「①一九五一年（昭和二六）四月三〇日、県議会議員選挙があり菅野が当選し議員になった（四三歳）。同年五月、厚生省を退職し千葉県総務部長に着任した。以来三〇年に及ぶ長い交友関係が続いた、②菅野議員に助けられたことでは副知事時代に市原市村田川（市原市と千葉市との境界）の拡幅工事で渋る住民を説得し用地買収が出来るようにしてくれた、③昭和三〇年代初期、千葉県は農漁業県であった。中高校生の就職先として千葉県内は少なかった。県内で生まれた子供が県内で働ける場所を作ろうと海面を埋立て、工場を誘致し、京葉工業地帯を造ろうと試みた。市原海岸埋立て（八幡町地先）では菅野議員が渋る漁民を説得し漁業補償に協力し、京葉工業地帯造成を軌道に乗せてくれた、④一九六三年（昭和三八）四月、知事になった時、菅野議員は〝自民党や県議会のことは俺が一切引き受け纏めるので知事は県政に専念するように〟と協力してくれた、⑤成田空港開港時にも菅野議員が身体を張って反対運動に対応してくれた」。このように菅野議員は影に日向に友納知事を支え続けた。菅野は六七年九月、県議会議員を辞め参議院議員になった。友納県政二期目の途中であった。県議会から菅野がいなくなったことは友納知事には大きな痛手であった。

江戸は五五年一一月、三井不動産の社長となった。通産省の局長から「千葉県は海外からの鉄鉱石や石油などの原材料の受け入れと製品の積み出しのため大型港湾造成、工業用地の造成に京葉地帯が重要な役割を持つ時期を迎えている」との助言を受けた。社内で検討を始めていた時、柴田知事が県内を案内し、東京湾岸一帯の開発計画を説明してくれた。千葉県側を開発しようと決意を固めていた時、柴田知事と友納副知事から「五井市原地区一二〇万坪の埋立てを引き受けてくれないか」との依頼があった。当時の千葉県は赤字再建団体で埋立て工事を行う資金が無かった。そこで三井不動産が漁業補償金を支払い、埋立て工事を行い、進出希望企業に分譲して工事費を回収する、いわゆる〝千葉方式〟で解決をすることになった。これ以降、千葉県の海岸埋立てはこの方式が採用されるようになった。友納と江戸との関係はこの時から始まった。友納は『疾風怒涛』の中で江戸との最初の出会いについて書いている。「京葉工業地帯造成のためには、まずお金をどうするかである。県は財政再建団体の指定を受けているので国は公共事業費を出してくれない。そこで民間資金に頼るしかない。川鉄の宮本伯夫副社長に相談すると〝三菱地所という日本一の不動産会社があるので、その助力を得たら〟と言うので大森川鉄会長の口利きで渡辺三菱地所社長に会うことになった。しかし、三菱地所には〝折り悪く丸の内一帯の赤レンガビルを取り壊し、一〇階建てのビルを建築中なので残念ながら〟と断られてしまった。その直後、東京通産局の中村建五郎局長から〝水田代議士と旧制水戸高校の同級生で自分と同じ水戸高校の先輩で三井不動産社長の江戸英雄という人がいる。お金を出してもらったら〟との話があった。たしかに三菱地所に次ぐわが国第二位（当時としては）の会社であるが、三菱地所には遠く及ばない。ある日、日本橋にある三井不動産会社を訪れると東京通産局から話が通っていて、社長室に通された。しかし、この社長室たるや倉庫の一室のように狭く、飾り気のない貧弱な室で、出てきた江戸英雄という人物は、堂々たる名前から想像するのと大違いで、小さな体でよれよれの洋服を着て、よく見ると袖の下から汚れたワイシャツが覗いていて、なんとも大実業家というにはほど遠い印象であった。〝海を埋立て京葉工業地帯を造成したいが、金がない上に財政再建団体で、国から起債（借金）が認めてもらえない。そこで千葉県と三井の共同事業としてやってみたいが、金を出してもらえないか〟と切り出すと、江戸氏は私の話をメモしながらちょっと考えてから〝及ばずながらやらしてもらいましょう〟とのことであった。〝さし当たり三〇億円位を出してもらいたいが〟と言うと、〝引き受けましょう〟とのことであった。（略）あまりにもトントン拍子なので、私も半信半疑であったが、（略）東京から千葉市への帰路、稲毛海岸の納涼台に上り、名物の焼きハマグリとビールで、一人で乾杯の歌を口ずさみながら乾杯をした」。その後、友納は埋立てや企業誘致などを通じて三井不動産をはじめとした大企業の経営者と太いパイプを築いた。主な企業は川崎製鉄、東京電力、出光興産、東京ガス、三菱地所などである。これらの企業は千葉県から沢山の恩恵を受けた。

3　友納県政への問題提起

友納県政については、以下の問題を本書で解明したいと思う。

（一）友納知事三期一二年の県政には、どのような特徴があったのか
（二）京葉工業地帯造成で漁民や県民の生活はどう変貌したのか
（三）千葉県は過密と過疎地域に大きく変わった。県民は幸せになれたのか
（四）都市部を中心に公害が発生した。それに県政はどのように対応したのか
（五）一九六〇年代半ば国から新東京国際空港（通称「成田空港」）が押し付けられた。県政にどのような影響を与えたのか
（六）友納知事はなぜ、四選を目指せなかったのか

三　参考文献

①千葉県立中央図書館蔵　小川国彦著『利権の海――東京湾埋め立ての虚構』社会新報、一九七〇年一月
②千葉県自治体問題研究所編　『千葉県の環境破壊と住民運動』一九七三年
③千葉県立中央図書館蔵　友納武人著『疾風怒涛　――県政二〇年の歩み』社会保険新報社、一九八一年一〇月
④前掲図書館蔵　友納武人著『続・疾風怒涛――県政二〇年の歩み』千葉日報社、一九八四年六月
⑤前掲図書館蔵『自治労千葉の三五年』一九八四年三月
⑥前掲図書館蔵『戦後船橋と市職労の五〇年』自治労連・船橋市役所職員労働組合、一九九七年一月
⑦前掲図書館蔵『千葉県の歴史（通史編・近現代）』千葉県、二〇〇九年二月
⑧前掲図書館蔵『千葉県議会史第七巻、八巻』千葉県議会、一九九六年二月、二〇〇三年二月
⑨前掲図書館蔵　池田宏樹著『戦後復興と地域社会　――千葉県政と社会運動の展開』アルファベータブックス、二〇一九年九月
⑩前掲図書館蔵　池田宏樹著『大型開発と地方政治　――沼田・堂本・森田知事の千葉県政』同右、二〇二二年三月
⑪前掲図書館蔵『自由民主党千葉県支部連合会二五年史』千葉日報社、一九八二年一二月
⑫『戦後史大辞典』三省堂、一九九五年三月

第一章　高度成長下の友納一期県政

一　知事選をめぐる動向と結果

1　自民党と野党の候補者選び

（一）もめる自民党の候補者選び

一九六二年（昭和三七）一一月に知事に就任した加納久朗は翌年二月二一日、急性心筋梗塞で急逝した（享年七六歳）。在任期間は一一〇日だった。知事代理は友納副知事が務め、知事選挙は六三年四月一七日に行うことになった。後任を誰にするかで揉めた。川島正次郎（自民党副総裁）は「候補者は県政擁護同志会（六二年の知事選挙で柴田をかつぎ自民党を離党したグループ）も一致して推せる人が良い」と加納知事の葬儀も終わらぬうちから発言し、自民党県連内の友納支持派を牽制した。狙いは県政擁護同志会が社会党や民社党などと野党連合に走らぬよう誘いをかけたのである。自民党県連は候補者選考委員会（小沢久太郎県連会長、浮谷元吉幹事長、寺島隆太郎選対委員長、荘司勇党県議会議員会長）を設置し、選考を開始した。三月五日、東京都永田町の料亭で選考委員会が行われた。委員会では二人の副知事（友納と渡辺）を推す始関派と川島派の対立が激しいため、①両副知事は推薦しない、②輸入候補に適任者がいない、③県選出の国会議員の中から選ぶという方針を決めた。同じ日、町村長会も千葉市内の県自治会館で全体会議を開いた。前回の知事選では山本力蔵会長（小見川町長）は柴田を、尾本要三（大多喜町長）は加納を推して戦い、町村会は両派に分裂をしたことを踏まえ、①知事は加納知事の遺志を受け継ぐ人、②党内を早急に一本化し候補者を決めることの二点を決め、菅野・吉原の両自民党県連副会長に会い文書を手渡した。三月一〇日、選考委員会は都内新橋の新橋亭に党七役と選考委員を集め、「知事候補者を川島、水田両代議士に一任すること」の了承を得た。その結果、両者は数回話し合い千葉三郎代議士を知事候補者に決めた。しかし自民党県議会議員の多数は友納副知事を支持し、選考委員会の結論を認めなかった。同月一四日、党の分裂を心配した千葉は、「党内が一本に纏まらないことを理由に辞退したい」と申し出た。その結果、友納で戦うことが決まった。同志会の一部は友納に反発し、元知事の柴田を推そうとする動きを見せたが同月一六日、柴田は出馬しないと表明した。

（二） 野党の対応

共産党は二月二一日、他党に先駆けて佐藤二郎（前県委員長）を知事候補者にし、選挙公約では「京葉工業化政策反対、県内にある基地撤去など」を決めた。そして「反自民の立場から革新統一戦線つくりたい」とし社会党、民社党、県労連に共闘を申し入れた。社会党は同年一月の県本部大会で野上元《げん》委員長、関口鉄四郎書記長体制から藤原豊次郎委員長、市川福平書記長へ交代した直後であった。前年の知事選で惨敗したこともあり、「共産党を含めた共闘は民社党、県労連の三者会談で対応を検討したい」と即答を避けた。県労連は「統一候補が正式に決まってから三者で共闘を話し合う」と拒否した。三月一七日、知事選を協議する社会党、民社党、県労連による三者会談が持たれ、知事候補者や共闘問題を協議した。知事候補者は民社党県連会長の吉川兼光（元代議士）とし、共産党は参加させないことを決めた。候補者の吉川も「共産党の協力は望まない」と発言した。三者は吉川と七項目の政策協定（独占資本に奉仕する自民党県政打倒、地方自治の中央集権化反対、不偏不党な県政を行うなど）を結んだ。同月一九日、共産党は「三者が決めた吉川候補、七項目の政策については納得出来ない点がある、しかし広く反自民戦線の結集が出来れば民主勢力に有利な知事選が戦える」とし、

「共産党を除外した民主統一はあり得ない」と再度三者に申し入れた。社会党は「同意した」が、民社党と県労連は「自発的な協力は拒まないが、共闘への参加は反対である。共産党は参加させない」と拒否した。社会党と共産党の間では知事選挙と同時に行われる県議会議員選挙などの地方選挙で共闘することが確認された。同月二九日、木島宏共産党県委員長は「①吉川候補を推薦することは出来ない、②統一スローガンは不充分な個所があるが賛成出来る、③社会党が共産党を含めた結集に払った努力に敬意を表したい。社会党との間では地方選で共闘することが確認出来た、④県内の反自民勢力を結集させるため知事候補佐藤二郎の出馬は取り止める」と表明した。(1) その結果、知事選は自民党の友納武人と無所属の吉川兼光の一騎打ちとなった。

2　友納知事の誕生

三月一九日、友納（四八歳）は千葉市内の京成ホテルで菅野県連副会長、荘司党県議員団会長が同席し出馬表明を行った。加納知事の遺志を受け継ぎ、政策として、①県民経済の基盤となる道路、水、住宅に関する加納構想を継承する、②農漁村を明るく豊かにするために構造改善事業及び協業化を推進し、特に畜産振興と流通対策に留意する、③中小企業に従事する人々など勤労者の福祉の向上に努める、④教育、文化、観光、スポーツの振興を図り、人づくり及び県民生活の向上に努力する、⑤人間愛及び奉仕の精神を県民の間に起こし、陽の当たらない人々に対して暖かい施策を行うと発表した。また広域行政の実現、中学浪人の解消、水産部の独立、畜産課の強化などは直ちに実行したいと述べた。

吉川（六〇歳）は同月二一日、千葉県庁で民社党県連岡田書記長、長島政策審議会長が同席し出馬表明を行った。政策は、①自民党県政と対決し、革新知事を誕生させる、②大資本擁護の県政を絶ち、働く者の県政に、③中央と繋がる県政から県民のための県政へ、④生活に苦しむ者がいないよう県民所得格差の解消を、⑤

底辺にある県民に光を当てる県政を築き、平和で豊かな郷土の建設を、⑥千葉県から未開発地域をなくせであった。

(一) 選挙の結果

四月一七日、知事選挙は県議会議員選挙と同一日にに行われた。

①知事選挙の有権者数は一四三万九四六二人であった。投票率は七一・五一%(半年前の知事選比二七・四七%増)であった。知事選では県政史上最高の投票率となった。

②当選者の友納武人は六六万一九六八票(対有権者比四五・九八%)であった。落選した吉川兼光は三三万八四二三票であった。友納は三二万三千余票の大差で吉川に圧勝した。

(二) 選挙の特徴

①過去の知事選挙の投票率を上回り七一%となった。同じ日に県議会議員選挙と重なったことが大きかった。

②友納は有効投票者数の六六%を超え圧勝した。投票者数で吉川の二倍を獲得した。友納は副知事を一六年余も務め、県民に知名度と幅広い繋がりがあった。それらも大きな効果を発揮した。

③友納陣営は〝加納知事の遺志を生かす選挙〟と位置付け、自民党が一丸となって戦った。また県内の保守系の各種団体や市町村長会、経済界も応援した。柴田元知事を担いだ自民党県政擁護同志会も消極的ながら応援した。

④吉川は革新統一候補であったが民社党、社会党、県労連、共産党間に足並みの乱れが生じ、統一した戦いにならなかった。

⑤吉川は出馬も遅く、旧二区、三区地域(郡部や町村)では知名度が低くなじみがなかった。地元船橋市、

習志野市を除く全ての市、郡部で友納に負けた。

（三）当選直後の記者会見

当選した直後の記者会見で友納知事は「①県庁の機構改革を行いたい、②副知事は渡辺一太郎（川島派）を留任させ、二人制にはしない、③〝知事への手紙〟を投函する〝知事ポスト〟を市町村役場や農協に置き、県民の意見や提案を聞く、④県民室の陳情受付は週一回行う、⑤東京湾横断橋を実現させたい、⑥ギャンブル（県営競馬、オートレース）の収益金は全て働く人、社会福祉、観光施設に振り向けたい」と述べた。

二　友納一期県政の政治的特徴

友納県政一期は、次のような政治的特徴があった。

1　第一次総合五ヵ年計画の策定

公約実現のため一九六四年（昭和三九）七月、第一次総合五ヵ年計画を策定した。また六五年一一月には地域計画を発表した。掲げた目標は、①県民所得の向上、②産業間格差、地域間格差の是正、③生活環境、教育の向上などであった。それらを実現するため、次のような方針と事業が行われた。

（一）東京湾の埋立てと千葉、京葉港の造成

一九六三年（昭和三八）四月、友納の埋立て計画は千葉市（出洲《でず》海岸）から浦安町に至るまでの地域を埋立

て、そこに工業地帯、海浜ニュータウン（住宅団地）、学校、公園、緑地帯等を揃えた街を造るというものであった。そのために千葉港と京葉港を造成するという計画であった。一方、木更津港などの埋立ては需要に応じて行うという方針であった。柴田知事から友納知事期の埋立ては、県が事業主体となるが土地造成費や漁民への補償金は三井不動産などが立替えて支払う方法がとられた。支払った額は進出企業から予約金を貰い対応するという方法（「千葉方式」と言う）で行われた。

(二) 取り組む主要な事業

①街路整備五ヵ年計画をつくり、新道、舗装、橋梁建設、拡幅、踏み切り改良を図る
②農業構造改善事業を推進し、所得格差解消を目指す
③市町村、農協や漁協の合併を推進し、体質改善を図る
④障害者の社会参加を目指し、県立袖ケ浦福祉センター建設を行う
⑤ガン早期発見と治療が出来る県立ガンセンター建設を行う
⑥公害（大気汚染、地盤沈下、水質汚濁など）の発生に対し健康調査、検査器具整備、県公害研究所建設を行う
⑦急激な人口増に対応するためニュータウン建設、道路、上下水道、鉄道整備を行う
⑧新空港候補地が千葉県に決まり、その対応を行う

2 県庁組織の整備

(一) 県庁の機構改革

友納は川島直系の渡辺一太郎副知事を留任させた。一九六三年（昭和三八）年六月、公約実現に向け県庁組

織の整備を行った。総務部審議室を企画部門とし、開発部を公営企業の開発局に改組し開発体制の強化を図った。農林水産部を農林部と水産部に分割した。記者会見で「農林部は農協の合併を促進する。牛や豚などの畜産物の強化を図り、肉豚生産倍増に向け、県内に一〇ヵ所の大型団地を造成したい。花卉栽培にも力を入れたい。漁業では漁港を整備し、アワビや海老、鰻などの養殖事業を展開し、指導船房総丸を建造したい。開発部を開発局に昇格させ、臨海部埋立てや後背地計画の策定、工業用水推進などを行いたい」と語った。その結果、県庁組織は六部一局となった。六四年四月、県内を一〇地域（千葉、東葛飾、印旛、香取、海匝、山武、長生、夷隅、安房、君津）に分け、支庁制度を実現させた。これまで一〇ヵ所あった財務・福祉・農林事務所を支庁に統合し、庶務・税務・社会福祉・産業の四課九係の県の出先機関とした。月一回定期的に支庁長会議を開催し、県行政の推進と一体化を図った。また土木部や商工労働部観光課で汚職事件が発生したことを契機に工事検査室を設け、総務部行政管理室は行政監察室に改め、行財政面の不正摘発を行った。六五年三月、県衛生民生部に公害課を新設した。同年四月、衛生民生部の業務量が膨大となったため社会部と衛生部に分割した。県庁組織を七部一局とした。六六年四月、県企画部を新設し八部一局とした。県の事務処理を早く正確にするため電子計算機を導入した。六八年一月から県警察を除く職員二万七千人の給与計算、人事管理、統計、会計処理、水道料金などを電算で処理した。

(二) 公社の活用

一九六五年（昭和四〇）四月に千葉県農業開発公社が、八月に千葉県道路公社が、一一月に千葉県住宅供給公社が発足した。公社は民間の力を活用し、事業展開出来るようにした。理事長は県を定年退職した部長の〝天下り先〟となり、県民から〝名誉職〟と批判された。

（三）県民の意見聴取と広報活動

一九六三年（昭和三八）四月、加納前知事期に設置された県民室を県民課に昇格させ、県民からの陳情を受付け、移動県庁を再開した。また知事の提案で〝知事への手紙〟を投函する〝県政ポスト〟を約三〇〇ヵ所新設した。市町村長の組織としては市長会と町村会とがあった。知事はその組織に自ら出向き、毎年予算案が出来ると説明会や懇談会を開催した。戦後、千葉県議会は毎年二月、六月、九月、一二月に行われていた。翌年度予算を決める議会は二月と決めていた。

3　県財政の確保

（一）県税収で果たした臨海工業地帯の企業

千葉県は柴田知事期の一九五六年（昭和三一）六月、赤字財政に陥り国から財政再建団体の指定を受けた。県は赤字解消期間を八年と決め、歳入面では、①徴税率の向上、②新規起債の抑制、③授業料、手数料の増収（含む犬税の新設）、④県有地の処分などを行った。歳出面では、①学校の統廃合による経費削減、②人件費削減（県庁職員、学校職員、警察官の削減、定期昇給ストップ）、③物件費や投資的経費の抑制などを行った。一方、東京湾沿岸地域に工場が進出し、その企業の法人事業税や固定資産税（大規模な償却資産が対象）、自動車税などが年々増加した。その結果、六二年三月に再建期間を二年短縮し、赤字再建団体の指定は解除された。友納県政（一期、二期）は、東京オリンピック需要（六二から六四年）、いざなぎ景気（六六から七〇年）と呼ばれる日本経済が好景気の状況下にあった。そのため県の一般会計予算は税収が著しく増加した。歳入全体に占める割合は、六〇年度は二二％であったが六三年度は三五％になった。その後も景気の影響で順調に増加していった。当時の新聞では次のように報道している。「県は昭和三八年度の税収入が遂に百億円の大台を越え、五月末の決算で百九億円に達する見込みである。（略）県の税収は京葉工業地帯の建設の発展を主軸とし、ここ数年飛躍的な伸びを見せて、三四年度は三八億余であったものが、三五年度四七億五千万、三六年度六一億八千万、三七年度八五億九千万と増勢をたどった。伸び率は三四年度が二五％、三五年度が二四％、三六年度は三〇％、三七年度は三九％という異常な伸び率をみせた。（略）うち最高の伸び率を示したのは不動産取得税で八〇・九％。これは市原臨海工業地帯の進出一〇余社の埋立地完工に伴うものであった。」[2]

（二）文出の主軸はインフラ整備

（1）一般会計の七割は建設事業、福祉・医療は八％

千葉県の財政の特徴を分析してみた。（表1）昭和四〇年度一般会計歳出決算額（P472）を参照されたい。県の財政はどこに重点があったのかが分かる。歳出総額は五五八億九七一六万円であった。歳出額で一番多いのが教育費一九九億三七二〇万円（三五・八％）である。小中学校、高等学校職員の給与や学校建設がその大半を占めていた。次は土木費一二〇億三五五九万円（二一・五％）で悪路解消のための県道の舗装、道路や橋梁の建設、河川改修などであった。三番目が農林水産業費七六億六三〇〇万円（一三・七％）で、農業基盤整備や漁港建設・改修などであった。この三つの事業費で全体の七一％を占めていた。一方、社会福祉に該当する民生費は二〇億八二六九万円（三・七％）、衛生費は二二億六一一一万円（四・一％）で七・八％となっていた。県民の生活は深刻な状態にあり、県内各地からは様々な訴えや行動があったが、それに対応可能な県予算配分とはなっていなかった。

（2）特別会計新設と起債の発行

県は産業の振興を図るため公共投資に力を入れた。知事は「地域間格差の解消を図るためには工業開発が必要だ」とし、道路舗装、港湾整備、河川改修、橋梁新設、宅地造成、住建設を行うため一三から一七の特別会計（年度により増減あり）を活用した。特別会計には銚子魚市場事業、千葉港特定港湾施設受託工事事業、五井市原地区土地造成事業、砂利砕石生産事業、鴨川有料道路事業、市川有料道路事業、南房総有料道路事業、津田沼地区土地造成事業、幕張地区土地造成事業などがあった。こうしたインフラ整備事業の資金は県債の発行で対応した。県債は借金であり必ず償還しなければならない。県債の多額な返済額（償還金）は繰出金として一部が一般会計から支出された。

4　知事の政治基盤

友納県政誕生以前から自民党内は川島派と反川島派での激しい主導権争いがあった。友納知事は反川島派に推されて知事に当選した。知事選挙と同時に行われた県議会議員選挙では自民党が圧勝し、県議会では反友納支持派の議員が多数派を占めた。しかし友納派には知事が最も信頼している菅野儀作議員がいた。そのため一期県政は順調な滑り出しが出来た。就任八ヵ月後の一二月頃から川島派に属していた渡辺一太郎副知事と木更津南部埋立て計画などで意見の違いが表面化した。一九六四年（昭和三九）一月八日、知事は記者会見で、「渡辺副知事には退職してもらいたいと要請した」ことを明らかにした。その理由について「昭和三九年度から私は県政に責任持って当たりたい。過去の経緯もあり渡辺副知事には遠慮して欲しいことがあった。県庁を統一ある形にしたい」と述べた。友納、渡辺両氏は柴田県政期には友納副知事、渡辺県警本部長として肩を並べ、また前年一月には自民党県連内の派閥に推されて加納県政の二人制副知事として、次期知事を争う好敵手の立場にあった。友納知事の突然の発表に同月九日、県政界は大揺れした。国会議員団は「知事の真意を質す」と決めたが、正風会（川島派）の県議（一一人）は連名で「副知事退任要請は撤回せよ」と知事に申し入れた。しかし知事の意志は固く撤回には至らなかった。川島派は知事の決意は固いと判断し、渡辺副知事に自ら辞職してもらうという形で決着を図った。一月一七日、渡辺副知事は辞表を提出し辞職した。この問題はその後の友納県政に大きなしこりを残す結果となった。川島派の県議は「友納県政には今後は党内野党として是々非々で対応する」と述べた。波紋が大きく次の副知事は直ぐには決められなかった。二月八日、友納知事は自民党県連七役会と県議会議員運営委員会に出席し、「副知事に川上紀一（県総務部長）を選任したい。同意にご協力をお願いします」と頭を下げた。異論は無く、一七日の臨時県議会で決まった。これ以降、友納知事が退任するまでの一一年間余、友納知事・川上副知事体制が続くことになった。

三　友納一期県政の県議会議員選挙

第五回千葉県議会議員選挙は県知事選挙と同一日に行われた。

①選挙区は三〇区、議員定数は六四人であった。投票率は七一・五一％であった。

②立候補者数は一一三人で、党派別内訳は自民党五三人、社会党一八人、県政擁護同志会八人、民社党六人、共産党二人、公政連（公明政治連盟）一人、無所属二五人であった。

③党派別当選者数は自民党三五人、社会党一〇人、民社党三人、県政擁護同志会三人、公政連一人、無所属一二人（当選後五人が自民党に入党した）この内には三つの無投票選挙区の三人が含まれている。それは野田市選挙区（一人）、海上郡選挙区（一人）、匝瑳郡選挙区（一人）であった。

④党派別得票率は自民党五四・三％、社会党一六・一％、県政擁護同志会五・六％、民社党三・九％、共産党一・八％、公政連一・五％、無所属一六・八％であった。[3]

選挙結果の特徴は、

①知事与党の自民党の当選者は三五人（前回比一人増）であった。しかし無所属の五人が入党し、議席占有率は過半数（六二・五％）となり、絶対多数を確保した。

②社会党は一〇人（前回比五人増）が当選し倍増となった。千葉市選挙区は複数（二人）当選した。成田市や習志野市区の一人区で初当選を果たした。都市部（市川市・船橋市・松戸市・東葛飾郡）でも議席を確保し、成田市、野田市、長生郡選挙区ではトップ当選を果たした。

③民社党の当選者は三人（前回比一人減）であった。同日行われた知事選挙で民社党委員長を出しながら後退した。原因は委員長が出馬し不在となり、党の指揮がとれなかったことが影響した。

④公政連は初議席を千葉市選挙区で果たした。公政連は一九六一年（昭和三六）一一月に結成され、翌年一一月に結党した公明党の前身組織である。

⑤無所属は一二人であった。実態は保守系無所属で、自民党同様に農村地域で強い力を持っていた。内訳は県政擁護同志会系六人、自民党系四人、社会党系一人、民社党系一人であった。

⑥共産党は二人（千葉市と松戸市選挙区）が立候補したが議席は確保出来なかった。

⑦県政擁護同志会は三人（前回比九人減）となり、大きく後退した。その原因は前年秋に行われた知事選挙で自民党を脱党し、反加納派を結集し柴田再出馬を求めて画策した行動への県民からの批判が大きかった。ベテランの土屋会長（千葉郡）と鈴木副会長（安房郡）も落選した。しかし無所属六人が当選し、県政擁護同志会と連携した。

⑧選挙で友納支持派の自民党議員は一八人、反支持派の議員は二〇人となった。反支持派の議員の方が数が多かったが、支持派の議員であった荘司、菅野議員などが中心となって友納知事を支えた。

⑨自民党県連の体制は小沢久太郎会長、荘司勇幹事長、木島義夫選挙対策委員長であった。自民党県連の会長は国会議員、幹事長は県議会議員、選挙対策委員長は国会議員から選出する慣わしとなっている。

四　友納一期県政の国政選挙

1　第二次池田勇人内閣期の第三〇回衆議院議員選挙　一九六三年一一月二一日施行

池田政権が進めていた所得倍増政策などの是非が争点となった。翌年に東京オリンピックを控え、大型公共事業が目白押しに進められていた。投票日は平日の木曜日であった（戦後初）。そのため投票時間はこれまでより二時間延長して行われた。定数は四六七人、投票率七一・一四％であった。選挙結果は自民党二八三人（前回比△一三人）、社会党一四四人（△一人）、民社党二三人（六人増）、共産党五人（二人増）、無所属一二人（七人増）であった。

千葉県選挙区の投票率は六四・一％であった。当選者は一三人（自民党一〇人、社会党二人、民社党一人）であった。

一区の定数は四人。当選者は川島正次郎（自民）一〇万一九一九票、吉川兼光（民社）六万九一七七票、臼井荘一（自民）六万六六八九票、始関伊平（自民）六万五八七四票であった。次点者以下は藤原豊次郎（社会）五万九〇五三票、木原実（社会）、川崎巳三郎（共産）、高木俊司（無所属）、阿倍十七（無所属）であった（次点者以下は票数略）。

二区の定数は四人。当選者は山村新治郎（自民）六万九九〇六票、桜井茂尚（社会）四万四六九三票、伊能繁次郎（自民）三万九六五五票、寺島隆太郎（自民）三万八〇六二票であった。次点者以下は鎌形剛（無所属）一万五一〇八票、佐藤二郎（共産）であった。

三区の定数は五人。当選者は水田三喜男（自民）七万六二六四票、森清（自民）七万四三〇九票、千葉三郎

（自民党）五万七七二九票、実川清之（社会）五万五四四三票、中村庸一郎（自民）四万七二四五票であった。次点者以下は岩永武夫（無所属）一万三九〇一票、岩瀬宝作（共産党）であった。(4)

選挙結果の特徴は、

①一区では川島が一〇万票を獲得しトップ当選を果たした。前回落選した民社党の吉川は前回票を一万八千票増やし二位で当選した。吉川はキング観光バスの社長で、同社の組合は千葉県総同盟傘下にあり、労使一体の選挙戦を展開し当選させた。社会党は二人立て共倒れした。新人の木原は党県本部が、県労連は現職の藤原を推して戦ったが落選した。県都での議席喪失は県政に影響を与えた。翌年三月、開催した県本部定期大会で「敗北した」と総括した。

②二区では社会党の桜井が前回票を五六七票増やし、二位で当選した。

③三区では社会党の実川が四位で当選した（三年前比二七八票増）。

④自民党県連主流派は選挙後も小沢会長・荘司幹事長による執行部体制を維持した。六四年からは小沢会長・菅野幹事長となり、六五年からは森会長・菅野幹事長で、六七年からは臼井会長・菅野幹事長で友納一期県政を支えた。

⑤各党の得票数と投票率は、自民党六三万七六五一票（六六・一二％）、社会党二〇万六九五〇票（二一・一六％）、民社党六万九一七七票（七・一七％）、共産党二万六四七票（二・一四％）、無所属二万九九七三票（三・一一％）であった。総得票数は九六万四三九八票であった。

2　第一次佐藤栄作内閣期の衆議院議員千葉県第二区補欠選挙　一九六四年一一月一六日施行

第一〇代山村新治郎（自民党）が一九六二年（昭和三七）一〇月に急逝した（五六歳）。また寺島隆太郎（自民党）も六四年七月に急逝した（五二歳）。千葉県二区の定数は四人であったため、同年一一月一六日、補欠選挙が行われた。投票率は五五・八八％であった。当選者は第一一代山村新治郎（自民党）六万七八六〇票、小川三男（社会党）三万七五四〇票であった。次点者以下は水野清（無所属）二万三七七五票、山崎健二（無所属）、岡田敏男（民社党）、鎌田剛（無所属）、佐藤二郎（共産党）であった。

選挙の特徴は、

①補欠選挙ということもあり投票率は五五・八八％で、衆議院議員選挙始まって以来の低投票率となった。前年秋の衆議院議員選挙の投票率六三・七九％を八％も下回った。市部の最高投票率は三候補が事務所を構えた成田市で六一・九％であった。町村の最高は香取郡山田町で八九・七六％であった。これは同じ日に町長選挙が行われた影響であった。最低は印旛郡白井町で三五・七一％であった。

②山村は亡くなった父・新治郎の地盤を受け継ぎ二位以下を倍近い票差でトップ当選を果たした。

③二位で当選した小川は兄が衆議院議員であった豊明の地盤を引き継ぎ戦った。成田駅近くの千葉交通労働会館内を事務所とし実川社会党県本部委員長の指導の下、労働組合と社会党議員が一体となって戦った。

④水野清、山崎健二、鎌田剛は自民党公認を求めたが、共倒れを心配した自民党県連は公認を認めなかった。そのため保守系無所属で出馬し戦い落選した。

3　第一次佐藤栄作内閣期の第七回参議院議員選挙　一九六五年七月四日施行

一九六五年（昭和四〇）二月、アメリカ軍による北ベトナム爆撃（北爆）が開始された。国内では反戦運動が大きく盛り上がった。四月、アメリカの北爆に反対し小田実《まこと》らが「ベトナムに平和を！」を掲げ市民・文化団体連合（「べ平連」）を結成した。八月、佐藤首相が戦後初めて沖縄県を訪問した。五月から六月にかけ都議会議員の黒い霧事件（都議会議員による議長選挙、都営団地用地の便宜、ボーリング場の建築確認便宜などなど買収や汚職）が相次いで明らかとなった。怒った都民は議員辞職と都議会解散を求めリコール署名運動を行った。六月四日、東京都議会は解散となった。定数は一二五一人（改選数一二七人・非改選一二四人）、投票率六七・〇二％（前回比一・二〇％）であった。選挙結果（改選）は一二七人で自民党七一人（前回比二人増）、社会党三六人（△一人）、公明党一一人（二人増）、民社党三人（△一人）、共産党三人（増減なし）、無所属三人となった。

千葉県選挙区の定数は二人。投票率は五八・七％であった。当選者は小沢久太郎（自民）三八万二六〇八票、加瀬完（社会）二六万四〇五七票であった。次点者以下は吉川成夫（民社）一二万八六七一票、小松七郎（共産）、白井長治（無所属）であった。

選挙結果の特徴は、

①全国の投票率は六七・〇二％であったが千葉県は五八・七％と一〇％近く低い結果となった。原因は県民が小沢（自民党）と加瀬（社会党）の現職議員が議席を独占するだろうと予想し、選挙に関心が向かなかったことにあった。

②小沢は三八万票を獲得し、トップ当選した。小沢は五三年の参議院議員選挙で自由党に所属し全国区で当選したが、五九年（昭和三四）の参議院議員選挙では千葉県地方区に移り当選していた。

③加瀬は二六万票を獲得し二位となり当選した。千葉師範学校（現・千葉大学教育学部）卒で小・中学校の教員であった。四七年から千葉県議会議員となり、五三年の第三回参議院選挙に無所属で立候補し初当選した。当選後は左派社会党に属したが、五五年一〇月の日本社会党の結成後は社会党の参議院議員となった。選挙では県労連の推薦を受け、出身の千葉県教職員組合（千教組）の教師や教え子達が中心となって戦った。

④吉川（民社党）は一二万八千票を獲得したが次点となった。父兼光の息子で地盤を引き継ぎ戦った。当

初、片岡文重（右派社会党に所属していたが民社党結成に参加、千葉県地方区の参議院議員になる）が立候補する予定であったが辞退し若い（三三歳）吉川に変更された。吉川は選挙準備期間も短く知名度も低く下馬評では一〇万票は難しいだろうと言われていたが一〇万票を突破し善戦したが、次点となった。

⑤共産党の小松は四位で六万票を獲得した（前回票を三万三千票増）。落選したがこの得票数は共産党にとってはこれまで獲得したことのない票数であり快挙と言えた。小松は四七年共産党に入党し、戦後しばらくは共産党千葉県委員長を務め、千葉県の共産党の礎を築いた人物で保守系の人達を含め多くの県民から信頼が厚かった。

⑥今回の選挙では自民党系（小沢・白井）四三万二千票に対し革新系（加瀬・吉川・小松）が四五万三千票を獲得し保守票を二万一千票も上回った。これは戦後初めてであった。各紙は〝保守王国〟崩壊か、と大きな見出しで報道した。

4　第一次佐藤栄作内閣期の第三一回衆議院議員選挙　一九六七年一月二九日施行

政界を揺るがした黒い霧事件を受け、政界の刷新を求める国民の世論に押された佐藤政権は、求心力回復と政局の転換を求めて衆議院を解散した。自民党田中彰治衆議院議員による事件（虎ノ門国有地払い下げでの恐喝、習志野市の土地二重担保での詐欺と背任、丸善石油への恐喝など）、荒船清十郎運輸大臣による埼玉県深谷駅急行停車事件（ダイヤ改正で深谷を急行が停車する駅に）、重政重明農林大臣による共和製糖への不正融資事件などが相次いで発覚した。

定数は四八六人、投票率は七三・九九％（前回比一・八五％増）であった。選挙結果は自民党二七七人（前回比△六人）、社会党一四〇人（△四人）、民社党三〇人（△七人）、公明党二五人（初議席二五人）、共産党五人（増減なし)、無所属九人(△三人)であった。

千葉県選挙区の投票率は七三・九九%であった。当選者は一三人(自民党一〇人、社会党三人)であった。

一区の定数は四人。当選者は木原実(社会)一二万九三六票、川島正次郎(自民)一〇万八三八八票、始関伊平(自民)九万九九三八票、臼井荘一(自民)九万九二九八票であった。次点者以下は上林繁次朗(公明)九万一七八三票、吉川兼光(民社)、川崎巳三郎(共産)、大野弘忠(無所属)であった。

二区の定数は四人。当選者は山村新治郎(自民)四万八一一六票、水野清(自民)四万三五八一票、小川三男(社会)三万五〇〇三票、伊能繁次郎(自民)三万一七七五票であった。次点者以下は桜井茂尚(社会)三万四三三〇票、林大幹(無所属)、岡田敏男(民社)、佐藤二郎(共産)であった。

三区の定数は五人。当選者は水田三喜男(自民)七万八八二七票、森清(自民)七万三一三八票、千葉三郎(自民)五万二一八一票、実川清之(社会)四万九九四五票、中村庸一郎(自民)四万六六三八票であった。次点者以下は片岡文重(民社)二万二七五票、岩瀬宝作(共産)、長谷長次(無所属)であった。

選挙結果の特徴は、

①一区は民社党の現職吉川が前回比を一万六四三〇票増やしたが六位で落選した。代わって社会党の新人木原が一二万余票を獲得しトップ当選を果たした。

②二区は社会党が二人立候補(現職と補欠選挙の当選者)し、現職の桜井が落選、補欠選挙で当選していた現職の小川が再選を果たした。

③三区は当選者は前回と同じで変化はなかった。

④民社党と公明党は県下の投票率が七四%と高かったため、その影響を受け当選出来なかった。

⑤共産党は一区の都市部で躍進が目覚しく、前回選挙より二万九千票増加させた。

⑥一区では上林(公明)が九万一千票で落選し、二区では伊能(自民)が三万一千票で当選した。選挙区に

よる格差が大きく話題となった。伊能繁次郎の得票数は全国最低の数であった。

⑦各党の得票数と投票率は、自民党六七万六八八〇票（五五・八九％）、社会党二三万六三一四票（一九・五一％）、民社党一二万四・四一六票（一〇・二七％）、公明党九万一・七八三％（七・五八％）、共産党四万一五一票（三・三二％）、無所属四万一五六四票（三・四三％）であった。総得票数は一二一万一一〇八票であった。

五　友納一期県政の展開

1　海面埋立てと港湾整備

（一）埋立ては民間資本を活用

柴田知事は一九五一年（昭和二六）一月、東京湾岸の浦安から富津岬に至る遠浅の海を埋立てる計画を作り、そこに工場を誘致し千葉県経済の活性化を目指した。その埋立て計画を作り、漁業補償、企業誘致を担当したのが友納副知事であった。埋立ての最初の場所は五井・八幡地区（現・市原市）の埋立てであった。県は財政難であったため三井不動産の資金を活用して行った。また千葉市地域では千葉港拡張のため千葉市神明町から登戸《のぶと》町地先まで二一㌶（六万四千坪）と千葉市今井町地先、千葉市蘇我地先一九八㌶（五九万九千坪）の埋立てを行った。船橋市では高木良雄市長が湊町、海神町地先一六五㌶（四九万九千坪）の埋立てを朝日土地興行の資金を活用して行った。埋立地には船橋ヘルスセンターなどが開業した。市原市沖の埋立ては順調に進み五井・八幡地区に多くの企業が進出した。

友納一期県政の埋立ては「千葉市中央地区（出洲海岸埋立て）を優先し、木更津南部は需要に応じて埋立てる」とした。この計画に基づき浦安町地先（現・浦安市）から五井南部地先（現・市原市）までの埋立てが行われた。また八幡製鉄君津製鉄所誘致に伴い、六二年一月から君津町地先の埋立てを開始した。

（二）浦安沖の埋立て

（1）オリエンタルランドによる埋立て

工場などから出された汚水により浦安周辺の海は汚れ、漁業に被害が生じていた。県は埋立てにより土地を開発し、漁業に代わる新しい産業の可能性を摸索していた。一九六〇年（昭和三五）七月一一日、京成電鉄（社長・川崎千春）、三井不動産（社長・江戸英雄）、朝日土地工業（社長・丹沢善利）によって（株）オリエンタルランド（社長・川崎千春、以下「ＯＬＣ」と言う）が設立された。同社は浦安前面の海、九四九ヘクタル（二八七万一千坪、その内訳は公有水面二二五万一千坪、海面下土地六二万坪）を埋立てレジャー施設（後の東京ディズニーランド）の建設や住宅地、商業地を造成する計画を作成した。早速、県との協議が開始され、次の内容で合意した。公有水面二二五万一千坪の内訳はＯＬＣ一一五万坪、公共用地四八万坪、東京鉄鋼団地二三万五千坪、漁業補償用地一六万六千坪、浦安町所有地二二万坪となった。海面下土地六二万坪の内訳は県有地二五万坪、ＯＬＣ二七万坪、民間業者一〇万坪となった。その結果、浦安地区第一期埋立てでＯＬＣは一四二万坪（全体比四九・五％）を確保することが出来た。その合意に基づき六二年七月一二日、千葉県とＯＬＣの間で、「浦安地区土地造成事業および分譲に関する協定書」が取り交わされた。協定書四条では県（甲）は造成した土地のうち三八〇ヘクタル（一一五万坪）をＯＬＣ（乙）に譲渡する。五条では土地の譲歩を受けたＯＬＣは二四八ヘクタル（七五万坪）は遊園地とし、一三・二ヘクタル（四万坪）は住宅専用用地として整備することが明記された。埋立地の造成はＯＬＣ（京成電鉄担当）が県に代わり工事を行い、漁業補償金もＯＬＣが支払い、その代償として土地を貰う「千葉方式」が適用された。[5] 六四年からＯＬＣは第一期埋立て工事を開始し、六八年六月にＡ地区（現・東野、富岡、今川、弁天、鉄鋼通り地区）の工事を完了させた。その後の七一年八月にＢ地区（現・海楽、美浜、入船地区）の工事を完了させ、七五年一一月には残る現在の舞浜地区（現・東京ディズニーランド）の埋立て工事を完成させた。県は工場進出希望社の調査を行い、公害などの心配のない社だけに限って土地を分譲する方針を決めた。六三年六月、都内の鉄鋼問屋（「東鉄連」一八〇社）にＯＬＣ用地の隣に三三㌶（一〇万坪）の用地を譲渡した。

（2）浦安地区第一期埋立ての漁業補償

一九六二年（昭和三七）七月、漁民はＯＬＣの計画説明会や県の要請で漁業権の一部放棄に同意した。放棄した漁業権は一二四一㌶（三七五万四千坪）であった。浦安町には二つの漁業協同組合があった。補償額は浦安町漁協（組合員一二四五人）に一五億七三一三万円が、浦安第一漁協（組合員四三一人）に五億五〇二二万円が支払われた。補償総額は二一億二三三五万円であった。この額は漁民一人当たり一二六万六千円であった。しかし、県は「現金がすぐに用意出来ない」として一部は現金で、残りは出来上がった土地で支払うことにした。現金は七億二六四五万円であった。この額は漁民一人当たり四三万三千円であった。(6)

（三）市川沖の埋立て

一九六〇年（昭和三五）一一月、市川市二俣新浜から上妙典地先一五九㌶（四八万一千坪）の埋立て工事が始まった。県は七漁協と漁業補償協定を締結した。六三年七月に市川市二俣新浜から上妙店典地先までの埋立て造成が完了した。市川市行徳沖から習志野市沖の埋立ては京葉港となった。京葉港は市川市側が葛南西部地区、船橋市が葛南中央地区、習志野市鷺沼沖側が葛南東部地区とに区分された。

（四）船橋沖の埋立てと京葉港造成

船橋沖は一九六一年（昭和三六）に海面一六五㌶（四九万九千坪）の埋立てが完了し、そこには久保田鉄工、日本冷蔵など大手、中小合わせて一一〇社が進出し操業を開始した。また市川沖でも一五九ヘクタール（四八万一千坪）の埋立てが完了し、日新製鋼、淀川鉄鋼などが操業した。しかし、港湾施設は六三年に整備されたが、埠頭、岸壁は整備されておらず、航路も水深六・五メートル、幅一〇〇メートル、延長四キロメートルという小規模なものであった。すでに横浜港は能力の限界に達していたので運輸省は東京湾の千葉県側に東京港の副港を建設したい意向を表明していた。県は運輸省と協議し、船橋港を整備拡大し京葉港（これ以降は浦安町、市川、船橋、習志野市の三市一町の東京湾沿岸を結ぶ港湾の名称は京葉港と記す）にしようと計画した。そこで両者は整備計画策定を日本港湾協会に依頼し、国の港湾整備五ヵ年計画に組み込むことにした。計画によると船橋、市川両市の埋立地前面に三九〇ヘクタール（一一八万坪）を第一期として六四年度から五ヵ年計画で埋立て、さらにその前面に一六八・八ヘクタール（五一万一千坪）を埋立てる。この内、九一・五ヘクタール（二七万七千坪）を一般埠頭と港湾用地に、一一九・七ヘクタール（三六万二千坪）を専用埠頭と港湾施設にする。残る用地を商、工業用地に充てる。また埠頭は二万トン級の外航船が常時入港出来るように水深一〇メートルにするという内容であった。これらの計画案を踏まえ六五年秋、県総合開発審議会（会長・岩城長保千葉銀行頭取）は事業費一千万円で京葉港造成を知事に答申した。不況下でも県が京葉港造成を急ぐのは、①東京港の取り扱い貨物量が八〇年には四八〇万トンに達する、②両地域の海面は工業化によって汚染され漁業を続けるのは厳しくなってきていた、③京葉港の造成により周辺都市を再開発する必要があったためであった。六五年一月末、京葉土地開発による船橋市浜町、宮本町二丁目先（六ヘクタール・一万八千坪）の埋立てが完成した。この場所は船橋オートレース場やスキー場ザウス（ＳＳＡＷＳ）、若松団地の予定地となった。

（五）習志野沖の埋立て

一九六六年（昭和四一）一月、知事は習志野市津田沼地先から千葉市稲毛地先を埋立て、海浜ニュータウンを建設すると発表した。習志野市沖から市原市沖、袖ケ浦市沖までは千葉港として扱われていた。

（六）千葉市沖の埋立てと千葉港造成

千葉港以北の東京湾岸の埋立ては、三つの区域に分けて行われた。第一区域は稲毛海岸で一九六一年（昭和三六）から六四年にかけて造成された。第二区域は新港と幸町で六四年から六八年にかけて千葉港中央地区として造成された。千葉港中央地区の埋立ては六三年夏、地元千葉漁協との漁業補償が解決し、六四年六月から浚渫船四艘が埋立ての基礎作業を開始した。埋立ての起工式は八月に千葉市神明町の埋立て予定地で行われた。計画では神明町地先から黒砂町までの出洲沖五九六ヘクタール（一八〇万三千坪）を六四年から六八年（昭和四三）の三年間で埋立てる。総工費は二四八億円で、その内の三分の一を県が、三分の二を三井不動産、三菱地所、住友不動産が出資して埋立てを行った。ここは港湾施設のほか、工業、商業団地が造成されることになった。県が作成した土地利用計画では次のようになっていた。公共港湾用地は一五七ヘクタール（四七万五千坪）。内外貿易施設完備の岸壁（二〇〇〇トン級から二千トン級まで計一九バース）、船だまり、荷揚げ場、突堤護岸整備、公共埠頭の貨物積み降ろし能力は年間四五〇万トン（現行の九倍増）とし、近代的国際港に整備する。工業用地は二八二ヘクタール（八五万三千坪）。成田空港用の石油基地を一区画確保し、他区画は大日本製糖などの食品コンビナート、京成電鉄陸海空輸センター、小野田セメントなど公害のない企業計一〇〇社が進出する予定となっていた。商業用地は一五四ヘクタール（四六万六千坪）。港湾に沿って新市街地を造成し、一部に住宅地を併設する。これらが完成すると文字通り京葉工業地帯の心臓部として飛躍的な発展が見込まれていた。六五年（昭和四〇）四月、千葉港は運輸省からこれまでの重要港湾（五七年指定）から特定重要港湾（国際海上輸送網の拠点となる港湾）に格上げされた。六五年一月末から千葉市中央地区の造成が開始された。県開発局は六五年度の埋立て造成費として一〇一億六千万円を支出した。千葉中央地区埋立地（出洲地先）には日本一の面積となる食品コンビナートが造成された。県は六四年から同地区への進出企業を募集した。日本冷蔵、日清製粉、山崎パン、大洋漁業など大手企業、千葉製粉、古谷乳業などの地元企業を含めて一六社と五六・一ヘクタール（一七万坪）の分譲協定を結んだ。同地区には未だ二五・四ヘクタール（七万七千坪）の未処分用地があった。同地区の前面は住宅地に隣接しているため、公害発生の恐れのある石油、鉄鋼関連の企業誘致は避け機械関連企業用地とした。第三区域は海浜ニュータウンとして六六年（昭和四一）年から八〇年（昭和五五）に造成された。

（七）五井南部沖、袖ケ浦沖の埋立てと市原港造成

（1）五井南部沖埋立て

県は一九六一年（昭和三六年）から京葉工業地帯の中心地である五井南部地区（一四一・九ヘクタール・四二万九千坪）の埋立てを開始した。同年四月、出光興産、三井石油化学など系列会社を含めて一三社と進出契約を結んだ（三三〇ヘクタール・九九万八千坪）。六三年三月、五井南部埋立地内の三井コンビナートを二八億五千万円で三井不動産が落札した。東京電力地区（姉ケ崎火力発電所敷地）と住友金属地域の一部（一九一・九ヘクタール・五八万坪）も一二億四千万円で三井不動産が落札した。六五年六月には、完成した造成地に進出する企業の土地配分が決まった。配分が決まったのは、出光興産などの土地（三三〇ヘクタール・九九万八千坪）と住友金属所有地（二九七ヘクタール・八九万八千坪）、隣接する県有地（一二ヘクタール・三万九千坪）、丸善石油所有地（八二・五ヘクタール・二五万坪）の造成地であった。進出企業は極東石油、東洋レーヨン、日本セルロイド、三井石油化学、三井ポリケミカル、住友化学、丸善石油化学などであった。同年一一月、五井南部地区への石油関連企業の土地配分も決まり六九年から一斉創業となった。六五年度、県開発局は市原・五井埋立てに五三億四千万円の事業費を計上した。この予算の執行をもって六一年度から行ってきた五井・市原臨海地区（一四二五・六ヘクタール・四三一万二千坪）の埋立て造成は完了した。

（2）市原市公共岸壁の完成

市原市には公共埠頭は五千トン級のバースが一つしかなく貧弱で〝市原港の玄関〟と言える状態にはなかっ

た。あるのは大企業の専用埠頭だけであった。県は千葉港整備事業の一つとして一九六二年（昭和三七）から市原市の埋立地に市原市公共岸壁の造成を始め、六四年一月末に完成した。公共岸壁は国の補助一億九千万円で建設された。面積は二ヘクタル（六千坪）で水深七・五メートルが二バース接岸でき、その他に野積み場、岸壁給水栓、幅員七メートルの臨港道路、付帯施設として岸壁監視所、信号所も完備された。公共岸壁は最大五千トンの内国貿易船が接岸でき、内陸、臨海工業地帯の貨物輸送に大きな役割を果たすことになった。これまで千葉港は水深四メートルで五〇〇トン級、市原市五井地区は水深三メートルの二ヵ所で荷揚げされていた。千葉港の建設が遅れていたため、千葉市長沼などの内陸工業地帯向けの貨物は千葉港に接岸する際には沖合で順番を待つ状態にあった。そのため市原市公共岸壁は千葉港建設の繋ぎとして建設された。また六五年三月には同岸壁の先端に五〇〇トン級の船が接岸できる水深四メートルの荷揚げ場も建設された。

(3) 市原港の公共埠頭、袖ケ浦の埋立地に造成

一九六五年（昭和四〇）八月、県は市原地区の公共埠頭を袖ケ浦町（現・袖ケ浦市）久保田、代宿沖埋立地約三九〇ヘクタル（一一八万坪）の中央部に建設し、完成を七〇年度とした。規模は二〇ヘクタル（六万一千坪）の船だまりと五千トン級の埠頭三バースを持ち、年間二九〇万トンの荷物を扱う計画となっていた。埠頭には千葉港の税関や入国管理事務所の支所も置かれることになった。公共埠頭が完成すると市原市へ進出して来た企業は千葉港の事務所まで行かなくても良くなるなどの利点があった。

(4) 北袖ケ浦沖の埋立て、工業用地と公共波止場造成

一九六六年（昭和四一）九月、北袖ケ浦沖の埋立てが開始された。総事業費は一六〇億円で、四年後の七〇年度に三八三ヘクタル（一一五万九千坪）の工業用地が完成した。すでに大企業が操業を開始している五井、姉ヶ崎の対岸に一大工業地帯が誕生することになった。県の計画では第一期（六六年四月から六八年九月まで、二六七ヘクタル・八〇万八千坪）と第二期（六八年九月から七一年三月まで、一一五ヘクタル・三四万八千坪）に分けて行われることに

なった。第一期は第一工区（中小企業用地と住友化学用地の一部、九九㌶・二九万九千坪）、第二工区（住友化学用地、九九㌶）、第三工区（富士石油用地、九九㌶）と分け、東和港湾、住友不動産、三井不動産の三社が土地造成を行った。第一期分の用地の区割りは富士石油九九㌶、住友化学六六㌶（二〇万坪）、中小企業用地五三㌶（一六万坪）、その他公共用地五六㌶（一六万九千坪）で国鉄房総西線の外側には緑地を設け、住宅地と工業地との緩衝地帯とした。また臨海鉄道、道路が埋立地の先端まで敷かれ、六八年に工場の資材輸送、製品の移出が出来るようになる。第二期分は未だ基本計画は出来ていないが、大型船舶が停泊出来る公共波止場と木材港建設が検討されている。

（八）小川構想について

小川構想（国土総合開発会社・小川栄一社長の木更津南部開発計画）が初めて県に持ち込まれたのは一九六一年（昭和三六）七月であった。その計画は「木更津以南約七千㌶（二一一七万五千坪）の海面を埋立て、八幡製鉄、東京電力火力発電所、石油精製工場、石油化学工場を三井、三菱、住友などの一流企業を集めコンビナートを建設する。後背地の木更津、君津地区六六〇〇㌶（一九九六万五千坪）を開発し、内陸工業、住宅団地、観光施設を造成する」というものであった。柴田知事はあまりにも巨大な計画であったので実現性を危ぶみ真剣に検討しなかった。六二年一〇月に就任した加納知事は、産業計画会議で小川と一緒に委員をしていたこともあり、「東京湾横断橋の建設を中心とする東京湾総合開発計画の一環として小川構想を千葉県も検討すべきだ」との方針を打ち出した。だが具体的な検討をする時間もなく知事就任四ヵ月後に急逝した。友納知事は就任後の記者会見で「今後の臨海工業地帯の造成は千葉市出洲地区と木更津南部だ」とし、小川構想についても「木更津南部開発の一案として検討し、受け入れて良いものがあるなら取り上げる」と述べた。六三年五月、開発局長を軸に関係課長で構成する小川構想調査委員会を設置し、小川を招き話し合いを開始した。小川は「①富津岬の北側の海面三六〇〇㌶（一〇八九万坪）を埋立てる、②工業用地は二九〇〇㌶（八七七万三千坪）、他は関連公共施設用地とする、③主な進出企業は八幡製鉄所、同和鉱業、東京電力、三菱石油、三菱機械、三菱レーヨン、アラスカパルプなどとし、住友グループも進出予定である、⑤土地造成は五ヵ年で完成させ、その後五ヵ年以内に工場を進出させる、⑥事業費は約一千億円とし、その三分の二は三井、三菱、住友など国内資金で賄い、残りの三分の一はアメリカのユタ社からの外資を導入する」という計画を説明した。この計画を受け県は、①小川が挙げた企業の進出があるのか、②一千億円の資金調達計画は信頼出来るのかを検討した。一方、友納知事は県総合開発審議会（委員三〇人）にその計画を諮問した。同審議会は同年一一月一三日、小川を招き計画内容を聴いた。六四年一月一〇日、知事は八ヵ月間にわたり検討してきた庁内に設置した小川構想調査委員会の報告を聴き、問題点や課題を抽出させた。一二月県議会では小川構想に対して自民党県議の浜田幸一（地元君津郡選出、その後衆議院議員）が次のように述べて反対した。「①県は小川構想と手を切り、県独自の木更津開発計画を立てるべきである、②すでに進出が決まり一部着工した八幡製鉄所は不景気で建設が長らく止まっている。そのため漁場を全面放棄した君津漁協の漁民は同工場への転職や就職が出来ず、漁業補償金を食いつぶして生活している。八幡製鉄の二六四㌶（七九万九千坪）の造成さえ経済の波によって左右されるのだ。まして海面三六〇〇㌶も埋立てる小川が掲げる長期建設を県は彼一人に任せるべきではない」、「特に小川構想については当初から利権につながる噂がつきまとっている」。

　小川構想の足がかりとなり、その中心となっている八幡製鉄所の木更津進出は六二年一月から始まり、第一期計画は君津郡人見海岸を中心とする海面約二六四㌶を埋立て、そこに新工場を建設しようと進行していた。県は八幡製鉄の埋立てを認め、同年八月第一次分として君津漁協（二一七人）の漁民は一三五㌶（四〇万八千坪）を全面放棄していた。ところが鉄鋼不況のため約三二㌶（九万七千坪）で、同年秋から休止状態となっていた。六四年一月二五日、総合開発審議会は知事に対し答申を行った。「小川構想は現在の経済情勢からみて、全面的に採用するのは望ましくない。ただし、県総合開発の促進にプラスになる面も多いので当面、八幡製鉄の未着手の埋立地の造成をやらせてみたらどうか」、「但し埋立て権、漁業補償の処理、主要な進出企業の選定は県が行う必要がある」と付け加えた。知事は小川構想を採用しなかった。

（九）漁業補償金と漁民の転業

一九六三年（昭和三八年）五月、千葉市宮内三朗市長から出洲海岸（七八・五ヘクタール・二三万七千坪）の埋立てをするため、千葉市漁協組合に四一億三千万円の漁業補償を支払いたいとの提案があった。その後の交渉で六四年五月、県は四七億七千万円を千葉市漁協（一九一〇人）に支払った。漁民の受け取った補償金は、一人平均二五〇万円（日本銀行によると一九六五年時の一万円は二〇二二年時に置き換えると消費者物価指数計算で四万三千円になる。そのため一〇七五万円に相当する）だった。漁民の転業対策は千葉市と県京葉工業地帯転業対策協会が行った。専業漁民は五四一人いた。同年一二月に千葉市漁協が行った転業実態調査では五四一人の内二四七人が転業を希望した。そのため翌年一月、市と県が個人面接を行った。就職希望者は一七二人、商売をしたい人は七七人、どうしたらよいか決めかねている人が半数以上いることが明らかとなった。対策協会から新しい就職先を紹介されたが「給料が安い」という理由で勤め先を断った人もいた。四月までに決まった人は二人だけだった。一〇人位の人は自動車教習所に通っていた。〝せめて自動車運転くらいは覚えてから〟と言う人もいた。一方、自営業を希望する人は、食料品店、たばこ屋と言う人が八〇％もいた。貸付資金の斡旋をしても共倒れしてしまうのではないかと協会では心配した。蘇我漁協（三八一人）の補償金は一一億八千万円であった。一人平均三〇九万七千円（現在の一三三二万円相当）であった。六五年九月二三日、友納知事は県選出の自民党国会議員団との朝食会で、次のように発言し協力を求めた。「①京葉工業地帯造成で浦安町から富津岬までの残存漁場（九二〇〇ヘクタール）の埋立てが経済不況で企業誘致が思うように進んでいない。しかし八五年には漁場は消滅の時期を迎えることになる、②現在漁民（約一万人）は海苔作を中心に磯根漁業（貝類養殖・底引き漁）で対応しているが、みんな将来に不安を抱えている。そのため県の方針を早めに漁民に示し、転業を勧める時期に来た、③補償金は早めに渡し、県は〝内湾漁業は全面打ち切る〟方針を打ち出したい」と国会議員達に協力を求めた。

（表2）京葉工業地帯造成で漁業権を放棄した漁協名と組合員数、交渉妥結日、補償面積、補償額（P472）を参照されたい。

（図1）京葉工業地帯造成で行われた埋立地

（図1）京葉工業地帯造成で行われた埋立地
（黒い部分が埋立地）

（出典）
千葉県立中央図書館蔵『千葉県企業庁事業のあゆみ」
臨海海域土地造成整備事業位置図28頁　平成21年3月発行

2 内陸工業地帯の造成

柴田県政三期の一九六〇年（昭和三五）二月、県は千葉県開発公社を設立した。目的は東京湾臨海部の開発が進むにつれて、①後背地に道路や鉄道、住宅、学校などを整備することが必要になったこと、②地域間に所得格差が生まれて来たため内陸部に工業地帯を造り、県内全域の均衡ある発展を図ること、③金融機関から資金を借り入れ、インフラ施設や工場用地を買収し、総合開発を進めるためであった。公社の事務局は県開発部企画課に置かれた。同年三月、県は公社による内陸工業用地造成計画を発表した。計画では七五年までに三三〇〇㌶（九九八万三千坪）の造成を行い、六五年までに六六〇㌶（一九九万七千坪）を行うというものであった。また同年七月、開発部に内陸工業開発室を設置した。内陸工業地帯造成は県内を八ブロック（東葛、葛南、千葉、佐倉、君津、安房夷隅《いすみ》、九十九里、大利根地区）に分け開始された。六三年六月、友納が知事となり臨海工業地帯の造成は開発局に、内陸工業地帯の造成は商工労働部工業課に再編された。六三年一一月、県は六四年度を初年度とする内陸工業団地造成五ヵ年計画を作成した。計画では六八年までに八二五㌶（二四九万六千坪）の造成を行い、用地造成の六〇％は県開発公社が、残り四〇％は民間業者（三井不動産・三菱地所など）に協力を依頼した。その内訳は東葛、葛南両地区が九九㌶（二九万九千坪）、千葉、佐倉両地区が一四八・五㌶（四四万九千坪）、君津地区が一三一㌶（三九万九千坪）、安房、夷隅両地区が三四㌶（一〇万三千坪）、九十九里地区が一〇五・五㌶（三二万九千坪）、大利根地区が四九・五㌶（一五万坪）であった。七五年（昭和五〇）までに三三〇〇㌶（九九八万三千坪）の造成を行う計画に対する六四年九月時点の状況は、東葛地区は進出工場一八〇社（進捗率四六・五％）、葛南地区は八〇社（同五五・三％）、千葉地区は一〇五社（同四三・九％）、君津地区は七社（同一・七％）、九十九里地区は四四社（同四二・四％）、大利根地区は一五社（同一一・二％）、安房、夷隅地区は全く造成されていなかった。このように内陸工業団地の造成と企業誘致は京葉臨海工業地帯に集中し、大利根地区や安房、夷隅地区は造成も企業誘致も大変遅れていた。進出企業の多くは、東京都などで事業を行っていたが工場用地が狭く千葉県に広い土地を求め移転して来たのであった。例えば六三年一二月に千葉市千種町（現・花見川区）に進出した千葉鉄工業団地（敷地面積は二〇・九ヘクタール・六万三千坪、総工費一二億円）は同業者が集まり、大企業の系列化と生産物の倍増を目的に県内二五社の機械金属製造業者が「中小企業近代化資金助成法」の適用（国、県、市の補助）を受けて操業したのである。

六三年一〇月、県は国から低開発地域工業開発促進法の適用を受け、旭市、八日市場市（現・匝瑳《そうさ》市）の総合開発計画（完成目標は八五年度）を作成した。旭市は総武本線旭駅の北側約四六ヘクタール（一三万九千坪）と旧海軍香取航空隊干潟飛行場跡約一三四ヘクタール（四〇万五千坪）に工場用地を造り、食品工業の関連企業を誘致し工業地帯を造成する計画であった。商業地区は旭駅を中心とした駅南側約二三ヘクタール（七万坪）の整備であった。八日市場市では八日市場駅前北側と野栄町に跨る地域に工業地帯を造る計画で、八日市場駅北側台地と干潟駅付近が造成された。

六四年四月、県は旧千葉郡泉町古泉地区（現・千葉市緑区）に落花生など農産物の加工を中心とした工業団地（敷地面積約三三ヘクタール・一〇万坪）を造成した。しかし進出した企業の従業員は、移転前の者がほとんどで地元の雇用には結び付かなかった。その結果、地域間格差や所得格差は解消出来なかった。友納一期県政で造成した内陸工業団地は次の通りである。

（表3）友納一期県政で造成した主な内陸工業団地（P474）を参照されたい。企業の多くは東京都など県外から用地を求めて進出して来た。

3　農業構造改善事業と漁業の振興

（一）農林部と水産部に分離

一九六三年（昭和三八）四月、友納知事は就任直後の記者会見で「①農業や水産業は他産業に比べ所得水準が低い状況にある、②農水産業の構造改善を行い所得格差の解消を図りたい」と語った。そして同年六月、機構改革を行い農林水産部を農林部と水産部に分け以下の改革を行った。

(1) 県農業を変えた農業構造改善事業

農業構造改善事業とは、零細農家が担ってきた農業を生産性の高い大規模経営農業に切り変え、農家の所得水準を引き上げることを目的とした政府の農業政策であった。この事業は農林省の指定を受けた市町村が補助金や低利の融資を活用し、土地基盤整備（農地の集約化、耕作地の拡大など）や近代化（大型機械の導入、共同利用施設の充実）、特産品の創出などを行う制度であった。県はこの事業を積極的に推進した。一九六一年度（昭和三六）から六七年度までの七年間に指定された地域は七六ヵ所で、全市町村の八〇％を占め、全国の中でも高い比率であった。直ちに取り組んだ地域は純農村の夷隅、安房地域と東京近郊の葛南、東葛地域であった。夷隅地域は耕作地面積を拡大し稲作と野菜生産（ビニールハウス栽培）を、安房地域は野菜と酪農、果樹、花卉（切り花）生産を、葛南、東葛地域は野菜と果樹栽培を、北総地域は養豚を行った。構造改善事業はパイロット地区（部落単位）と一般地区（市町村単位）に分けて行われた。パイロット地区はモデル地域と位置付けられ、一般地区に普及する役割を担った。六二年度のパイロット地区は成田市豊住と大原町（現・いすみ市）東海であった。一般地区は千葉市、流山町、八街町、小糸町、睦沢村、栗源町、東金市、佐倉市、白子町、峰上村、五井町、富山町、三芳《みよし》村、夷隅町の一四市町村であった。

パイロット事業のモデル地区として全国的に注目を集めた成田市豊住《とよすみ》地区は、利根川辺りにある旧豊住村が五四年に成田市に合併した地域である。水田六五五㌶（一九八万一千坪）、畑九八㌶（二九万六千坪）、農家戸数四八二戸、一戸の平均耕作面積は一・二㌶（三九三三坪）で、県平均（九・七㌃・二九三坪）を約四〇㌃（一二一〇坪）上回っていた。利根川の氾濫などもあり米の反（三〇〇坪）当たり収穫は四俵程度であったが、四六年から一〇年かけて排水の改良や区画整理などの土地改良を行った結果、反当り七から八俵まで収穫量を増加させていた。農業所得は増加したが都市近郊地帯と比べると生活は楽とは言えず、そのため京葉工業地帯に出稼ぎして勤労所得で補っていた。この生活状況を解決するために計画されたのが農業構造改善事業であった。県は同地区を農業構造改善事業に指定した。計画では一九六二年度（昭和三七）から総事業費四億七千万円（国庫補助九千万円）で、①神戸製鋼、富士電機、コロンビア（音楽楽器）、金石社（テープレコーダー）の四工場を誘致する、②農地一六九・五㌶（五一万三千坪）を基盤整備する（九千万円）、③農家四八二戸を一六〇戸に整理し、果樹、酪農、米作の大型農家に育てる、④離農家は誘致工場で働けるようにするというものであった。基盤整備では大型機械を利用するため区画を三千平方㍍（九〇八坪）から五㌶（一万五千坪）に拡大し、暗渠排水、灌漑排水を行う予定であった。

　場所は印旛北部土地改良区と長沼土地改良区に跨っていた。農林省からの国庫補助対象は一つの事業区となっているため、両区を一本化して事業を行わなければならなかった。県が間に入って調整した結果、印旛北部地区は大部分の農家が賛成したが、長沼地区は反対した。反対した主な理由は、①土地基盤整備に一戸平均一八〇万円の負担金を出さなければならないこと、②以前の土地改良の返済金も未だ残っていること、③工場誘致というが不況下で企業誘致の見通しが立っていないこと、④離農する三〇〇戸の農家は工場で働くことに不安があることであった。六三年九月、反対する農家は農業構造改善反対同志会を結成し、二七〇戸が県に反対する陳情を出した。その広がりに驚いた知事は「負担金の支払いは工事が完成し収益が上がってからで良い」と譲歩した。その結果、事態は解決し事業が開始された。その結果、三二五戸の農家の内、一戸当たり平均四ヘクタル（一万二千坪）の耕地を持つ農家八〇戸を自立経営農家とし、残り二四五戸は一から二反の稲作と自給菜園程度の耕地を残し耕作地は自立経営農家に売却された。売却価格は反当り平均一三万円であった。土地売却金は誘致企業の株購入資金となった。配当金は毎年の収入となった。一戸当たりの所得は労賃収入が最低四〇万円、株配当金が八万四千円、計五〇万円程度となった(7)。

　豊住工業団地は七三年から造成工事が開始され七五年三月に工事が完成した。当初三〇社を超える企業から進出希望があったが、オイルショックなどによる金融引き締めや不況の影響で申し込んでいた進出希望企業が次々に辞退し、七四年一〇月時点では五社となってしまった。進出企業がなければせっかく造成した土地を遊ばせることになり、といって他の目的に転用は禁じられているため県企業庁は頭を抱えていた。

　一般地区に指定された安房郡三芳村は総事業費一億一千万円、三ヵ年で谷向、川田地区の五九・四ヘクタル（一八万坪）の水田を整備し、併せてミカン園も造成した。特に水田整備は中心事業で六四年度を完成目標とした。四九人の専業農家で農事組合を作り、水稲の共同作業を行った。大型トラクターを購入し、ライスセンターも設置した。ところが六四年度は反当たり三三〇キログラム（五・五俵）、六五年度は三六〇キログラム（六俵）という収穫量で、事業開始前の収穫量平均四八〇キログラム（八俵）には達しなかった。それ以上の収穫を見込んでいた農家の期待は裏切られた。そのため組合員の間から「なんのために一年間も土地を遊ばせ農業構造改善事業を行ったのか分からない」という不満が続出し、六六年度から協業化を取り止め、土地は組合員に配分し直し、個人経営に戻すことになった。失敗した理由について県や村当局は、①協業化によって農家自身の土地に対する愛着が薄れ、生産意欲が減退したこと、②耕地整理を行い水田の肥えた表土を削り取って農道に使用したため土地が痩せてしまったこと、③二〇ヘクタル（六万一千坪）の土地は湧き水が多く深田で、排水工事が不充分だったためトラクターが使えなかったこと、④六四年は冷害が、六五年は台風被害という気象条件も重なったことを上げている。

　農業構造改善事業は零細農家を切り捨て、大型農家を生み出すために農業の機械化、省力化を行い、高度成長が必要とする大量の労働力を農村から流出させる意図があった。その結果、農業の担い手は減少し、自立経営の育成も思うように進まず、地域農業の衰退が一挙に進むことになった。野菜や果樹、施設園芸などの特産品の生産は進んだが、麦や大豆などの生産は衰退し、経営の単一化が進むなどの問題を引き起こした。食料自給率は低下し、補助金などの誘導で地域の特性を無視した農業政策は農業の衰退をもたらす結果となった。農村から労働力の流動化（農家人口の減少）が進み過ぎ、農家の担い手不足を引き起こし耕作放棄地も生まれ、農村地域は衰退の方向に進んで行った。千葉県が国の政策に沿って進めた農業構造改善事業は千葉県農業に特産品などの創出を生み出したが、一方では離農と過疎化を促進する結果となった。

(2) 進む農協の合併

戦後の農政は地主制度を廃止した農地改革、農民の自主組織としての農協（農業協同組合）の誕生、農業改良事業によって農業・農村の枠組みが作られた。千葉県での農協の結成はＧＨＱ（千葉軍政部）の指導によって行われた。その基となる農業協同組合法は一九四七年（昭和二二）一一月に公布された。当時千葉県には農民の自主組織として一二〇〇もの様々な種類の農協が結成された。市町村単位で結成された総合農協（信用、販売、購買事業を行う）と一般農協（除く信用事業）、特殊な事業を行うために結成された農協（土地の開墾、養鶏、畜産、酪農、園芸、養蚕、農村工業、農事放送などの事業を行う）があった。六一年四月、総合農協が三〇〇余あった。県はこれまでの農協では新しい経済の動きには対応出来ないとし、整理統合を行う計画を決めた。特に農業構造改善事業を円滑に進めるためには地域農協の果たす役割が大きかったのである。しかし、農協の現状は経営規模が小さく、自己資金も零細、指導体制の不備もあり、充分機能が発揮出来ていなかった。そのため六一年度から六五年度までの五ヵ年で大型農協を〝一市町村一農協〟をスローガンに整理統合（合併）し、三分の一（一〇〇農協）にすることを決定した。しかし合併するには様々な課題があった。赤字農協の負債処理、農協の所在地、役員（組合長など）の選出、農協相互間のセクト主義の克服などがあり、思うようには進まなかった。合併は六一年度が一〇農協、六二年度が三〇農協、六三年度が三〇農協という状況で県目標の三割にも満たなかった。そこで県は一挙に合併を進めるため、六四年度だけでも二四〇〇万円（前年度比六倍）の合併助成金を出し強力に推進した。六五年一〇月、県は開拓農協や養蚕農協などの特殊農協を含む五四五農協に解散命令を出した。県内には同年七月末時点で、九〇六の農協があった。その内総合農協が二〇六、一般農協が三五二、残りが特殊農協で三四八あった。県が解散命令を出したのは一般農協と特殊農協で、その理由は、①一部の酪農や養鶏農協を除いてほとんどが農協としての仕事をしていないこと、②組合員が一五人以下の組合は法律で解散しなければならないと決められていること、③農事組合が農協の下部組織として生産面の仕事をしているので専門農協は必要がなくなっていることなどが理由であった。解散した一般農協や特殊農協は総合農協に引き継がれ、特殊農協は事業部に組み込まれて行った。新しく誕生した総合農協では預貯金融資、共済事業、農機具、農業研修、米や畜産のセンターを新設し、農機具の販売・修理、研修場、結婚式場などの経営、生産物の集荷・輸送などを行った。合併された農協は支所となった。合併農協の建物は大きく綺麗になった。しかし農家の身近にあった農協は街中に移転し、農家が気軽に相談に行ける場所ではなくなった。金融機関か保険代理店、農機具・肥料販売代理店であるかのように変貌していった。

（3）近郊農業の発達

千葉県農業は工業の発展速度には追い付けなかったが、地理的に東京という巨大消費地に隣接していたため地の利を生かし近郊農業を進めることが出来た。消費期限の短い野菜、牛乳、食肉（非冷凍）といった生野菜や畜産物は消費地に近い近郊諸県が優位であった。その利点を生かし、この時期に千葉県は沢山の特産品を誕生させた。その基盤整備が今日の隆盛に引き継がれて行ったのである。一九六三年（昭和三八）一月、県農林部は県下を七ブロック（東葛、葛南、京葉、君津、南部、九十九里、大利根）に分け、野菜の適地適作に基づく省力栽培推進計画を作成した。県は達成目標を七〇年とした。当時、我が国の一日当たりの野菜摂取量は二三七グラムであったが、今後食生活の改善で摂取量は年々小刻みに伸びて行くとし、各ブロックの適地野菜を指定した。東葛地域はキャベツ、ホウレン草、ニラ、三つ葉、大根を、葛南地域はキャベツ、キュウリ、ニンジン、大根を、京葉地域はイチゴ、キャベツ、ホウレン草、ニンジンを、君津地域は水稲を中心にトマト、キュウリ、グリンピース、イチゴを、南部地域は温暖な気候を利用したハウス野菜を、山間地域はタケノコを、九十九里地域はトマト、キャベツ、タマネギを、大利根地域はキャベツ、ホウレン草、ニンニク、タマネギ栽培を推奨し、収穫目標量を決めた。それらの計画に基づき各地域では特産品作りが行われた。それとは別に昔から盛んに行われていた作物もあった。例えば落花生は八街町と市原市、スイカは富里町、梨は松戸市、市川市、白井町、鎌ヶ谷町、ビワは富浦町などで盛んに栽培されていた。切り花（花卉）では千倉町、江見町のキンセンカ、ストック、アイリス、フリージア、ガーベラなどが、畜産関係では酪農が安房地域で、養豚が北総地域で、養鶏が長生地域、北総地域で盛んに行われていた。県では農協とも協力し資金面での支援や品種改良、技術研究、開発を行った。そのため千葉市内に県畜産衛生試験場を新設（六四年一月）、江見町に花卉実験農場（六四年度）を新設した。また県内に肉豚生産団地を一〇ヵ所建設（六四から六六年度）、館山市に果樹試験場を新設（六五年度）した。組織体制では県内一〇支庁に園芸指導班を設置（六四年八月）し、市町村をくまなく巡回し援助した。また県内一一地区にある家畜衛生保健所の獣医師を二人から三人体制（六四年四月）とし、家畜の伝染病予防、種付け、出産などを援助した。

（4）農業人口の減少

臨海、内陸工業地帯の造成に伴い千葉県経済は高度成長を続けていたが、工業化による労働力需要は農業人口を吸収し、農業経済を揺さぶるほど農業人口が減少した。とりわけ一九六〇年（昭和三五）以降、工業化が軌道に乗るにつれ農業労働力は地すべり的な流出を招き、柱となる農業主の出稼ぎが起き、三ちゃん農業（爺ちゃん・婆ちゃん・母ちゃん）という言葉すら生まれた。農家には農業をする者、その後継者、兼業従事者、在宅通勤者などがいた。それらを含めた六四年の農家戸数は約一七万戸、農家人口は九六万五〇九五人（前年比二万一九一四人・二・三％減）であった。六〇年から六四年までの四年間で毎年二・五％ずつ減少し、一〇万人に達した。農業人口の減少は他産業に比べて農業収入が著しく低いことが主な原因であった。次代の新しい農業の担い手（後継者）となる新規学卒者の状況は、中学卒業者の場合、六四年度の卒業者数は五万九〇七七人であった。その内、農業従事者は二〇五六人（三・五％）であった。高校卒の場合、六四年度の卒業者数は一万九〇三七人で、農業就業者は九〇三人と最低（四・七％）であった(8)。

六六年年八月、県農業会議が四市町村の新規学卒者から満三〇歳までの農業後継者七〇〇人を対象に農業を担った理由などの調査（回答者は四三九人、回答率六二・七％）の結果を発表した。それによると農業に従事した理由では「農業に希望があるから（一二六人・二八・七％）・やむをえないから（二七五人、六二・六％）」であった。後継者が困っていることは「経営規模が小さい。事業資金がない、耕作条件が悪い、流通機構が不備のため農産物価格が安い、良い指導者がいない、経営（栽培、飼育）技術がない、休日がない」であった。この辺に打開のカギがあることを示唆していた。

（5）縮まらない農業所得格差

一九六四年（昭和三九）七月、農林省千葉調査事務所は六二年度の農業所得結果を発表した。それによると農業粗収益の部門別では一位が米、二位が野菜、三位が畜産であった。この三部門で全粗収益の七七％を占めていた。主要作物の王座を占めたのは米であったが価格の上昇で前年比五％であった。野菜は三八％、畜産は三四％と大幅に増加していた。各地域で米は毎年度収益が低下していた。畜産は京葉地域を除いて全地域で伸び、野菜も九十九里地域を除いて各地域で伸びていた。農業生産性（田んぼ一反の農業粗収益）は四万七千円、労働生産性（農業従事者一人当たりの農業粗収益）は一二三万七千円であった。これは他産業就業者一人当たり所得が第二次産業は平均四五万五千円、第三次産業は平均四三万四千円と比べると約半分程度の低い所得となっていた。知事は就任直後から「農業所得を他産業で働く所得者と同程度まで引き上げたい」と述べていたが、現実は厳しく進んではいなかった。

（二）水産業の変化

一九五〇年（昭和二五）代までの千葉県漁業は沿岸漁業が中心であった。内房沿岸（富津岬から館山市沖）は一帯に岩礁が形成されていて所々に砂浜がある。この海域では様々な漁具によりイワシ、ブリ、アジ、サバ、タイなどが収穫されていた。外房沿岸（館山市沖から大原町・現・いすみ市沖）ではアワビ、イセエビ、テングサ、ヒジキなどの磯物採取が行われていた。九十九里（大原町沖から銚子市沖）沿岸ではイワシ、アジ、サバ、サンマ、カツオ、カジキなどが収穫され、特にイワシ漁が盛んで全国屈指の漁場として知られていた。これらは五トン以下の小型船によって行われていた。五〇年二月、内房、外房、銚子の沖合漁業者によって千葉県沿海漁業協同組合（「沿海漁協」と言う）が結成された。沿海漁協は漁船の大型化、漁法の改善、漁船装置の近代化、県外での沖合漁場の開拓などを行った。六〇年代の日本では水産物の収穫量は増えていたが、工業などの第二次産業が成長し、漁村から都市に移って工場や会社で働く人が増え、漁業従事者の数は減少した。千葉県は東京湾側（内房）を埋立て工業地帯としたため、漁場を失った漁師たちは陸に上がり勤め人や商売人となった。水産業を行った地域は、銚子沖から千倉沖までの外房地域と内房地域の富津、木更津、船橋沿岸の海苔養殖であった。また、乱獲により不漁が続くようにもなった。政府や県による沖合漁業の奨励や漁港の整備も行われ、漁船も大型化し、漁獲場所も沿岸漁業から沖合漁業に移っていった。

（1）沿岸漁業の改善

水産庁は沿岸漁業の合理化、近代化、他産業従事者との所得格差の是正を目的として、沿岸漁業構造改善対策事業を実施した。千葉県では一九六二年度（昭和三七）から漁場改良造成事業と大型漁礁設置事業が、六三年度からは経営近代化促進事業が国・県の指導と助成を受けて始まった。これらの事業は一〇ヵ年計画として行われた。漁場改良造成事業では漁礁造成、漁港整備、漁船の大型化が行われた。漁礁造成では六二年に君津町から安房（内房）沿岸の海に石材やコンクリートブロックを投下し、イセエビ、アワビ、サザエ、テングサなどの棲家となる漁礁造りが行われた。県内には銚子港など七九の漁港があった。県は漁港整備を六三年度から八ヵ年計画で老朽化が進んだ漁港や漁船の大型化に耐えうる漁港造りを行った。初年度は五〇億円の費用（国庫補助を含め六〇億円余）をかけ銚子、飯岡、勝浦、千倉など一二港の整備を行った。また遠洋漁業を軌道に乗せるため、六四年度には一億五千万円をかけて房総丸に代わる新船を建造し、太平洋やインド洋などでカツオやマグロの漁獲調査や乗組員の指導を行った。経営近代化促進事業では六三年八月、総事業費一億二千万（国庫補助三・八割、県三割）で四年後完成を目標に勝浦市鵜原地区など一四漁協に対し、①海苔養殖施設の整備、②漁業無線局の新設、③集団漁業指導船の建造、④荷さばき場、マンモス冷蔵庫の設置を行った。勝浦市鵜原漁協はシマアジ養殖用の海面イケスの設置、小湊漁協はイセエビ養殖施設、千倉町川口漁協はアワビ専用の陸上大型イケスを新設した。県の施設ではないが銚子市の外川漁協では六六年一月、二千万円をかけて畜養池七面を完成させた。同漁協では高級魚のタイ、ヒラメ、スズキなどを毎年二〇㌧、アワビ、サザエなどで三四㌧水揚げしていたが、畜養池が無かったため安くても出荷せざるを得なかった。畜養池で育て市場価格が高い時に出荷すると二千万円の利益が生まれた。このような〝とる漁業〟から〝つくる漁業〟への動きも始まった。その他、六六年には館山市水産試験場に併設して魚のタネを作る種苗センターが新設された。県は千葉市内にある県内湾試験場の機能拡充（魚の汚染、ウナギ、フナ、ドジョウ、アユなどの養殖）にも力を入れた。そのため佐倉市臼井州崎の印旛沼近くの水面漁業センターを六五年度に完成させ、県内の淡水魚養殖の研究と指導の中心施設とした。

（2）海苔養殖改善と検査制度

富津から浦安に至る東京湾沿岸は遠浅に広がる海面を利用した海苔養殖が盛んに行われていた。一九五〇年代の千葉県の海苔生産量は全国の三割近くを占めていた（全国一位）。その後海面埋立てが始まり、養殖戸数は一九五五年（昭和三〇）の一万一九〇七戸をピークに六五年には八七七一戸と約三一〇〇戸も激減した。生産者は減ったがその後の生産技術の向上や品種改良などにより海苔柵数は一五万四千柵から一九万六千柵（四万二千柵増）、生産量では三億一三〇〇万枚が五億八九〇〇万枚（二億七六〇〇万枚増）となった。海面埋立てにより海苔養殖者（漁民）は減ったが柵数や生産枚数が増えたのは、①病害に強く生育の速い海苔の品種が誕生したこと、②海苔の育苗方法が支柱柵方式から水深の所でも可能なべた流し方式が開発されたこと、③海苔養殖に機械化（海苔の摘み取り、裁断、海苔抄き、脱水、乾燥という製造工程に人の手が不要）が導入されたことであった。機械化によって労働時間が短縮され、その結果、従事者は食事、休憩、娯楽時間を持てるようになり、就寝時間も七、八時間は取れるようになった。六四年九月、県は海苔の検査制度（ベテラン検査員が海苔のゴミ付着、色、ツヤ、味などを検査し、ランクを付け等級を決める）を導入する予定であった。なぜなら海苔生産者と問屋が庭先で取引きする方法では、生産者は買い叩かれ消費者が安心して海苔を購入出来る状態とは言えないからであった。県では県営の海苔検査制度を確立し、検査は県漁連に委託して行う方針を決めた。この方針には県漁連内の三三の漁協組合長は賛成したが、四〇軒の問屋や一部漁民は反対した。多くの漁民は海岸の埋立てが急ピッチで進み七〇年頃には埋立てが完了し、海面を放棄することになる。海苔の検査制度よりも転業補償金や転業先を県に斡旋してもらうことの方が切実な関心事であった。県の検査制度導入の提案には内湾三三漁協の内、一二組合が反対、六組合が態度保留であった。しかし九月一七日、知事は「全組合が実施するのは止める」、「賛成一五組合で先行して実施する」と決め行った。実施したのは富津、奈良輪、青堀、習志野、検見川、稲毛などであった。一五組合で二億五千枚の海苔の品質検査が行われた。

(3) 漁協の合併

政府は漁業構造改善事業の中核となる地域漁協(組合)の育成・強化を図るため、一九六四年度(昭和三九)から組合統合(合併)の指導、赤字組合の整理に力を入れることにした。六三年四月の時点で、千葉県内には二一一の漁協があった。内訳は出資沿海組合(一〇七)、業種別組合(二〇)、内水面組合(一七)、水産加工組合(三六)、生産組合(三一)であった。知事は就任当初から「漁港の整理、合併が必要だ」と述べていた。そこで県水産部では六三年度から六八年度までの五ヵ年計画を作成し、〝一市町村一漁協〟を目指し合併を推進した。対象は出資沿海組合(一〇七)で、「六五年三月末までに五四組合の合併を行う」方針であった。しかし漁協の合併には、農協の合併と違い港や魚市場、漁業権など異なった形態の権利があるため単純には進まなかった。またほとんどの漁協が五〇万円から一億一千万円の赤字を抱えていた。この累積赤字の上に、①漁協役員間の縄張り意識、②漁業権に対する既得権の扱いをどう調整するかなどの問題があった。漁協合併の目的は、漁民全体が漁協整備によって漁場の利用、漁業技術の取得、漁獲物の加工、販売、出荷などの受益にあった。県水産部では五九漁協を一七漁協にする計画であった。そのため合併する場合は一組合三〇万円の奨励金を出した。しかし、目標の六五年三月末までには全く合併は進まなかった。合併のネックは各漁協が抱える赤字処理にあった。そこで六六年度から新たな方針で臨むことにした。その内容は、①赤字額に対しては県信漁連が貸し付けを行い(年利〇・九五%)解消を図る、②年利〇・九五%の内、県信漁連が〇・五%の軽減を行い、残りの額の五分の二を県が負担する。さらにその残額は市町村側が負担する、③合併奨励金は三〇万円から五〇万円に引き上げる、④合併には漁協整備促進法を適用し、合併が実現した場合には法人税、財産登録税の一部を免除する、⑤二〇万円以上の施設を建設した場合には一〇万円の補助金を支給するなどであった。その結果、三六の漁協(館山市や安房郡白浜町、千倉町など)が六七年四月を目指し合併協議に入った。

４　水不足解消と県内水道の普及

（一）両総用水の整備

戦後における千葉県の最大の農業用地改善事業は両総用水整備であった。両総用水はその名前の通り下総、上総に跨る農業用水で佐原市（現・香取市）粉名口地先の利根川から導水し、第一揚水機場から毎秒最大一四・四七トンの水を取水し、下総地域にある佐原市、香取郡大栄町、神崎《こうざき》町、栗源《くりもと》町、多古町、八日市場市（現・匝瑳市）、光町、東金市、横芝町、松尾町、成東町、九十九里町、大網白里町（現・大網白里市）、蓮沼村、上総地域の茂原市、白子町、長生村の四市一一町二村の一万四千ヘクタール（四二三五万坪）の田畑に揚水を補給する目的で造られた。九十九里沿岸の両総耕地は好天が続くと田畑が荒地化した。両総用水事業はこの事態を解決するため佐原市の利根川本流の三ヵ所に揚水機場を設置し水を汲み上げ、下総地域の田畑を潤し栗山川に放流する事業であった。また利根川沿岸の佐原市一帯は低湿地（一八〇〇ヘクタール・五四四万五千坪）のため大雨が降ると毎年水害を受けていた。それを解決するため二ヵ所の排水機場を設置し、排水路を整備した。一方、上総地域の長生郡や九十九里沿岸も日照りが続くと田畑が荒地化したが、それを防ぐ水源が無かった。そのため栗山川から用水路を造り一宮川へ繋ぎ、沿線の田畑を灌漑する事業として行われた。この事業によって四郡の耕地が灌漑（水を引き田畑を潤す）の恩恵を受けることになった。両総用水事業は受益耕地面積二万一千ヘクタール（六三五二万五千坪）に及ぶ規模で総額一五億二九〇〇万円を要した。この事業は一九四三年（昭和一八年）から始まり、最初は農地開発営団が行っていたが戦争による中断もあり、四七年からは農林省の直轄事業として行われた。利根川から栗山川を経由して一宮川までに至る総延長七八キロメートルの農業用水路は六五年に竣工した。また国営の幹線に継ぐ支線の水路は県営事業として行われた。この灌漑事業は五三年から開始され、支線用水路一五路線一五五キロメートル、排水路七路線三一キロメートルの施設が四〇億円の費用をかけて七三年に完成した。この整備により利根川からの取水が千葉県の水田面積の約二〇％に当たる約一万四千ヘクタール（四二三五万坪）を灌漑し、千葉県の農業生産と営農を支える重要な農業用水となった。利根川から送水された水は毎年三月から八月まで灌漑を行ったが、後の半年間は水があまり利用されない状況にあった。そこに目をつけた茂原市からは「人口増で上水道の給水人口が増えたので上水として利用させて貰えないか」と、内陸工業地域からは「工業用水に使用したい」などの要請があった。それらの要望を受け、両総用水は活用された。また市原市五井から木更津地帯の工業用水としての要請も来ていた。

（二）利根川河口堰の建設

県は印旛沼の水資源開発が一段落したのを受け、利根川下流の水量確保の決め手として一九六一年（昭和三六）頃から利根川河口堰建設を国へ働きかけた。利根川河口堰は銚子市河口の上流一八・五キロメートルの香取郡東庄町地先と対岸の茨城県神栖市地先に跨り、利根川を仕切る可動堰（「河口堰」と言う。平均貯水量九〇〇トン、八〇キロメートル上流まで水位調節可能）である。堰の長さは八三四メートル、可動部の延長は四六五メートルで調整門二つ、制水門七つなどを造る計画であった。河口堰の目的は、①塩害の防止であった。五五年頃から利根川下流の水量が減少し銚子市河口から海水が逆流し、佐原市、旭市など流域二七市町村の農作物に塩害が発生した。堰を造れば塩害を防止することが出来ること、②利根川本線の水資源開発によって下流の流量は年々減少し、水位の変化が激しくなり利根川底や堤防の破壊もあり水害発生の恐れもあった。これらは河口堰の流水調節で防ぐことが出来ること、③東京都や埼玉県への水道水の供給であった。河口堰を造り利根川を堰き止めることが出来れば、蓄えた水は印西町（現・印西市）から始まる北千葉導水路を経由して松戸市から江戸川へ送水し、埼玉県や東京都へ水を供給することが可能となる。また常陸川水門と利根導水路との連動により霞ヶ浦の水は利根川を経由して江戸川方面に送ることも出来ること、④京葉工業地帯や東京都の工業用水として供給することであった。そのため県は六一年秋、流域二七市町村で河口堰建設対策協議会を結成し、国へ建設促進を陳情した。しかし巨大な建設費となるため塩害防止や工業用水確保を目的とすると県や流域農家、企業などに多大な負担金が課せられる可能性があるため、事業目的を利根川本流の総合防災と河川維持に置くことにし、建設省の直轄事業として実施するよう働きかけた。当初、建設省も県の主張を理解し、六四年度予算に四千万円の調査費を計上し基礎調査を実施した。建設計画が具体化すると大蔵省は「災害防止や河川維持には河口堰のような大規模施設は必要性ない。千葉県の河口堰建設の目的は工業用水や農業用水を円滑に進めるという側面が強い。特定利水のための建設費は千葉県側が負担すべきである」と難色を示した。また資源科学研究所も同様な考えであった。ところが東京オリンピックを目前にした同年八月、東京都は深刻な水不足に直面し、利根川の水資源確保と千葉県からの水道水供給が政治課題となった。そのことが利根川河口堰の必要性を強く認識させることになり、政府は閣議で七〇年度完成を目指し河口堰建設工事開始を決定した。一方、銚子市内の中利根、下利根、西利根の三漁協は河口堰建設反対実行委員会を結成し、六四年一〇月二一日、漁協代表が川上副知事に会い「河口堰が出来ると漁場が荒らされ内水面漁業が壊滅状態になる。この場所には三〇〇人の水面業者がいて三漁協合わせて年間一億五千万円の水揚げをしている。河口堰が出来ると下流は海水で溢れウナギ、シジミ、ハゼ、シラスなど淡水資源は絶滅状態となり、操業は不可能となる」と抗議した。二四日、銚子市笹本町中利根水産センターに組合員と家族八〇人が集まり、利根川河口堰建設反対総決起大会を開き、次の四項目を決議した。①銚子市議会に河口堰反対を働きかける、②堰が出来る前に漁場の被害実態調査を行う、③五県連合の利根川漁業被害対策協議会に呼びかけ反対運動を展開する。また堰上流の賛成業者との意見調整を図る、④下利根、中利根、西利根の各漁協で共同して反対運動を進めるであった。この動きに茨城県の漁民も同様の考えであった。また群馬・埼玉・栃木・茨城県で組織している河口堰問題五県漁協協議会も事態を重視し、国に実態調査を要請した。これらの動きに対し建設省と千葉県は計画内容の説明会を開き、円満に解決が図れるよう努力したが、漁業補償は難航した。利根川河口堰は六五年一二月に工事が始まり、七一年一月に竣工した。事業費は一二八億円、土地買収面積は四・三ヘクタール（一万三千坪）であった。巨大な河口堰は利根川に出来たが、利根川河口で淡水魚の収穫で生活していた人達の漁場が奪われたことは忘れてはならない出来事であった。

（三）工業用水専用の山倉ダム

一九五七年（昭和三二）一〇月、県土木部に養老川河水統制事務所が設置され、養老川北岸の工業地帯造成に伴う工業用水確保のための調査が開始された。工業地帯別の工業用水の水源は、東葛、葛南地区は北千葉導水路と利根川河口堰から、千葉地区は利根川河口堰と印旛沼から、五井姉ヶ崎地区は印旛沼から、五井市原地区は養老川を利用した山倉ダム（市原市）から、木更津南部地区は小糸川を利用した豊英ダムと湊川を利用した郡ダム（君津市）から給水を受けるという計画であった。それでも水量が不足した場合は工場敷地内の地下水を汲み上げ使用する計画であった。山倉ダムが出来る以前、市原五井地区の工業用水は一日五万トンの地下水を汲み上げ使用していた。山倉ダムは市原市五井・市原地区の企業を対象に工業用水を提供するために造られた県営ダムで、工業用水専用のダムとしては我が国では初めてで鹿島建設が施工した。面積は一〇〇ヘクタール（三〇万三千坪）、貯水量四四〇万トンで計画された。貯水はダムから二キロメートル離れた同市西広地先の養老川から水をポンプアップしダムへ送水する手法がとられた。五九年四月から工事を開始し、ダムへの貯水は六四年九月から開始され同年一二月に竣工した。六五年から一部送水を開始し、六七年度から一日一二万トンの工業用水を一六工場に供給した。総事業費は四四億五千万円であった。印旛沼からは五井姉ヶ崎（五井南部）地区への送水事業は、第一期工事が印旛沼（佐倉市角来）から毎秒二・五トンを取水し、市原市五井南部地区（市原市、五井町、姉崎町、君津郡袖ケ浦町など養老川以南の埋立地）へ送水本管全長四一キロメートルを通し、日量二一〇万トン（将来は四〇万一千トン）を出光興産や丸善石油、三井系石油化学コンビナート、日本板硝子など一六社に供給した。その結果、地下水に依存していた出光興産などは工業用水不足の心配が無くなった。地下水汲み上げの過剰で飲料用井戸が枯渇して困るという地元民の苦情も解決された。六三年四月時点での一般家庭の水道基本料は一〇トン二二〇円であった。一トン二二円となる。それに比べ工業用水は一トン五円五〇銭で各企業に提供された。家庭用料金の四分の一の安さであった。企業への料金はあまりにも安いため県議会議員の一部や県民から「大企業を優遇し過ぎる」との批判の声が上がった。

（四）農業用水用に造られたダム

（1）金山ダムの建設

一九五二年（昭和二七）、県営加茂川左岸土地改良区（現・鴨川市）は金山ダムを造るため三二三万円を投じて清澄山系に源を持つマンガホリ川など三つの川を堰き止める調査を行った。調査結果を受け清水建設が五四年から金山ダム建設工事を開始した。湖底に沈む五軒の農家、山林、水田二三ヘクタール（七万坪）の補償問題や取り付け道路の難工事などもあり、工期は一〇年を要し六三年三月、貯水が開始された。貯水面積は二一・一ヘクタール（六万四千坪）、総貯水量は一七七万トンとなった。農業専用ダムとしては三島ダム（君津町）、安房中央ダムに次ぐ農業用ダムで、総工費は四億一〇〇万円であった。

（2）安房中央ダムの建設

県は安房地域の水田地帯一二〇〇ヘクタール（三六三万坪）の用水確保のため東亜道路工業が一九六五年度（昭和四〇）から五ヵ年計画で丸山川上流（安房郡丸山町御子神地点）に大規模な農業用の安房中央ダムを建設した。貯水量は二一一万トンで、蓄えた用水は丸山町江田、館山市稲原、千倉町安馬谷、館山市江田の四コースに幹線水路（延長二〇キロメートル）と支線を通し、各市町村の耕地に給水し、稲作の発育の安定を図った。館山市、丸山町、三芳村の水田は二毛作が可能となり生産量が拡大した。またパセリやレタス、セロリなどの洋菜類栽培も可能となった。ダム建設の総事業費は七億二千万円であった。

（五）県営水道事業

一九三二年（昭和七）六月、岡田文秀千葉県知事は江戸川沿岸地方の開発計画を作り・県営水道対象地域は東京湾沿岸の浦安町（現・浦安市）から市原町（現・市原市）までの沿岸地域と松戸町（現・松戸市）と決めた。水源は江戸川の水を汲み上げ松戸町古ケ崎浄水場で浄化する方法と千葉市と市原、姉崎両町は地下水を汲み上げて浄化する方法とした。三六年六月、最初に工事が完了し千葉市から給水が開始された。その後、市川市、船橋市、浦安町、松戸町へと給水範囲は拡大して行った。戦災の復旧を終えた四九年から県営水道工事は本格化し、水需要も急激に増加した。五〇年代の工場誘致により給水戸数は増加を続け、水圧低下、減水、断水が各地で発生した。柴田県政期の五五年（昭和三〇）四月、江戸川から毎秒〇・八トンの水利権を東京都から取得した。五六年四月、江戸川の水を汲み上げるため松戸市内の下矢切取水場と栗山浄水場が整備され、配水管を布設する第一次拡張事業が開始された。目標年次は六五年とし、計画給水人口は四五万八千人、一日最大給水量は一二万三千トンとする計画で、事業費は二七億六千万円であった。主な内容は、①江戸川を水源とする栗山浄水場は日量六万六千トン、②地下水を水源とする市原浄水場は日量九千トン、③新たに建設する千葉市大宮浄水場は日量六七五〇トン、④今井浄水場からは日量四千トン、⑤千葉分水場からは日量五〇〇トンを増量し、市川市、船橋市、千葉市方面に給水するというものであった。これで断減水は解消することが可能となった。しかし京葉工業地帯の急速な発展により給水区域内に住宅地や団地が造成され、第一次拡張事業の目標年次である六五年を待たずに、給水能力を超え再び断水が発生した。

県内の水道事業は、東京湾沿岸部の都市（県営水道布設地域）以外の地域は国や県の補助金で水道布設工事と運営を行っている。六三年八月時点での水道の供給状況は、給水人口が五千人以上を持つ上水道が一四ヵ所、簡易水道（給水人口が一〇一人から五千人以下）が一五二ヵ所、専用水道（給水人口が一〇〇人以上でその居住者に提供する水道施設の最大給水量が政令で定める基準を満たす水道）が三〇カ所、その他小規模水道（利用者が一〇〇人以下）があった。県全体の人口に対する水道普及率は三八％で、全国平均は五七％であった。全国では下から五番目の低さであった。水道普及率が低い理由は千葉県は地形的に平地が多く、高い山が無いため水源には恵まれていないことにあった。また水道事業体の経営基盤は地域間で大きな格差があった。

市原市の水道は臨海部を県営水道が、内陸部は簡易水道を引き継ぐ市営水道で行われている。しかし、六五年以前はは県営水道は布設されていなかった。そのため臨海部は地下水の汲み上げで飲料水を確保していた。六三年九月、東海地区の町田部落など一〇部落四五〇世帯の井戸水が枯れた。原因は「臨海部の工場用水の汲み上げによる影響だ」と地域住民は主張し、部落代表と地元市議が県水道部と鈴木貞一市原市長に対し無償で水道施設の整備と給水車の手配を陳情した出来事があった。そのため県は六七年四月、第二次拡張事業に着手した。目標年次は六七年度、給水人口は六九万四五〇〇人、最大給水量は日量一四万七二五〇㌧とし、事業費は六〇億三千万円であった。主な内容は、①栗山浄水場に日量一二万㌧の上水施設を増設し、送水管を千葉市まで布設し給水する、②市原市姉崎地先に日量一万二千㌧の地下水系浄水場を新設し、既存の地下水系浄水場の一日最大給水量を一万五千㌧に増量する計画であった。第二次拡張事業の工期を一年短縮したにもかかわらず、給水区域の都市化は進展し、増え続ける水需要に施設能力が追い付けない恐れが出て来たため六五年四月、第三次拡張事業に着手した。目標年次は七〇年、給水人口は一二一万四千人、最大給水量は日量二七万㌧の施設を拡張する計画とした。主な内容は新たに利根川の水を印旛沼に引き入れ、印旛取水場（佐倉市臼井田）から水を汲み上げ、日量二七万㌧を処理する柏井浄水場（千葉市柏井）と誉田給水場（千葉市誉田）を新設し、千葉市、船橋市、市原市方面の給水を安定化する計画であった。(9)

5　人口増と住宅建設、公団の誘致

（一）総合五ヵ年計画、二年で作り直す

急激な人口増は様々な分野で歪みを生み出した。県や市町村、住民はそれらにどのように対応したのか、代表的な例を紹介したい。県の第一次総合五ヵ年計画（一九六四年度から六八年度）は六四年（昭和三九）七月に発表された。しかし一年四ヵ月後の六五年一一月、知事は記者会見で新しい第二次総合五ヵ年計画（六六年度から七〇年度）を策定するとし、第二次総合五ヵ年計画を六七年二月に発表した。第一次計画が途中で打ち切られた理由について知事は、「第一次総合五ヵ年計画では六五年度末の人口を三五〇万人と想定した。しかし、六五年一〇月の国勢調査で二七〇万人となってしまった。県の財政規模も四四九億円と想定していたが、すでに五三〇数億円になっている。第一次総合五ヵ年計画は実態に合っていない計画となってしまっているので使うことは出来ない」と述べた。

（二）人口増で新たな課題に直面

(1) 県人口、毎年一〇万人増加

県統計課は一九六三年（昭和三八）一〇月の県人口を発表した。人口は二五〇万五五六三人（前年比八万一四〇七人、三・四％増）であった。人口増の内訳は、京葉工業地帯造成と住宅団地などによる社会増が半数以上を占めて五万六〇八五人、自然増は二万五三二二人であった。六四年一〇月の人口は二六一万一九八人であった。一年間に一〇万四六三五人も増加していた。

(2) 県人口二六〇万人に

人口増は東京隣接都市と京葉工業地帯都市、過疎化は農漁業地域に集中した。増加の著しい都市は柏市

（二三・一％増）、船橋市（二一％増）、松戸市（八・九％増）であった。一方減少が著しい地域は八日市場市（一・三％減）、勝浦市（一・二％減）、市原郡（一・五六％減）、長生郡（一・五四％減）であった。一九六四年（昭和三九）一〇月一日の県内の世帯数は約六〇万七千、人口は二六一万人であったった。**（表４）友納一期県政期の世帯数、総人口、男性と女性数、対前年度増加数、女性一〇〇人に対する男性比（Ｐ474）**を参照されたい。京葉工業地帯の造成に伴い、女性一〇〇人に対する男性の比率が一九五〇年（昭和二五）は九四・一人であったのが六三年以降になると九七・四人となり、それ以降も微増していることであった。これは京葉工業地帯の工場で働く男性が増えていることを示していた。また第二次、第三次産業人口が増えているのに対して農業人口は年々減少し、九五万人となっていた。

（３）都市部、銀行ラッシュ状態

京葉工業地帯などの造成により県民所得は上昇した。都市部の一人当たりの所得は二一万三四〇〇円（昭和三七年度県民所得・県調べ）となり、県平均一五万二千円を六万一四〇〇円も上回った。著しい所得の伸びを示したのは習志野市から千葉市、市原市までの地域であった。こうした状況を狙って千葉市など主要都市への金融機関の進出が目立ち、銀行建設ブームが起こっていた。千葉銀行協会（千葉市内に本支店のある銀行が加盟）では「現在千葉県は消費県から生産県へ脱皮している途中にあり、金融の伸びは無限に秘められている」と分析していた。金融機関の進出は一九六四年（昭和三九）六月から七月に東洋信託、住友銀行が千葉市に支店を開設した。また千葉、船橋、松戸、市川の各市に進出が決まったのは住友信託など六銀行であった。すでに県内には千葉銀行、富士、三井銀行など一六の銀行の支店があり、信用金庫、農協、証券会社支店などを含めると大変な数になる。

（４）団地自治会、総武・常磐両線の複々線化を要請

船橋市高根台、前原など県内一〇団地で組織された県団地自治会は、一九六四年（昭和三九）一一月一五日、

総武・常磐両線の混雑解消を求めて政府、国会に働きかけることを決めた。一一月末を目標に各団地、主要駅で署名運動を実施した。

(5) 保育園入園希望者、二倍に

県内に共稼ぎ世帯が急激に増えていた。そのため保育園への入園競争率も年々激しさを増していた。県衛生民生部によると県内の共稼ぎ家庭は一九六二年（昭和三七）五月には、保育に欠ける幼児は二万二千人であったが、六四年六月には六万二千人となっていた。しかしこの数字は市町村から県に「保育に欠ける者」として報告された数字で、子供を親元などに預けた人、共稼ぎを希望している人は含まれておらず、それらを加算するとさらに大きな数になると推定された。共稼ぎ世帯は郡部より都市部の方が多かった。六万二千人の内、三万四千人が都市、二万八千人が郡部となっていた。この内、都市部では一万一千人が公立七一、私立四三の保育園に入所していた。二万三千人は入所出来ない状況にあり、家庭で保育していた。(10)

(6) 母親たちの保育園建設と運営

一九六五年（昭和四〇）五月、船橋市丸山町に母親達の手で建てた丸山保育園が開園した。山林が開発された丸山町は六〇年頃から住宅が建ち始めた。共稼ぎの夫婦や商店などから保育施設の必要性が叫ばれるようになった。市に建設を要請したが良い返事が得られなかった。それなら自分達の手で建てようと「丸山保育の会」を結成した。同町にある市有地（梨畑）を借り受け、みんなで古材を持ち寄り、一六・五平方《メートル》（五坪）のバラック（仮設）の丸山保育園を作った。お母さん達が屋根に上がってトタンを張り合わせ、床板を打ち付け、雨露をしのげる程度の建物が出来上がった。石油缶を足にして張り板を乗せた机を作り保育を開始した。この保育園には二歳から六歳までの子供七〇人が通園した。預かり賃は朝九時から午後三時まで一人四〇円、子供達は弁当、水筒持参でやって来る。一人の保母さんとお母さん達が二人一組で助手となり、交代で送り迎えから一切の面倒を見た。「来年（一九六六年）には、市がこの地域に保育園を建ててくれるまでは頑張る」と

言っていた。[11]

（7）千葉市の〝カギッ子〟対策

千葉市では〝カギッ子〟（家庭の事情で学校からの帰宅時に親などが自宅におらず、自分の家のカギを持参している子供）対策として学童保育所の設置を検討してきたが、一九六五年（昭和四〇）一〇月から〝カギッ子〟が五〇人以上いる小学校八校、保育時間延長を希望する保育所二ヵ所で実施することになった。予算は三〇〇万円。小学三年生以下を対象に学校の教室を利用して、夕食を支給し夜八時まで保育した。単なる保育ではなく、教育効果を考えて予習復習は学校の教務主任が協力し、補助要員としてパートを配置した。学童保育実施校は松ヶ丘や鶴沢、新宿、寒川、院内、大森、幕張、轟《とどろき》小の五〇人以上の〝カギッ子〟がいる学校となった。[12]

（8）船橋市の小・中学校建設

船橋市の人口は一九六六年（昭和四一）一〇月末時点で二三万八千人であった。この数年毎年約一万七千人増えていた。同市には小学校二一、中学校一一、計三二校あり、児童・生徒数は二万七千人となっていた。いずれの学校も三〇学級の大規模校ばかり。これまで農村地域だった所に大型団地が進出し、その周辺の開発も進み同市の人口分布図は塗り替えられてしまった。その結果、明治時代から受け継いで来た現行学区の見直しの時期を迎えていた。そこで船橋学区審議委員会が開かれ、六七年度四月から学区が再編成されることになった。それに合わせて市内に七つの小・中学校が建設された。建築校は習志野台小と同中学や（仮称）二宮第二小、高根台第三小、（仮称）法典第二小、若松小と若松中で工事費は一校二億円（含む土地買収費、教材、備品費など）で、総額一五億円近い巨費になるため初年度は二分の一の学級数で建設されることになった。一年間に七つの小中学校が建設されるのは県内では初めてのことであった。[13]

（三）人口増に追いつけない住宅建設

（1）住宅不足、五万戸以上

一九六四年（昭和三九）三月末、県は同年を初年度とする「千葉県住宅政策五ヵ年計画」を策定した。建設費二七億四千万円をかけ、県営住宅を二四二一戸（千葉市に一四九五戸、船橋市に一五〇戸、習志野市に二三九戸、佐倉市に六〇戸、市原市に八六戸、八千代町三九一戸）建設することにした。また市町村営住宅として千葉市など三六市町村に二三二一戸を建設するよう要請した。建設した場合は建設費の半額を県が補助する方針とした。同年五月一日時点で県内の世帯数は五九万八〇〇を突破し、人口は二五六万八四〇六人であった。しかし、これに見合う住宅は依然として不足していた。特に同年度は深刻で、県の説明では県内の住宅不足数（推定）は、五万三八〇〇戸以上あった。これに対して前年度中に建てられた住宅は、公営住宅七四〇戸、改良住宅三五二戸、住宅協会の賃貸住宅一七六戸、同分譲住宅六七七戸、住宅公団の賃貸住宅四六六六戸、同特定分譲住宅四〇〇戸で総数は七〇一一戸であった。この他に雇用促進住宅（雇用保険で造られた離職者対象）や自力による住宅建設が二万六五〇〇戸見込まれていた。これらを足しても三万三五一一戸にしかならず、二万戸以上不足していたことになる。

（2）公営住宅、大量建設

戦後、住宅不足は深刻な状態が続き県政の重要課題となっていた。県は一九五三年（昭和二八）一月、千葉県住宅協会（六五年一一月に千葉県住宅供給公社に改組）を設立し、計画的に住宅建設と宅地開発を行った。県住宅協会が最初に行った事業は、五四年一一月から始まった八千代町（現・八千代市）の八千代台団地の造成であった。五五年七月、政府により日本住宅公団（現・都市再生機構）が設立され、住宅難が存在する地域を対象に耐火構造集合住宅の建設と大規模宅地開発事業が開始された。住宅公団が県内で最初に建設した団地は五五年一〇月から建設が始まった千葉市稲毛団地（鉄筋四階建、二四〇戸）であった。住宅公団の団地は県民の住宅不足を解消するのが目的ではなく、東京に通勤するために県内へ移住して来た人に住宅を提供するという性格が強かった。そのため住宅公団の団地は千葉県北西部を中心とした地域に建設された。そのため、人口が急増し千葉県が東京のベッドタウンとして急激な変貌を遂げる結果を生み出した。五〇年代に出来た団地の規模は一千戸未満であったが、六〇年代になると一千戸以上の分譲・賃貸団地が大半となった。前原（船橋市、賃貸一四二八戸）や常盤平（松戸市、賃貸四九五四戸）、高根台（船橋市、分譲二二〇、賃貸四六五〇戸）、豊四季（柏市、賃貸四六六六戸）、千草台（千葉市、賃貸二〇九九戸）、習志野台（船橋市、分譲八四九、賃貸二〇四三戸）が建設された。県住宅協会の住宅建設は千葉県民を対象としていた。江戸川台（流山市、分譲一一九八戸）や大宮台（千葉市、分譲一九六戸、賃貸一四〇三戸）、勝田台（八千代町、分譲一八三八戸）、こてはし（千葉市、分譲二三一四戸）、若宮（市原市、分譲一四九六戸）が建設された。しかしこれらの計画が実現しても人口増に住宅建設はとても追い付けなかった。

（3）大型団地進出に規制

団地内の道路は整備されたが、一歩団地外へ出ると道路は悪く交通機関も整備されていなかった。街灯も少なく交番も近くに無かった。新設予定の保育園、小中学校建設は入居より遅れることもあった。一九六三年（昭和三八）六月から始めた〝知事への手紙〟にはそれらに対する苦情や相談が多く寄せられた。そのため県は住宅公団、県住宅協会、地元市町村、住民代表からなる協議会を発足させ、その対応に乗り出した。また地元市町村からも団地に対する社会基盤整備（役場支所、上下水道、保育園、小中学校、ゴミ処理施設、交番など生活に不可欠な施設）費用が財政を圧迫しているとの不満の声が寄せられた。

六四年には通勤輸送（常磐線・総武本線の複々線化）問題の訴えが各団地から強く出されたため、県は住宅公団に対し「国鉄などの輸送力増強を充分考慮して公団団地を建設するよう」申し入れた。しかし住宅公団側の誠意はなく、〝考慮する〟との態度であった。同年二月一八日、千葉や神奈川、埼玉県の三県知事が集まり、

「住宅公団は用地取得が容易な場所を選び、無計画に住宅団地を建設し、入居者を募るだけで建設された市町村はその対策に追われ、財政面で大きな負担を負わされている」と抗議した。六五年二月一日、知事は記者会見で「一月三〇日の話し合いで挟間公団総裁に住宅公団が建設中の一一団地の内、県に事前に連絡のあった千葉市作草部など五団地については建設を認めるが、同市園生など建設中の六団地は中止するよう申し入れたこと」を明らかにした。その内容は「公団が一〇〇㌶（三〇万三千坪）程度の団地を各地に造ると道路や排水施設などが不備なため、市町村の財政を圧迫している。そのため県は六団地の建設は認められない」、「今後団地を造る場合は一〇〇㌶以上の団地を造成し、道路や排水施設を完備したニュータウン式の建物を造って欲しい。その場合は建設用地について県が無償で提供すると提案した」と語った。県が公団の住宅団地造成にブレーキをかけたきっかけは〝知事への手紙〟で住宅団地内の住民からの苦情の多さからであった。そこで県は住宅公団に対して、「団地を造る場合は、①保育園や幼稚園、②学校、③道路、④排水や上下水施設、⑤役場支所など、市町村に財政的な負担をかけないよう」申し入れを行ったのである。同年六月一一日、知事は臨時記者会見で「一〇日に挟間公団総裁と会った。総裁から、①今後造る団地は九九㌶（二九万九千坪）以上とする、②県が受け入れを拒否している団地の建設は認めて欲しい、③取得する予定の候補地については事前に県と協議するとの回答があった」と語った。ところが同年七月、住宅公団は県との事前協議を守らず流山町（現・流山市）で入居説明会を開き用地買収を開始した。県は「申し合わせ事項に違反している」と住宅公団に抗議した。そのため同年一一月、再度県と住宅公団は話し合いを持ち、「団地建設をする場合は県へ事前に計画書を提出すること」が確認された。

（4）海浜ニュータウンと千葉ニュータウンの建設計画

一九六五年（昭和四〇）、県の人口増は月一万人、年間一二万人以上となった。零細な面積の農地が虫食い状態の用地となり、その面積は年間三三〇㌶（九九万八千坪）以上となった。その状態は東京を中心に放射線状に常磐線と総武線沿いに起こっていた。そこで県は第二次総合五ヵ年計画に人口急増対策として「ニュータウン建設を行い、スプロール化（市街地が無秩序、無計画に広がる状態になること）の防止と急増する人口を計画的に誘導するため、臨海部と内陸部に合わせて三三〇〇ヘクタール（九九八万三千坪）の大規模住宅団地の建設を行うこと」を明記した。

①海浜ニュータウンの造成

一九六六年（昭和四一）一月、知事は記者会見で「習志野市津田沼地先から千葉市幕張、検見川、稲毛地先までを埋立て、人口一六万人の海浜ニュータウンを建設する計画」を明らかにした。その地域が選ばれた理由は、①都心に近く交通の便が良いこと、②漁業補償が成功すれば埋立地なので問題点が少ないこと、③工業地帯の公害などの影響も少ないことであった。六七年二月に策定された第二次総合五ヵ年計画では開発面積一四八〇ヘクタール（四四七万七千坪）、人口一五万七千人、計画戸数四万三千戸と明記された。土地利用計画では人口海浜、公園、道路等の公共施設用地、学校などの文教施設用地、京葉線用地、医療・福祉施設用地、上下水道施設用地、バスターミナル用地なども確保された。（表５）海浜ニュータウンの当初計画案（P475）を参照されたい。

②千葉ニュータウンの造成

知事は一九六六年（昭和四一）五月九日、記者会見で「総武線と常磐線の中間地点の北総大地に細長い形状の千葉北部ニュータウン（現・千葉ニュータウン）を建設する。規模は人口三四万人、面積二九一二ヘクタール（八八〇万九千坪）」という計画案を発表した。対象区域は白井町、船橋市北部の小室地域、印西町、印旛村、本埜《もとの》村の一市二町二村に跨る地域であった。完成予定は八三年で、住宅戸数は九万五四〇〇戸（戸建住宅一万七六〇〇戸、共同住宅七万一千戸、その他六八〇〇戸）であった。土地利用計画では住宅用地一一五九ヘクタール（三五〇万六千坪）、公共施設用地一〇四七ヘクタール（三一六万七千坪）、文教施設用地三〇三ヘクタール（九一万七千坪）、鉄道用地五三㌶（一六万坪）となっていた。域内には小学校四一校、中学校二二校、高等学校一五校が予定されていた。交通幹線は鉄道では北総開発鉄道が新設され、印旛村松虫駅（現・印旛日本医大駅）から新京成線北初富駅で接続され都心へ、域内中央部を一〇〇㍍道路が東西に貫通し東京方面や京葉工業地帯方面へ接続する計画となっていた。また新東京国際空港（成田空港）へは域内を成田新幹線が経由し通過する予定であった。詳細は**第三章・4 住宅建設と巨大団地の造成（2）千葉ニュータウンの造成（P357）**で記述したい。

（四）激減する都市部の農地

（1）農地転用で激減

一九六四年（昭和三九）一一月二六日、農林省千葉統計調査事務所は県下の一九六三年度の耕地面積の調査結果を発表した。それによると水田は一一万三〇〇㌶（三億三三六五万八千坪）、畑は八万四七〇〇㌶（二億五六二一万八千坪）となり、前年より一三〇〇㌶（三九三万三千坪）も減っていた。原因は京葉地域における宅地、工場敷地などへの農地の転用であった。農地を転用する場合、農地法で転用方法が決められていた。同法第四条は自分が使用するための農地転用で、第五条は所有権を移転する農地転用であった。また農地転用は一七㌶（五万一千坪）以上は農林大臣の、それ以下は知事の許可が必要となっていた。六五年七月二〇日、千葉県農業会議は同年一月から七月までの半年間に許可した農地転用について発表した。それによると許可件数は二七五九件、面積は二六八〇㌶（八一〇万七千坪）であった。これは六一年度と比べて件数で四七％増、面積で三四％増であった。都市人口の増加と金融機関の増加が影響し、小規模農家が離農と引き替えに換金（土地を売却した金額を銀行に預けた利息の方が収穫益より多い）を図るなどが大きな原因となっていた。法五条に該当する二七五九件の転用は、地方公共団体によるもの一五〇件（五％）、地方公共団体以外のものは二六〇九件（九五％）であった。地方公共団体による主なものは学校用の敷地五八件、公共建物用の敷地一八件などであった。地方公共団体以外のものでは一般住宅用敷地九〇三件、発電用敷地八一件などであった。転用目的では一般住宅用敷地が圧倒的に多かった。

（2）収賄事件が多発

農地を宅地にする場合、農業委員会に届け書を出し承認を受ける必要があった。一般に申請から承認までには三、四ヵ月の期間が必要となっていた。そこで農地を耕作せずに荒れた状態の土地にし、「雑種地」として法務局（登記署）に申請すれば地目を宅地として登記することが出来た。宅地としての登記が済めば農地は宅地として売り買いが可能となる。この法律の盲点を利用した農地転用が行われた。盲点を利用した事件が市川市、千葉市、鎌ヶ谷町（現・鎌ヶ谷市）、柏市で発生した。

①水田埋立て宅地化

一九六四年（昭和三九）六月四日、市川市農業委員会は悪質な農地法違反として関係者一二人を市川署に告発した。告発状によると同市下貝塚の石井ら一一人は前年一二月、水田八五〇〇平方㍍（二五七一坪）を農地法を無視して一坪五千円で自動車販売業の鈴木に売却した（総額一二七〇〇万円）。鈴木は市内の山田工務店に依頼して水田を埋立てさせた。鈴木は埋立て完了後、同月二八日に法務局市川出張所に地目変更届けを出した。翌年四月、宅地として登記を済ませた。鈴木はこの土地を都内大田区の山田興業会社に転売した。その後の捜査では鈴木と小熊（不動産業者）が法務局出張所田辺所長と崎山登記担当係長に坪当たり五〇〇円の謝礼を渡していたことが明らかとなった。贈収賄事件である。次に市川市下貝塚の農地不正転用事件を追及する中で新たな汚職事件が発覚した。その内容は六三年二月頃、小熊（不動産業者）は同市内の農民六人から菅野町の水田五六一〇平方㍍（一六九七坪）を一千数百万円で購入し、そこを埋立て法務局市川出張所に雑種地として地目変更届けを提出し、許可後直ちに宅地に造成し久保田鉄工所に社宅用地として二千数百万円で転売した。この背後には市川出張所登記係の林が関わっていた。田辺所長はその事実を黙認した。崎山登記担当係長には一〇万円、林には数万円が謝礼として渡されていた（収賄）。

②農業委員会会長が収賄

一九六三年（昭和三八）五月、小熊（不動産業者）は鎌ヶ谷町初富の農地（畑）二ヘクタル（六〇五〇坪）を買収し、法務局市川出張所で地目変更届をする際、雑種地の認定をもらうため秋元農業委員会会長に一〇万円を渡し、「農地として耕作には不適当である」という偽りの証明書を発行させた（収賄）。また田辺所長にも現金を渡し地目変更を認めさせた（収賄）。この事件では悪質不動産業者、法務局担当者、農業委員、売り主の一人である元町議会議員など一〇人が農地法違反、贈収賄の疑いで千葉地検に起訴された。

③千葉市議と市部長を起訴

一九六一年（昭和三六）、千葉市六方町（現・稲毛区）に一四・八ヘクタル（四万五千坪）の雑種地があった。金杉市議と千葉市役所石川事業課長はその土地所有者（農業）に「市が誘致する工場建設のため日東紡千葉工場建設用地として売って欲しい」と働きかけ、また所有者に「一千平方メートル（三〇三坪）当たり五〇万で買って欲しい」と委任状を書いてもらい土地ブローカー岡安商事に仲介を依頼した。岡安商事は農地転用許可を受け、その土地を日東紡に売却した。岡安商事は斡旋してくれた金杉市議と石川事業課長、上司である金子部長ら三人に二千万円を渡した。そのことが発覚し六四年六月一五日、三人は贈収賄事件として千葉地検に起訴された。

④杜撰な農地転用

柏市で工場と社宅を造るために農地転用許可を得た水田が、いつの間にか宅地として分譲されていたことが一九六四年（昭和三九）九月市議会で問題となった。問題の土地は六二年六月、千代田区内の中央土建協同組合と向進興業会社が柏市十余二西原の二四人の地主から三・二ヘクタル（九六八〇坪）の土地を坪三千万円で買取り、機械修理工場と宅地などを造りたいと同市農業委員会に農地転用申請書を提出した。同年一一月一九日、県農地開拓課から転用許可を受け、六三年一月から埋立てを行った。その土地は六四年五月初めに不動産会社が宅地化し、坪当たり一万七千円から二万三千円で分譲した。気付いた農業委員会が調べたところ二社ともすでに廃業し、別のＫ会社に所有権が移っていた。許可を出した県農地開拓課では転用取り消しと告発を準備した。しかし地主たちが連名で告発しないよう請願書を出したため、県ではどう取り扱うかを再検討することになった。

（３）違法建築の摘発

一九六五年（昭和四〇）以降の宅地造成ブームで京葉、東葛地域の都市周辺で違法建築が増加していた。千葉市では道路のない敷地が出来、ゴミ処理やし尿の汲み取りも出来ない場所が発生した。台風シーズンを控え、このまま放置しておくと最近あった川崎市の住宅埋没事故のように、崖崩れなどの発生が心配された。県に申請のある建築件数は年間二万四千件あったが、このほかに無届けの建築が一万件あると推測されていた。そのため県は同年八月一一日から四日間、千葉市の建築物の立入検査を実施した。違反の内容は無届け、届け出前の建築着工が最も多く、次が建ぺい率（敷地面積に対する建築面積）違反、防火規定違反、空地率（敷地のうち建物が建てられていない部分のこと）違反の順となっていた。これらは都市部の著しい地価高騰が影響し、市街地周辺に宅地を求めた結果であった。県では千葉市だけでも年間に建築される一万件の内、三〇〇〇件は無届け建築があると推測していた。無届け建築が生まれる原因は届け出を出しても許可にならないもの、設計料などが高いことなどであった。設計料は建築面積によって違うが一〇〇平方メートル（三〇坪）で千円が最も多かった。また建ぺい率では地価の高騰から狭い土地に目一杯に建物を建てるケースが多かった。防火規定違反では二階以上の建物に非常階段が無い、消防車が通れない場所に建築するケースが多かった。これらの違反建築については設計者、施工者、管理者、使用者のいずれかに違反がある者として建築基準法によって最高一〇万円以下の罰金が科せられた。その上、悪質な建物については改造、取り壊しの行政処分が出来た。立入検査は千葉市に続いて船橋、市川、松戸、八千代町などで順次実施された。

6　鉄道網の整備と道路建設

（一）鉄道網の整備状況

（1）一九六〇年代の県内鉄道網

一九六〇年（昭和三五）以前の千葉県は千葉駅から東京・秋葉原駅間を走る総武線以外の路線は、単線で蒸気機関車（石炭など）、次にディーゼル機関車（軽油）が走っていた。千葉県は房総半島と呼ばれ海に囲まれた地形（外房と内房）となっている。東京都、埼玉、茨城県に接しているが、県民意識の中には閉鎖性が強くあった。そのため知事や政治家は東京湾横断鉄道や横断道路（橋）建設実現を選挙公約に掲げて戦う人がいた。また県民は半島性からの脱却、鉄道の複線化や電化促進に強い関心を持っていた。筆者も外房の田舎町から千葉駅までは各駅停車で二時間強、東京都心までは三時間を要していた。車内は冬は暖房設備が無く寒い、夏は冷房設備が無く暑い、海水浴客で常に混雑していたことを覚えている。

六〇年代、県内には国鉄と六社の私鉄が走っていた。国鉄は千葉駅から東京・秋葉原駅までを総武線が、千葉駅を基点に太平洋側（外房）の房総半島先端に近い安房鴨川駅までを房総東線（現・外房線）が、千葉市蘇我駅から東京湾側は安房鴨川駅までを房総西線（現・内房線）が走っていた。また千葉駅から成東駅経由で銚子駅までを総武本線が、それとは別に成田線が成田駅から佐原駅経由で松岸駅（銚子市）まで走っていた。東葛方面は天王台駅（我孫子市）から上野駅までを常磐線が走っていた。それらの枝線では木更津駅から上総亀山駅（現・君津市）までを久留里線が、大原駅（現・いすみ市）から上総中野駅（大多喜町）までを木原線が、大網駅（現・大網白里市）から成東駅（現・山武市）までを東金線が走っていた。私鉄では京成電鉄が成田駅から東京・上野駅までと京成千葉中央駅から東京・上野駅まで、新京成電鉄が松戸駅から京成津田沼駅（習志野市）

まで、東武鉄道が船橋駅から野田市駅まで、小湊鉄道が五井駅（市原市）から上総中野駅（大多喜町）まで、銚子電鉄が銚子駅から外川駅（銚子市内）まで、流山電鉄が流山駅（流山市）からJR馬橋駅（松戸市）まで走っていた。

(2) 県都の玄関・国鉄千葉駅の移転

① 戦災復興と新しい千葉駅の目的

一九四五年（昭和二〇）七月七日、千葉市内にB29が一二九機襲来し、国鉄千葉駅、京成千葉駅、椿森や作草部地域にあった鉄道連隊、気球聯隊、陸軍高射学校などの軍事施設を爆撃した。また焼夷弾により千葉市中心部は焼け野原となった。当時、国鉄千葉駅は街の外れにあり、京成千葉駅とは離れた場所にあった。東京方面から外房、内房方面に向かう列車は国鉄千葉駅で停車し、スイッチバック（一番後ろだった電車が先頭になって走ること）をしなければならなかった。それは運転上極めて効率が悪く、列車は長時間停車を余儀なくされた。高度成長期に入り県人口が急増し、輸送力の増強が求められていた。

そこで千葉市は戦後復興の都市改造を行う際、国鉄と協議し東京方面と外房、内房方面を結ぶ列車が進行方向を変えることなく直通で通過出来るよう旧国鉄千葉駅を廃止し、六三年四月二八日、国鉄千葉駅を現在地に移転させた。この移転に先立ち五八年、房総東線の本千葉駅が現在の場所に移り、旧本千葉駅であった場所に京成千葉駅（現・千葉中央駅）が移転した。千葉駅との乗換駅となった京成千葉駅は六七年一二月一日、国鉄千葉駅前駅に名称を変更し開業した。

② 駅の移転と街の盛衰

千葉駅が移転することに地元駅前商店街であった栄町通り商店街など、隣接する一三商店街が移転反対で大運動を行った。

六三年一月三〇日、「駅が移れば店は廃れる」と国鉄千葉駅存続市民大会を店主や従業員、地元選出の自民党代議士（臼井荘一や始関伊平、伊能繁次郎）など一千人が参加し千葉神社境内で行った。移転後、新国鉄千葉駅付近にはそごうや三越などのデパートが進出し、駅ビルや地下ショッピングセンターも出来、人の流れが大きく変わった。栄町通り商店街は閉店が続出しシャッター通りとなった。跡地に性風俗店が乱立した。千葉駅移転は千葉市の中心地が大きく変わる出来事であった。

（3）旅客輸送力の強化

①鉄道網整備促進期成同盟の結成

県内を走る国鉄の輸送力増強を図るため一九六四年（昭和三九）一月二一日、一二市三六町村で県内鉄道網整備促進期成同盟（会長・友納知事）が結成された。参加市町村は千葉、木更津、館山、佐倉、成田、佐原、銚子、茂原、八日市場、旭、市原市の一一市と四街道、酒々井《しすい》町など三六町村であった。六五年の国鉄第三次設備投資計画（六五から六六年）では「房総東線と房総西線、成田線の複線化と電化、総武線と常磐線の複々線化などは七〇年度以降に実施する」となっていた。この計画は京葉工業地帯の進展と急激な人口増に対処するためには実態に合った計画ではなかった。また「これらの整備には一二〇〇億円が必要」となっていた。実現するため「千葉県に一二五億円の鉄道建設債を引き受けて欲しい」と記述されていた。県と県内鉄道網整備促進期成同盟はその要請を快諾し、鉄道建設債を購入した。国鉄はその行為を受け止め、当初計画を見直し「七〇年度までに総武線と常磐線の複々線化、房総西線の複線、房総東線の単線電化を行う」と明記した。これにより「①総武線の複々線化（東京駅から津田沼駅間）は工費五八〇億円をかけ七〇年度中に実現させる、②常磐線の複々線化（足立区綾瀬駅から松戸市馬橋駅間）は二九〇億円をかけ七一年度中に実現させる、③房総西線（市原市五井駅から君津町君津駅間）の複線、電化は三五億円をかけ六九年度中に実現させる、④成田線（佐倉駅から成田駅間）の複線、電化は九億円をかけ六七年度中に実現させる、⑤その他房総東線の複線・電化、京葉湾岸線の新設、鹿島線の新設も出来るだけ早く着手するよう努力すること」などが約束された。約束通りではなかったが、房総東線は七二年七月に千葉市蘇我駅から安房鴨川駅間が電化された。複線化については順次千葉駅から上総一ノ宮駅間、東浪見駅から長者町駅間、御宿駅から勝浦駅間が実施された。

② 都営地下鉄五号線、西船橋駅まで延伸

一九六五年（昭和四〇）五月二五日、東京都市計画審議会は地下鉄五号線を東京・江東区東陽町駅から船橋市西船橋駅まで延伸（一五キロメートル）し、地下鉄と総武線が相互乗り入れする計画を決めた。これが実現すると一時間にラッシュ時で六万人の通勤者を運ぶことが可能となる。東京駅までの所要時間は二〇分で、船橋市や市川市方面から都内への通勤方法は総武線と二本となり、混雑は大幅に緩和される。計画区域は住宅や工場があったが八割は水田であった。用地取得は比較的順調に進み、六九年三月二九日に開通した。総工費は三一六億五千万円であった。

③ 工業製品や原材料を運ぶ京葉臨海鉄道の建設

県は東京都に隣接する江戸川河口の浦安町から君津郡富津岬まで八〇キロメートルの遠浅の海を埋立て、我が国有数の重化学工業地帯の造成を計画した。一千ヘクタール（三〇二万五千坪）の埋立地に鉄鋼、石油化学、火力発電など基幹産業をはじめとする各種関連産業の誘致を行った。しかし工場の原材料や製品の輸送をどうするかは大きな課題であった。輸送の大部分を海上輸送にしても、相当部分は陸上の鉄道かトラックに頼らざるをえなかった。その解決手段として生まれたのが貨物専用鉄道の建設であった。

一九六二年（昭和三七）四月、日本国有鉄道法が改正され、国鉄、千葉県、進出企業が出資して鉄道を運営する鉄道経営（第三セクター方式）が可能となった。同年一一月二〇日、京葉臨海鉄道株式会社（資本金四億八千万円）が設立された。同社は六三年二月に地方鉄道業の免許を取得し、建設工事を開始した。第一期工事は千葉市蘇我駅から市原市五井駅及び市原分岐点から市原駅間（一一・七キロメートル）の貨物専用鉄道建設であった。三ヵ月の工期を経て同年九月一六日開通した。貨物量は年間九〇万トンを輸送する計画であった。その後同

社は六四年五月、第二期工事を五井地先から椎津までに至る本線（五井南部線）九・三キロメートルと工場専用線六・四キロメートルを建設した。第一期工事の完成で鉄道を利用した企業は東京電力、不二サッシ工業、昭和電工、三井造船、古河鉱業、古河電工、富士電機、大日本インキ、丸善石油、チッソ石油化学、旭硝子などであった。第二期工事の完成で鉄道を利用した企業はデンカ石油化学、宇部興産、日産科学、日本曹達、三井物産、三井石油化学、出光興産、住友金属、日本板硝子、吾嬬製鋼などであった。これらの工場の原材料や製品が鉄道で年間三七〇万トン運ばれた。この鉄道は貨物専用であったが、その後国鉄Ｄ51機関車に接続されて市原市村田駅から房総西線蘇我駅経由で国鉄新小岩駅まで直通運転が出来ることになった。その後は京葉工業地帯の貨物輸送の一翼を担うことになった。計画では東京内湾一帯を結ぶ湾岸鉄道として、また旅客輸送への進出も検討していた。京葉臨海鉄道建設の経過を見ると、如何に大企業が大きな力を持っているかを知ることになった。県民の足である国鉄の混雑緩和や鉄道の延伸、複線・電化、複々線・電化実現などは大変な労力と長い時間を要したが、京葉臨海鉄道は運輸審議会の答申後、政府は直ちに鉄道建設を認可した。建設は数ヵ月で完成し、国鉄線への乗り入れも可能となった。それらの手続きに国や県知事が積極的に協力した。

④京葉線（西船橋駅から蘇我駅間）の建設

臨海部に進出した大企業で組織した京葉地帯経済協議会（会長・安西浩東京ガス副社長）は、一九六四年（昭和三九）九月、「京葉臨海工業地帯、特に船橋より市原市姉崎に至る地域は基幹産業の進出や操業が目覚しく、千葉、船橋両港の拡張計画も進められており、輸送貨物の激増が予想される。そのため専門の貨物線として湾岸線（現・京葉線、船橋から蘇我間）とこれに連絡する小金線（現武蔵野線、西船橋駅から北小金駅間）の建設を早めて欲しい」と国鉄と大蔵省、国会などに陳情した。県内進出の大企業の要請を受け知事は六六年二月策定の第二次総合五ヵ年計画に「習志野市津田沼地先から千葉市稲毛地先を埋立て海浜ニュータウン建設」を明記した。また同年一月、千葉鉄道管理局長は記者会見で、「住宅地の足を確保するためと総武線の混雑緩和を図るため、西船橋駅から千葉市蘇我駅間（二五キロメートル）の工事を行い、京葉線の六八年度開通を目指したい」と語った。京葉線は川崎市塩浜を起点に海岸埋立地を通って木更津に至る一〇四キロメートルの路線（一部は京葉臨海鉄道の路線を使用）で、総工費一一一〇億円、貨物輸送を目的に計画され七一年度中に工事が開始される。西船橋駅から千葉市蘇我駅間の総工費は三〇〇億円が見込まれた。

⑤西船橋駅と常磐線を結ぶ小金線の建設

小金線は総武線西船橋駅と常磐線北馬橋駅（現・新松戸駅）を結ぶ一四・六キロメートルの路線であった。六〇年代に入り山手線の貨物量は増加し限界に達していた。そこで運輸省は山手線の外側に環状路線を造ることを計画した。それが武蔵野線である。建設当時、西船橋駅と常磐線北小金駅（松戸市）を結ぶ路線は小金線と呼ばれた。一九六四年（昭和三九）四月、基本計画が決まり、運輸大臣が日本鉄道建設公団（「鉄建公団」と言う）に建設を依頼した。ルートは横浜市鶴見駅から府中本町―西国分寺―新秋津―北朝霞―武蔵浦和―南浦和―東川口―南流山―新松戸―新八柱―東松戸―西船橋駅までの一〇〇・六キロメートルであった。六六年九月一日、運輸大臣の許可が下り、総工費一〇〇億円で建設工事が開始された。

⑥新京成線の複線化

新京成電鉄線は京成津田沼駅（習志野市）から国鉄松戸駅までの二六・五キロメートルを走る電車である。この路線は戦前、陸軍鉄道連隊の演習線であった。戦後、京成電鉄に払い下げられ、子会社の新京成電鉄が譲り受けた。路線には二四駅ある。一九六〇年代から七〇年代にかけて船橋市前原駅近くに住宅公団前原団地（一四二八戸）が、北習志野駅前に習志野台団地（二八〇〇戸）が、高根公団駅近くに高根台団地（四六五〇戸）が、松戸市常盤平駅近くに常盤平団地（四八三九戸）が出来た。通勤客の多くは東京方面に行くため電車を利用した。そのため通勤時間帯はすし詰め状態となり、毎年団地自治会などから駅ホームの拡張、増車、線路の複線化などの要望が鉄道会社や自治体（県や船橋市、松戸市）へ出された。その結果、一九七五年（昭和五〇）二月、全線（除く新津田沼駅から京成津田沼間）の複線化や冷暖房が実現した。

（4）過疎化地域の廃線危機

千葉県の人口は京葉工業地帯と常磐線沿線地域では急増したが、内陸部や農村地域では人口が著しく減少した。その影響は地方鉄道に深刻な経営危機をもたらした。

①銚子電鉄の廃止問題

銚子電鉄は一九二三年（大正一二）七月から銚子市外川駅と国鉄銚子駅間を運行開始し、通勤や通学、旅行客、外川港からのイワシ、ヤマサ醤油の輸送などを行った。市内一〇駅で六・四キロメートルという全国一短い路線であった。この電鉄が赤字を出し始めたのは五四年からで、原因は市内バス網の整備が影響し利用客が減ったことにあった。六〇年は営業がさらに厳しくなり、二千万円の赤字を抱え採算の見通しが立たなくなっていた。しかし会社の解散は考えず、新しい事業を行うことで打開策を考えた。同年一一月、千葉交通に買収され、従業員四六人は一度退職し、千葉交通が再雇用し解決した。会社は電車で通勤していた乗客に不便をかけさせないよう電車区間は千葉交通のバスが運行した。六三年九月、銚子電鉄は役員会で六四年春から廃止することを決め、運輸省に路線廃止の申請を出すことにした。しかしその後、経営陣の努力や銚子市から私鉄欠損補助金が交付され、会社もバス輸送から再び電車に戻し走らせた。

②木原線と久留里線の接続計画

木原線は外房線大原駅（現・いすみ市）から大多喜駅を経て上総中野駅（大多喜町）まで二六・九キロメートルを走っていた。久留里線は内房線木更津駅から上総亀山駅（現・君津市）まで三二・二キロメートルを走っていた。しかし両線の沿線は人口減で過疎化が進み利用客が少なく赤字路線となっていた。そこで大原駅と木更津駅間を接続させ、房総半島を横断する路線を実現させようという運動が計画された。房総横断鉄道構想は戦前からあった。上総亀山駅と上総中野駅間の一二キロメートルが接続出来なかった理由は、房総の屋根といわれる清澄山系と鹿野山系の森林地帯にあるため接続は難工事となり多額の工事費が必要なこと、沿線の人口が少ないことにあった。一九六〇年代に入り、①木更津市や君津町を中心とした地域の工業化が進み、その後背地に住宅建設が進んで来たこと、②夷隅山間部の野菜が木更津市などの県南臨海工業地帯へ供給されるようになってきたこと、③勝浦市や大原町で獲れた新鮮な魚や野菜を短時間で運べることなどの利点が見直され、一九六三年（昭和三八）一〇月二日、木更津、勝浦両市と君津、夷隅両郡の一五町村長会が「木更津・大原鉄道貫通期成同盟」を結成し、接続運動を開始した。この動きに木更津商工会議所や京葉地帯経済協議会も賛同した。六五年には、鉄建公団総裁などに会い両線の接続を申し入れた。千葉鉄道管理局は六五年度の収支状況を明らかにした。それによると木原線は九九〇〇万円の赤字、久留里線は一億九〇〇万円の赤字であった。木原線では一〇〇円の収入を上げるのに三八〇円の原価を、久留里線は三二四円の原価をかけ電車を走らせている状態にあった。そのためこの計画は実現には至らなかった。

（5）〝私たちは黙っていられない〟と県民動く

①県団地自治会、複々線化早期実現を政府に要請

一九六四年（昭和三九）一一月一五日、船橋市内の前原、高根台など県内一〇団地で組織された県団地自治会は、総武、常磐両線の混雑解消のため複々線化早期実現を政府、国会に働きかけることを決めた。そのため一一月末を目標に各団地、両線主要駅頭で署名運動を実施した。同会議の取り組みには臼井荘一総務長官（自民党）や柳岡秋夫参議院議員（社会党）も参加し、「私達も応援します」と参加者を激励した。

②総武・常磐両線利用者連絡会、国会議員など招き懇談

一九六五年（昭和四〇）一〇月二二日、総武・常磐両線利用者連絡会は関係者（地元国会議員、県知事、県議会議員、地元各市長、政党、教職員組合代表など一七団体代表）を招き、千葉市内の勤労会館で懇談会を開催した。国鉄の第三次計画では「七〇年までに復々線化する総武線は津田沼駅まで、常磐線は松戸駅まで」となってい

た。「地下鉄五号線は六八年までに西船橋駅まで、同九号線は綾瀬駅まで乗り入れること」が決まっていた。しかし、七一年度中に総武線は四四五%、常磐線は三八八%の混雑が予想されていた。国鉄当局は予算難を理由にしていたが、利用者連絡会は「両線とも黒字路線であり、人命尊重の主旨から言っても早期複々線化を急ぐべきだ」と主張した。連絡会は一年前に八万人の署名を集め、千葉県や運輸省、国鉄などに陳情を行っていた。しかし、「一向に国鉄には誠意が見られない。集まった団体が知恵と力を出し合い強力な運動を展開して行こう」と呼びかけた。

（二）道路建設と補修、渋滞の解消

（1）県予算、道路建設と補修・舗装費に投入

一九六五年度（昭和四〇）の千葉県の一般会計決算額は五五八億九千万円であった。その内訳は教育費が一九九億三千万円（三五・七%）で、次に土木費が一二〇億三千万円であった（二一・五%）。**（表1）昭和四〇年度一般会計歳出決算額（P472）**を参照されたい。土木費の大半は県道の舗装、道路や橋梁建設、河川改修などであった。

①道路新五ヵ年計画、四六五億円を予算化

県は道路五ヵ年計画（一九六四年度から六八年度）に基づき、一級国道や二級国道の延長・拡幅、主要地方道の改良・舗装率の向上、有料道路の建設などを行った。予算額は六四年度七五億五百万円、六五年度八四億七千万円、六六年度九三億三千万円、六七年度一〇二億三千万円、六八年度一一〇億四千万円、総計四六五億七千万円を使って道路整備を行った。一級国道では、①一六号線（野田―千葉―富津間）は幅二〇㍍で舗装する、②五一号線（千葉―成田―佐原間）は七・五㍍拡幅し舗装する。二級国道では、①一二六号線（千葉―銚子間）を改良・舗装する。また東金、成東、旭、飯岡のバイパスを造成する、②一二七号線（木更津―館山

間）を改良・舗装する、③一二八号線（館山―鴨川―茂原間）を改良・舗装すると決めた。

②道路公社、有料道路を建設

一九六五年（昭和四〇）八月一日、県は財団法人千葉県道路公社を設立した。目的は県内道路のスピードアップ、渋滞解消、観光客誘致を行うための県営有料道路の建設であった。

（あ）南房総有料道路（通称・フラワーライン）

館山市洲崎から安房郡和田町松田間（三五キロメートル）は、総工費七億一千万円で一九六六年（昭和四一年）四月に開通した。

（い）犬吠埼有料道路

銚子市海鹿島から三崎間（八・五キロメートル）は、総工費七億一千万円で一九六五年（昭和四〇年）に建設された。

（う）鴨川有料道路

上総町香木原から鴨川市池田間（三・五キロメートル）は、総工費三億三千万円で一九六六年（昭和四一）三月に開通した。

③京葉有料道路、習志野市谷津まで延伸

一九五七年（昭和三二）、京葉有料道路は国道一四号の混雑緩和を目的に建設が開始された。六〇年四月には江戸川区一之江町―船橋市海神（六・五キロメートル）が開通した。六四年一〇月には船橋市海神から習志野市谷津まで延伸された。

④街路整備五ヵ年計画で一八市、二一町の補修・舗装進む

県土木部は一九六四年度（昭和三九）を初年度とした街路整備五ヵ年計画（六四年度から六八年度）を作成し、県内の悪路解消や砂利道解消、アスファルト舗装、道路の拡幅、立体交差、橋梁建設、信号機設置などを行った。五年間の事業費は四六五億九千万円であった。六四年四月の時点で県内道路の舗装率は、国道が六七・八％、県道が一七・二％であった。しかし県道でも一般地方道はわずか一三％で、ほとんどの道は雨が降るとぬかる道だった。県の土木事業には公共事業と単独事業があった。公共事業は県が国道三分の二となっていた。県単独事業は、県が地元市町村から負担金をもらい工事を行うもので、二年継続で行うものが多かった。県は「街路整備五ヵ年計画の最終年度末（六八年）には国道は全面舗装一〇〇％、県道も八〇％になる」と述べていた。六四年二月、建設省と千葉県は「館山市から白浜―千倉―鴨川―勝浦―大原―茂原―東金までの一〇六キロメートル、千葉市から市原―木更津―大佐和―鋸南―館山市までの八六キロメートルの国道二級路線の完全舗装は六八年度末に完成し、房総半島一周道路が完成する」と発表した。また「公共事業とは別に六五年度から主要地方道を中心に飯岡から一宮町まで延長一一四キロメートルの道路に二億一千万円をかけて四年間で砂利道を解消する」と述べていた。しかし道路舗装は予定通りには進まず、県は再度六六年度を初年度とする道路整備五ヵ年計画を作成し、七〇年度までに国道は一〇〇％、主要地方道は九二％、一般県道は六三％まで舗装するとした。総事業費は二〇七六億円であった。舗装工事が思うように進まなかった原因は、①工事量が膨大なのに比べて県庁内の技術職員が少なかったこと、②年々土地が高騰し用地買収が難しくなって来たこと、③各道路とも交通量が激増し、工事の時間が昼間から夜間に変わり長時間作業が出来なくなったこと、④県内の内陸部は関東ローム層（火山灰の堆積）地域が多く土の地耐力が小さく道路には適していないこと。そのため一平方メートル舗装するのに三二二四円もかかり処理経費が多くかかること（普通土は二五九九円）などが指摘された。その後の調べでは一般国道の舗装率は六九年に九〇％を超え、一般県道も七四年には七〇％を超える状態となった。

(2) 自家用車台数の増大

① 軽自動車の急増

道路整備は自動車の増加で要請されたものであったが、整備が進みその利便性が増すと自家用車の台数も増えていった。県内の小型乗用車台数は一九六九年（昭和四四）に一〇万台を超え、七二年には二五万台に達していた（二・五倍）。小型軽自動車は我が国のきめ細かい技術が生んだ生粋の戦後派。狭い道路、込み合う道路、価格が安いなどから軽自動車に対する需要が高まった。県自動車販売店協会によると六四年度の軽自動車の販売台数は新車七九五七台（前年度比一四二七台増）と二割増えていた。代表的なメーカーは東洋工業、鈴木自動車、三菱重工業、ダイハツ自動車、ホンダ技研、愛知機械などであった。軽四輪乗用車では東洋工業のマツダキャロル、富士重工のスバルが市場占有率を争っていた。軽四輪貨物車では販売台数はダイハツキャブ、次いでマツダＢ360であった。軽四輪ライトバンではマツダが群を抜いて多かった。

②交通量調査の実施

県土木部は一九六四年（昭和三九）四月二四日、春期交通量調査の結果を発表した。調査目的は道路整備を推進するためであった。調査は三月四日の午前七時から午後七時まで、県内の一級国道四本、二級国道五本、主要地方道二九本、一般地方道六〇本（一八六ヵ所）で実施された。この時間に走った車（四輪車）は四〇万三九九七台にのぼり、建設省が六二年に行った県内交通量調査に比べると一・六倍に増加していた。特に増加が著しいのは国道関係では四街道町吉岡の二・四倍、君津郡大佐和町佐貫の二・二倍、野田市花輪の二倍、地方道では佐原―我孫子線の四・七倍であった。

③開かずの踏み切り、道路渋滞の解消

柏市豊四季の国鉄常磐線と私鉄東武野田線が通る第一踏み切り（通称・大踏み切り）は一日の内、半分以上の時間にしゃ断機が下りている〝あかずの踏み切り〟で、市民の間から改善を求める声が強く寄せられていた。この踏み切りは常磐線上下普通電車が一日三〇〇本、東武線上下が一五〇本通過するほか、常磐線長距離列車、東武線の貨物列車、貨車入れ替え作業などのため一日合計一四時間しゃ断機が下りていた。最もひどいのは午前八時五〇分から九時三〇分までと、午後四時一五分から同五五分までの二回で、しゃ断機が下りっぱなしとなっていた。市民からは立体交差を望む声が強かった。一九六六年（昭和四一）九月、柏市はこの状態を解決するため立体交差に着手した。六九年度完成を目指し作業が進められた。県内の都市部には柏市と同様な

場所が幾つもあった。代表的な場所としては国鉄総武線と京成千葉線が並行して走る幕張駅前踏み切り、新京成線と京成上野線が合流する京成津田沼駅前踏み切り、京成船橋駅前踏み切り、船橋大神宮下駅前踏み切りなどもラッシュ時は〝あかずの踏み切り〟であった。そのため歩行者や自動車の渋滞が発生していた。

④狭い道路、県内に二〇九ヵ所

一九六二年（昭和三七）二月、道路の幅によって大型車の走行を禁止する「車両制限令」が施行された。県交通対策協議会（千葉県、県公安委員会、運輸省陸運事務所など）がバス会社や県道路課、警察署と協力して実態調査を行った。その結果対象となる道路が二〇九ヵ所あることが明らかとなった。結果、①車の交通量が少なく道路に対して車幅が広すぎてもそのまま使用出来る道一三〇ヵ所、②道路を拡幅しなければ通れない道三九ヵ所、③三〇〇メートル毎に車待機所を設けなければ通れない道三二ヵ所、④バス路線ではバスの車幅を縮小するか、路線変更をしなければならない道三ヵ所、⑤一方通行にしなければ危険な道五ヵ所となった。狭い道路は車の渋滞を招き、交通事故を引き起こす。県ではこの調査結果に基づき今後改善措置として道路の拡幅、バスベイ（一時待機場所）設置、交通規制などを講じることになった。

(3) 県民からの要望

①〝知事への手紙〟、二六％は道路の改善と苦情

一九六三年（昭和三八）六月、就任直後の友納知事は〝知事への手紙〟という一種の〝直訴方式〟を採用した。〝手紙〟の中で最も多いのが道路に関する要望や苦情であった。〝手紙〟の内容は県民室で処理された。前年に寄せられた手紙二二七九通を関係部別に仕分けしたところ、道路関係が二六・三％で一番多かった。係員の話だと「早く道を良くしてください」、「お金を出すから家の前の県道を直してください」、「バスを運転しているが佐倉から千葉へ抜ける道が悪く、客から運転の仕方が悪いと言われた」、「船橋―鎌ヶ谷―六実―柏―我孫子に至る道は、でこぼこでバスがたびたびエンコする」、「松戸市常盤平駅から栗ヶ沢に至る県道は泥だらけ

だ。先日も女の子が自転車から転げ、泥んこになった」といったように、日常どこにでも見受けられる苦情が圧倒的に多かった。知事は、この手紙のうち何通かには直筆で返事を書き、残りは担当課長が返事を書き、その後は各土木事務所に工事促進を指示していた(14)。

② 地元住民が悪路補修

一九六五年(昭和四〇)一〇月、印旛郡印西地域で悪路補修のため交通安全協会が中心となり、地元民が奉仕作業に乗り出し、三回の道路補修作業が行われた。これに建設、運輸会社など民間九社も協力し、ダンプ、ショベルカーを提供。印西町、印旛村、白井町役場のグレーダー(整地工事用の機械)も動員され、安全協会員六〇人が午前八時から午後四時頃まで市川—印西線と佐原—我孫子線の両県道を一四㌖にわたって穴埋め、砂利敷きなどの補修作業を行った。

③ 住民の手で団地道路造る

柏市逆井《さかさい》(現・新逆井二丁目)の小新山団地の人達は五年間の歳月をかけて〝道〟を造った。柏と松戸両市の境にあるこの民間団地が生まれたのは一九六〇年(昭和三五)であった。当時の広告チラシには「東京の近郊、新京成線五香駅から一〇分。常盤平団地に隣接し電気、ガス、下水道完備、空気もよく周囲は緑。坪一万円」と書かれていた。この宣伝に人々が飛びついた。小新山町会の平野会長もその一人だった。案内された土地は周囲を大谷石で囲まれ、静かな緑も多い土地ですぐに契約した。ところが住んで見ると大変。電気は近くの飯場から引いたものなので電圧が低くテレビ、ラジオはだめ、おまけに雨が降ると団地内の道は泥んこになり、日常の買い物をするのも容易なことではなかった。売った土地会社に交渉しようと思ったらすでに会社は倒産していた。そこで柏市に「団地内の道路を舗装して欲しい」と陳情したが受け付けてくれなかった。そこで平野会長は入居していた一〇戸の人達と道造りを開始した。日曜日毎の勤労奉仕である。市から砂利、石炭殻をもらい、一戸当たり五万円を出し合ってトラックを借り、周辺の道路に敷いた。しかし路床が赤土なので一度雨が降るとドロ沼のようになる。夏は雨、冬は霜、道が乾いているのはごく僅かな期間しかない。新聞も配達されなかった。それでも入居者は次第に増え、小新山団地は六〇世帯になった。団地から五香駅に抜ける道（五〇メートル）は山道である。しかし通勤、通学に毎日使う道なのでなんとしても、ここを改修しなければならない。山道を広げるため草刈をし、常盤平団地からコンクリートのかけらをもらい、トラック五〇台分を運んで道の基礎を造った。近くの新栄町の人達がこれを見かねて協力を申し出、近くの旭化成もセメントや瓦のかけらを提供してくれた。遂に道路は完成した。

7　医療・社会福祉への対応

（一）少な過ぎる衛生部予算

一九六五年度（昭和四〇）の千葉県の一般会計決算額は約五五八億九千万円であった。その内、衛生部予算は二二億六千万円（全体比四％）であった。一方土木費は約一二〇億円三千万円（同二一・五％）で衛生部の五・四倍あった。（表1・P472）を参照されたい。県民の医療は深刻な状態にあったが、知事はそこにあまりお金を使わなかった。

（二）待遇の悪い医療職員

（1）慢性的な医師、保健婦不足

一九六四年（昭和三九）四月の時点で、県内には戦前からの歴史を受け継ぐ県立保健所が一七施設（千葉、船橋、柏、習志野、市川、松戸、野田、佐倉、銚子、佐原、八日市場、松尾、茂原、勝浦、館山、君津、市原）あった。保健所は県民の命を守る仕事として、①難病指定や精神保健に関する相談、②結核や感染症対策、③薬事や食品

衛生検査、許認可、④環境衛生に関する監視、指導など専門性の高い業務を行う組織である。そのため医師が所長を務め、その他保健婦、看護婦、薬剤師、栄養士、放射線技師、精神保健福祉士、理学療法士、作業療法士、言語聴覚士、獣医師などの専門職が配置されている。保健所は厚生省の規準で人口一〇万人に一ヵ所置くことになっていた。保健所は医師や保健婦が集まらず仕事に支障をきたしていた。職員の状況は医師の定員六一人に対して三一人（五一％）、保健婦同一八五人に対して一〇〇人（五四％）、放射線技師同三五人に対して二七人（七七％）、食品衛生監視員同四九人に対して二一人（四三％）と、ほとんどの職種で半数近い職員が不足していた。例えば人口三三万人の千葉市には保健所は一ヵ所しかなく、規定では六人の医師が必要となっていたが二人しかいなかった。医師が一人だけの保健所は佐原、八日市場、茂原、勝浦、松尾の五ヵ所もあり、県民の健康診断や防疫対策が充分出来る状態にはなっていなかった。職員が不足していたため保健所の主な仕事は県民への公衆衛生思想の普及となり、伝染病対策や栄養改善、住まいへの助言、上下水道完備の指導、さらに公害対策、営業の取り締まりなどが充分出来ない状態に置かれていた。このような状況は千葉県だけではなかった。そこで厚生省は全国の保健所医師の確保のため医療系大学に対し公衆衛生修学生に奨学金を支給し、卒業後に保健所勤務を奨励したが毎年数名しか就職しなかった。医師や保健婦が集まらない原因は、①給与が民間病院や開業医と比べて安いこと（民間病院の場合、大卒医師の初任給は約一〇万円、千葉県の保健所医師は手当てを含めて三万八千円）、②医師は臨床医療を希望する人が多く、公衆衛生を専攻する人は少なかったこと、③保健所は治療行為が禁止されているため長く勤めていると腕が鈍ってしまうという不安があったこと、④保健婦になる人は普通看護婦を経験し研修を経てからなる人が多い。その看護婦が不足していたため保健婦志望者が少ないことにあった。県では医師については特別医師手当を増額するなどを行ったが効果は上がらなかった。保健所は大半が戦前の老朽化した建物を使用していた。そのため県では改築計画を立て六四年度市原、六五年度木更津、六六年度勝浦、六七年度茂原、六八年度八日市場保健所と毎年改築を行った。またそれに合わせて検診車、X線装置などを完備して行った。

県衛生部の説明によると一九六五年（昭和四〇）四月時点で、県内の医療施設はベッド数二〇以上を備えた病院が一九八、入院施設を持たない医院や診療所が一三四七ヵ所あった。ここで働く看護要員は看護婦、准看護婦、看護助手に分かれていた。病院関係では看護婦が二四三三人、准看護婦が一四六〇人、看護助手が九七三人働いていた。医院や診療所には看護婦が七五五人、准看護婦が四五三人、看護助手が三二〇人働いていた。どこの病院でも看護要員の不足に悩まされていた。看護婦は八時間労働となっていたが病院の場合は準夜勤（午後四時から午前零時）、深夜勤（午前零時から八時）などがある。看護要員の定員に対する不足数は看護婦一三〇一人、准看護婦八四人と推定されていたが、この推定は二四時間（一人）勤務が基準とされた数字であり、ほとんどの病院で実際に行っている三交代で計算すると看護婦三九〇三人、准看護婦二五二人、計四一五五人も不足していたことになる。看護要員の不足する原因は、①千葉県には大きな病院（医療施設）に看護婦養成所が少ないこと、②勤務条件が悪く給与が安いこと、③条件の良い東京や隣接県に就職する人が多いことが関係者から指摘されていた。県内の看護要員の養成機関は国立病院などの大規模病院、医師会が経営する看護婦学校が五校、准看護婦学校が一七校あった。看護婦学校への受験資格について高校卒者は修業期間三年、准看護婦は中学校卒で修業期間二年となっている。看護婦学校五校の定員は一四〇人、准看護婦学校一七校の定員は四五〇人であった。その定員ではとても需要には応えることが出来なかった。そこで県は幾つかの対策を立てた。その対策は、①奨学金制度の新設であった。六四年度から希望者に毎月三千円を貸付け、「三年間県内の医療機関に勤務すれば返還を免除する」というものであった、②第二次総合五ヵ年計画に六六年度に県立看護婦養成所を二ヵ所（定員六〇人）、六八年度に准看護婦（定員八〇人）の養成所を一ヵ所つくる方針を明記した、③看護婦不足解消と将来家庭に入る女性に衛生教育を施す目的で県立高校に看護学科を新設することも明記した。看護学科は普通科と同じ三年制で二年生から一般教養の他に看護実習二〇単位など合計四三単位の専門を学ぶ。卒業すると高校卒、養護助教諭資格免状が交付され県が行う検定試験に合格すれば准看護婦になれるという制度であった。すでに神奈川、岡山、富山、岩手など九県が実施していた。千葉県では六六年四月、県立千葉東高校（千葉市内）に衛生看護科（定員四〇人）が新設された。（その後）八四年四月に県立若葉看護高等学校が開校し、そこに引き継がれた。この学校は二〇〇四年（平成一六）四月には県立幕張総合高校に統合されて行った。

（3）保健婦二七町村で配置出来ず

一九六〇年度（昭和三五）から始まった国民健康保険制度によって市町村には住民の健康状態を把握し指導する保健婦が配置されることになった。国民健康保険制度の当初は医療が中心であったが、健康保険の利用が高まるにつれて住民の健康管理が行政の中心課題となっていった。そのため市町村は保健婦を採用し、加入者の健康診断や健康管理を積極的に進めようと試みたが保健婦が不足し、確保に頭を痛めていた。県国民健康保険課が定めた保健婦配置基準は住民五千人に対して一人としていた。しかし二五〇万人の県民に対して県と市町村を合わせても三三〇人しか保健婦はおらず、一七〇人も不足していた。千葉市など財政力の豊かな都市は卒業後就職を約束した保健婦に毎月三千円の奨学金を支給して確保し、就職後は一般職員よりも優遇措置を講じて他県からのスカウト防止をしていた。小さな町村は一般職員との釣合いもあり、保健婦に優遇措置をとることが出来なかった。そのため保健婦が一人もいない町村が二七もあった。県内には保健婦養成機関としては県立保健婦専門学院が一つあるだけだった。同学院の定員は三〇人で、卒業生のうち六割は保健婦を希望するが、あとは養護教諭になっていた。県は六四年一二月、千葉市神明町の県衛生会館裏の県衛生研究所と県立保健婦専門学院の統合を図り、総工費五八〇〇万円をかけて鉄筋コンクリート三階建て施設を建設し一、二階が衛生研究所、三階が保健婦専門学院となった。

(三) 総合病院の建設

(1) 佐原病院の増改築

県立病院は、医療施設が少ない山武地区と香取地区に地域の要望もあり、一九五三年(昭和二八)に最初の県立病院として県立東金病院が、五五年に佐原病院が開設された。また同じ五五年、戦前戦後を通じて死因の上位にあった結核治療を目的に県立療養所鶴舞病院(市原市)が開設された。その後六一年、鶴舞病院は地区病院として県立鶴舞病院となった。県立佐原病院は六三年一一月、①建物を増改築し鉄筋コンクリート四階建てとする、②増えて来たガン治療を行うためアイソトープやコバルト60などの深部放射線治療を行う、③そのために四〇床を増やす計画を発表した。それに対し香取郡市医師会は、①地元医師会に増改築を行うことは知らされていない、②県の計画は一般病院の経営を圧迫するのでベッド数は現行の一四一床以上増やさないで欲しい、③増改築するなら医師会は同月一八日から始まるインフルエンザの予防注射(小中学生七三〇〇人、一般一三〇〇人)は協力しないことを決めた。同月二五日、医師会と県との協議が行われ、①建物は三階建てとする、②ベッド数は一四一床に抑え、その内の一〇床は医師会も使用出来るようにする(オープンベッド制)、③軽い症状の外来患者は開業医に回すようにする、④病院内に医師会の事務所を提供するなどで解決を図った。

六五年三月、野田市で集団赤痢が発生した。隔離病舎が不足し問題となった。そこで新村勝雄市長は九月議会で、「今年は赤痢の集団発生が三回もあり、一三〇人の患者を出している。そこで超党派の議員(一一人)からなる病院建設促進委員会を設置し、隔離病舎、内科、外科のある市立病院を来年度中に造りたい」と発言した。それに対して地元医師会は、同月一八日に緊急理事会を開き、①隔離病舎だけ造るなら賛成するが総合病院建設には反対する、②開業医の経営が圧迫される、③総合病院を造るなら医師会は今後市の事業には一切協力はしない、④学校医の辞退など実力行使を行うことを決めた。その結果、市長の病院建設計画は実現出来なくなった。

（２）成人病の撲滅

①無医地区を巡回

厚生省で規定する無医地区は医療施設がなく、同施設まで交通機関を利用して一時間、徒歩で一時間三〇分以上かかり、人口三〇〇から二千人までの地区と規定されていた。一九六四年（昭和三九）五月時点で県内の無医地区は、印旛郡本埜村（七〇〇人）、安房郡天津小湊町四万木（二五三人）、同鋸南《きょなん》町奥山（三〇四人）、同町大崩《おくずれ》（三一四人）、市原郡加茂村月出（四五〇人）、同村月崎（四〇〇人）、夷隅郡大多喜町老川《おいかわ》（一七九人）、君津郡上総町亀山（二〇〇人）、同天羽町関豊（四五〇人）の九ヵ所で三二五〇人が居住していた。この中でも大多喜町老川は〝房総のチベット〟と言われる夷隅、市原両郡境の山間部にあり、買い物に行くにも大多喜町か南総町まで一〇数キロメートルの山坂道を一日がかりで行かねばならなかった。そのため六二年、老川地区に赤痢が発生した時は情報のキャッチが遅れ、部落一帯に蔓延し手のつけられない状態となった。県が始める無医地区追放計画は、〝健康相談機動班〟と呼ばれ、班の体制は医師一人（医師会）、保健婦二人（保健所）、検査技師一人（保健所）、栄養士一人（保健所）、運転手一人（地元）の六人であった。この事業を成功させるために医師会、町村役場、地元保健所が協力し、県が必要器具や救急薬剤の整備携行を受け持った。該当した町村は相談会場の提供と受付事務、広報を担当した。月一回で始めたがそれでは足らない地区もあり、今後の検討課題となった。

②成人病の追放運動

県衛生部予防課の説明によると成人病の死亡順位は一位脳卒中、二位ガン、三位心臓病、四位老衰、五位肺炎となっていた。死亡者数は一九六三年（昭和三八）の脳卒中は四七五二人（五三年三七六四人）、ガンは二五九七人（五九年二四四三人）、心臓病は一九六〇人（五七年二二三五人）、老衰は一六〇八人（六〇年一九二四人）、肺炎は八七六人（五七年一九〇七人）となっていた。この内、脳卒中とガンを除いては多少、死亡者数が減っていたが、一〇万人に対する死亡者数では全国平均が脳卒中一七一・一人（カッコ内は千葉県の数、同一九〇・八人）、ガン一〇五・三人（同一〇四・三人）、心臓病六九・七人（同七八・七人）、老衰五〇・四人（同六四・六人）、肺炎三三・〇人（同三五・二人）であった。ガンの一人少ないのを除いて、いずれも全国平均を上回っていた。そこで県は市町村の協力を得て成人病追放に向け動き出した。

③ガン撲滅の県民運動

県がガン対策要綱を決め、ガン対策に取り組み始めたのは一九五八年度（昭和三三）からであった。ガンの早期発見を目標に、検診車による無料集団検診を開始した。また県内の病院、診療所二〇〇ヵ所を〝ガン相談所〟に指定した。相談は市町村に置いた〝ガン相談券〟を持参すれば七〇〇円で出来るようにした。集団検診の受診者は五九年度は八九二人しかいなかったが、六四年度には一万三七六二人（一五倍）となった。その内、胃ガンと診断された人は一五人であったが、胃の精密検査が必要な人は四〇八四人もいた。「異常なし」は半数の六五八九人であった。ガン相談所で相談を受けた人は五八年度は九五七〇人であった。この内、二七七人（三％）がガンと診断された。集団検診と相談所で発見されたガン患者を合わせると二九二人もいた。県予防課では県内のガン死亡者数は年間二四〇〇人、ガン患者は約二倍の五千人前後と推定していた。県は知事の諮問機関である県ガン対策審議会の答申を受け、六四年一〇月からガン検診と相談事業を市町村に移行させた。その理由は、①県の事業では細かい地域まで周知徹底が出来ないこと、②市町村が行うことで住民がガン検診に参加しやすくなることであった。県は六六年度から胃ガンに次いで死亡率の高い子宮、乳ガンの無料検診を開始した。ガンの治療を専門に行う県立ガンセンターの建設の検討を開始した。

④県立ガンセンターの建設計画

一九六六年（昭和四一）二月、県衛生部予防課は六六年度予算に成人病（ガン）センター建設費を計上した。知事は記者会見で「成人病の中でもガンは早期発見が大切だ。放医研（国立放射線医学総合研究所、五七年開院）

や千葉大医学部の協力を得て、精密検査の出来る県立ガンセンター建設を急ぎたい」と述べた。厚生省が纏めた六五年度の人口動態調査によると、千葉県は人口一〇万人に対する成人病の死亡率が、脳卒中一八四人、ガン一一〇人、心臓病七七人と、いずれも全国平均（一〇〇人比）を大きく上回っていた。また県民の死亡率の三位までをこの三つの病気が占め、合わせた死亡率は全死亡率の半数を超えていた。ところが県の六五年度の成人病対策費は二五〇〇万円しかなかった。この額ではガン検診車一台購入分（約一千万円）と成人病対策への市町村補助額（八六二万円）で七五％を占め、残った額でガン検診車二台分の燃料費やバリウム購入費などに使ってしまうと他の事業はほとんど出来ない状態にあった。全国に県立ガンセンターが神奈川、愛知、新潟県と大阪府にあった。兵庫県には財団法人が運営するガンセンターがあった。それらの府県ではガン治療に大きな成果を発揮していた。千葉県でも第二次総合五ヵ年計画の中に「千葉市内に県立成人病（ガン）センターを建設する」と記述していた。六六年八月、県ガン対策審議会・専門委員会（代表・望月千葉大学医学部教授）は施設規模、業務内容について計画案を発表した。それによると建設は第一次と第二次計画に分かれ、第一次計画では集団検診、精ガン診断、受診者の登録・管理、ガン相談所の開設、医師と医療技術者の研修を主とした業務を行う。第二次計画ではベッド数一五〇床の建物を建設する。特殊放射線機械を揃え疾患部の深部が治療出来る施設も建設する計画であった。総事業費は三〇億円、敷地は三・三㌶（九九八三坪）を必要とした。専門医師と看護婦は各八〇人以上、レントゲン技師は一〇人以上を揃える、というものであった。必要となる資金は六六年度から積み立て、六七年度から数年後に開院するという計画であった。

（3）救急医療制度と予防接種

①救急治療指定病院の誕生

一九六四年（昭和三九）四月、千葉港に停泊中の船で重体になった船員（外国人）が深夜の往診を幾つかの病院で断られる事件が発生した。その出来事は新聞で「千葉市は無医村と同じ」と大きく報道された。その後、新聞では野田市清水公園で不良に刺された高校生を運ぶ救急車が同市内の四つの病院に断られ、出血多量で亡くなった出来事が報道された。深夜高熱を出した乳児を抱えて途方にくれた母親の訴え、脳出血で倒れた父親のために医者を頼み歩いた話（いずれも千葉市）なども報道された。

県民の間には救急治療指定病院制度を設けるべきだとの世論が高まった。六三年四月一五日、消防法の一部改正（初めて救急業務に関する規定の制定）が行われた。それを受け六四年二月、厚生省は「救急病院等を定める省令」を出した。同年四月一〇日、県は「事故などによる傷病者を救急車が搬送する病院指定制度」を決めた。県内にはこれまでこのような制度が無かったため、上記のような痛ましい事件が発生したのであった。県は救急用の指定病院を制度化するため県医師会と協議した。しかし協議は難航した。その原因は「厚生省令」が定めた条件にあった。省令には救急用として指定された病院は、①事故などによる傷病者の治療が出来る医師を常に待機させておくこと、②救急用にベッドを一つ空けておくことが規定されていた。医師を常時確保しておくには少なくとも年間一二〇万円の経費が必要となるが、その補償となる財政的な裏付けを国は示さなかった。またひき逃げによる死亡事故や身元がわからない患者の治療費は誰が負担するのか、小規模病院ではベッド一つを空けておくことは経営的にも苦しくなることなどであった。これらの難題を抱えていたが県は同年一一月、国立千葉、習志野、国府台病院と県立東金、佐原、鶴舞の六病院を救急治療病院に指定した。その後県は国に対して「医師に手当として年間九三〇万円を補償するよう」要求したが、国の六五年度予算には計上されなかった。そのため県は一般病院までの拡大が出来なかった。県は六病院に対し人件費、空ベッド費用、医療機械器具整備費として四〇〇万円から二千万円を支出した。県医務課によると近県で指定病院制度があったのは神奈川県三五、埼玉県一四、群馬県九二、栃木県九一病院であった。六六年一一月六日、「県緊急医療対策要綱」に基づき県救急医療機関審査会は、協力の申し出があった病院と診療所の資格審査の結果、「全医療施設が緊急医療機関としての条件が整っている」と認め、知事に答申した。実施が決まったのは千葉地区の労災病院、銚子地区の旭中央病院など一七保健所管内の六九病院、五八診療所であった。これらの施設は手術室、エックス線装置、麻酔器具、手術用器具などを整え外科医を置き、宿直医、空いたベッドを用意し救急病院、救急診療所として傷病者の治療を行った。

②ワクチン開発で活躍した県立血清研究所

毎年、県内では赤痢、破傷風、ハシカ、トラホームなどの伝染病が発生していた。赤痢では一九六五年度（昭和四〇）だけで集団赤痢が一六件（安房郡四町、野田、船橋、千葉市など）四七一人もいた。破傷風は、鹿児島、群馬県に次いで千葉県は多く、幼児期に三回予防接種を受ければ防げる病気であった。そのため六六年度から県と医師会は学校や職場で集団接種を行った。それでも受診しない人がいるため毎年何人かが命を落としていた。千葉県には他県にはない血清研究所があった。戦前、市川市国府台地域には陸軍の医療施設があり、三六年に国府台陸軍病院が出来た。この病院は四五年に改称し、国立国府台病院となり、精神病の治療や細菌研究、病理検査などを行っていた。血清研究所はこの伝統を受け継ぎ、四六年四月に疫病の流行に対処するため名称を変え出発した組織であった。六四年八月、習志野市大久保の旅館に長期宿泊していた荒山さん（二三歳）がコレラに罹り死亡する事件が発生した。前年にはコレラがフィリピンや台湾で大流行していた。そのため厚生省は日本への上陸を防ぐため検疫を強化し、万一に備えワクチン製造を決めた。依頼があったのが県血清研究所であった。研究所は一六日間でワクチン一七二八本（一本五〇ミリリットル）五万七六〇〇人分を造り、習志野市民に予防接種を行った。その後も増産を続け県民の五分の一、約五〇万人がコレラの予防接種を受けることが出来た。その結果、コレラ患者は発生せず知事は「収束宣言」を行った。六六年春、ハシカが大流行した。ハシカは幼児期に誰でも罹る病気で四〇度位まで発熱する高熱病である。病気そのものはあまり恐ろしくはないが罹った子どもによっては心臓麻痺、肺炎、脳障害、発疹が出たりする。そのため同年は一〇月時点での発病八六九人のうち一二人が死亡した。県血清研究所は東京大学伝染病研究所と技術提携し、生ワクチンの製造を行った。県は六七年度から発病率の高い生後九ヵ月から三歳までの全乳幼児一〇万八五三人に生ワクチンを接種した。県血清研究所は県民の命を守る大切な役割を果たした。

③県赤十字血液センターの開設

一九六五年（昭和四〇）三月二日、千葉県献血推進協議会（会長・友納知事）が県庁会議室で開かれた。目的は最近の労働災害や交通事故で入院する患者の輸血が売血によるものが多く、この問題を解決するためであった。売血は血清肝炎（肝臓ガンの遠因となる肝臓病）や売血者自身の貧血などの弊害が大きかった。集まった自治体、医師会、企業、婦人会、労働組合、学校、自衛隊代表などは、保存血液は献血だけにしようと決めた。六四年の年間血液需要量は一万二二〇〇リットルで、血液提供者は三万六八九六人、血液量は一万九五一八リットルとなっていた。この内売血による血液が七〇%であった。六四年一月、千葉県赤十字血液センターが日赤千葉県支部内に開設された。しかし献血による血液が不足し、売血による〝黄色い血〟の追放は程遠い状況にあった。輸血用の血液は外科手術の急速な進歩と交通事故や災害の続発、人口増などで需要は年毎に増加の一途を辿っていた。県内では一ヵ月に一二〇〇リットルの血液が輸血に使われていたが、この血液の内、同血液センターと市川市内にある県血清研究所の血液銀行で献血された量は四四〇リットルに過ぎず、残る七六〇リットルは売血による〝黄色い血〟が充てられていた。売血液はたんぱく質が不足し、この血液を使用した患者の内、五〇%が血清肝炎を併発していた。血液不足のため医師は手術を延期したり、輸血量を減らしたりして献血による清潔な血液を待ち受けていた。同センターでは売血による弊害を一掃し、献血者には手帳を交付し、献血者が事故にあった場合は優先的に清潔な血液を輸血する方法をとっていた。すでに一万五千人を超える県民に献血手帳を交付していたが、そのほとんどは団体申し込み者によるものであった。同センターで献血運動を始めたのは六四年二月一七日からで、全国で一三番目の開始であった。最初の月の献血者は僅か三五〇人（一人平均二〇〇ミリリットル）で七〇リットルであったが、三月には八四八人、一七〇リットルと倍増した。六五年一二月には月平均二五〇〇人、五〇〇リットルを超え、献血者は三万人、六千リットルに迫っていた。この数字は全国に四四ヵ所あった血液センターで第二位の成績だった。そのことに注目したＮＨＫテレビは、一二月二六日午後九時三〇分から「ある人生」という番組に同センターの実籾事務課長を招き、センターの現状と活躍ぶりを放映した。しかし懸命な努力にもかかわらず県内では一ヵ月に一二〇〇〇リットルの血液が必要で、献血による充足率は五〇％に過ぎず、依然〝黄色い血〟に頼っていた。

（四）県の社会部予算

千葉県の一九六五年度（昭和四〇）の一般会計決算額は五五八億九千万円であった。その内、社会部予算は二〇億八千万円（全体比三・七％）であった。友納一期県政の社会福祉施策を調べてみると、あまり力が入っていない。そのため障害者施設や保育所建設に親たちからの強い要望があり、そうした声に押されて県が実施した施策があった。

（１）障害者の支援制度

終戦後から一九五〇年代までの日本は、失業者対策や食料不足、住宅難、戦災孤児や身体障害者対策などが社会福祉の中心課題となっていた。最初に作られたのが生活保護法（四六年）で、続いて児童福祉法（四七年）、次に身体障害者福祉法（四九年）が作られた。これらの法律は戦後処理的色彩の強い法律であった。日本は五〇年代後半から高度成長期に入り、これら福祉三法では充分に対応出来ない事態が生まれていた。そこで六〇年に精神薄弱者福祉法（一八歳以上の知的障害者を対象とした事業を行う）が、六三年には老人福祉法（六五歳以上の高齢者を対象とした事業を行う）が、六四年には母子福祉法（母子家庭の救済事業を行う）が出来た。友納一期県政はこの時期に誕生し、これらの法律に基づき社会福祉の仕事を行った。特に障害者（児）を持つ親たちは粘り強く運動を展開し、県に様々な施策を提案して福祉施設を建設させた。

（2）障害者の社会復帰

障害者基本法では障害者とは「身体障害、知的障害、精神障害（含む発達障害）者」を言う。また児童福祉法では一八歳未満を障害児と規定している。

①精神健康センター建設の陳情

一九六四年（昭和三九）九月、県精神衛生協会（精神医学専門家で組織）は精神健康センターの建設を陳情した。内容は県民が気軽に相談出来る相談室、医療が必要かどうか識別できる鑑別室、人材を育成出来る医師の研修室、研究室などを備えた建物を県に建設してもらうことであった。建設費は一億円で、国庫補助が半額あるので建設は可能だとした。同様な県立センターの建設を埼玉、徳島、福岡県が計画していた。同協会は京葉工業地帯の発展に伴い、従業員達がストレスやノイローゼを起こさないためにもこの施設を県に造らせ、早期発見と治療で健康管理に万全を期したいと願っていた。知事は県議会で「私自身もこのような施設は必要と考えていた。国とも協議し是非実現させたい。用地については君津郡袖ケ浦町に一㌶（三〇二五坪）の県有地があるのでその場所にしたい」と答弁した。

②精神衛生センターの建設

一九六五年（昭和四〇）一〇月、国は五〇年に制定した精神衛生法を一部改正し、「各都道府県に精神衛生に関する総合的な研究、治療にあたる機関として精神衛生センターを開設すること」を通知した。六六年八月、県衛生部は「県精神衛生センター（現・県精神保健福祉センター）を新設する」と発表した。すでに福岡県や大阪府などを視察し具体的な青写真を描いていた。県精神衛生審議会が知事に答申した数字によると県内に三万三千人の精神病患者がいた。このうち病院に入院して治療を受けなければならない患者は一万五千人（四五％）いた。しかし、県内には精神病患者を治療する病院は三四ヵ所、ベッド数は五千床しかなく、一万人は入院出来ない状態に置かれていた。県は六七年度から三年間で事業費三億一千万円をかけて千葉市仁戸名町に鉄筋コンクリート二階建ての本館、附属病院、車庫、看護婦宿舎を備えた床面積五三〇九平方メートル（一六〇六坪）の精神衛生センターを建設する計画案を作成した。業務内容は臨床、指導、研究、研修、事務、リハビリの六施設を造り事業を行う。ベッド数は二〇〇床で六七年度一〇〇床、六八年度一〇〇床設置する。スタッフは専門医師八人、心理担当者八人、保健婦・看護婦五二人、検査技師を四人配置するとした。施設は七〇年一二月五日、竣工した。

③精神・肢体不自由児収容センター建設の陳情

一九六五年（昭和四〇）一月、県肢体不自由児協会は知事に六五年度予算に対して七つの陳情を行った。①君津郡袖ケ浦町に計画している精神・肢体不自由児収容センターを早急に建設すること、②年間一人当たり一万二千円（五〇〇人分で六〇〇万円）の福祉手当を新設すること、③千葉市にはマザーズホームを五〇〇万円で建設する計画がある。県は一四〇万円の補助を行うこと、④肢体不自由児協会への年間補助額を五万円から二〇万円に増額すること、⑤千葉大学養護教員過程新設を支援すること、⑥桜が丘養護学校（千葉市加曾利町）に八教室、寄宿舎四戸を増設すること、⑦四街道町下志津施設を一〇学級に拡大し、二〇〇床にするため五千万円の補助を行うことなどであった。

④悲願の盲人福祉センターの完成

一九四三年（昭和一八）五月、県盲人学校が建設された。千葉県盲人協会の建物は老朽化していたがその施設を譲り受け、そこに三〇人の盲児（矯正視力が〇・〇二以下で視力による教育が困難な子ども）を収容し、点字出版などを行っていた。近年入所を希望する子が増えていた。そのため同協会では新しい盲人センター建設を計画した。建設資金として共同募金会（お年玉年賀はがき）からすでに二千万円の寄付があった。その後、県から四〇〇万円、千葉市を除く一七市から三〇〇万円、町村から二〇〇万円、財界から三七五万円、篤志家から二九〇万円、千葉市が国から払い下げを受けた国有地を売却した二二〇〇万円の寄付もあり、五七六五万円となった。それらを建設資金として六三年三月、今まであった千葉市亥鼻町から同市小仲台町に移転し盲人福祉センターの建設を開始した。六四年六月、落成式が行われた。完成した施設はコンクリートブロックで平屋三棟（一五五四平方メートル・四七〇坪）であった。二棟は盲児の収容施設の「愛光学園・定員五二人」と目が見えない体の不自由な人のための救護施設「啓明園・定員五〇人」が、残り一棟は盲児四〇人が利用可能な授産所、点字図書館（蔵書六千冊）、点字出版所、厚生職業補導所などの付帯施設が誕生した。県内には六五〇〇人の盲児（人）がいた。この施設の完成を多くの児童や親たち、関係者が待ち望んでいた。

⑤ 言語障害児を持つ親の会、治療施設建設を要請

一九六五年（昭和四〇）一〇月、言葉に障害のある子どもを持つ親たちが手を結び、お互いの悩みを解決しようと、船橋市に「言語障害児を持つ親の会」が結成された。すでに「親の会」は千葉、松戸、市川、館山の各市に結成され活動していた。ドモリや口唇裂、口蓋裂、脳性小児麻痺などによる障害児は一〇〇人に五人の割合でいると言われていた。船橋市だけで二〇〇人いると言われていた。「会」では共通の悩みを解決し、社会の理解と協力を得る活動をすることにした。そのため、①言語治療教室の開設、②開設後の言語治療教室の育成援助を地元市や県に陳情した。

六六年一一月一日、知事は五九年に全国に先駆けて開設されていた千葉市立院内小学校の言語治療教室を視察した。

こうした教室は数が少ないため、治療を受けられる児童は五千人に一人という狭き門であった。午前九時に到着した知事は、言語治療教室に向かい、特殊な方法でドモリなどの言語治療をしている様子を見学した。教室ではこの四月の入学時の発音テープと日増しに良くなっている児童の発音を聞いた。また二年生の自作の紙芝居を見学し、思わず「坊や良くお話が出来るようになったね」と児童の頭をなでながら励ました。視察後、知事は学校関係者や母親代表と懇談した。先生や母親からの話を聞いた知事は、「実情は良く分かりました。

さっそく県言語障害教育センターを建設しましょう」と即答し、計画を作るよう事務当局に指示した。県教育委員会の調査では、県内の小中学校の言語障害児・生徒は、小学校が一万四四六八人、中学校が五三四九人、それに小中学校の特殊学級に一三四〇人いた。

(3) 袖ケ浦福祉センターの建設

一九六四年（昭和三九）七月下旬、知事は岡山県を視察した。同県の精神薄弱児、身体障害児、養護施設などの厚生施策が本県より進んでいると注目されていたからであった。帰県後、知事は「岡山県のような福祉施設を千葉県にも建設したい」と述べた。それを受け県婦人児童課は厚生省と協議し、君津郡袖ケ浦町蔵波地先に総合福祉センターを造る計画を立案した。計画案は県立袖ケ浦学園所有の山林一四㌶（四万二千坪）を整地し、そこに精神、身体障害、養護、さらに情緒障害児を一括収容出来る総合センターを建設する。財源は袖ケ浦学園所有の敷地一・二㌶（三九三三坪）を売却し充当するという内容であった。しかし同園は六三年に国庫補助三二〇万円、総工費一九八〇万円をかけて造成したばかりの土地であり、厚生省が難色を示すのではないかという問題があった。知事の考えは県内に小規模な老朽化した福祉施設が点在していては管理が大変なので是非一ヵ所に纏めて運営したいとの強い思いがあった。県内に三万人いる精神薄弱者（児）のうち、すぐにでも収容を必要とする重度障害者が一千人もいることを考えた時、センター建設の必要性は強かった。様々な障害を乗り越えて六六年七月一日、県立袖ケ浦福祉センターは完成した。センターは肢体不自由児と精神薄弱児、精神薄弱者援護の三施設からなり、県有地八・六㌶（二万六千坪）の土地を利用して一ヵ所に纏めて建設した総合福祉施設となった。県は運営を社会福祉法人千葉県社会福祉事業団に委託した。運営経費は県が二〇％、国が八〇％負担し運営したが、その額だけでは不足した。そのため設置者である県が事業団へさらに五〇％以上の上乗せ補助を行った。三つの施設は次のように運営された。

○更正園（精神薄弱者厚生施設）は、重度の知的障害がある成人を対象とした施設で、社会復帰や社会参加を目標とし、生活指導や作業指導訓練を行った。六六年七月に開園した。

○養育園（精神薄弱児施設）は、中軽度以上の知的障害がある児童を対象とした施設で、生活の中で児童の障害治療やその軽減を目指し、能力や諸機能の開発、社会的適応性の育成を行った。六七年四月に開園した。

○療育園（肢体不自由児施設）は、脳性マヒ児を対象とした施設で養育を目的とし、機能訓練、言語訓練、整形外科的治療を行った。定員は八〇人で六六年七月に開園した。その後、同福祉センターは友納県政二期に授産所、診療、判定室を設置し開園した。

（4）貧弱な老人ホーム、老人福祉対策

①養護老人ホーム、県内に一七施設

一九六五年（昭和四〇）四月の県厚生課の調査では、県内に六五歳以上の老人が二六万三千人いた。養護老人ホーム（六五歳以上の生活保護者の入居施設）は県内に公立が一二ヵ所、社会福祉法人が五ヵ所の一七ヵ所しかなかった。収容人員は八五〇人であった。生活保護者の場合は、生活保護法の医療扶助が適用され入所費用は無料で入所出来た。また六〇歳以上であれば特殊な場合は入居出来たが、一般の老人は入居出来なかった。都市部には老人が安い経費で入れる軽費老人ホームを希望する人が増えていた。全国には軽費老人ホームが東京七（定員五七〇人）、神奈川二（同一四〇人）、静岡二（同一〇〇人）あった。北海道、群馬など一四道府県に一施設ずつあったが、千葉県には無かった。また脳卒中（脳梗塞、脳出血、くも膜下出血など）などの後遺症があり養護老人ホームに入居出来ない老人を対象とした特別養護老人ホームも千葉県には全く無かった。

②ホームヘルパー、県内五市のみ

老人家庭奉仕制度（ホームヘルパーが老人家庭を回って世話をする）は千葉、茂原、佐原、習志野、野田の五市にあるだけであった。千葉市にはホームヘルパーが五人いたが、他四市は一人か二人という状態であった。一

世帯に週三回訪問が原則で、ヘルパーは一人六世帯程度を受け持ったが、野田市の場合は一人で四一世帯、佐原市は二人で二三世帯ずつを受け持ち巡回していた。ヘルパーの月給は一万二千円であった。千葉、茂原両市には国と県から一人当たり月八千円の補助があったが、他の三市には補助が出ていなかった。

③ 老人クラブ、内容充実が課題

一九六三年（昭和三八）七月、老人福祉法が施行され、それに基づき老人クラブが発足した。当初県内には四八〇団体あったが、二年後の六五年四月には一七三一団体（三・六倍）となり、加入者は九万六千人となった。国と県から一クラブ当たり年間六五〇〇円の補助が出たが、実態は「お年寄りが集まりお茶を飲み簡単な講話を聞いたりする程度」で内容の充実が課題であった。

（5） 保育園不足、建設計画作る

〝保育園が足らない、もっと増やして〟という働く親たちの切実な声に応えて県は、一九六四年度（昭和三九）から保育所整備第一次五ヵ年計画を作成し、親の悩み解決に取組んだ。県の調査では、県内で保育の必要な子供（〇から五歳）は約四万人いた。これに対し保育園は二三七ヵ所、一万九千人（四八％）が入園していた。残る二万一千人は母親たちが家庭などで保育していた。〝知事への手紙〟では「保育園が欲しい」という訴えが多かった。都市部ばかりでなく、農村でも近代化が急速に進んだ結果、農閑期が長くなり季節的に工場で働く母親たちが増えていた。幼稚園の少ない農村でも保育園を望む声が生まれていた。海岸周辺の市町村は比較的施設が整っていたが、内陸部では香取郡の大栄《だいえい》町など五町、印旛郡の三町村などにはあったが一四町村には一ヵ所も無いというアンバランスな状態が生まれていた。保育園建設には、国（厚生省）から一〇分の八が、県から一〇分の一の補助制度が設けられていたが、これは毎年二、三ヵ所しか割り当てが無く、焼け石に水の状態であった。そのため県は、六三年度九月から県単独で三分の二を補助する制度を新設した。好評だったので六四年度は六ヵ所分の予算措置を行った。県は第一次五ヵ年計画で六八年度までに八〇ヵ所を新設する計画で、それが実現しても入所者は八千人であった。一万人が入所出来ない状態で、悩みは当分解決しそうになかった。

8　公害の発生とその対応

千葉県では一九五二年（昭和二七）頃から公害事件が目立ち始めた。五三年六月、千葉市臨海部に川崎製鉄（現・JFEスチール）千葉製鉄所第一号高炉の火入れ作業が、五七年四月、同市に東京電力千葉火力発電所が発電を開始した。燃料は石炭を使用した。煤煙（煤塵）が付近一帯に拡散した。ボイラーを冷却するため大量の水が必要となり、確保するため地下水を汲み上げ使用した。近くの住宅地（千葉市稲荷町、蘇我町、今井町など）の井戸水が出なくなり、井戸枯れが発生した。六〇年代に入り市川、船橋市から五井、姉ヶ崎、市原地域に鉄鋼、電力、石油精製、石油化学などの工場群が進出した。操業を開始すると工場から硫黄酸化物を含んだ煤煙、水質汚濁、騒音、振動、悪臭などが各地域で発生し、住民から苦情、被害の訴えが寄せられた。また、県民の水源である江戸川、印旛沼、手賀沼の水質汚濁も発生し、汚染源である工場排水への規制強化、家庭からの雑排水処理のため浄化槽の設置、公共下水道の整備が行政の取り組むべき課題となった。浦安町、市川、船橋市などの地域や茂原市、九十九里地域では工場用水や天然ガスの汲み上げによる地盤沈下が深刻になった。農村地域や都市部でも家畜（牛や豚など）の糞尿が河川の水質汚濁の原因となり、厩舎からの悪臭に近隣住民から苦情が出るなど新たな環境汚染も発生した。

友納一期県政の公害による住民の被害は悪臭、騒音、振動、地盤沈下などの訴えが中心であったが、数は比較的少なかった。一方、井戸枯れ、工場排水、大気汚染などは年毎に増えていた。行政の対応は公害測定、人体への影響調査、公害の分析、公害課（係）の新設、公害審議会の設置、県公害防止条例の制定などが行われた。住民の運動は単発的に行われていたが、集団的な動きや反対組織の結成は少なかった。

(二) 公害の種類

どのような公害が発生していたのか。県衛生民生部は一九六四年(昭和三九)五月七日、六三年度の公害発生件数を公表した。それによると総数は三八件だったが、届け出ないものもあるので実際の発生件数はこの五、六倍はあると推測していた。三八件の内、一位は臭気被害一五件、二位は騒音一四件、次は汚水、煤煙各三件、ガス漏れ一件、その他であった。当時の公害にはどのようなものがあったのか。その具体例を取り上げてみたい。

(1) 騒音・振動・汚水・海洋汚染

① 習志野市のネジ工場の騒音・振動

一九六五年(昭和四〇)六月、習志野市津田沼町の市街地にあるネジ製造工場の騒音と振動がひどいと付近住民が騒ぎ、代表者が県公害課、千葉地方法務局、船橋保健所になんとかして欲しいと陳情した。苦情が出ている岩本ネジ製造の工場では、オートバイなどに使うネジを作っていた。ネジを打ち抜くための大型プレス機の騒音が原因であった。工場ではプレス機を使い、朝六時頃から夜七時頃まで操業した。この間騒音と振動が絶えず、主婦や子どもたちが悩まされていた。テレビやラジオが良く聞こえず、子供たちの勉強にも悪影響が出ていた。来客があった場合や病人が出た時などは特に困っていた。船橋保健所では騒音測定器で測定したが、県には騒音や振動の規制基準が決まっていなかった。岩本社長は「周りの人達の苦情はたびたびある。商売をしているので音を全く出さないわけにはいかない。工業団地を造る計画がある。工場の移転も考えている」と述べた。

②汚排水に悩む八千代町

一九六五年（昭和四〇）四月、八千代町（現・八千代市）の農民は、隣接する船橋、習志野両市から流れ込む汚排水の処理に頭を痛めていた。水田は同町の中心部にある高津、高津新田の両地区の八〇ヘクタル（二四万二千坪）で、一七〇戸の農家がこの水田を耕作し生活していた。東習志野団地や習志野市し尿処理場、日立船橋工場などから流れ込む汚排水が、行き場のないまま水田に広がっていた。汚排水は田畑に広がり〝このままでは水稲が植えられない〟と深刻な問題となっていた。そのため同町では発生源の両市に対し、「汚排水を流さないよう」要請した。県公害課にも実情調査を依頼した。町当局は解決しないので町で汚排水処理施設、排水路を建設することを検討したが、汚排水の流れ込むのを防ぐには五億円が必要で頭を痛めていた。

③海洋汚染

一九六四年（昭和三九）九月、東京湾油被害対策本部（本部長・友納知事）は飛行機（セスナ150Ｄ）一機、監視船一二艘で船橋沖から富津沖に至る海岸線を一〇月一五日から翌年三月末まで毎日パトロールした。この海域は東京、神奈川県をはじめ本県の京葉工業地帯などの著しい発展に伴い、航行する船舶が急増し、船舶から流出する油のためノリや魚貝類に被害が出ていたため〝東京湾をきれいにする運動〟としてパトロールを強化することにした。内湾を八ブロック（浦安、行徳、船橋、習志野、千葉、袖ケ浦、木更津、富津）に分け、監視船一一艘が常時パトロールすることにした。費用は燃料費一三八万円、防油薬剤費二二五万円であった。

六五年七月二九日午前一〇時頃、内房海岸（館山市那古の船形海岸と安房郡富浦町の岩井海岸）に廃油が幅一〇〇メートル、長さ七キロメートルにわたって帯状に流れ込み、湘南海岸に引き続いて千葉県にも〝黒い海〟の被害が発生した。廃油は北東の風に乗って君津郡天羽町の富津海岸や近くの同町八幡、千種海岸、木更津市内の江川海岸まで達し、正午頃には波に乗って沖合に流れ去った。この日は好天に恵まれ内湾一帯で三万人の海水浴客がレジャーを楽しんでいたが、突然流れ込んで来た黒い油に全身が汚れた人が続出し、海浜は大騒ぎとなった。油は人体に影響はなかったが、天羽町の富津海岸では綿のように固まって押し寄せた油でカラスのように真っ黒になる海水客も出た。富津海岸では六千人の海水浴客が手、足、肩などを汚された。

県と警察防犯課で合同調査の結果、京葉地区の工場の廃油ではなく、東京湾沖合を通った船から捨てられた油が風に乗って海岸に流れ着いたものであった。

(2) 印旛沼の水質汚染

県内の水資源である印旛沼は、工業化や住宅団地の造成により年々汚染が酷くなっていた。開発計画が進むと一九八〇年度（昭和五五）には流域一六市町村から一日四万四二〇トンの下水が印旛沼に流れ込むことになる。このまま放置すると印旛沼からの上水道や工業用水、農業用水の供給が難しくなってしまう。関係市町村の住宅団地は、佐倉市の角栄団地や船橋市の高根台団地など三〇団地五六三ヘクタル（一七〇万三千坪）。工業団地は千葉市の長沼団地や佐倉市の根郷団地など四団地二九六ヘクタル（八九万五千坪）に六一社の工場があり、一万六二〇〇人が働いていた。し尿処理では千葉、船橋、習志野、成田、佐倉、八千代の六市町で一日五五八キロリットルが処理されていた。印旛沼へ流入する河川は鹿島川、高崎川、手繰川、師戸《もろと》川、神崎川、桑納《かんのう》川、新川の七河川である。流入区域は千葉、船橋、佐倉、成田、四街道、八千代、鎌ケ谷、白井、印西、栄、酒々井、八街、土気《とけ》、印旛、本埜、富里の一六市町村、一八三八ヘクタル（五五六万坪）に及んでいた。一六市町村の八〇年度の推定人口は八四万八千人で、汚水量は一日四万四二〇トンとなる。六九年度から印旛沼は市原市五井・姉崎地区と川崎製鉄千葉工場へ一日五八万七千トンが送水されることになっていた。汚染の発生源は、①下水処理場や一般家庭からの雑排水、②工場、事業所、畜産場からの産業排水、③山林、畑、水田・市街地などからの流入水だと言われていた。六三年三月、印旛沼は京葉地帯経済協議会からの要請を受け入れ干拓面積を縮小し、工業用水を確保するため沼の貯水量を一一五〇トンから一三一〇トンに拡大（一四％増）するため沼を深く掘り下げた。そのことにより沼の水の対流が出来なくなったことも原因の一つと考えられる。水質研究者の武井茂夫さんは著『京葉・北総のみ水』の中で「沼が深くなれば無酸素状態の処が広がり、好気的なバクテリアに代わって酸素を奪いとる型のバクテリアが増え、沼の底からメタンガスや硫化水素が吹き出してくるようになる」と記している[15]。このまま放置すると沼の水資源が汚染され、早急に水質保全対策の確立が求められていた。県土木計画課では解決するため二つの方法を検討した。①団地や工場などの汚水発生場所に浄化施設を造る、②汚水が集約された河川の末端に浄化施設を造るであった。どちらの方法を採用するにしても沼に入る水は浄化し、その後に流すということであった。

(3) 川と海、汚染進む

一九六六年（昭和四一）一〇月、県公害課は「県内河川、海域汚染状況実態調査」の結果を発表した。それによると河川、海水とも急ピッチで汚染が進んでいて、将来は上水道をはじめ農業用水、漁場への汚染が心配だと述べた。そのため河川調査は養老川、夷隅川など主要三三河川を東大衛生工学研究所に依頼して行った。調査は河川周辺の利用状況、工場排水量と河川の汚染度及び各種用水への影響度に重点が置かれた。特に汚染度が著しいのは養老川（市原市）、夷隅川（房総半島南東部地域）、花見川（千葉市）など工場排水が流れ込んでいる河川だった。当時、水質保全法に基づき工場排水の規制が指定されていたのは県内では江戸川（浦安町と市川市）と真間川（市川市）の両河川だけで、内一三工場が排水規制の対象となっていた。他の河川は水質基準も無く工場の排水は野放し状態となっていた。海域調査は浦安町から木更津市に至る内湾四三地点で行われた。水質調査では河川に近い海域の汚染が著しく、このままの状態が続くと数年後には内湾沿岸での漁業が不可能になると指摘された。

(4) 地下水汲み上げによる地盤沈下

京葉工業地帯の発展で冷却用の地下水を汲み上げる工場やビルが増えていた。県工業課と開発局企画課は一九六〇年（昭和三五）から水準測量調査（二地点の水準点の高低差を測量）を開始した。六三年二月までの測量調査では、東京湾沿岸地帯はほぼ全域にわたって地盤が沈下していることが判明した。最も沈下の激しいのは浦安町で六〇年から六一年で七・七センチ、六一年から六三年で八・七センチ沈下した場所があった。船橋市海神町では二年間で一二・八センチ、千葉市や市原市では一年間に二センチ沈下していた。浦安町の沈下が激しい原因は隣接する東京・江東地区の地下水汲み上げの影響と見られ、同町に進出した工場地帯の地下水汲み上げによる沈下が原因ではなかった。千葉市生浜町や市場町の県庁の中心部では周辺地域より沈下が目立っていた。原因はビルの冷却用の地下水汲み上げが影響していた。千葉市の川崎製鉄は地下水汲み上げ自主規制モデル（①井戸の本数は三〇〇メートル毎に一本とする、②一本の井戸から一日一四四〇トン以上汲み上げない）を策定した。県工業課は「このモデルを参考に五井・市原地区の一〇社と協定を締結した。同様の規制を五井南部地区、千葉市生浜地区にも適用したい」と述べた。当時、船橋、市川両市などの中心部はビルが増えていたが、地下水汲み上げの規制はなかった。

（5）亜硫酸ガスによる大気汚染

川崎製鉄千葉工場や東京電力千葉火力発電所が操業した頃（一九五〇年代半ば）は、機械を動かす燃料は石炭であった。そのため煙突から煤煙（煤塵など）が飛散し社会問題を起こした[16]。六〇年代に入り工場で使う燃料は石炭から重油に切り替わった。重油は隣接していた市原市の石油精製工場から供給された。重油は原油からガソリン、灯油、軽油などを分留した後に出る残油のため石炭に比べて単価が安かった。しかし燃焼すると各種の有毒ガスが発生した。その内、最も排出量が多く人体に影響を及ぼすのが亜硫酸ガスであった。しかし当時の技術ではこのガスを除去する方法は見つかっていなかった。

六六年五月・県衛生部と県衛生研究所は「大気汚染緊急時対策実施要綱」に基づき、千葉、市原地域を中心とした京葉工業地帯の大気汚染実態調査を行った。その結果、過去二年から五年間に調べたデータで市原、千葉、船橋、市川の四市では空中から降ってくるチリ（降下煤塵）の量はほとんど増減が無かったが、亜硫酸ガスは増える一方であった。千葉市中心部では亜硫酸ガスは六一年から六五年までの年間平均値でみると大幅に増加し、六五年は六一年の五倍となっていた。市原市は七倍であった。船橋、市川両市でも量的には市原、千葉両市程ではなかったが増加していた。また亜硫酸ガスの量は季節によって変動が大きいことも判明した。千葉市は六、七月頃がピークとなり、市原市は九月頃が多くなっていた。人体への影響では目が滲みる、ノドが極度に乾くという症状が訴えられた。県公害課は県衛生研究所と協力し、人体への影響調査や研究を急ぐことにした。

(二) 県民からの苦情

(1) 訴えの七割が煤煙

一九六六年（昭和四一）一二月、千葉地方法務局人権擁護課は「持ち込まれて来る公害の訴えが年々増えている」と発表した。前年は七件だったが同年一一月時点で一三件と倍増していた。比較的大きな公害の数字で、小規模工場などの騒音、悪臭などを含めると、この数倍はあると同局は述べた。受理した一三件の内、調査中が八件あった。訴えの七〇％は煤煙によるもので、三〇％は悪臭、汚水、振動となっていた。被害の訴えは臨海工業地帯が圧倒的に多く、この地帯の発展に伴い県内の公害は今後も増えることが予想された。同局は他の事件も一杯抱えていて公害の訴えに悲鳴を上げていた。

(2) 子どもへの影響

市原市の岩崎小学校は移転、新築工事を進めていた。完成を間近にして同校へ編入予定の学区外の出津地区住民から「公害の恐れのある学校には子どもを通わせたくない」という陳情が教育委員会に寄せられた。住民は「老朽校舎の改築には賛成したが、学区編入には賛成しなかった。建設された学校は公害の恐れのある地域から五〇〇メートルと離れておらず、子どもを行かせたくない」と入校拒否の構えであった。岩崎小学校は現校舎から六〇〇㍍離れた玉前地区に一九六五年（昭和四〇）五月に建築を開始し、六六年一一月に完成した。岩崎、玉前、出津地区の児童を対象に一〇学級、二九二人で、岩崎地区からは一六七人であった。親たちは現在通っている五井小学校で良いと言っていた。石井さん（出津地区ＰＴＡ役員）は「学区の編入は知らされていなかった。公害の恐れのある場所に学校を建設したことが問題で地域住民は大反対している」と語った。

（3）気管支炎が続出

一九六六年（昭和四一）九月二二日、船橋市の埋立地、日の出町の三和石油船橋製油所から排出された排ガスで付近住民が慢性気管支炎になり、鼻をつく強い悪臭のため〝子どもが勉強出来ない、夜間も寝られない〟という訴えが県に届いた。

県に陳情したのは日の出地区の印刷業酒井さんであった。訴えによると「三和石油製油所から排出される排気ガスのため最近周囲の住民でゼンソク症状を訴える人が続出し、近くの峰岡医師に診てもらったら、慢性気管支炎と診断された。現在治療中の人は一〇人（大人五人、子供五人）いる。硫化水素特有の卵が腐った時のような強い悪臭のため、勉強が出来ないし、夜も安心して寝ていられない。煤煙のため洗濯物が薄黒くなり、製油所側の庭木も枯れてしまう現象も出ている」という。製油所は潤滑油やアスファルト原料を作る蒸留塔（四本）から白い蒸気を排出し操業していた。早速県では周辺住民と船橋保健所、製油所側の立会いのもと調査したが、特別な異常は認められなかった。この問題は同年一〇月の県議会でも議題となり、一一月二四日、公害問題調査特別委員会が同地を調査した。同町七丁目に住む三五世帯一一九人の住民の内、半数の一八世帯五一人がゼンソク症状を発病、あるいは呼吸器系統を侵されていた。同社の滝山専務は公害発生の事実を認め、その対策として、①燃料の重油に含まれた硫黄を低硫黄に切り替える、②アスファルト精製工程で水洗いし、油を捕集する除去装置を付ける、③大型ボイラーを使用し煙突から出る亜硫酸ガスを除去すると約束した。県と市は住民の集団移転も検討することにした。

(三) 県の対応

(1) 公害組織の整備

千葉県の公害に関する行政組織はどのように整備されて行ったのか調べてみた。柴田県政期の一九五九年(昭和三四)九月、衛生民生部内に公害係(職員四人)が新設され、ここから公害行政は開始された。すでに川崎製鉄千葉製鉄所や東京電力千葉発電所から煤煙、地下水汲み上げによる井戸枯れ、工場から排出された廃液による海や河川の汚濁が発生していた。長生郡関村や八積村(現・茂原市)では日本天然ガス社などがヨードの生産を行っていたが、それに使用する塩素や硫酸からガスが発生し、付近の樹木や蔬菜類に被害が出ていた。また五八年六月には本州製紙江戸川工場から排出された汚水問題が社会的な事件となっていた。これまではそれらの公害には各部署が対応していた。公害の件数も徐々に増え個別対応では限界があると判断し、公害係が新設されたのであった。

① 公害分析室の設置

友納一期県政に入った一九六四年(昭和三九)六月、千葉市神明町にある県衛生研究所を工事費五七〇〇万円で鉄筋三階建てに改築した。公害分析室に水質分析機を設置し、煤煙、汚染水などの公害調査や研究を開始した。

② 公害課の誕生

一九六五年(昭和四〇年)三月一日、知事は記者会見で「①公害課を三月中に新設する、②臭気や騒音など地域的な公害は市町村が受付け(苦情など)、指導(仲介や和解、斡旋など)を行ってもらう、③県は大気汚染や水質保全などを行う、④県公害課は庶務、企画、大気汚染、水質汚染の四係とする、⑤担当職員は二二人とする、⑥初代課長は厚生省の若手クラスを招聘したい」と語った。公害課は大気汚染では大気中の粉塵、気象観測、航空機調査を行った。また特別調査として浮遊煤塵測定、大気汚染の人体への影響調査などは千葉大学医学部の協力で実施した。水質保全については印旛沼、手賀沼、養老川（千葉市と市原市の境界）、小櫃《おびつ》川（君津市と木更津市流域）、夷隅川などの水質汚染調査を実施した。

（2）公害防止条例の制定

一九六三年（昭和三八）一〇月一日、千葉県公害防止条例が施行された。公害防止条例制定は柴田知事時代からの念願の課題であった。五四年当時、公害を条例で取り締まっていたのは東京、大阪、兵庫の三都府県だけであった。五八年六月、本州製紙江戸川工場の汚水放流事件が国会で取り上げられた。県当局は国会や県議会でこれまでの怠慢が厳しく追及された。本州製紙事件が契機となり国は公害防止法案制定に動き出した。県も条例を作ることにした。同年七月二五日、条例起草委員会の議決を経て県公害防止条例案が発表された。この条例案に対しては県庁内外から「汚染防止基準（規制）を厳しくすると中小企業が圧迫される。本県の工業の振興にブレーキをかけることになる」との声が上がった。川崎製鉄と五井、市原地区に進出する三井造船など一一社の代表は柴田知事を訪ね、「企業誘致条例で企業の育成に努めている県が公害防止条例で企業の自由を拘束するのは納得出来ない。撤回するか内容を緩和して欲しい」と申し入れた。大企業からの強い反対の声に押され県の態度はぐらつき、緊急部長会議を開き検討したが結論が出ず、九月議会上程は見送られた。こうした経緯を踏まえ、六三年二月県議会に友納知事は県公害防止条例案を上程した。早速臨海部の大企業の支援を受けている議員から「立入検査の権限について反対」の意見が出された。反対意見は条例一一条に規定した「知事は必要な限度で県職員を必要とする場所に立ち入らせ、調査もしくは検査させることが出来る」という条項であった。この規定は公害の発生、あるいはその恐れがあると認定した時、県は工場の生産設備の調査や製品を分析し検査する権限を持つことになるが、これに対して「それをされると新製品の企業秘密が他社に漏れることになる」と反対した。それに対し県は「職員は地方公務員法第三四条で公務の秘密を守ることが義務付けられている（守秘義務）ので、他社に検査の状況を漏らすことはない」と答弁した。議員は「その程度では安心出来ない」とこの条項の削除を求めた。また中小企業を代表する議員からは第八条の「知事は公害の発生を認めたとき施設の移転および撤去を勧告することが出来る」という条項について、「資金力の弱い中小工場は条例が実施されると移転問題で苦しむことになる」と質問した。それに対し県は、「工場移転や公害防止施設の設置などに対しては〝第一二条で必要な資金を斡旋する〟と規定している。金融機関から資金融資を受けた場合は利子補給も考慮する」と答弁した。しかしこの条例最大の問題点は、第一条に「生活環境の保全と経済の健全な発展との調和を図る」という文言が入っていたことであった。公害とは企業の活動によって健康や生活環境に被害を生み出すことである。公害条例の目的はそうならないように企業活動への規制や基準を定めるものである。その条例に〝経済との調和を図る〟という言葉が入ると、どういうことになってしまうのか。条例は骨抜きとなってしまう。このような経過を経て条例案は賛成多数で議決された。また同年一〇月、公害対策審議会が設置され、公害防止条例は施行された。

（3）規制基準の制定

① 地下水の汲み上げ規制

県工業課と開発局企画課は一九六〇年（昭和三五）から水準点（主要道路には約二キロメートル毎に花崗岩の標石が埋められている）の調査を開始した。六三年二月の調査では東京湾沿岸地帯は全域で地盤沈下していることが明らかとなった。最も激しかったのは浦安町で一年間に一六・四センチの場所があった。船橋市海神町で一二・六センチ、千葉市や市原市でも二センチ沈下していた。沈下の原因は地下水の汲み上げにあった。県工業課は千葉市内の川崎製鉄所と県とが結んだ地下水汲み上げ自主規制協定（①井戸の本数は三〇〇メートル毎に一本とする、②一本の井戸は一日一四四〇トン以内とする）をモデルに、市原市五井、市原地区の一一社と協定を結び、今後は五井南部地区、千葉市生浜地区の会社とも締結をすることにした。しかし、県には地下水の汲み上げ基準が未だ出来ていないため浦安町、船橋市、千葉市などは野放し状態となっていた。

②騒音防止基準の制定

一九六三年（昭和三八）一〇月、県公害防止条例が施行され、六四年一月二八日から騒音取締り基準が適用されることになった。基準は、①適用地域を三つ（工業地域、準工業及び商業、住居）に分け、地域毎に音量を規定した、②工業地域は昼間七〇ホン、夜間六〇ホンに、準工業地域及び商業地域は昼間六五ホン、夜間五五ホンに、住居地域は昼間六〇ホン、夜間五〇ホン以内となった。（六〇ホンは騒がしい事務室内の音量、五〇ホンはヒソヒソ話がその人の近くで聞こえる音量、昼間とは午前七時から午後一〇時まで、夜間とは午後一〇時から午前七時までを言う）。

③煤煙排出基準の制定

一九六四年（昭和三九）七月一六日の閣議決定で、千葉県は「煤煙排出等の規制法」が適用されることになった。九月一日から県の煤煙排出基準が定められた。指定された地域は千葉、市川、船橋、習志野、市原市と浦安町であった。煤煙に含まれる特定有害物質は塩化水素、一酸化窒素、亜硫酸ガス、塩素であった。基準以上の煤煙や特定有害物質を排出する施設を持つ工場や新設する事業場の事業主は知事に届出が義務付けられ、基準に合わない施設には是正指示を出来ることになった。降下煤塵量は少ない地域では一平方キロメートル（三〇万二五〇〇坪）で月に六から七千トン以内、多い地域で一二トン以内、亜硫酸ガスは少ない地域で一〇〇平方センチ（一〇センチ四方）当たり一日〇・三ミリグラム、多い地域で一日〇・七ミリグラムであった。

(4) 実態調査と健康診断の実施

県は県民から公害の苦情や被害が届いていた状況を調べるため実態調査や健康調査などを実施した。

①厚生省と共同で汚染実態調査

一九六五年（昭和四〇）一一月、県は厚生省と共同で市原市内の生活環境（大気汚染など）の状況について調査を実施した。調査団は厚生省側から委嘱された東京大学工学部日笠教授、慶応義塾大学医学部外山教授、気象庁気象研究所桜庭部長、厚生省橋本公害課長、千葉県側から千葉大学医学部相磯教授、同工学部鈴木教授、県公害課、県衛生研究所、市原保健所、市原市公害係職員で構成された。調査は市原市内の観測点一六ヵ所（含む排出工場敷地内）と厚生省の公害検診車による巡回移動観測方法で行われた。調査内容は大気中の亜硫酸ガス、浮遊粉塵、気象測定、公害に対処している都市計画の状況、公害対象地域に住む住民の健康管理などであった。厚生省は調査結果を建設・通産両省などに知らせ、今後の国の公害防止体制の検討を、県は公害防止対策の強化に役立つ方針を作ることにした。調査費用は厚生省が一五〇万円、県が一〇〇万円支出して行われた。

②印旛沼や主要河川の汚水調査

全国の化学工業地帯では工場からの汚排水、農薬の多量使用、住宅団地からの下水などによる河川や沼、海の水質汚濁が公害源となり、水俣病や阿賀野川事件などが発生していた。一九六五年（昭和四〇）二月、県は〝水源地〟である印旛沼の水質基準測定を行った。印旛沼の水質は、危険水準に近い状態にあることが判明した。六六年一月、県は主要河川の水質調査を千葉大学医学部の協力で実施すると発表した。四月から養老川、村田川など約一〇〇地点を調査し、河川及び川底の泥の水銀含有量検出を主とする有害重金属の有無を確かめる水質汚濁防止対策に取り組んだ。

③幼児の健康診断

一九六五年（昭和四〇）一〇月一日、県は市原市内で大気汚染の人体への影響を調べ、適切な対策を行うため幼児検診を実施すると発表した。対象者はコンビナート工場群周辺の五井地区（岩崎、川岸）の三歳児一三六人と農村地域の三和地区（市西、養老、海上）の三歳児一四七人となった。現地で集団検診（レントゲン車内検査）を実施し、汚染地域と未汚染地域の幼児の健康状態を比較した。検診員は千葉大学医学部小児科久保主任教授とそのスタッフ、県公害・予防両課職員、市原保健所係員が行った。検診日は五井地区が一〇月一日、三和地区は同月一八日、二〇日、二一日とした。

（5）緑地帯と公害防止の都市造り

①埋立地に公害防風林設置

県は一九六六年度（昭和四一）の当初予算に一千万円を計上し、市原市の産業道路沿いの公共用地に公害防止を行うための防風林を設置することにした。防風林は工場地帯と市街地の間に帯状に造成する。五井地区が中心となり規模は幅二〇メートル、長さ二キロメートルであった。県は効果があれば市原、姉崎地区にも広げる計画であった。木の種類はイチョウ、ポプラ、マテバシイ、マキ、マサキなど煙害や潮風に強い樹木とし、千葉大学文理学部生物学科に調査を依頼した。その結果、苗木は一メートル以上に伸びた四、五年物、一万二千本が植樹された。

②公害防止の都市造り

一九六五年（昭和四〇）三月、建設省は千葉都市計画地方審議会（会長・友納知事）からの答申を受け、公害防止を目的とした市原市の都市計画用途指定を公示した。市原市の市街地面積三六八平方キロメートル（一億一一三二万坪）の内、二三九平方キロメートル（七二二九万八千坪、六五％）を特別工業、工業、準工業、商業、住宅地域に分け、公害のない都市造りを行うため六月県議会で条例案を議決した。条例では、①住居地域内に工場の進出は出来ない、②商業地域内に危険物を扱う工場や大規模な工場は建設出来ない、③工場地域内に病院、学校、旅館、料理店などは造れない、④建ぺい率（敷地面積と建物との割合）も定められた。市原市を公害のない都市にする改造計画に着手した。

（6）公害防止の協力体制

①住民や社員用厚生施設の建設

一九六五年（昭和四〇）一〇月、公害防止事業法に基づき特殊法人公害防止事業団が設立された。事業団は公害の多発する都市を対象に大気汚染、水質汚濁、騒音、振動などの産業公害を防止するため、工場の集団移転、緑地の整備、公害防止施設に対する貸付け事業などを行うことを目的に設立された。市原市の公害地域に厚生、通産両省が事業資金として一〇〇億円を拠出し事業団を立ち上げた。県と京葉地帯経済協議会（会長・安西浩東京ガス副社長）は、この事業を活用して地域住民や企業で働く従業員が使用する厚生施設を造った。事業団は公害のひどい川岸地域を中心とした特別工業地区の緑地帯三・五ヘクタール（一万一千坪）を買収し、六六年九月から工事を開始し、六八年度末までに陸上競技場、体育館、プール、野球場、広場などの厚生施設を建設する。総事業費は二八億円（企業負担七億二九〇〇万円、残り二〇億円あまりは県と市原市が折半）となった。この事業は公害に悩む全国の都市のモデルとなった。買収対象地には一一〇〇世帯の農家があったが、農家は「公害防止と地域の発展のため協力したい」と好意的であった。転業を希望する農家には緑地帯の中に出来た軽工業に就業を斡旋した。

② 企業に公害防止の強化を要請

一九六五年（昭和四〇）四月二七日、京葉地帯経済協議会第七回総会が東京・ホテルニューオータニで行われた。来賓挨拶で友納知事は、「千葉県に石油コンビナートが三ヵ所出来た。世界的な石油基地となったので公害防止策を強化したい。企業側には技術的に可能な限りの公害防止措置を施して欲しい。千葉大学の関係教授の支援を受け公害問題を科学的に解明し、食い止めたい」と抱負を述べた。

9 観光資源の活用と開発

千葉県は周りを海に囲まれ観光資源は豊富だが、これまで資源の活用が遅れていた。そのため一九六三年（昭和三八）二月、県は県観光開発促進協議会を結成し、観光開発のマスタープランの作成に着手した。協議会は県、専門家、観光地区代表で構成された。

(一) 道路公社と公園協会の設立

県内には南房総、水郷などの国定公園や県立公園があるが、宿泊施設が少なく観光地に行くための道路整備が遅れていた。そこで県は道路公社や公園協会をつくり観光開発を行った。県道路公社は一九六五年(昭和四〇)八月に設立された。同公社は南房総方面へ行くための鴨川有料道路や南房総有料道路、房総スカイライン有料道路を、外房側では九十九里有料道路と銚子有料道路を建設し開通させた。また同年四月、県公園協会が発足し観光地の公園や駐車場建設を行った。県は県内を八ブロック(東葛、葛南、千葉、君津、安房・夷隅、九十九里、大利根地域)に分け、観光地を整備した。

(二) 七つの観光コース

一九六四年(昭和三九)四月、県は観光開発の施策として安い料金で房総の観光を楽しめる〝花のプリンスコース〟など七つの観光ルートを作り、県外に大々的に宣伝した。この施策は千葉県の観光地が半島という立地条件にあるために、一つの観光地に長期間滞在して観光を楽しむことが出来ないため、観光地を巡回する〝動く観光地〟に切り替えようという試みであった。千葉県を訪れる観光客は年々増えていた。六二年度の観光客は二八九一万人あったが、観光地で使った料金は平均一人二四〇円であった。そのため県はもっと観光客の財布の紐を緩めさせようと都内から交通費千円前後の料金で房総の観光を満喫出来る施策を行った。県内を皇太子ご一家が旅行されたコースをマスコミなどが〝花のプリンスコース〟と名付けたことをヒントに観光コースを新設した。コースは花の南房総めぐり、太平洋波乗りめぐり、房総名山めぐり、渓谷と黒潮めぐり、南国海浜めぐり、釣りと名跡めぐり、水郷・田園めぐりの七コースを観光ルートとし、県外に宣伝を開始した。どのコースも東京・新宿が基点となっていた。

(三) 観光収益一五〇億円突破

一九六五年度(昭和四〇)四月、県観光課は前年一年間の観光白書を発表した。訪れた観光客は三七六三万人で前年より八〇〇万人増加していた。観光収入も一五〇億円を突破した。しかし一人が使った金額は四一二円で他県と比べると低く、原因は宿泊施設や道路整備の遅れにあった。日帰り客は三三二七万人(八八・四%)、宿泊客四三六万人(一一・六%)で日帰り客が圧倒的に多かった。観光別でみると海水浴が一〇八四万人で最も多く、以下社寺参拝八九〇万人、船橋ヘルスセンター三九四万人、潮干狩りや洲立て二五〇万人、その他だった。交通機関別では鉄道二三一三万人、自動車一一六二万人、船舶九三万人、その他一九五万人であった。

(1) 海水浴場条例の制定

一九六三年(昭和三八)七月二七日、県は山武郡九十九里町で県内四四海水浴場のある市町村長、観光協会長を集めて海水浴客水難事故対策について協議した。その結果、銚子海上保安部からの要請に基づき六四年度から海水浴場取締り条例を制定した。主な内容は、①海水浴場の管理者は地元市町村長と観光協会長とする、②遊泳区域と危険区域を明示し、監視船を常備置く、③五〇毎に監視台を設け三人の監視員を配置する、④サイレンや放送設備を備える、⑤管理者の判断で遊泳を辞めさせるなどの注意事項を決めた。また夜間遊泳の禁止、遊泳区域にヨットやボートなどの乗り入れも規制した。関東地区では条例があるのは神奈川県だけであった。

(2) 一一ヵ所の県営駐車場整備

産業基盤整備と観光開発を兼ねて県内の道路整備が行われた。県は一九六四年度(昭和三九)から六八年度までの五年間に県内の観光地に県営の大型無料駐車場を建設した。場所は千葉市稲毛海岸埋立地、手賀沼公園、鴨川海岸、誕生寺、木更津海岸、鋸山、銚子灯台、九十九里浜、一宮海岸、白浜有料道路、成田山の一一ヵ所であった。

(3) 嶺岡山に県営キャンプ場建設

一九六六年（昭和四一）七月、県内最初の県営キャンプ場が嶺岡《みねおか》山系の浅間山に建設された。県青少年課はかねてから青少年教育の場としてキャンプ場を計画していた。海岸、淡水湖、山林の三ヵ所に造る計画を検討していた。最初の施設として一千人が利用可能な場所として浅間山が選ばれた。建設費は一千万円で、二四〇〇平方メートル《メートル》（七二六坪）の敷地に四〇〇万円でロッジも造った。有料道路房総スカイラインに沿った安房郡長狭町上小原部落内の浅間山の麓で、近くには県営嶺岡牧場があり、太平洋と東京湾を一望出来る好環境の場所であった。

(4) 白浜海岸一帯をホテル群に

一九五八年（昭和三三）三月、海女と灯台、花の産地で知られる南房総の白浜町は国定公園に指定された。町は近年南房総国定公園随一の観光地としてクローズアップされ観光客が激増していた。以前はこの地に旅館は三件しかなかったが、六四年一月に九つのホテルがオープンした。九つのホテルで一日の宿泊客は千人が可能となった。また六六年三月には南房総有料道路が開通することを見込んで三〇軒のホテルの進出計画があった。成田、鴨川地区を凌ぐ宿泊地となる。

(5) 海水浴客へアンケート

一九六六年（昭和四一）九月、県観光課は夏の海水浴客にアンケートを行った結果を発表した。アンケートは館山市、安房郡鋸南町、鴨川町、御宿町、大網白里町、九十九里町の六つの海水浴場で行った。人気のある御宿海水場を分析すると次のような結果となった。訪れた客は男性五二・七％、女性四三・一％で男性が多く、年齢別では一九歳以下四〇・二％、二〇代四八・二％と圧倒的に多く、千葉の海は〝若人の海〟となっていた。千葉の海へ来るようになった動機は、友達や知り合いに聞いたが四六・三％、何度も来て気に入っている一九・三%、新聞や雑誌によって一五・一%となっていた。房総の印象は全体として良い八四・二%、悪い〇・六%だった。浜辺の清潔度は綺麗が七六・九%、汚い一八・六%だった。海岸施設は整っている四九・二%、不備三五%だった。道路状況は良い二四・一%、悪いが四三・四%だった。駐車場は整っている一三・八%、不備が二八・九%だった。客への対応は親切五九・二%、普通三一・五%、不親切二・二%だった。飲食料金や施設は普通だが、茶店や宿舎、脱衣場などの悪さが指摘された。今後の千葉県の海水浴場に期待する施設はボーリング場や水上スキー、モーターボート、ヨットなどのスポーツ施設を望む声が一番多く四八%、民宿やユースホステル、国民宿舎を中心とした宿泊施設三二・八%、以下公園、遊園地、レンタカー店となっていた。

（四）お花畑の散歩道

外房地方は観光開発が急ピッチで進んでいたが、花どころの安房郡江見町（現・鴨川市）の旧江見地区では、自然のお花畑を利用して露地花園を造り、外房の観光に一役買うことにした。それが出来たのは国鉄の駅長のアイデア、土地を無償で提供した農家の人たちであった。勤労奉仕した青年団、婦人会員、部落民などみんなの力が実を結んだ結果であった。この動きのきっかけは一九六五年（昭和四〇）二月、国鉄房総西線の江見駅に林幸三郎駅長が着任した時から始まった。同駅には〝冬でも菜の花が咲く房州へ〟とのキャッチフレーズの効果で観光客が増加していた。駅にはお花畑の散歩コースの問い合わせが多く寄せられていた。駅周辺の四ヘクタール（一万二千坪）のお花畑にはストック、キンギョソウ、キンセンカ、ヤグルマソウが咲き誇っていた。農家にとっては売り物の花だけに観光客が畑に入ろうものなら農家の人から怒られていた。そのため観光客からは〝花と観光〟のキャッチフレーズとは違うと不評を買っていた。林駅長はこれでは観光客が来なくなると考え、国鉄の観光フィルムを持参しては部落民に見せ、また官舎へ花農家を招いて観光の重要性を説いて回った。林駅長の呼びかけに賛同したのが新聞販売店主や鈴木元町議、林観光協会長、それに地主の二七人であった。六六年一月、話はようやく纏まり江見駅西側の海抜一三〇メートルの不動ケ谷山とその山麓四ヘクタールに遊歩道を造った。山は〝花笠山〟と名前を変え、山頂一三二平方メートル（四〇坪）の雑木林を伐採しベンチを置き、四月にロッジを造った。また山頂の花畑には長さ五〇〇メートルと二〇〇メートル、幅一・六メートルの道路を二本建設した。地主は無償で土地を提供し、部落では延べ六〇人の青年団員と婦人会員が交代で勤労奉仕し完成させた。

10　新東京国際空港の選定

（一）羽田沖埋立て不可能に

一九六〇年代の高度成長により、年々増大する国際輸送には航空機の役割が重要となっていた。一九六〇年（昭和三五）から六五年にかけて羽田空港の国際線の旅客者数は、四〇万人から九六万人へと二倍化していた。また七〇年頃にはフランスの〝コンコルド〟に代表される超大型音速旅客機が飛来する予定も決まり、現在の二倍近い長さの滑走路が必要となった。羽田空港の敷地は三五〇ヘクタール（一〇五万九千坪）しかなく、これからの需要に応えるためには二三〇〇ヘクタール（六九五万八千坪）の広さが必要であった。政府は羽田空港の拡張を検討した。しかし、結果は次の三点から不可能となった。①羽田沖を埋立てると東京港が狭くなり艦船の航行に支障が生じること、②港湾土木技術では五〇メートル以上深く埋立てることは不可能に近い状態であったこと、③近くに米軍横田基地や立川、入間基地があり羽田空港の管制空域（航空機が円滑に安全に飛行出来る空域）が狭く、空域拡大は困難であった。例えば米軍横田基地の場合、管制空域は伊豆半島、東京西部地域から長野県、新潟県上空の高度三七〇〇メートルから七千メートルまでの空域を占有していた。同様に米軍立川基地、入間基地も管制空域を東京上空に持っていた。その空域を日本の飛行機が飛ぶことは出来なかった。仮に羽田空港を拡張しても二〇％程度の拡張しか出来なかった。

（二）羽田空港に代わる飛行場の選定

一九六二年（昭和三七）一一月一六日、池田勇人内閣は羽田空港の打開策として第二国際空港を建設する方針を閣議決定した。候補地は千葉県では浦安沖、木更津沖、九十九里沖、白井町、印旛沼、富里村・八街《やちまた》町が、茨城県では霞ヶ浦、谷田部が、神奈川県では横浜市金沢八景沖であった。運輸省と建設省は六三年一月から三月にかけヘリコプターによる空からの候補地の位置確認、ボーリングによる岩盤強度や地質調査、気象条件、道路事情（アクセスなど）を検討した。同年四月一七日、友納が千葉県知事に就任した。

（三）選定で政府内が迷走

一九六三年（昭和三八）六月、池田首相は河野一郎建設大臣に「新空港を早期に着工するよう」指示した。それを踏まえ綾部健太郎運輸大臣が「浦安沖埋立て案」を、河野建設大臣が「木更津沖埋立て案」を発表した。浦安沖埋立て案は浦安地先から船橋地先に第一埋立地九九〇《ヘクタール》（二九九万五千坪）、第二埋立地一三二〇《ヘクタール》（三九九万三千坪）を建設する。一つは国際線離陸用、もう一つは着陸用とし、二つの埋立地の間の水路の下を地下道で結び、都心との連結道路を建設するというものであった。木更津沖埋立て案は木更津町から袖ケ浦町沿岸二三一〇《ヘクタール》（六九八万八千坪）を埋立てる。この場所は漁業補償が比較的容易で騒音の影響も少なく、岩盤も強固なので早期に空港建設が出来ることであった。同年七月四日、綾部運輸大臣、河野建設大臣、川島自民党総裁、友納知事の四者会談が行われた。しかし綾部案と河野案で両大臣が激しく対立し、言い争いとなり会談は決裂した。川島は建設大臣案を支持した。知事は「両案にはプラスもマイナスもあるので地元としては慎重に検討し対応したい」と語った。しかし四者は「空港場所は東京湾沖の千葉県側」で一致した。同月二九日、運輸省事務次官から「霞ヶ浦埋立て案」と「富里地区案」が提案された。綾部運輸大臣はその案に理解を示した。八月二日、運輸省は浦安、木更津候補地には航空管制に難点（羽田空港の発着経路と重なる）があると発表した。同月二〇日、運輸大臣は「新東京国際空港の候補地及びその規模」について運輸省航空審議会に諮問（空域、航空管制、気象条件、地形、施工条件、都心とのアクセス、都心との距離）した。

（四）富里村、第一候補に

航空審議会は同年一二月一一日、新東京国際空港の候補地について綾部運輸大臣に答申した。答申内容は「目覚しい民間航空の発展で現在使用している羽田空港は七〇年頃には豊和状態となり行き詰まる。安全重視の視点から候補地を検討した結果、①新東京国際空港の第一候補地は千葉県富里村付近、②第二候補地は茨城県霞ヶ浦周辺、③運輸省が推している浦安沖は問題点が多すぎて不適当、④富里村付近は他の飛行場との航空管制上の問題や霧、スモッグなどによる障害が少ない。滑走路の方向を決める地形も起伏が少なく、洪積台地で地盤も強く工事もしやすい。都心からの距離は五〇キロメートルと近い距離にある。自動車専用道路が出来れば都心から一時間以内で行ける、⑤霞ヶ浦西岸の稲敷台地は航空管制上、近くに航空自衛隊百里基地がありそこに影響を与えるので不適当、⑥浦安沖は都心から四三キロメートルと近い点は優位にあるが羽田空港に近すぎ、航空管制上、新空港での飛行機の発着を制限しなければ、羽田空港の発着能力は現在の六分の一に低下する。また風向きによって新空港は使用不能となる。人家の密集地帯の騒音を避けるため海岸から二キロメートル沖を埋立てると用地造成費は内陸の場合より二倍以上高くなる。東京湾周辺の工業地帯が出来上がるとスモッグによる障害が多くなる、⑦空港の規模は滑走路が少なくとも主滑走路二本、副滑走路二本、その配置は同時に使用出来る間隔をとった平行滑走路とするのが効果的である。また超音速航空機を受け入れるため、主滑走路は四千メートル程度にする必要がある。そのため敷地は二三〇〇ヘクタール（六九五万八千坪）が必要となるであった。綾部運輸大臣は答申を受け大蔵、農林、建設、防衛など関係閣僚と協議し、年内には空港用地を決める意向であった。

（五）答中後の対応

（1）国の対応

①大臣間で意見が対立

答申が出た後も政府部内では選定を巡って激しく河野建設と綾部運輸両大臣が対立した。一九六四年（昭和三九）五月一二日、河野建設大臣は衆議院建設委員会で「空港問題は池田首相の命により建設大臣が推進することになっている。東京湾内の地盤の良い所はないか、現在海底調査をしている」と答弁した。同月一九日、綾部運輸大臣は参議院内閣委員会で「東京湾内の地質はヘドロというか軟弱で何百万坪埋立てても地盤は陥没し、色々な事故が起こり得る場所だ」と答弁した。また同月二六日の閣議で河野建設と綾部運輸両大臣が激しく言い争い、池田首相が「所管は運輸省だが、この問題は東京湾全体を含めて適地を調査し検討しよう」と曖昧な発言で取り纏めた。同月二七日、衆議院建設委員会で河野建設大臣は「航空審議会の答申内容とは関わりなく東京湾内の基礎調査をしている。私個人としては浦安沖が適地と考えている」と答弁した。七月一八日、内閣改造で運輸大臣が綾部から松浦周太郎に変わった。松浦は就任の記者会見で、「富里村が現在も第一候補地である。霞ヶ浦は考えてはいない」と明言した。

②候補地年内に決まらず

九月一五日、新東京国際空港建設について政府部内の大蔵大臣、農林大臣、運輸大臣、建設大臣、自治大臣、防衛庁長官、内閣官房長官の七人からなる「新東京国際空港建設関係閣僚懇談会」（「関係閣僚懇」）が発足した。今後はそこで意見調整を行うことになった。一〇月一五日、初会合が開かれた。田中角栄大蔵大臣と赤城宗徳農林大臣、河野建設大臣から「運輸省は富里村に空港を造るというが、一五〇〇戸の農家をどこの場所に立ち退かせるのか」との意見が出され、会議は紛糾した。同月二五日、池田首相が体調不良（咽喉ガン）で退陣を表明した（翌年八月逝去）。一一月九日、佐藤栄作が首相となった。同月一三日、佐藤首相から関係閣僚懇座長に任命された河野建設大臣は「富里、木更津、霞ヶ浦、羽田沖の四候補地は一旦白紙に戻し、検討し直そう。富里の五〇〇戸以上の農家の移転は不可能だ」と発言した。その結果、年内に候補地は決まらず、一二月一八日の閣議では、①新東京国際空港建設に関する基本的な態度、②新東京国際空港は七〇年完成を目標とする、③候補地については引き続き検討することになった。

③佐藤首相、友納知事に約束

一九六五年二月三日、知事は川島副総裁、伊能繁次郎地元代議士を伴い佐藤首相と会談した。佐藤首相は「政府としては新空港の場所に結論を出す段階になっていない。場所の決定の際には地元知事の意見を十分尊重し、事前に相談する」と約束した。二月一三日、松浦運輸大臣が記者会見で「新東京国際空港は地元の知事や県議会が反対する場所には造らない」と発言した。三月二九日の関係閣僚懇では、候補地については、①富里村、②埋立ての必要な東京湾内か霞ヶ浦を関係事務次官会議で検討し、早急に再調査を実施する、③アメリカ軍が使用している飛行場についても外交ルートを通じて打診することを決定した。四月一日、関係各省事務次官会議で空域、渉外、土木技術の三小委員会が設置された。

④国際空港公団法の成立

四月三〇日、衆議院運輸委員会で新東京国際空港公団法案が付帯決議（「航空審議会の答申に基づき速やかに候補地の決定を行うこと」）を付して本会議で可決された。六月一日、参議院運輸委員会で同法案に付帯決議（「政府においては当該地域住民の生活権を損なうことのないよう万遺憾なきを期するとともに、当該地域における農業の振興ならびに産業経済の伸展を阻害しないよう配慮すべきである」）と付して本会議で可決された。法案の施行日は六六年七月七日となった。

⑤ 富里村に内定

六月三日、松浦が辞任し、中村寅太が運輸大臣に就任した。同月一六日、中村運輸大臣は空から現地を視察し、「候補地は富里、霞ヶ浦のいずれかにする」、「霞ヶ浦の調査期間を早めたい」と発言した。七月に入り運輸省が霞ヶ浦のボーリング調査を開始した。同月八日、埋立て推進論者であった河野一郎が急逝（大動脈瘤破裂）した。一〇月五日、運輸省事務次官は中村運輸大臣に「霞ヶ浦は不適当とするボーリング調査結果」を報告した。同月一八日、知事は急性胃潰瘍治療のため入院した（一二月一日職務復帰するまで川上紀一副知事が職務代理者を務めた）。一一月一八日、関係閣僚懇は「富里村を新東京国際空港建設地」に内定した。橋本登美三郎官房長官が記者会見で空港の場所を明らかにし、「明日の閣議で決定する」と発言した。この発言に川島副総裁や地元千葉県は猛反対し、その結果、閣議決定は延期された。川上副知事は「事前連絡もない決定だ」と不満を表明した。その直後から千葉県、関係市町村、地元住民の反対運動が活発となった。その結果、関係閣僚懇の「富里村を新東京国際空港建設地とする決定」は八ヵ月間に及ぶ建設反対の闘いの結果「富里村案」は幻となり消え去った。以下は関係閣僚懇の富里村内定前後の主な千葉県側の動き、関係市町村、反対運動の状況を記すことにした。

(2) 内定前の県、地元町村、住民の対応

① 県の対応

(あ) 木更津市長と浦安町長と懇談

一九六三年（昭和三八）六月二九日午前、知事は知事応接室で木更津市長と浦安町長を招き、空港問題で話し合いを持った。最初に知事から「両市町が空港予定地に選ばれているが、責任者としてどのように考えているか」を質した。それに対して萩原孫太郎木更津市長は「市議会や市民の生の声は聞いていない。市民は反対しないと思う。知事の意見に従う考えだ」と述べた。尾頭浦安町長は「地元に帰ってからよく相談してみた

い。町議会が昨年一〇月に建設反対の決議をしているので、建設は非常に難しい」と述べた。

（い）空港問題で初の庁議

六三年七月三日、千葉県は空港問題で庁議を開いた。庁議は県庁の最高会議で、今まで開かれたことは無かった。参加者は友納知事、渡辺副知事、大田出納長、川上総務部長をはじめとした全部長、空港問題担当審議室長と主幹、工業課長であった。庁議の議題は国が新東京国際空港を浦安沖か木更津沖などに選定した場合、県及び地元市町村に及ぼす影響、県が国に要求する条件などを決めるためであった。またこの庁議は翌四日に開かれる友納知事、綾部運輸大臣、河野建設大臣、川島副総裁（国務大臣）の四者会談にどう対応するかを決める目的もあった。庁議では千葉県に空港が出来た場合の得失が議論された。利点は、①高速道路網が整備されることになる、②東京湾横断道路か東京湾沿岸道路建設が促進される、③国に対する県の比重が大きくなる、④空港は国有地になるため固定資産税は非課税だが、それに見合う交付金が所在市町に交付される、⑤羽田空港には九千人が働いている。空港が出来れば地元雇用が増えることが考えられる。マイナス点は、①大型ジェット機の専用飛行場となるため騒音対策は避けられない、②乗降客は専用バスで都内を往復するため地元の繁栄にはあまり繋がらないのではないか、③農家の移転に伴う補償交渉が難航するのではないかなどであった。しかし、県としては「歓迎すべきことであり空港建設は受け入れる方向で対処して行くこと」になった。

（う）空港対策協議会の設置

六三年七月、新東京国際空港問題を検討するため、県の部課長と浦安、市川、船橋、習志野、千葉、市原、木更津市と袖ケ浦町の八市町長を構成メンバーとする空港問題対策協議会が設置され、会長に渡辺副知事がなった。

（え）新空港調査室の設置

六四年二月一七日、渡辺副知事の辞任に伴い川上総務部長が副知事に就任した。一一月九日、池田首相が病気治療で退任し、佐藤栄作が首相になった。運輸省出身の佐藤が首相に就任したことで「富里、霞ヶ浦、木更津など前内閣時に対象となった候補地問題は年内に決断が下される可能性があるのではないか」とし、一〇日、県は川上副知事を室長とする新空港調査室を設置した。それ以前は県政の重要課題を扱う総務部総合企画室内の主幹一人、四人の係員が担当していた。空港が正式に千葉県に決まった場合には国際空港対策室とし、専任の部長クラスを配置し、職員も土木、開発、衛生民生、農林部などから大幅に職員増を行うことにした。

（お）友納知事と佐藤首相の初会談

六五年二月三日、知事は川島副総裁、伊能代議士同席で初の佐藤首相との会談を行った。知事は佐藤首相に対して「①内陸部への空港建設は農地補償、騒音対策などで極めて困難があり、受け入れは出来ない、②政府内では運輸大臣と建設大臣の意見がバラバラで国側の意見を一本に纏めて欲しい、③新東京国際空港建設に当たっては地元の意向を尊重して欲しい」と述べた。それに対し首相は「未だ新東京国際空港の場所は結論を出す段階にはなっていない。場所決定の際には地元知事の意見を十分尊重し、事前に相談したい」と約束した。しかし一一月一八日、関係閣僚懇が開かれ、「富里村を新東京国際空港建設地」に内定した。

②地元町村の対応

一九六四年（昭和三九）三月七日、富里村関係者達が友納知事を訪問した。知事は「①新東京国際空港の積極的な誘致はしない。場所は海辺の方が良い、②どうしても富里にと言うのなら政府の誠意（補償、代替地、騒音対策、周辺の都市計画の四点）を打診する、③厚木や相模原の米軍施設を返還してもらい羽田空港をそこに移すとか、木更津に新東京国際空港を建設し羽田空港は残すという案もあるのではないか」と応じた。

③地元住民の対応

一九六三年（昭和三八）九月一二日、知事は県議会で「運輸省は富里村案を検討しているようだ」と発言した。それ以降、反対、賛成両派の動きが活発になった。九月一八日、富里村、八街町の反対派が県に陳情を行った。以降一二月にかけて八街町、富里村、山武《さんぶ》町の反対派による陳情は激化した。一〇月七日、富里村空港反対部落連合会は五〇〇人で県に反対の陳情を行った。翌八日、同連合会は県庁（千葉市中心地）までデモ行進を行った。秋には富里・八街空港反対同盟が結成された。一一月一五日、富里村の反対派農民が富里村から県庁まで往復六〇㌔を耕運機八三台でデモ行進し、沿道の住民や県民に訴えた。六四年一二月二三日、富里村の空港反対派は「血判状」を佐藤首相に提出した。六五年四月五日、霞ヶ浦沿岸の漁民は「霞ヶ浦空港反対集会」を行った。九月一一日、霞ヶ浦沿岸の漁民一千人が漁船三〇〇艘で湖上デモを行った。一一月一五日には富里村空港反対派がトラクター五〇台で県庁までデモ行進を行い、一部参加者が知事室に乱入する騒ぎを起こした。

（３）内定後の県、地元町村、住民の対応

①知事や県議会の対応

（あ）富里村決定に四条件を提案

一九六五年（昭和四〇）一一月一八日、関係閣僚懇が「富里村を新東京国際空港建設地」に内定した。翌一九日、川上副知事は入院中の知事と会い対応を協議した。その日午後、川上副知事は地元町村長、社会党県本部役員、反対同盟代表と会い、記者クラブで「県に事前連絡もなく決め、国の対応には納得出来ない」と不満を表明した。一一月二五日、入院中の知事は、「空港は地元の大多数が反対なら富里村への建設は不可能だと思う」、「国が誠意ある対応をしてくれるなら検討する用意はある」と述べた。一二月一日、病気が完治し知事が職務に復帰した。復帰会見で「国が誠意ある対応を示さなければ富里新空港建設は拒否する」と述べた。一二日、知事は県議会で「地元民の説得は至難の状態にある。運輸省は富里村が唯一の候補地であるかどうかを再検討して欲しい。国は住民への対策を早急に示して欲しい」、「住民説得には最低三ヵ月が必要だ。国と協力し見通しをつけたい」と答弁した。また、「県が地元を説得出来る条件は、①土地の補償、②代替地、③騒

音対策、④転職対策を国が具体的に示すことだ」と答弁した。一七日、佐藤首相と知事が会談した。知事は「出来れば富里村以外の場所に変更して欲しい」と要請した。それに対し佐藤首相は「ずいぶん探したが富里村以外にはない」と応え知事に協力を求めた。

（い）県議会、国際空港問題調査特別委員会の設置

一一月二六日、県議会は国際空港問題調査特別委員会を設置した。委員会は川上副知事から内定以降の県の対応と国の説明内容の報告を受けた。その後、社会党議員から「政府の一方的内定に対し、県は今後どのように対処する気なのか。富里村、八街町の両議会は反対決議を行った。県はこの動きを重視し空港建設反対の立場に立つべきではないか」と発言した。委員会はそのことに絞って議論した。川上副知事は「二九日の県選出の自民党国会議員団の考えや中村運輸大臣が近く行う説明会に出席し国の説明を聴き、県の基本的態度を決めたい」と答弁した。

②地元町村の対応

一一月一八日の関係閣僚懇で「富里村内定」が決まって以降、地元町村議会の空港建設反対の姿勢は鮮明となって行った。

二五日、富里村議会が満場一致で反対を決議、八街町議会は賛成、反対の議員が活発に発言し、議論を聴いた山本町長は「一方的な政府の決め方には賛成出来ない」と発言した。それらを踏まえ反対多数で空港建設反対を議決した。一二月七日、八日に中村運輸大臣が富里村に来て行われた運輸省の説明会には富里村、八街町、山武町は参加しなかった。代表が会場に来て中村大臣に反対決議書を提出し退席した。一一日、知事は県議会で「住民への説得は困難だ」と答弁した。続いて二一日、富里村に隣接する酒々井町議会が、二四日、芝山町議会が「空港反対」の決議を行った。六六年一月、年が明けても空港反対の住民の動きは衰えず、さらに広がっていった。三月一五日、富里、八街、山武、芝山、酒々井の五町村長会が「空港白紙返上」の声明書を国（運輸省）と千葉県に提出した。

③ 地元住民の対応

（あ）新空港反対県民会議の結成

一九六五年（昭和四〇）一一月一八日午後、新空港反対連絡会議は八街町産業会館で、新空港反対県民会議を結成した。会議には地元の新国際空港反対期成同盟の役員、社会党県本部の小川、桜井、加瀬代議士、小川、上野県議会議員、成田市、佐倉市、山武町、酒々井町など周辺地域二市一一町村と支援団体一五〇人が参加した。会結成の目的は「政府が内定した富里・八街両町内定に反対する民主団体、労働組合、政党に呼びかけ広範な戦線を作り闘うこと」にあった。

（い）富里村の村民六割、反対署名に参加

一一月二三日、富里村反対派は村民の三分の二に相当する空港反対署名を集めた。

（う）空港賛成派、富里村・八街町内に「国際空港歓迎」の横断幕吊るす

一二月一日、富里空港賛成派の新空港建設同盟連合会は、これまで反対派を刺激しないようにしていたが、街中が「空港反対」の立看板一色になったので、賛成派の存在を明らかにしようと富里村と八街町内に「空港歓迎」の立て看板一五〇枚を立てた。街中に日の丸を挟んで「国際空港歓迎」と書いた横断幕を吊るした。また一一月二七日、運輸省に「国際空港建設促進」の陳情を行った。

（え）空港建設反対で抗議集会や行動

一九六六年（昭和四一）一月九日、富里村で空港反対総決起大会が開催され三千人が参加した。会場には「空港反対」のハチ巻きを締めた富里村や八街町を中心とした反対派、大会に初めて参加する県労連の代表、県選出の社会党加瀬代議士、同党県議会議員六人、共産党県委員会代表、石井富里村長、山本八街町長、群馬県妙義基地反対闘争指導者の茜《あかね》ケ久保重光参議院議員（社会党）なども参加した。集会では社会、共産両党代表や国会議員、県議会議員、富里・八街両町村長、議会議長らが激励の挨拶を行った。一月七日、「富里空港設置反対抗議県民集会」が千葉公園で行われた。〝友納知事はやめろ〟と叫び県庁舎を包囲し、その後代表二〇人が川上副知事と会い決議文を手渡した。一部参加者がプラカードや旗竿で県庁正面玄関の窓ガラスを割り乱入し、三人が逮捕された。五月四日、富里・八街町の反対派婦人代表九三人が知事と会い〝農地絶対死守〟を宣言した。同月一八日、富里・八街空港反対同盟が農地不買運動（一坪マンモス登記）を開始した。

（六）成田市三里塚に変更

六月一日、知事は川島副総裁に会い、「富里村は反対者が多く、空港の規模を半分に減らしても土地買収に五年はかかる」と再検討を申し入れた。八日、県新空港調査室は「三里塚案」について検討を開始した。一七日、自民党政調会交通部会が「三里塚案」を提案した。一八日、知事は藤倉成田市長と小川成田市議会議長を知事公舎に招き、「自民党政調会交通部会が三里塚を提案している。県の将来を考えた時、この案に協力せざるを得ない。協力していただけないか」と打診した。二一日、自民党政調会交通部会の田辺、長谷川両議員が佐藤首相に会い、「これ以上候補地決定を延ばすと佐藤内閣の威信に関わる事態となって来る。それを避けるためには三里塚案を選択するしかない」と進言し、決断を求めた。二二日、知事は川上副知事、高橋空港担当主幹らと協議し、「下総御料牧場に空港を造るなら検討の余地がある」と佐藤首相に進言することを決めた。同日午後、佐藤首相と知事（川島副総裁、橋本官房長官も同席）が会談した。佐藤首相は「①新空港は富里村を諦め、国有地（宮内庁下総御料牧場）と県有地がある成田市三里塚地区に変更したい、②空港面積は原案の二分の一（一千《ヘクタール》・三〇二万五千坪）に圧縮したい、③成田空港は政府の威信をかけて建設するので地元千葉県として協力して欲しい」と知事に要請した。知事は「①この間の混乱の原因は国にあり充分反省して欲しい、②民有地を出来るだけ避け空港は最小規模で建設すること、③国は具体的な住民対策を県に示して欲しい、④今後は国と県の意思疎通が図られるよう努力すること」を提案した。この提案を佐藤首相は受け入れた。二三日、三里塚案が新聞などに大きく報道された。成田市三里塚・芝山町の住民が三里塚案を初めて知ることになった。

（七）成田市三里塚に閣議決定

当初、富里村の空港建設案は敷地面積二三〇〇ヘクタール（六九五万八千坪）、主滑走路四千メートル一本、副滑走路三二〇〇メートル一本、同二五〇〇メートル一本を持つ世界四位の規模となる空港建設であった。その案が敷地面積一〇六五ヘクタール（三二二万二千坪）と半分の規模に縮小された。それは富里村や八街町など周辺住民の激しい反対運動の反映でもあった。新空港対象地域は国有地や県有地を活用し、その周辺の民有地の多くは比較的開墾から日が浅い戦後に開拓された入植地であった。そのため用地買収は容易に進むのではないかと考えた上での結論であった。富里村の反対運動では社会党や共産党、民主勢力が一緒になって闘ったが、それを恐れた佐藤首相は、再び結束して三里塚建設反対で闘われる前に決めてしまおうとして、わずか二週間で「新東京国際空港の建設地は成田市三里塚を中心とする地区にする」と閣議決定したのである。政府は一九六三年（昭和三八）一二月一一日の運輸審議会答申から六六年七月四日の新東京国際空港建設の閣議決定まで二年七ヶ月間、地元の反対に遭い建設場所を決めることが出来なかった。友納一期県政の後半は新東京国際空港建設の是非が県政の中心課題に浮上し、知事はその対応に追われた。友納知事が場所決定の山場の時期に急性胃潰瘍となり治療入院（六五年一〇月一八日から一一月三〇日）したのはストレスが大きく影響したに違いない。

（1）新たな課題に直面

空港場所が成田市三里塚地区に決定されると知事は新たな課題に直面することになった。これまで日本の国際空港（羽田空港や大阪空港）の設置及び管理は国の直轄事業として行われてきた。新東京国際空港については航空審議会の答申に基づき建設から運営、管理まで新東京国際空港公団（以下「公団」と言う）が行うことになった。その理由は、①建設資金が莫大なため事業資金の一部を民間から調達せざるを得なくなったこと、②組織、人事、経理面で民間の力を活用する必要があったこと、③経営は独立採算制とし効率的に行うことなどであった。一九六六年（昭和四一）一一月一一日、公団から基本計画が示された。それによると新東京国際空港は、一〇六五ヘクタールの敷地に四千メートルのA滑走路一本と二五〇〇メートルのB滑走路一本、三二〇〇メートルの横風用C滑走路一本とこれらに対応する諸施設を建設することであった。その内、A滑走路は七〇年度末までに、その他は七三年度末までに完成させることになった。航空用の敷地一〇六五ヘクタールの内訳は国有地（成田御料牧場）が二四三ヘクタール（七三万五千坪）、県有地が一五二ヘクタール（四六万坪）、民有地が六七〇ヘクタール（二〇二万七千坪）であった。公団にとって最初の課題は、一〇六五ヘクタールの新東京国際空港建設用地を早急に取得することであった。建設用地は九一％が成田市、八％が芝山町、一％が大栄町と多古町に所在していた。全用地の六三％を占めた民有地内には地権者が三二五戸（成田市二九八戸、柴山町二七戸）以外に航空保安施設用地関係まで含めると千数百戸が公団との交渉対象者となった。

（2）知事、難題解決に奔走

友納知事は地元住民と公団との間に立って用地買収、代替地確保、騒音対策、航空機の燃料輸送、アクセス、離農者などの転職問題、県議会や反対運動、代執行への対応、そして地元と協力した今後の都市計画造り（道路、鉄道、住宅地、上下水道など）に奔走することになった。

おわりに

友納県政期前、友納知事が副知事時代から手がけて来た東京湾沿岸に重化学工場が進出していた。友納は知事となり、さらに拡大し千葉市から浦安町沖までを埋立て港湾を整備した。また内陸部への工業団地造成も行った。埋立て資金は三井不動産などの資金が導入され、主導権は企業に握られる弱点を持っていた。東京湾沿岸部と内陸部に工業地帯が造成されたが、工業従事者と農業・水産業従事者との所得格差は拡大し、その解決が求められた。知事は農業構造改善事業を推進し格差解消を試みた。しかし農業の大型化と効率化は進んだが零細農家は潰され（離農や後継者不足）、農村の過疎化はさらに進み所得格差は広がった。農業や水産業では特産品が生まれるなど評価出来る施策もあった。高度成長で人口が東京周辺に集まり、総武線と常磐線沿線の都市は予想を超える人口増となり、地方自治体は様々な都市問題（住宅不足、道路渋滞、鉄道建設、上下水道整備、保育園不足、すし詰め教室など）を引き起こした。県の財政は公共事業に注がれたため、医療や福祉では県民生活は深刻な状態に置かれた。知事が行った医療・福祉施策は極めて不充分なものであった。しかし県立袖ケ浦福祉センターの開設、県血清研究所のワクチン製造などタイムリーな施策もあった。友納一期県政の後半は工場地帯から公害（地盤沈下、大気汚染、水質汚濁、悪臭、騒音、振動など）が発生し、県政はその対応に追われることになった。そこで県は先進県から学び公害防止条例を作ったが、その条例の第一条には〝生活環境の保全と経済の健全な発展との調和を図る〟という文言が入っていた。公害とは事業活動によって健康や生活環境に被害を生み出すことである。公害条例は公害を防止するための規制や基準、指示、命令を定める規定である。その条例に〝産業との調和を図る〟という言葉が入ると、骨抜きの条例となってしまう。亜硫酸ガスなどによる被害の大きかった市原市では、県が中心となって大気汚染調査や住民（子どもなど）の健康調査が行われた。また亜硫酸ガスから健康を守るため工業地帯と住宅地の間に防風林が設置された。市原市の公害防止の街づくり計画や県公害研究所設置などは評価出来る施策であった。一期最後の頃に新東京国際空港は富里村に内定が決まったが地元民の反対運動で撤回され、成田市三里塚周辺地域に決まった。空港建設は知事にとって県政最大の課題となった。知事はこの課題の対応に忙殺されることになった。

注

（1）千葉県立中央図書館蔵　「千葉日報」一九六三年三月三〇日付
（2）前掲図書館蔵　「千葉日報」一九六四年四月一四日付
（3）千葉県選挙管理員会「過去の千葉県議会議員選挙（一般選挙・補欠選挙）の結果」より作成
（4）千葉県選挙管理員会「過去の衆議院議員選挙（総選挙・補欠選挙）の結果」より作成
（5）前掲図書館蔵 小川国彦著『新利権の海』（社会新報、一九七〇年）一六二〜一六六頁
（6）前掲図書館蔵　『新利権の海』一六二〜一六六頁
（7）「地理学評論」千葉県成田市豊住地区の構造改善（農林省農業総研・赤峰倫介論文）
（8）前掲図書館蔵　「千葉日報」一九六四年一二月一五日付
（9）千葉県営水道局　「県営水道のあゆみ」
（10）前掲図書館蔵　「千葉日報」一九六五年三月六日付
（11）前掲図書館蔵　「朝日新聞千葉」一九六五年五月一〇日付
（12）前掲図書館蔵　「千葉読売」一九六五年八月一三日付
（13）前掲図書館蔵　「千葉日報」一九六六年一一月一一日付
（14）前掲図書館蔵　「毎日新聞千葉」一九六五年一〇月一日付
（15）前掲図書館蔵　武井茂夫著『京葉・北総　のみ水その源』（緑陰出版会、一九七三年）五三頁
（16）前掲図書館蔵　池田宏樹著『戦後復興と地域社会』（アルファベータブックス、二〇一九年）三九三〜三九四頁

第二章　暮らしの変化と友納二期県政

一　知事選挙の動向と結果

1　友納二選をめぐる動向

一九六七年（昭和四二）四月一五日、県知事選挙が行われた。同じ日に千葉県議会議員選挙も行われた。知事選挙は二期目を目指す友納武人（自民党）と小松七郎（共産党）との戦いとなった。

（一）自民党県連、友納再選で一致

二月四日、自民党千葉県連の役員会が開かれ、全会一致で友納を知事選候補にすることを決定した。それを受け同六日、友納（五二歳）は「自民党から知事選挙に出馬する」と語った。二五日、出馬表明した。選挙体制は総責任者が菅野儀作県連幹事長、事務長が多田勇、出納責任者が関四郎という布陣であった。獲得目標を一〇〇万票とし自民党県連は総力をあげて戦う体制を採った。友納の公約は次の四点であった。①各種産業の振興を図る（・農業は北海道に次いで生産額を高くする・畜産、果樹、野菜、花卉など儲かる農業を育てる・沿岸漁業、蓄養漁業の育成を図る・千葉、船橋、木更津港を整備し京葉工業地帯を日本屈指の工業地帯とする・臨海工業と内陸工業の発展を図る）、②道路、鉄道の整備を行う（・成田空港の実現で北総地域の経済、文化を振興させる・東京横断橋や湾岸道路を建設する・九十九里、市川―松戸間に有料道路を建設する・鉄道

の複々線化、県内鉄道の全線電化を実現し輸送難を解消する）、③社会開発の推進を図る（・三五万戸の住宅を建設する・上下水道の整備を行う・公害防止に努める・ガン、心身障害などのセンターを建設する・レクリエーション施設を完備する）、④教育、文化の向上と青少年の育成を図る（・県立高校は全部コンクリートに改築する・各種学校の内容を充実させる・図書館、博物館、スポーツセンターを整備する）。以上を柱に二期目の県政に当たりたい。そして県勢の調和ある発展のため産業や地域間の格差解消に努めたいと公約した。

（二）共産党から小松七郎が出馬

三月一六日、共産党県常任委員小松七郎（六一歳）が出馬表明した。選挙体制は本部長が木島宏県委員長、事務局長が佐藤二郎、出納責任者が林長太郎という布陣であった。獲得目標は三五万票とした。小松の公約は次の五点であった。①県民の暮らしと健康を守る（・大資本に奉仕している友納県政を辞めさせる・低家賃の公営住宅を毎年三万五千戸建設する・歩道、立体交差、横断歩道橋、信号機などを建設し交通事故をなくす・保育所を三〇〇ヵ所建設する・二重価格制度を採用し農産物の価格引き上げと安定を図る・事業税は四人家族一〇〇万円までを免税とし、住民税の均等割りをなくす・実現する財源は大資本に適正な課税をして行う）、②教育、文化の民主的な発展を図る（・友納県政は文化、教育を重視すると言って来たが、義務教育の小中学校でさえ毎年の父母負担が三六億円に達している・教育予算を大幅に増やし父母負担の軽減、学校設備の充実、教育の民主化を図る）、③地方自治と民主主義を守る（・友納県政は自民党政府の下請け機関となり、県民の意向や願いを反映していない・憲法の地方自治の精神に基づき広域行政に反対する・教育、公安、監査などの委員会は公選制とする・県民の意思が反映する民主的県政を実現する）、④県民の安全と平和を守る（・自民党政府はベトナム侵略戦争に協力し、憲法改正、小選挙区制を目ざして進んでいる・柏、四街道基地にホークミサイルが持ち込まれているが撤去させる・軍事基地の恐れがある新国際空港建設、自衛隊適格者名簿作成などに反対する）、⑤不正と汚職の無い県政を実現する（・友納県政は京葉地帯工業化政策の中で大資本と結託し不正と汚職の黒い霧を作っている・不正の糸を断ち、清潔で明朗な県政に改造する）を公約とした。同月一八日、野党三党に共闘を申し入れた。社会党は「共闘は困難だ」と回答した。民社党は「共産党とは共闘しない」、公明党は「保守、革新のどちらにも同調や共闘はしない」という態度で無回答を貫いた。

（三）社会党、知事選立候補見送る

社会党は前年秋の定期大会で知事選は「党単独か革新統一候補を立てて戦う」方針を決めた。知事選挙の年を迎え一月から候補者選びを本格化させた。候補者は加瀬完（参議院議員）、桜井茂尚（衆議院議員）、赤桐操（千葉県労連議長）の三人に絞ったが断られた。告示日前日の三月二〇日、知事選候補選考委員会（委員長・実川清之県本部委員長）を開き、①県選出の全国会議員が出馬に難色を示したこと、②人材難から他に適当な候補者を発掘出来なかったこと、③告示日が迫っており、これ以上引き伸ばせないことを理由に「立候補しない」と決定した。そして同時に行われる県議会議員選挙を含む統一地方選に全力を上げることにした。公明党と民社党は「立候補者を立てず見送ること」を決めた。

2　友納二選の知事選挙

一九六七年（昭和四二）四月一五日、知事選挙が行われた。

（一）選挙の結果

①有権者数は一七九万七二三人であった。投票率は六二・六六％（前回比△八・八五％）であった。

②当選者の友納武人は八七万二二五一票（対有権者比四八・七％）であった。落選した小松七郎は一八万一九四三票であった。友納は六九万票の大差で小松に勝利したが、目標とした一〇〇万票には届かなかった。

（二）選挙の特徴

①自民党対共産党の戦いとなり対決点は鮮明となったが、戦いは盛り上りに欠けた選挙となった。

②友納と戦っても勝てないと判断した社会党、民社党、公明党の野党三党は候補者を立てられず、共産党のみが候補者を立てる選挙となった。野党は統一して戦う体制をとらなかった。

③友納の圧勝が予想されていたが、友納は一期目の実績や二期目に何を目指すのかを県民に伝えるため小松との立会演説会や街頭演説会などを重視し精力的に戦った。選挙では企業、団体から組織的支援を受けた。

④小松は何回か別の選挙に出馬した経験もあり、有権者には知名度は浸透していた。マスコミは過去の実績から五万票程度と予想していたが、得票目標の三五万票には届かなかったが二〇万票近くまで獲得し善戦した。共産党の筋を通した戦いは県民から評価された。結果、同時に戦われた県議会議員選挙では千葉市選挙区で須田章が初当選を果たすことが出来た。

⑤同日投票で行われた知事選挙の投票率（六二・六六％）に対し県議会議員選挙の投票率（六四・六八％）は約二％高かった。県議会議員選挙には投票しても知事選には投票しない人が三万六千人もいた。その理由は自民党や共産党支持でもない有権者が知事選の投票を拒否した意思表示だと思われる。

二　友納二期県政の政治的特徴

1　自民党県連の最大派閥は川島派、知事支持派は後退

（一）知事と自民党県議団との間に隙間

知事選と同時に行われた県議会議員選挙で自民党は勝利した。しかし、知事を支える与党自民党県議内では友納支持議員が一八人、川島派を中心とする反支持派が二一人となった。その結果、知事と自民党県議団との間に隙間が拡がり、しばしば知事は苦境に立たされた。一期目に川島派の渡辺副知事を辞任させたことが、その後も尾を引いていた。

（二）知事の信頼の厚い菅野県議、参議院議員に

知事は議会運営などで相談や信頼を寄せていた菅野県議が二期目直後の一九六七年（昭和四二）一一月に行われた参議院議員補欠選挙で当選し、県議会からいなくなり相談相手を失った。

（三）川上副知事、知事選に立候補表明

友納知事二期目後半の一九七〇年（昭和四五）一一月、川上副知事は知事選に出馬すると辞表を提出した。その結果、知事と副知事との間に確執が生じ友納知事は苦境に立たされたが、辞表提出直後に川島自民党副総裁が急逝した。後ろ盾を失った川上副知事は辞任を撤回し、副知事に留まった。

2　大型公共事業推進の姿勢変わらず

（一）第二次総合五ヵ年計画の策定

（1）県政の軸足に変化

友納一期県政の一九六五年（昭和四〇）一一月六日、知事は記者会見で「第一次総合五ヵ年計画を二年目で打ち切り、新しい第二次総合五ヵ年計画を策定する」と発表した。その理由は、①諸施策の基礎となる県人口や財政の見通しなどの推計が県勢の発展で大きく変わっていたことであった。例えば第一次計画策定時には六五年度の県人口は二五〇万人になると推定していたが、同年一〇月の国勢調査では二七〇万人となっていた。県財政も四四九億円としていたが五三〇億円となっていたこと、②これまで湾岸開発中心の県政を進めて来たが千葉県に新東京国際空港が出来ることが決まり、国際空港を軸とした北総開発に県政の軸足を変える時期を迎えたことであった。六七年二月、第二次総合五ヵ年計画を策定した。その計画を踏まえ六月二五日、二期目最初の県議会所信表明で知事は「地域格差解消と新東京国際空港建設に全力で邁進したい」、「市原から富津に至る埋立地に企業を誘致したい」と述べた。知事の大型公共事業推進の姿勢は変わらなかった。

（2）三つの開発計画と開発庁誕生

一九六九年（昭和四四）元旦、知事は県民への新年挨拶で「三つの開発計画を基に積極的な行政を推進したい」と抱負を語った。三つとは成田空港を軸とした北総開発、富津工業地帯、ニュータウン（成田、千葉、海浜）造成事業であった。県庁の機構改革では六八年四月に千葉ニュータウン造成など北総開発事業推進のため北総開発局が設置された。六九年四月に都市再開発事業などを行う都市開発局、南房総開発のための南総開発局準備室が設置された。それら開発行政関連組織を全て統合し、開発行政の推進を図るため開発部門の現場組織として開発局（六三年六月）が設置されていたが七〇年四月、開発局を改組し開発庁とした。一部四局、職員定数一二六八人（県庁職員定数の約二割）を擁し、巨額の企業会計予算を執行する大規模組織であった。

（二）長期計画で千葉県の目標示す

一九六九年（昭和四四）三月、長期計画を策定した。長期計画は六五年度を基準年次とし、八五年度を目標年次とする二〇ヵ年計画であった。千葉県の望ましい姿を描き、その目標に向かって取り組むべき課題と道筋を明らかにした。二〇年後の千葉県の姿について、①工業では京葉工業地帯の造成が完了する。道路、鉄道、港湾などの整備を行い日本最大の重化学工業地帯を造成する。内陸工業や機械金属など都市型工業は京葉、鹿島両工業地帯と有機的に連結する。それらが東関東自動車道、国道一六及び五一号沿いに立地され、北総地帯が新しい工業地帯となる、②流通では千葉港（千葉地区、葛南地区）、木更津港を軸に道路、鉄道などの整備が図られ、密度の高い流通機能を実現する、③都市化では近郊整備地帯の市街地再開発、大規模団地の建設を行う。千葉市は副都心となり、東京の都市機能を分担する。外周部では地域の特性を生かした開発や整備を進める、④農業では首都圏での生鮮食料品の供給県として立地の有利性を生かし、園芸・畜産など生産性の高い近郊農業を実現する、⑤レクリエーションでは立地の優位性を最大限生かし、観光、レクリエーション基地として独自の地位を占めるとした(1)。

3　開発の歪みで公害が重要テーマに浮上

（一）巨大石油コンビナートが操業開始

市原工業地帯に進出した巨大石油コンビナートが操業した。一九六七年（昭和四二）九月、出光興産千葉製油所が操業を開始した。六八年八月、市原・袖ケ浦沖合いに巨大石油タンカー（二〇万トン）が接岸可能な京葉シーバース（海上に設置された荷役施設）が完成した。石油タンカーから海底パイプラインを通じて丸善（現・コスモ）石油、極東（現・大阪国際）石油、出光興産、富士石油の四精製所に給油された。また六七年九月には八幡製鉄君津製鉄所で第一高炉の火入れ式が行われた。

（二）各地で公害発生

浦安から九十九里までの地域では地盤沈下、海洋、河川、沼の水質汚濁や悪臭が発生、重油の垂れ流し、騒音などに対する被害や苦情が連日新聞やラジオで報道されるようになった。県議会では知事与党の自民党議員からも「友納知事の京葉工業地帯造成で公害が各地で発生している」と批判の声が出た。一九六八年（昭和四三）八月、市原市に県立公害研究所が開設された。県は進出企業と公害防止協定を締結した（六八年一二月に千葉、市原、君津地区の二六社中九社、六九年二月に川崎製鉄千葉工場、六九年八月に八幡製鉄所グループと締結）。

（三）公害、県政の重要課題に

知事は公害を「県政の重要課題」と認め、その是正に取り組まざるを得なくなった。第二次総合五ヵ年計画では「生活環境の整備」の項目が追加され、「公害の防止」が明記された。それでも県政の重点施策は〝産業の振興〟に変わりはなかった。一九七〇年（昭和四五）七月に県衛生部内に公害対策局が、同年一〇月には公害対策本部が設置された。七一年二月には「千葉県公害白書」が刊行された。

4 新東京国際空港建設で難題に遭遇

新東京国際空港建設では、①予定地の立入測量、②空港境界の杭打ち、③県収用委員会による行政代執行、

④反対同盟戸村一作代表との初会談、⑤騒音対策などの難問に対応することになった。

5　大型開発は特別会計新設と起債、公社の活用で

（一）一般会計規模、四年で二倍に

(1) 一般会計の状況

一般会計は県民が納めた税金や手数料などの収入で教育や福祉、公共施設の整備など県民にとって必要不可欠なサービスの提供を行うことを目的としている。また単年度処理を原則としている。一方、特別会計は特定の収入を持って特定の支出に充てるために設けられた会計である。それには法律で設置が義務付けられているもの（例・県立病院・国民健康保険事業など）と県条例で設置を決めるもの（例・港湾整備事業・土地造成整備事業など）とがある。特別会計は一般会計から繰入金を受けたり、特別会計で得た収益を繰出金として一般会計に支出したり出来るが、原則として独立採算制がとられている。県の一般会計歳入決算額の伸びを一九六七年度（昭和四二）と七〇年度で比較してみた。六七年度は七八一億三三三五万円、七〇年度一四七八億三八四万円で一・九倍に増加した。財政規模が増大した理由は歳入では税収増（二・二倍）、歳出決算額では人口増に伴う教育費（一・六倍）と土木費（二・二倍）、補助費（金）二・五倍であった。またインフレなどによる影響も支出を増大させた。

(2) 県税収は順調な伸び

高度成長期であったので県の税収は毎年順調な伸びを示していた。一九六七年度（昭和四二）と七〇年度で比較してみた。六七年度は二一八億五五九九万円、七〇年度三四六億四七二二万円で一・六倍に増加した。年間平均三二億円増加したことになる。その中心は大企業からの法人事業税や不動産取得税、固定資産税（償却

資産への課税）、県民が自動車を持てるようになったことによる自動車税、軽油取引税の増収などであった。また特別会計の公営競技（競輪、競馬、オートレース）事業からも多額の収益（繰入金）が一般会計に繰り出された。

（二）特別会計数の増加

（1）県政二期は二二本に

公共事業は財政規模が大きいため単年度予算で処理する一般会計では対応が出来ない。そのため特別会計や企業会計で処理することになる。友納二期県政では新たに九本（市町村振興資金、自動車税証紙事業、ガンセンター事業、母子福祉資金、心身障害者扶養年金事業、公共用地取得事業、流域下水道事業、新行徳橋有料道路、港湾整備事業）の特別会計や企業会計が増設された。一期県政からの継続事業を含めると二二本（単年度決算が一億円以上に限定）となった。その多くは土地造成、港湾整備、道路整備などの公共事業であった。特に目立ったのは有料道路建設で四本（鴨川、市川松戸、南房総、新行徳橋道路）あった。一期県政は一三から一七本（年度で増減あり）であったから二期県政で五本増加した。理由は特別会計を増設し、公共事業を行うためであった。特別会計の内、インフラ整備を行う事業のほとんどの財源は県債の発行で賄われた。県債は借金であり必ず将来県民が返済しなければならない額である。

（2）多額な起債残高に

県債はどのような状態になっていたのか、県財政課発行の「千葉県財政提要」や「千葉県議会史」で調べてみた。県には独自財源が少ないため特別会計の財源の大半は県債（借金）で賄われていた。起債は毎年増加していた。その結果、返済額は県の一般会計を圧迫した。一期県政の一九六七年度（昭和四二）末の特別会計と企業会計の県債残高は四〇九億四三二五円であったが、二期県政終わりの七〇年度末の県債額は七六一億六九二二万円となり、一・九倍に増えていた（三五二億三千万円増）。この額は県民一人当たり約二万二六〇〇円の借金を背負わされたことになる。県債増について県は、六六年二月県議会で野党議員から「多すぎる」と追及された。それに対し川上副知事は「特別会計や企業会計によって進められている事業は（略）〝今やらなければ時期を失する〟ことがある。これらの費用を支出するためには税金だけを中心とした一般会計だけでは賄いきれない。そのため特別会計にウエイトを置いている」と答弁した。〝県債を発行し公共投資を行う緊急性があるのだ〟と答弁し正当性を主張している。

（3）公社を活用した公共事業

友納県政の三期一二年間に六つの公社が誕生した。県政一期では一九六五年（昭和四〇年）四月に農業開発公社が、八月に道路公社が、一一月に住宅供給公社が誕生した。県政二期では六九年四月に開発公社、五月に町村開発公社が、県政三期では七三年四月に土地開発公社が誕生している。公社の目的は県議会の統制から離れて計画や財政支出が自由に出来ることにあった。道路公社は県営有料道路や駐車場建設を行った。住宅供給公社は県営住宅団地を造成した。土地開発公社は土地の先行取得をするため誕生した組織である。これら全てが公共事業を行うための組織であった。組織の理事長は、ほとんどが県庁の部長クラスの天下り先となっていた。

三　友納二期県政の県議会議員選挙

第六回千葉県議会議員選挙（一九六七年四月一五日施行）は、第七回千葉県知事選挙と同一日に行われた。

①選挙区は三二区、議員定数は七〇人（前回より六人増）であった。投票率六四・六八％（前回比△六・八三％）であった。

②立候補者数は一一二人で、党派別内訳は自民党五三人、社会党二〇人、共産党一〇人、民社党六人、公

明党三人、無所属二〇人であった。

③党派別当選者数は自民党四四人（前回比九人増）、社会党一二人（二人増）、公明党（前・公政連）三人（二人増）、民社党三人（同数）、共産党一人（初）、無所属七人（△五人）であった。この内には以下の七つの無投票選挙区の七人が含まれている。それは野田市選挙区、東金市選挙区、八日市場市選挙区、流山市選挙区、八千代市選挙区、市原郡選挙区、匝瑳郡選挙区であった。無所属七人はその後自民党に六人が、社会党に一人が所属した。その結果、自民党は五〇人、社会党は一三人となった。

④党派別得票率は自民党五四・八％（〇・五％増）、社会党一七・六％（一・五％増）、民社党四・九％（一％増）、公明党四・二％（二・七％増）、共産党二・九％（一・一％増）、無所属一五・六％（△一・二％）であった。[2]

選挙結果の特徴は、

①議員定数は六四人から七〇人に増加した。選挙区も三〇から三二区に増えた。理由は都市部の急激な人口増にあった。有権者数も四年前（前回）の一四三万九千人から一七九万人と三五万一千人も増加していた。

②知事与党の自民党の当選者は四四人（その後六人が入党し五〇人）で議席占有率は七一・四％となり、前回の六二・五％を八・九％増加させた。自民党県議五〇人の派閥は川島派（一四人、前回比五人増）、森派（六人、△一人）、山村派（六人、△一人）、始関派（五人、△三人）、水田派（五人、一人増）、千葉派（四人、同数）、伊能派（二人、同数）、臼井派（一人、同数）、中村派（一人、同数）、水野派（一人、同数）、中間派（五人、同数）で圧倒的に川島派が増加した。川島派と山村派、水野派議員が主流派（二一人）を形成した。森派、始関派、水田派、伊能派が友納支持の反主流派（一八人）となった。[3] その後、一九六八年（昭和四三）九月、両派の県議会議員の色分けは主流派二七人、反主流派二〇人となった。

③自民党県連執行部は反友納を標榜する染谷誠幹事長を軸とする川島派、山村派、水野派が中間派の臼井

派、千葉派と連携して新主流派（県議数二六人）を形成した。主導権は川島系議員に握られ、友納知事は議会運営が難しくなった。

④社会党は千葉市選挙区で複数（二人）当選した。都市部（市川、船橋、松戸、柏・習志野市）では当選したが、農村部（衆議院議員選挙の旧二、三区）では当選出来ず、現状維持に留まった。金瀬議員は社会党に復党した。

⑤公明党は千葉市選挙区に続いて市川市、船橋市選挙区で当選し三議席（前回比二人増）となった。全員トップ当選を果たし党の勢いを示した。

⑥民社党は三人で増減はなかった。

⑦共産党は千葉市選挙区で初議席を獲得し、マスコミから「これで慣れ合い県政を糺すことは出来る」と期待された。同時期に戦われた知事選挙に小松七郎を立てて戦い、筋を通したことが有権者に評価されたと言えるのではなかろうか。松戸市、市原市では次点となったが、次回への足がかりを築くことが出来た。戦後初めて県議会に五大政党（自民、社会、民社、公明、共産）が参加することになった。県議会も自民党対社会党の時代から自民党対多党化の時代へと変わった。

⑧無投票選挙区は前回の三選挙区（野田市、海上郡、匝瑳郡）から七選挙区に増加した。匝瑳郡選挙区は二期連続となった。選挙民が投票の機会を失うことは、知事に県政を白紙委任することであり、県民の声が反映されない民主主義に関わる行為であった。どうしてそうなってしまったのか原因を分析する必要がある。

⑨自民党県連の体制は森清会長、菅野儀作幹事長、水田三喜男選挙対策委員長であった。

四　友納二期県政の国政選挙

1　第二次佐藤栄作内閣期の参議院議員千葉選挙区補欠選挙　一九六七年一一月五日施行

一九六七年（昭和四二）九月、小沢久太郎が病気療養中に亡くなった（六六歳）。残り期間は四年近くあった。そのため参議院千葉選挙区の補欠選挙が一一月五日に行われた。立候補者は自民党菅野儀作（県議会議員）、社会党加瀬包男（県本部書記長）、共産党小松七郎（党県常任委員）、無所属長谷長次の四人であった。投票率は二五・八九％であった。当選者は菅野儀作（自民党）二九万九八八票で、次点者以下は加瀬包男（社会党）一一万二七一五票、小松七郎（共産党）、長谷長次（無所属）であった。

選挙結果の特徴は、

①有権者数は一八九万五二三三人であった。参議院補欠選挙が急遽行われたこともあり、関心が薄く投票率は過去最低の二五・八九％となった（前回の参議院選挙千葉選挙区の投票率は五八・七％）。各党は投票率を四〇％前後と予想して選挙戦を戦った。投票率が一番高かったのは菅野候補の地元市原市六〇・四七％、最低は柏市一二・七五％であった。特に郡部（農漁村地域）に比べ都市部が悪く船橋、市川、松戸市は二〇％にも達しなかった。これまで千葉県で一番低い投票率は五四年の知事選挙で二九・三％であった。

②自民党は次期参議院議員千葉選挙区候補者に渡辺一太郎と木島義夫を決めていた。小沢が亡くなり予定外の補欠選挙が行われることになり、短期決戦を乗り切れる候補者として知名度と実力を備えた菅野（県連幹事長）を決めた。菅野は県議会最終日に議員辞職、一〇月九日に県連幹事長職辞任届けを提出し選挙を戦った。党県連内では菅野は友納知事を支える反主流派の中心的議員であった。当初出馬を固辞したが「全自民党員が一致して戦う」との強い要請があり、引き受けた。

③菅野は五一年四月に県議会議員となり、一六年余にわたり友納副知事、知事期を支えた。そのため友納は菅野が県議会からいなくなると議会運営が難しくなると苦慮したという。しかし「彼が国会議員になれば県と国とのパイプも太くなる」と最終的に賛成した。しかし、その後友納が心配したような事態に立ち向かうことになった。菅野は参議院議員となったため後任の自民党県連幹事長人事は難航した。川島派は染谷誠を幹事長候補に、友納支持派は森派の荘司勇県議会議員を候補として争った。そのため県連大会は開けず、総務会で「臼井荘一県連会長へ後任人事の扱いを一任」し、新執行体制を決めた。一二月一五日、臼井会長は川島派の染谷誠を幹事長に指名した。しかし対立は解消されず、自民党県連は片肺飛行状態となり世間から「三派県連」などと揶揄される状況が生まれた。自民党県議会議員の状態は新主流派（川島系）二一人、中間派五人、反主流派（友納支持）一八人であった。県議会運営では新主流派には中間派も加わり二六人となった。友納知事はこの体制下で県政の運営を行うことになった。

④社会党は告示日二日前の一〇月一二日になってやっと候補者が加瀬包男に決まり、選挙を戦うことになった。加瀬選対委員長は「都市部を中心に戦えば組織を生かし自民党と互角（二五から三〇万票獲得）に戦える」と述べていた。しかし、あまりにも準備期間が短く知名度も公約も有権者には浸透出来ず戦うこととなり、自民党に大差で敗北した。

⑤共産党は参議院議員千葉選挙区候補者に小松を決め準備していた。そのため直ちに選挙体制を敷いて戦った。小松は新人ながら過去八回選挙を戦っており、キャリアと知名度は有権者に浸透していた。投票率が低かったにもかかわらず、得票数は前回の参議院議員選挙並みの票数を獲得することが出来た。マスコミは「善戦した」と評価した。

⑥民社党は一〇月一一日、執行委員会を開き、次期参議院議員千葉選挙区候補者に吉川兼光を決めていたが、参議院議員補欠選挙は立候補を見送った。社会党から共闘の申し入れがあったが拒否し、白紙で臨んだ。

2　第二次佐藤栄作内閣期の第八回参議院議員選挙　一九六八年七月七日施行

投票日が七月七日であったので〝七夕選挙〟と言われた。テレビを利用した各党による選挙戦が初めて行われ、テレビCMや政党討論会が多数行われた。選挙演説や集会に行かなくてもお茶の間で政党や候補者の話を聴くことが出来た。一九六八年（昭和四三）六月二六日、小笠原諸島の日本復帰が実現した。七二年五月に行われる予定の沖縄の施政権復帰のあり方が選挙の争点の一つとなった。公明党を含む野党は本土並み返還、安保条約反対を掲げて戦った。その声に押され佐藤首相は一月二七日の国会答弁で「沖縄での非核三原則の必要性」を述べざるを得なかった。ベトナムではベトナム国民の闘いが善戦（テト攻勢）し、アメリカのジョンソン大統領は北爆の一時停止を発表した。二月、マクナマラ米国務長官が引責辞任した。国内では安保破棄実行委員会（共産党と平和市民団体など）と安保反対実行委員会（社会党や総評など）がベトナム反戦で一日共闘が実現した。一〇月、アメリカは北ベトナム爆撃を全面停止した。こうした状況の中で参議院議員選挙が戦われた。

定数は二五〇人（改選数一二六人・非改選一二四人）、投票率六八・九四％（前回比一・九二％増）であった。選挙結果（改選）は一二六人で自民党六九人（前回比△二人）、社会党二八人（△八人）、公明党一三人（二人増）、民社党七人（四人増）、共産党四人（一人増）、無所属五人（二人増）となった。

千葉県地方区の定数は二人。投票率は六〇・四％（前回比一・七％増）であった。有権者数は一九五万三四八七人（前回比五万八千人増）であった。当選者は木島義夫（自民党）二七万三九八九票、渡辺一太郎（自民党）二七万一一九一票であった。次点者以下は柳岡秋夫（社会）二四万八〇一八票、吉川兼光（民社党）、小松七郎（共産党）藤原豊次郎（無所属）、小田俊与（無所属）であった。

選挙結果の特徴は、

①自民党は定数二人の千葉地方区で木島と渡辺を当選させ完勝した。両者の合計獲得票は五四万五一八〇票で、前回の選挙で小沢久太郎が獲得した票数（三八万二六〇八票）を一六万二千票余も上回った。選挙体制は新人渡辺には主流派の総責任者が川島自民党副総裁、選挙参謀は染谷誠幹事長がなった。木島には総責任者が菅野参議院議員、選挙参謀は反主流派の荘司勇総務会長がなった。党内は激しい競り合いの選挙戦（〝川島と菅野代議士の代理戦争〟と言われた）を展開し、二人当選を果たした。県議や市町村議員は木島、渡辺のどちらを支持するかの「踏み絵」を踏まされる程の選挙となった。木島は六〇年の参議院議員補欠選挙で千葉県選挙区から自民党公認で立候補し当選した現職議員であった。渡辺は六三年に友納知事の副知事になったが、木更津南部埋立て計画で友納と意見が合わず六四年一月、解任され会社役員をしていた。自民党内が激しい競り合いの選挙戦となったのには理由があった。木島は現職のため公認済みであったが、川島派の前副知事だった渡辺が立候補の名乗りを上げた。それに対して友納派は参議院議員補欠選挙で当選していた菅野を公認申請し、渡辺阻止に動いた。県連内での対立が激化したため菅野は健康を理由に立候補を辞退した。

②社会党柳岡秋夫は現職の議員であった。社会党を除名されていた藤原は無所属で立候補した。その影響で票が奪われる結果となった。柳岡は前回当選した加瀬完の票（二六万四〇五七）には届かず（△一万六千票）落選した。

③民社党吉川は前回の知事選で友納と戦い知名度抜群であったが、出身地の船橋市、市川市、八千代市以外の都市部で票が伸びず、農村部に組織がないことが敗因となった。

④共産党の小松七郎は今回で九回目の立候補となり知名度があった。都市部の人口増、党勢拡大の影響もあり前回票六万六一七票を九万六五六一票と三万六千余票（一・六倍）増やし善戦した。目標の一〇万票には届かなかった。

3　第三二回衆議院議員選挙　一九六九年一二月二七日施行

社会党や共産党は日米安保条約の自動更新阻止を掲げ、七〇年安保改定阻止を選挙の争点に戦った。安保反対闘争では全共闘や新左翼などの学生が学園内や街頭で機動隊と衝突した。また大学内ではバリケード封鎖、授業ボイコット等の実力行使を行った。一九六九年（昭和四四）一〇月二一日の国際反戦デーでは新左翼各派が新宿など都内各地で機動隊と衝突し、逮捕者は一五九四人に及んだ。佐藤首相が安保改定でニクソン米大統領と会談するのを阻止するため一一月一六日には羽田空港付近でデモ行進や集会を行い二五〇〇人が逮捕された。それらの実力行使の闘い方は国民との間に亀裂を生じさせた。六月、経済企画庁は「日本のGNP（国民総生産）が西ドイツを抜いて世界第二位となった」と発表した。九月には新東京国際空港（成田）の建設が開始された。こうした状況下で選挙が戦われた。投票は初めて一二月末の土曜日に行われた。そのため〝師走選挙〟と呼ばれた。選挙制度は「中選挙区制」で行われた。定数は四八六人、投票率は六八・五一％（前回比△五・四八％）であった。

選挙結果は自民党二八八人（前回比一一人増）、社会党九〇人（△五〇人）、公明党四七人（二二人増）、民社党三一人（一人増）、日本共産党一四人（九人増）、無所属一六人（七人増）であった。

千葉県選挙区の投票率は六四・九八％であった。当選者は一三人（自民党一〇人、公明党二人、社会党一人）であった。

一区の定数は四人。当選者は川島正次郎（自民）一四万二〇四四票、鳥居一雄（公明）一二万九七八〇票、木原実（社会）一二万二七四四票、始関伊平（自民）一〇万五〇五二票であった。次点者以下は臼井荘一（自民）一〇万四四二三票、岡田敏男（民社）、川崎巳三郎（共産）、藤原豊次郎（社会党）であった。

二区の定数は四人。当選者は伊能繁次郎（自民）五万六四八〇票、水野清（自民）四万二六六二票、山村新治郎（自民）四万二三三九票、鶴岡洋（公明）三万一八九九票であった。次点者以下は林大幹（無所属）三万一五四三票、小川三男（社会）、桜井茂尚（社会）、佐藤二郎（共産）、石毛藤樹（無所属）であった。

三区の定数は五人。当選者は浜田幸一（自民）七万八一二八票、水田三喜男（自民）六万二六三七票、森清（自民）五万八〇六四票、千葉三郎（自民）四万五九〇六票、中村庸一郎（自民）四万五五二三票であった。次点者以下は吉原忠治（公明）四万三二〇一票、実川清之（社会）、岩瀬宝作（共産）、長谷川長次（無所属）、小野盛（立憲養正会）であった。

選挙結果の特徴は、

①投票率は六四・九八％（前回七三・九九％）で前回を九・〇一％下回った。下回ったのは都市部の一区で、農漁村地帯である二区、三区は前回を上回った。

②一区は自民党現職の臼井が得票数では一〇万票余を獲得したが次点となり落選した。臼井は自民党県連会長、衆議院沖縄問題特別委員長を担当していた。臼井は会長として自民党県連の内紛を収めた立役者でもあった。代わって公明党の新人鳥居が当選した。木原は二区と三区で社会党の現職が落選する中で唯一の当選者となった。

③二区は社会党現職の小川が落選し、桜井と共倒れとなった。代わって公明党の新人鶴岡が当選した。公明党は一区、二区で当選を果たし躍進した。前回落選した伊能（自民）がトップ当選で返り咲いた。

④三区は社会党現職の実川が落選し、自民党五人全員が当選した。新人浜田（富津町議会議員、前千葉県議会議員）はトップ当選を果たした。

⑤共産党は議席獲得には至らなかったが一区、二区で得票数を倍増させた。日常活動の成果だとマスコミに評価された。

⑥各党の得票数と投票率は自民党七八万三三五八票（五六・四％）、社会党二一万八五七〇票（一五・八％）、民社党七万三四一六票（五・三％）、公明党二〇万四八八〇票（一四・四％）、共産党六万七〇四八票（四・八％）、無所属四万三六二四票（三・三％）であった。得票総数は一三九万七九六票であった。

五　友納二期県政の展開

1　市原市の工業化と八幡製鉄所の君津進出

（一）工業用水確保に苦労した市原工業地帯

（1）市原市に石油コンビナート進出

県は市原市五井、市原地区の土地造成に続き、一九六〇年（昭和三五）から六六年まで五井、姉崎、袖ケ浦地区の土地造成を行い、石油関連企業を誘致した。五井、姉崎、袖ケ浦地区には丸善石油化学（関連一六社）、三井石油化学（関連七社）、住友石油化学（関連九社）を中心とする石油化学関連企業が進出しコンビナートを形成した。六三年に出光石油が、六四年に丸善石油が、六八年に極東石油と富士石油が操業を開始し、三つの石油コンビナートへパイプラインを通じてナフサ（粗製ガソリン）を供給した。当初住友金属工業は袖ケ浦地区に進出を予定していたが茨城県鹿島市に変更した。その土地には六七年五月、住友石油化学が進出し操業した。石油化学工場は亜硫酸ガスを排出する。富士石油と住友石油化学は静岡県三島、沼津両市で地域から企業進出反対に遭い断念した。出光石油は姫路市進出に猛反対を受けた。チッソ石油化学は熊本県でメチル水銀化合物を排出して水俣病を発生させた有名企業である。昭和電工は阿賀野川流域で有機水銀中毒を発生させた企業であった。公害排出で有名な大企業が市原工業地帯に進出したのである。出光、丸善、富士、極東（現・E

ＮＥＯＳ）の四大製油施設が勢揃いしたことにより市原地区の製油能力は、三重県四日市コンビナートの二倍近い規模となり、各社の進出が完了する七五年頃には日本最大の石油基地となる。そのため県は各企業に公害防止装置を義務付けた。各社は煙突を高層化（一五〇㍍以上）し、亜硫酸ガスを広域に拡散させた。県は企業と公害防止協定締結を急ぐことで対応した。

（2）市原市、出光石油などの重油脱硫装置に減税

出光石油は脱硫装置を付け重油の硫黄分を一％に下げ販売した。市原市はそれを評価し、一九七三年（昭和四八）一二月市議会に脱硫装置の固定資産税を二分の一免除する条例案を上程した。市の対応に議会内や市民の間から「減免は市が行うことではない。国か県が行うべきものだ」と反対の声を上げた。主な意見は、①国が行うべき公害対策に市が助成するのはおかしい、②低硫黄重油は市内の人が使うわけではないなどであった。市議会は市の減税提案を保留し継続審議とした。七四年一月二四日、臨時市議会が開かれ、市は「七四年一月から脱硫装置の固定資産税を二分の一、三年間免除すること」を提案した。この議案に革新クラブと共産党、民主クラブは「市が援助する必要はない」と反対したが賛成多数で可決された。免除額は三年間で一七一二万円となった。丸善石油や極東石油も脱硫装置を計画中なので、これらの企業にも適用されることになった。

（3）五井南地区の工業用水ピンチに

市原地区に進出した工場に使用する水不足が深刻な状態となった。工業用水は八幡地先の千葉地区九工場が日量六万㌧、五井南地区の九社が日量八万㌧を必要としていた。それに対して千葉地区には山倉ダムからは日量一二万㌧が、五井南地区には印旛沼からパイプラインで二〇万㌧の供給が可能となった。ところが印旛沼周辺は一九六七年（昭和四二）五月から七月の梅雨時期に雨が降らず、田植えの農業用水の需要増で水位が一・五㍍低下し、五井南地区の工場に工業用水を回すことが出来ない事態となった。そこで山倉ダムから日量

七から八万トンを半月間送水してもらいピンチを免れた。また五井南地区の工場は必要量八万トンの内、地下水で六万トンを汲み上げていた。操業率は七割であったが、将来工場の増設が行われると県が計画していた日量五〇万二千トン（印旛沼送水二〇万トン増）を超える水量が必要となることは確実であった。また市原市の上水道の日量四万六千トンの半分は地下水汲み上げであった。三分の一を地下水に依存する同地区の工業用水は取水不能にもなりかねない深刻な状態になっていた。そのため各地で地盤沈下が発生していた。(4)

(4) 高滝ダム着工急ぐ

そこで着目されたのが養老川上流の市原郡加茂村高滝地先に農業用として計画された貯水量一一八二万トンの高滝ダムであった。同ダムは一九五五年（昭和三〇）に地質、流量調査が行われ、六三年には事業費の一部が予算化されたが、建設費一三億円の二五%（約三億円）が受益者負担であった。そのため流域住民は加重負担を理由に水利組合は結成せず放置していた。京葉地帯経済協議会からは早期建設が要望されていた。そのため県は豪雨になると養老川が氾濫するため農林部耕地課、土木部河港課、開発局工業用水部が協議し、工業用水と農業用水、上水道の供給、洪水防止を目的に多目的ダムに用途変更し、造成面積も拡大し七四年四月から大成建設が工事を開始した。ダムは日量八万トンを送水するアース式ダムとなり、農業用水として毎秒三・六トンを二九四一ヘクタル（八八九万七千坪）の耕地に、工業用水として毎秒九〇〇トンを五井南地区の工場に供給することになった。（その後）九三年（平成五）六月、給水が開始された。

(二) 八幡製鉄所の君津進出

(1) 千葉県への進出理由

当初、八幡製鉄（現・新日本製鉄）は三重県四日市に製鉄所を建設する計画であった。しかし、①四日市では想定している規模の鉄鋼需要を見込めないこと、②需要の大半は京浜工業地帯に集中していることなどの理由から、需要地に近い場所に大規模な製鉄所を造ることが必要と考え、千葉県に進出の打診を行った。県は船橋地区、次に市原市五井、姉崎地区を紹介した。しかし八幡製鉄はそれらの場所は大型製鉄所の立地には相応しくない、君津地区は東京から四〇キロメートルの距離にあり輸送コストが安く、海面を埋立て港湾施設が造れる利点があった。君津地域が最適だと判断し県との協議に入った。最大の課題は製鉄所が大量の水を使うため工業用水（日量四五万トン）の確保が出来るかどうかであった。八幡製鉄は小櫃川、小糸川、湊川の三水系にダムを造成し、その優先利用が出来るか否かが進出条件であると県に申し入れた。県はその条件を受け入れた。一九六〇年（昭和三五）一一月、県との協議で日量四五万トンの確保に目途が付いたので君津町進出を発表した。最初の仕事は海面を埋立て工場を建設するため、君津町漁協（組合員二一七人）との漁業権放棄による補償金の交渉であった。県と町、八幡製鉄、漁協間で四者協議と交渉が行われた。六一年四月、県は君津町漁協に総額一二億四千万円の漁業補償金を提案した。同年八月、県と君津漁協との間で「漁業権放棄と補償協定」が締結された。その結果、漁協は一〇七ヘクタール（三二万四千坪）の区画漁業権（区画の中で漁業を行うこと、ノリ養殖など）と四四七・五ヘクタール（一三五万四千坪）の共同漁業権（共同で使用する漁場）を放棄した。六二年三月、埋立て工事が開始された。県は埋立ては八幡製鉄に委託し、同社は国土総合開発社に君津町人見地区の海面三二四ヘクタール（九八万坪）をわずか六ヵ月で埋立てさせた。海底から浚渫した土砂は三三〇〇万トンであった。世界最大の浚渫船国栄丸など二二艘が行い、日本全国にある浚渫船の半分以上が君津に集結し、世紀の大事業〝八幡艦隊〟と言われた。[5] 六五年二月、八幡製鉄君津製鉄所の操業が開始され、六八年一一月に第一高炉の火入れが行われた。

(2) 工業用水の確保

君津製鉄所の工業用水は豊英ダムや郡ダム、小糸川などから供給された。

① 豊英ダムの建設

小糸川を水源とする君津郡清和村の豊英ダムは、君津製鉄所の進出計画に伴い工業用水確保のため造られた。

一九六七年（昭和四二）一二月に工事が開始され、六九年四月に給水を開始した。通常のダム建設には七年から一〇年の歳月を要すると言われていたが、全国から優秀な技術者を集め、国や県の協力を得て完成させた。清水建設が工事を行った。貯水量は四二〇万トンであった。工業用水日量三〇万トンの内、八幡製鉄に一五万トンが供給された。総工費は一〇億円であった。

② 郡ダムの建設

一九六五年（昭和四〇）三月に工事が開始され、六七年一二月から給水が開始された。工事期間は二年九カ月という短期間で造成された。鹿島建設が工事を行った。貯水量は四四〇万トンで郡ダムの水は約一〇キロメートル南の富津市内を流れる湊川取水場から導水管でダムに送られた水を貯水している。

（３） 漁業権放棄と漁民のその後

一九六〇年（昭和三五）九月、県は君津海面の漁業権を持つ君津漁協（君津と坂田両漁協の合併）に漁場放棄に関する申し入れを行った。漁協は漁民大会や対策委員会を設置し、漁民の意向を確認した。大方の漁民は反対であった。しかし県と町、さらにマスコミなどからの説得工作が激しく続いた。その結果、六一年八月の漁業権放棄を決めた臨時総会は、賛成一五七人、反対五一人、無効一人であった。補償額は一二億四千万円であった。この額は一戸平均五七一万円であった。県と君津漁協とで取り交わされた「漁業権放棄と補償協定」には次の四点が明記された。①進出会社（八幡製鉄所）に対し一戸一人以上の者の就職を斡旋する、②進出会社以外にも優先的に就職を斡旋する、③進出工場内の売店設置、出入船の荷役に対する物品販売、その他工場の操業、従業員の生活に必要な営業を希望する者がある場合は優先的に斡旋する、④補償金に課税される国税と地方税への対策は研究し指導するなどであった。県との協定にはこのようなことが書かれていたため、漁民はそれを信頼し賛成したのであったが、この約束は守られなかった。八幡製鉄の当初計画では漁業権放棄後直ちに埋立て、工場建設に取り掛かり六二年九月には一部操業する予定であった。しかし八幡製鉄は景気動向を理由に工場建設を遅らせ、工場が操業したのは三年後の六五年二月であった。漁場を失った漁民たちは操業まで待つことが出来ず、他に職を見つけざるを得なかった。八幡製鉄は「転業希望者採用募集要領」をつくり漁民に案内した。その内容には面接と筆記試験があり、筆記試験には数学、国語、常識、作文の四科目を行うと記してあった。これには漁民たちは大きな衝撃を受けた。試験の結果、採用されたのは一八人（四五％）と半数にも満たなかったという。この結果をみる限り県や八幡製鉄は漁民を騙したことになる。(6)

（4）君津町、鉄の城下町に

「企業城下町」という言葉がある。企業城下町とは一つの企業を中心にその関連企業が集中し地域に政治、経済、社会的に大きな影響力を与えられた町を言う。町は企業から莫大な税収が入り財政的に影響を受け、企業は従業員を地元議会に議員として送り影響力を行使する。日本ではトヨタ自動車のある愛知県豊田市、日立製作所のある茨城県日立市などが有名である。千葉県では成田山のある成田市、キッコーマン醤油のある野田市などである。一九六五年（昭和四〇）四月、君津郡君津町（現・君津市）は八幡製鉄君津製鉄所の進出によって大きく変貌した。同社の工場群が完全に動き出す六八年には同社の社員は三千人、協力・系列会社社員は七千人、家族合わせて三万五千人が同町に住んだ。町の人口は一挙に三倍に膨れ上がった。町の財政規模も増大した。町の税収は六五年度五千万円であったが、六六年度には八幡製鉄だけで六千万の税収があり倍増した。六七年度には八幡製鉄から七千万円の税収が見込まれた。その結果、国から君津町は県下初の地方交付税の不交付団体（財政力のある町）に指定された。財政規模も六五年度一億六五〇〇万円、六六年度二億一三〇〇万円、六七年度四億三三〇〇万円と倍増を続け、企業城下町となった。君津製鉄所の進出により君津町の固定資産税や法人市民税が増加したからであった。しかし町の人口が少ないと千葉県の収入に一部がなってしまうため、七〇年九月二八日、君津町、上総町、小糸町、清和村、小櫃村が合併し新しい君津町となった。その後、法定人口（七万人）に達し七一年九月一日、君津市が誕生した。県下で二五番目の市となった。新日鉄君津は市議会にいつから議員を送り出していたのか、君津市選挙管理委員会に問い合わせた。それによると新日鉄君津が市議会に議員を送り出したのは、一九七五年（昭和五〇）九月の市議会議員選挙からであった。定数三六人に対し四人当選させていた。それ以降も選挙の度に二から三人を送り出している(7)（その後、市議会議員定数が三二・三〇・二八・二四・二二人と削減があった）。

2　千葉港・京葉港・木更津港の整備

（一）千葉港整備と新たな課題

(1) 千葉市稲毛海岸埋立て

千葉市地先の埋立ては、柴田県政の一九五三年（昭和二八）に千葉市登戸町から村田川河口（市原市との境）まで、五七年に千葉市村田川河口から五井（市原市）までと千葉市と習志野市の境界までが行われた。友納県政になり漁業補償がほとんど解決した六二年に五井から姉崎（市原市）南端まで、六八年に市川市、船橋市、習志野市、千葉市、市原市、袖ケ浦町（現・袖ケ浦市）まで拡大された。海岸線の延長は四〇《キロメートル》まで伸びた。千葉市内で最後に残っていたのが稲毛海岸であった。宮内三朗千葉市長は、粘り強く稲毛漁協（組合員五二五人）と交渉を続けた。六八年三月七日、千葉市役所会議室で漁協交渉委員と協議した結果、漁協は漁業権を持つ五二五《ヘクタール》（一五八万八千坪）の漁場を放棄し、漁業補償に応じた。補償額は一九億二千万余であった。市長は「全体の内、二三〇《ヘクタール》（六九万六千坪）は千葉市が埋立てを行う。その内の六六《ヘクタール》（二〇万坪）に体育施設などレクリエーション地帯、海事博物館などを造り、残りは住宅団地を建設したい」と述べた。

(2) 内外貿易用に五四バース新設

一九六七年（昭和四二）九月二六日、運輸省は港湾審議会第三〇回計画部会を開催し、千葉港（含む京葉港）

や木更津港などが東京湾内で果たす役割を審議した。それによると、①千葉港は関東北部を背後県とする外国貿易の貨物を扱う港として整備する、②京葉港は関東東北部の国内貿易の窓口港として整備する、③両港には超大型タンカー用のシーバース（岸壁）を造る、④港湾の背後には住宅用地や緑地、都市再開発用地を造ることなどを決めた。県はその構想を踏まえて七五年度までに実現する千葉港港湾計画を作成した。千葉港は公共波止場として外国貿易用の一万五千トン用岸壁一一バース、国内貿易用二〇バース、京葉港は国内貿易用一二バースを造ることにした。

（3）千葉県貿易を支える千葉港

一九六八年（昭和四三）一〇月二八日、千葉税関支署は千葉港の貿易概況を発表した。それによると輸出、輸入額とも前年同月の実績を大幅に上回った。輸出総額は八五億円（前年同月比一四％増）。前年には実績の無かった船舶による輸出額が三四億円もあり、全体の二七％を占めた。一方、輸入総額は一七二億円（前年同月比一八％増）になった。それは原油と粗油七二％、鉄鋼屑八四％、木材九五％増が影響した。外国貿易船の入港は一三五隻で一八％増、トン数でも四二％増と増加した。船舶数に比較してトン数の伸びが大きいのは、大型船の入港増のためであった。

（4）入港税で二億円

京葉工業地帯の心臓部にあたる千葉港の発展は目覚しかった。一九六七年（昭和四二）の一年間に千葉港に入港した貨物船やタンカーは外国船七一三艘、日本船四六二艘で総トン数は一〇九六万二四三トンであった（横浜税関千葉支署調べ）。特別トン税だけで千葉市に二億円が入った。

（5）密輸、前年の二倍強

千葉港の密輸が前年の二倍強となった。千葉港税関支署は激化する密輸に対して監督を強化していたが、手口が巧妙になって来た。同支署の調べでは一九六八年一〇月時点の密輸件数は八三件（前年同月三四件）で、二・四倍増加していた。密輸入品は洋酒、タバコ、時計（ロレックスなど）で、特に洋酒が圧倒的に多かった。増加した密輸出品は、韓国から川鉄岸壁に石炭、鉄鉱石を積んで来た船員が大部分であった。カーラジオ、紳士用ベルト、ライター、トランジスターラジオ、洋傘が主な物であった。千葉港には外国船と外国航路を走る日本船合わせて毎日二〇から二五隻が入港していた。この内七割は川鉄への鉄鉱石や鉄屑、石炭を積んでいた。残り三割は出光、丸善、極東などの石油会社に原油を運ぶ貨物船であった。

(6) 輸入増加に対応出来ない施設や検査員

京葉臨海工業地帯の発展や後背地での食品、製材業の振興に伴い、内湾各港へ外国からの植物輸入量が増加した。ところが陸揚げ場所である千葉、京葉、木更津港の受け入れ態勢と輸入植物の検疫体制は不十分で、輸入量の増大に追い付けない状態が続いていた。三港への木材や穀類などの植物輸入量は千葉港食品コンビナートのフル操業で年々増加していた。近く木更津港の木材団地建設、京葉港への製油、製粉会社の進出なども予定されていて更なる増加は確実であった。一九七四年度（昭和四九）に陸揚げされ検疫を受けた米や大麦、小麦、トウモロコシなどの穀類は九五万トン、大豆や綿実など豆類は二〇〇万トンあった。千葉、木更津両港で検疫を受けた木材は三九万トンであった。最近木材の指定港になった木更津港は穀類の検疫や陸揚げが出来ず、京葉港では穀類だけが臨時措置で特定港並みの扱いを受けていた。横浜植物防疫所千葉出張所には係官が四人しかいないため、三港に入港する植物の検疫は滞っていた。そのため七五年四月一七日、関係学者らで組織した京葉地区植物検疫協会は総会を開き、①京葉港を禾《か》穀類（稲、麦、アワ、ヒエ、キビなどの穀物を言う）の輸入港の指定を、②千葉港を植物防疫所出張所の支所へ昇格させるなどを農林省へ働きかけることを決めた。

(7) 水上消防署の発足

一九六八年（昭和四三）四月、千葉港に千葉市消防本部の水上消防署が新設され、署員一五人でスタートした。化学消防艇三〇トンが一艘装備され、油火災でも一般火災でも消化活動が出来るようになった。水上消防署の設置は以前から検討されていたが、予算難から伸び伸びとなっていたが、国と県、千葉市が一千万円ずつ負担し三千万円で実現の運びとなった。千葉港での火災は、前年三月に稲毛海岸の海洋博物館「こじま」が炎上し三〇〇万円の損害を出した。また九月には千葉港岸壁の近くで浚渫《しゅんせつ》工事をしていた浚渫船が炎上し、逃げ遅れた二人が死亡する事故があった。しかし同港には一艘の消防艇も無く岸壁から見守るだけで、消火も救助活動も出来なかった。水上署の新設で東京、川崎、横浜と合わせて四艘の化学消防艇で千葉港を守ることが可能となった。また県内では市川、市原両市が消防艇の購入を希望していた。化学工場の多い市原市は六九年度から千葉市消防本部と応援協定を締結し、万一の事故のときに出動要請をすることが出来るようになった。

（二）京葉港の整備

(1) 京葉港の造成計画

県は日本港湾協会に依頼し、国の港湾整備五ヵ年計画に京葉港造成を組み込ませた。京葉港の造成面積は七二一八九七・五ヘクタール（五七四万坪）で、第一期工事は一九六六年度（昭和四一）から七一年度、第二期工事は七二年度から七五年度までの一〇ヵ年計画とした。第一期工事で船橋A地区と習志野地区八〇六・五ヘクタール（二四四万坪）を造成する。第二期工事で船橋B地区と市川地区、浦安地区の一〇九一ヘクタール（三三〇万坪）を造成する計画とした。一期と二期工事の総事業費は一千億円であった。公共波止場は外国貿易用で水深一〇メートルを一〇バース（第一期）、国内貿易用で水深七・五メートルを三二バース（第一期九バース）、同水深五メートルを一三バース（第一期）、荷揚げ場二三〇メートル（第一期）、国内貿易用一般波止場、水深七・五メートルを一九バース（第一期四バース）、荷揚げ場一八〇〇メートル（第一期九〇〇メートル）、木材などの荷揚げ場一二五〇メートル（第二期）となった。第一期の建設費は三八〇億円であったが、その内一〇〇億円は公債で県が出資し、残り二八〇億円は京葉土地と三井不動産が共同出資して行うことになった。造成は京葉港としてではなく特定重要港湾である千葉港の一部として整備した。理由は特定重要港湾だと造成費の七五％の補助が国から貰えるからであった。六七年四月、県は京葉港を特定重要港湾に指定するよう運輸省に申請した。知事は「京葉港の造成は東京、横浜港などがすでに限界に達していることから一万五千から二万トン級の大型外国船が一度に七〇艘も接岸出来るような東京港の副港となる大型商業港にしたい」、「同地区には六漁協、四三〇〇人の組合員がいる。県から漁業補償の話があれば他の土地に移って転業したいという漁民の声もあるので、なるべく早く漁民に今後の方向を示したい」と述べた。六六年四月、県は資金調達に目途が立ったので習志野、船橋両漁協と漁業補償交渉を開始した。

（2）京葉港建設に〝待った〟

一九六七年（昭和四二）一一月二九日、吉野孝習志野市長（社会党）は京葉港建設に対して「習志野市独自案」を作成し、県に協力を求めた。その内容は「①京葉港は市の発展に必要だ、②市は鷺沼地区の国道一四号沖合五キロメートル先の海上を埋立て六六〇ヘクタール（一九九万七千坪）を造成し、レクリエーションゾーンとし、市民や従業員のためのヨットハーバーなどを造りたい。そのため重工業は認められない、③京葉港建設によって同港一体がコンビナート化すると公害などが発生する恐れがある」であった。

（3）京葉港の埋立て補償

①習志野市谷津、鷺沼海岸の埋立て

習志野市は京葉港建設をめぐり独自案を提案した。一九六八年（昭和四三）七月二日、谷津、鷺沼漁民で構成された習志野漁協（組合員八三一人）と習志野市との漁業補償交渉が行われた。すでに県は漁業補償額の県案（二一億円）を提示し同漁協と交渉を開始していた。それだけに習志野市の出方に県当局は注目していた。市川、船橋両市は県案に基づき計画を進めていたが、習志野市は「県の京葉港建設案」に反対を表明し、両者の交渉は物別れに近い状態になった。県は習志野市に再検討を求めた。地元漁民はどちらに決まるか当惑していたが県案となった。七〇年一二月一日、埋立て面積は六四三ヘクタール（一九四万五千坪）、漁業補償額は三四億三千万

円となり、漁業交渉は妥結した。

②船橋漁協に埋立て補償額一五〇億円

一九六八年（昭和四三）九月五日、県は京葉港建設に伴い漁業権を放棄する船橋漁協（組合員一〇一七人）との埋立て交渉で補償額一五〇億三千万円を提示した。組合側は二〇五億円を要求していた。六日、組合では役員会を開き補償額を協議したが、結論が出ず継続協議となった。その後、県との交渉で一八四億四七〇〇万円となった。六九年三月に約半分の七九億六千万円が、七三年三月に残り一〇四億八千万円が支払われた。しかしその後、漁業関係者の要望でアグリ船（魚網を付けた船）、底引き船（海底まで網を張る船）などの沖合い漁業は出来るようになった。その結果、補償金の三分の二は県に返還することになった。船橋の漁業は同年三月末をもって京葉港造成に伴い漁業権を全面放棄した。しかし沖合い漁業権を持つ二三〇戸の漁家は海苔養殖や貝類、魚類の漁獲を行うことが出来るようになった。京葉港の船橋地域の高瀬、潮見町には中央埠頭が出来、船橋海浜公園の人工潮干狩り場や野球場、高瀬下水処理場、南部清掃センターが建設された。

(三) 木更津港の造成

(１) 木更津港の守備範囲

木更津港は東京湾の東岸のほぼ中央に位置し、京葉工業地帯の一翼を担う工業港である。港湾は位置的には、①木更津市江川地区から吾妻地区、②木更津南部地区、③君津地区から富津地区の三ブロックで構成されている。江川地区は木更津港の最も北側に位置し、前面に広がる浅瀬や干潟では海苔、あさりの漁業生産が行われている。吾妻地区は木更津港発祥の地で海の玄関口である。中心市街地に隣接する立地条件を生かし、地域住民の憩いの場として緑地やレクリエーション施設、マリーナ、旅客船埠頭などがある。木更津南部地区は公共岸壁を中心とした物流拠点となっている。君津地区から富津地区は君津製鉄所及び関連企業の専用岸壁として利用され、木更津港の取り扱い貨物量の大半を占めている。

（2）木更津工業港の造成

県土木部は日本港湾協会（会長・鈴木雅次日大名誉教授）に「木更津地域港湾計画」の作成を依頼した。一九六六年（昭和四一）八月二四日、千葉市内の京成ホテルで説明会が行われた。計画では「一三三五ヘクタール（四〇三万八千坪）を埋立て、係留施設一九バース（二千トンから一万五千トンの船が接岸可能）を造成し、七五年までに工業港として整備する。それが実現すると貨物量は六四年度の二七万トンが七五年には二二〇〇万トン（七八倍）に増大する」と推計された。六七年九月、県土木部は木更津港整備計画を作成し運輸省に提出した。計画は「総事業費は一〇五〇億円で二千トン級、五千トン級、一万五千トン級岸壁など一八バースの係留施設と二三七五ヘクタール（七一八万四千坪）の埋立地を造成する」というものであった。この計画で一七三〇メートルの公共岸壁が完成する。貨物取扱量は二二六〇万トンになる予定であった。

（3）木更津三漁協に埋立て補償金

木更津市にある桜井（組合員二五七人、准組合員三五人）と小浜《こばま》（組合員八一人）、畑沢《はたざわ》（組合員一〇三人、准組合員一一人）の三漁協は漁場が君津製鉄所に隣接していた。そのため三漁協は県に対して漁業補償の先行支払いを要望した。県は君津製鉄所工場敷地の一部が漁場にかかるため資金の立替を八幡製鉄に打診した。一九六七年（昭和四二）一月一七日、同社は県に「応じたい」と回答した。漁業補償交渉（補償額、補償条件、立替期間など）が開始された。三月一五日、県との漁業補償交渉は妥結した。補償額は桜井漁協が一八億三五二六万円、小浜漁協が六億五一二三万円、畑沢漁協が八億三〇四八万円であった。

（4）木更津港を出入国港に

一九六八年（昭和四三）八月、木更津港は「出入国港」に指定された。外国貿易港として外国船の入港が可能となり、入国管理事務所の出張所なども設置された。木更津南部地区は八幡製鉄をはじめとする鉄鋼関連産業のほか電力、石油などの進出も決まっていた。君津地区に進出した八幡製鉄は、同年一一月の第一高炉への火入れを目標に工場建設を急いでいた。すでに八六ヘクタル（二六万坪）の敷地が完成し、月間一万トンの生産能力の圧延工場が完成していた。一二月末には二六〇〇トンの高炉一基をはじめ転炉、分解工場、厚板工場が完成した。これで月間二一四万トンの粗鋼生産が可能となった。七〇年度には高炉二基が完成し、月間四四〇万四千トンの生産に入る予定となっていた。これに伴い木更津港の外航船の入港船舶は六八年度八六艘（外国船四八艘、国内線三八艘）、六九年度二二九艘（外国船一二〇艘、国内線一〇九艘）、七〇年三四九艘（外国船一七五艘、国内線一七四艘）が見込まれた。また港湾貨物量は六八年度が鉄鉱石や石炭、重油などの原材料二五二万トン、製品九八万トン、合わせて三五〇万トンとなり、六九年七一三万五千トン、七〇年一四二二万トンになると推定された。木更津港は千葉港と並び東京湾の中核港湾として発展が期待された。

3　農業の変貌と養殖・沿海漁業の推進

（一）農業の変貌

一九六九年（昭和四四）三月、県は新長期計画を発表した。この計画は六五年を基準年とし、八五年を目標とする二〇ヵ年計画であった。その中で今後の千葉県農政の姿を「首都圏での生鮮食料品の供給県として、立地の有利性を活かし、園芸、畜産など生産性の高い近郊農業を実現する」と記した。この方針に基づき二期県政の千葉県農業は展開された。

（1）農業の変貌と所得動向

①〝三ちゃん農業〟から〝二ちゃん農業〟に

京葉工業地帯の発展により若い労働力が都市に流出し、県農業は〝三ちゃん（母ちゃん・じいちゃん・ばあちゃん）農業〟の色を濃くしていた。一九六六年（昭和四一）一二月、農林省千葉統計事務所が行った農業調査によると農家戸数は約一七万戸であった。この内、稲作農家は一五万七千戸で農業専従者（年間一五〇日以上従事した者）の構成は、男性一人と女性一人の農家が五万八千戸（三七%）で最も多かった。耕作別で見ると〇・五㌶（五反）未満の農家は全体の六一%を占めていた。また二㌶（二町）以上では男性一人と女性一人が三一%、三人以上が六九%となっていた。千葉県の農業は〝三ちゃん〟によって営まれていることが鮮明となった。ところが、六八年五月九日付の朝日新聞によると「外房地域では農家の担い手だった母ちゃんが近くに出来た工場などで働く動きがある」という。「例えば勝浦市では農家の主婦が近くの花火、人形、染色工場で、大多喜町ではメリヤスセーター加工、電気製品の部品組み立て作業で働いている。都会での労働力不足に悩む中小企業も〝渡りに船〟とばかり、工場ごと農村へ移ってくる動きが生まれている」、「工場側も最初は若い女性の労働力を狙ったが、高校進学者が増え高校を卒業すると官公庁や都会へ就職する者が多くなり、近くの工場で働くのは農家の主婦となっている。農家の主婦にとって現金収入は魅力で母ちゃん工員の人気が高まっている」、「過疎地域では〝三ちゃん農業〟から〝二ちゃん農業〟の事態が進んでいる」と報道していた。

②農業機械の普及率進む

農家の担い手が主婦や高齢者となり、労働力の減少に伴って農業機械の活用が急速に高まっていた。一九六六年（昭和四一）一二月一日に実施した農林部の農業調査では、稲作農家一〇〇戸当たりの普及率は動力耕運機が六六台、動力防除機一三台、通風乾燥機四二台、農業用トラクター、オート三輪車各一六台となっていた。農業機械の普及率は耕地面積が大きいほど高く、二㌶（二町）以上の農家では通風乾燥機を一〇〇戸の内、九九戸が所有していた。

③農家所得、一一三万円

一九六九年（昭和四四）一〇月、県企画部が纏めた農業基本調査結果速報値によると、六八年度の農家一戸当たりの収入は農業所得が六二万五千円、農外所得（兼業、出稼ぎ）が五〇万五千円の計一一三万円であった。一期県政では農業所得と都市勤労者所得との格差是正が課題となっていたが、二期県政では「農家の生産性が維持さえ出来れば兼業化は止むを得ないものだ」と県の認識が変わった。格差の比較は都市就労者一人当たりの所得と農業収入と農外収入を含む総所得とで比較することになった。また零細農家の課題は農家同士が協業し所得を拡大する方法で解決を図る方針となった。

④ 一〇ヵ年で大型農家を育成

一九七〇年度（昭和四五）から「第二次農業構造改善事業」が一〇ヵ年計画で始まった。県は六九年度から農家人口の漸減を推進した。目的は農家の大型化を目指すことにあった。そのため全農家を対象に「農家を続けていくか、将来はどうするか」などのアンケートを実施した。農家を辞めたい者には県や地元市町村が農地を買い上げ、農家を続けて行く農家に農地を低価格で譲渡することにした。県内の農家戸数は約一六万戸、水田や畑の耕地面積は一八㌶（五万四千坪）であった。この内、約一〇万戸、耕地面積で一一㌶（三万三千坪、六一％）が兼業農家となっていた。県は七〇年度から兼業農家を中心に耕地の買い上げを開始した。買い上げ対象は畑地を重点的に行い、次に水田を買い上げて行くことにした。理由は兼業農家のほとんどが「主食の水田は確保しておきたい」という水田重視の考えがあることを考慮し、畑地から先に行うことにした。手始めに松戸市、印旛郡、君津郡市の都市近郊農家から耕地買い上げを行った。

(2) 千葉県農業の柱、米の減反

米は日本人の主食として安定供給が大きな課題であった。戦後の食糧難の時代は米の生産量増大が課題であった。そのため政府や地方自治体、農協、稲作農家は品種や肥料改良、農業用機械の改善、農薬の導入などを行い懸命な努力を重ねて来た。その結果、一九六〇年代には米の生産量も大きく増加し、需要に応えられるまでになった。しかし、高度成長期に入り「米イコール主食」の意識が崩れて来た。日本人の食卓の欧米化が進行し、パンを主食とする人も増え、〝米離れ〟が加速した。米の消費量は六三年度の一三四一万トン（二億二三五〇万俵）をピークに減少して行った。一方、米の生産量は六七年以降、平年作なら一四〇〇トン（二万三千俵）は確実となった。七〇年度末には在庫が七二〇万トン（一億二千万俵）に達していた。しかし米の内外格差（国際価格は日本米の三分の一）が大きすぎるため、米を輸出することで処理することは出来なかった。そこで政府は米の需要量に合わせて米の生産を抑制する政策に転換した。それが〝米の減反〟政策であった。

① 県政史上初の大豊作

県内の米生産の最高収穫量は、六一年の四六万八二七二トン（七八〇万俵）であった。六七年八月、県農林部は米の収穫量を四六万八六五〇トン（七八一万一千俵）と推計した。六一年を三七八トン（六三〇〇俵）上回り県史上最高の豊作となった。豊作の原因は、①天候に恵まれ稲も順調に生育したこと、②病害虫がなく稲のイモチ病も発生せず、台風による被害も無かったことであった。八月末までには水田の八五％が稲刈りを終えていた。

② 農家に品種統一、農機具共同利用促す

米は全国的に豊作であったが、国内需要量は低下の一途を辿っていた。古米は持越し（在庫）となり、食管赤字が増大し政治問題となった。そこで政府は方針を転換し、米の作付け制限と自主流通米制度（政府の手を通さずに政府指定の業者を通じて直接消費者へ販売出来る。生産者価格も消費者価格も自由に決められること）を開始した。県や市町村の農協は、六八年度から稲作近代化運動推進本部（本部長・友納知事）を設置し、この課題に取り組んだ。六九年度の県の運動方針として、①旨い米作りを行う、②稲作生産の組織化を行うことにした。旨い米作りでは、良質の千葉米を作るためコシヒカリやササニシキ、ホウネンワセの三品種を重点品種とした。稲作生産の組織化では集団栽培を推進し、田植え機、稲刈り機の普及を図り種蒔き期から収穫期まで共同作業で行うよう指導した。

③米の減反を実施

七〇年度から政府は米の減産を開始した。県も同年度から稲作減産目標を決めた。減反は全水田の一一・五%に当たる一万一八一〇㌶（三五七二万五千坪）とし、減産量は五万一三〇㌧（八三万五五〇〇俵）であった。減反は北海道、宮城、秋田、福島の東北三県、茨城、栃木両県に次いで大規模なものとなった。それが発表され北総、南総の米どころから〝水田を捨てるということは農家に死ねと言うことに等しい〟と激しい怒りを買った。県は、①転換農家に対し奨励金や休耕地手当の支給、②転換後の農作物の指導などを行った。しかし一万㌶（三〇二五万坪・一万町歩）以上の転換は厳しい課題であった。県内の水田は一二万五千㌶（三億七八一二万五千坪）、この内生産性の低い山間谷津田（反当たり五俵）が五千㌶（一五一二万五千坪）、土地改良事業を必要とするもの五〇〇〇㌶（一五一万三千坪）、これらを合わせて転換しても五五〇〇㌶（一六六三万八千坪）にしかならない。半数が転換したとして約三千㌶（九〇七万五千坪）、その他都市近郊地帯の転換はせいぜい二千㌶（六〇五万坪）、純農村地帯での転換はほとんど考えられず、最終的には六千から七千㌶（一八一五から二一一七万五千坪）の転換、休耕が見込まれるに過ぎなかった。国が示している、①転換水田の奨励金は米一㌕当たり八〇円、②休耕の場合㌕六〇円であった。この金額には農家の不満が強かった。米の収穫量を一反（三〇〇坪）当たり四二〇㌕（七俵）で換算すると転換水田は三万四千円、休耕田は二万五五〇〇円となる。千葉県の反当たりの収穫量は平均四五〇㌕（七・七俵）、六万七五〇〇円の売り上げで、収入は四万二千円前後となっていた。こうした面からも農家が水田の転換に踏み切れない事情があった[8]。

県は二月一二日、県米生産調整推進協議会（会長・友納知事）を開き、市町村別生産調整の最終目標を三万四千㌧（五六万七千俵）と決めた。また奨励金は、①転作、休耕の区別はしない、②米一㌕八一円（反当り三万五八八三円）で換算する、③転作や休耕にかかわらず一年以内に農地転用する場合には助成金は返済してもらう、④市街化調整地域、未調整地域の差はつけないなどを決めた。県は目標数値を市町村に下ろし、二月末に割り当てを決めた。しかし、転作は都市近郊はやりやすい傾向にあったが、佐原市や香取《かとり》郡など米どころでは目標数字はかなり厳しい数値となっていたため、割り振りには時間がかかった。四月七日、県は郡別の調整面積を発表した。県の目標減反面積は七九六四ヘクタール（二四〇九万一千坪）に対し、八八％に当たる六九九四ヘクタール（二一一五万七千坪）が転換や休耕することになった。未だ報告されていない市町村もあり、最終的には目標面積の九九・七％に当たる七九四〇ヘクタール（二四〇一万九千坪）が達成出来る見通しとなった。生産調整では多いのが休耕で、次いで穂場の通年施行、作物転換、農地転用の順となった。所有水田を全部休耕田にし、出稼ぎする農家もあった。一方、休耕する農家は東葛飾（東葛）郡など都市近郊地帯が多く、香取、印旛郡など穀倉地帯は目標を大幅に下回った(9)。

(3) 果樹・花卉・園芸農家の育成

① 果樹栽培

(あ) 梨団地の造成

急激な都市化により、梨の栽培が出来ない事態が生まれていた。市川市農協果樹部に所属する約二〇〇戸の農家は梨畑を経営していたが、畑のすぐそばまで宅地化が進み、梨栽培で一番大切な病害虫防除や薬剤散布が思うように出来ず、梨の大敵赤ボシ病が全体の二〇％以上発生していた。しかも、同市向米地区は武蔵野線市川大野駅のすぐ前で、梨畑の将来性がないと判断した。そのため二千人が北総地帯の土地を購入し、大型機械を使用した共同経営の梨団地造成を希望した。一九六八年（昭和四三）一一月四日、新しい梨栽培団地を求め向米果樹研究会の代表は知事に会い、北総地帯へ集団移転を求め適地斡旋を陳情した。知事は「大型果樹園のモデルケースにしたい」と協力を約束した。

(い) 夏ミカンを甘夏、温州ミカンへ切り替え

県産夏ミカンはアメリカ産グレープフルーツの輸入自由化やイチゴやメロンなどの需要増大に押され経営危

機を迎えていた。そのため県は安房郡長狭町と君津郡大沢町を夏ミカンのパイロット的転換地とし指導した。アメリカ産グレープフルーツは一個二〇〇円から三〇〇円であったが、一九七〇年度（昭和四五）から輸入自由化となり一個一〇〇円となった。グレープフルーツは夏ミカンに似ているが夏ミカンと違って苦味が無く、袋が柔らかく輪切りにして食べられる。夏ミカンは剥きにくく不利であった。夏ミカンを消費する人口も大幅に減っていた。理由はバナナやレモン、オレンジなど高級果物が外国から安く入手出来ることにあった。県の夏ミカンの栽培面積は夏ミカン三二八ヘクタール（九九万二千坪）、甘夏一二八ヘクタール（三八万七千坪）、生産量は夏ミカン三三二〇トン、甘夏四三〇トン、六九年度の売り上げは一四七七万円に過ぎなかった。そのため県は同年八月、夏ミカン生産農家を対象に転換作物のアンケートを実施した。その結果、今後は夏ミカン以外の柑橘類で果樹栽培を進めて行くことにした。それは甘夏や温州ミカンへの転換であった。

②花卉栽培を推進

安定した収入が得られる花作りは、計画的な生産と量の確保、品質向上が決め手となる。県は一九六八年度（昭和四三）からは市場競争に耐えられる県産の花の産地を育てることにした。県内を六ブロックに分け、主要花卉八品目を指定し、花卉集団団地の開発に乗り出した。指定された産地と品目は佐倉市（スイセン）、館山市（アイスランドポピーとマーガレット）、安房郡鋸南町（カーネーション）、君津郡小糸町（カラー）、安房郡江見町（テッポウユリ）、同郡千倉町（ストック）、同郡和田町（カーネーション、菊、スナップのどれか一品目）であった。花卉の集団産地には品目の計画的な作付け、品質向上と均一化を図るため生産センターを設置した。また共同育苗を行い、生産施設の共同利用体制を確立した。また収穫した花を一括して集荷場に運び選別と荷作りを行い、集配センターを通して市場に出荷する生産流通過程の合理化を図った。一産地の標準事業費は生産近代化施設五〇〇万円、流通近代化施設五〇〇万円、モデル基盤整備事業四五〇〇万円とし、県が三〇％、関係市町村が二〇％助成した。また温室建設費には利子補給が行われた。

③園芸、米に次ぐ実績

一九七〇年（昭和四五）六月、県農林部は県内園芸農業の実態調査の結果を発表した。この調査は六八年度の野菜、果樹、花、植木の生産実績を調べ纏めたものであった。千葉県農業の粗生産額は一七五四億円で全国四位であった。園芸は五〇三億六七〇〇万円で全体の二八・七％を占め、米に次ぐ主要部門となった。また七五年の推計粗生産額は二九七〇億円、この内園芸は三四・三％に当たる一〇二〇億円とした。米や畜産を抑えて最大の生産額となった。六八年度の園芸の粗生産額の内訳は、野菜四五〇億三千万円、果樹三二億一五〇〇万円、花一三億四千万円、植木七億六九〇〇万円であった。部門別ではショウガ五四億円で以下キュウリ四一億円、トマト三九億円、ネギ三一億円、サトイモ二八億円までがベスト五位。次にスイカ、ダイコン、ホウレンソウ、キャベツ、ハクサイの順であった。果樹では梨一三億一千万円、柿四億一千万円、栗二億九千万円、びわ二億六千万円、夏ミカン二億五千万円であった。花ではカーネーション二億八千万円、ストック一億七千万円、テッポウユリ一億五千万円、カラー一億円であった。植木では槙を中心にキャラ、松、ツゲ、ヒイラギ、マテバシイなどの順であった。

（４）酪農、畜産に財政投入

①酪農は北海道に次ぎ第二位

日本酪農の発祥地は県内の嶺岡牧場であった。一九六八年（昭和四三）の県内乳牛は飼育農家が一万七七九〇戸で一般農家数に対する割合は一〇・七％で、全国平均六・二％を上回っていた。総飼育数は七万二九七〇頭であった。一戸当たりの飼育数は四・一頭であった。生乳生産量は年間二一万三千トンで北海道の七七万二千トンに次ぐ第二位で、第三位以下は兵庫（一六万九千トン）、群馬（一五万三千トン）、神奈川（一三万四千トン）の順となっていた。第二位となったのは五九年からで、それ以降はこの地位を確保していた。乳生産の使途は飲用牛乳が九〇・九％を占め、乳製品は僅か九・一％であった。六七年二月、県農林部は七一年度を目標とする酪農近代化計画を作成した。県の計画は県下六五市町村を対象に酪農の近代化を図ることであった。牛の総頭数は八万六千頭、牛乳生産量は年間三〇万トン、飼育農家は一万四千戸、一戸当たり頭数は六頭とした。個別経営の限界を打破するため協同化を促進し、経営集団に発展させる計画とした。成牛五頭以上、年間牛乳生産量二五トン以上を近代的酪農経営として育成した。成牛の耐用年数は七年以上（現在は三年）とし、生産雄子牛は牛肉資源として活用することにした。

②養豚団地づくり

県内には一一ヵ所の養豚団地があった。東総地域には旭市や飯岡町、干潟町、多古町、海上町《うなかみ》と五ヵ所も養豚団地が集中していた。中でも海上町農協の養豚団地は二一七戸の農家が七五〇〇頭の豚を飼育し、月間七〇〇頭を出荷していた。養豚団地では農協の長期平均支払い方式を採用していた。長期平均支払い方式とは、農協が元豚を貸付け、農家はどんなに価格が暴落しても農協は一頭に付き二千円の労賃を農家へ支払った。農家は共同購入でエサが安く手に入り、安心して飼育出来た。県から養豚団地の指定を受けると利子補給、指導員給料の助成もあった。また農協を通して東京市場へ直接出荷出来た。そのため仲買い業者のマージンもなかった。一九七〇年（昭和四五）八月、県から成田市の農家が養豚団地に指定された。成田市農協が主体となり遠山地区一七戸、久住地区一五戸、八生《はぶ》地区五戸、中郷《なかさと》地区三戸、合わせて四〇戸の農家が養豚団地を結成した。ランドレース種を主体に一五〇頭を飼育し、年間六千頭を生産した。その他、県内には印旛郡八街町や長生郡睦沢村、香取郡東庄《とうのしょう》町に養豚団地が指定され経営した。

③家畜衛生試験場の建設

一九七一年、県農林部は県営家畜衛生試験場を佐倉市に建設した。場所は県血清研究所佐倉支所の隣接地であった。計画では七二年度から試験や研究を開始するとした。試験場の職員は一六人で細菌、ビールス、病理、生化学の四研究室に分かれて仕事をした。細菌研究室は牛のブルセラ（熱性疾患）や牛・豚・鶏の結核など細菌による病気の原因究明を行った。ビールス研究室は豚コレラや口蹄疫などビールスが原因の病気の研究を行った。病理研究室は病理学的検査を生化学研究室は食中毒や消毒液など薬物中毒、原因不明で死んだ家畜の毒物検査を行った。家畜衛生試験場は県内に四ヵ所ある家畜保健所と連携し、県内家畜産業の発展を支える土台の役割を果たすことになった。

(5) 農協合併、一四三農協が二四に

一九七〇年（昭和四五）八月、県農協中央会（会長・染谷誠）は総合農協の合併促進を決めた。計画では、一四三農協を七二年度末までに二四農協に統合するとした。決めた背景には農協経営の弱体化や農協間の格差拡大があった。市町村の枠を越えた合併になるため関係者や農家に波紋を広げた。中央会は合併案が実現すると一農協の平均組合員戸数は約八千戸、平均預金高五八億円（一三〇〇戸・平均預金高九億円）となる。県、農協中央会、対象農協では合併推進委員会を作り、基本事項を協議し実行した。農協中央会は合併推進室を設置し農協、農家への説明や広報活動を行った。

(二) 沖合い漁業の衰退と養殖漁業の推進

沖合い漁業とは陸地から二〇〇海里（三七〇キロメートル）内で操業し、アジやサバ、サンマ、タイ、海底に生息するヒラメやカレイ、アンコウ、イカ、エビ、タコなど魚貝類を獲る漁業で、四から一五人の漁師が二〇トンから一五〇トンの船で漁を行う。かつて千葉県は沖合い漁業が盛んであったが一九六〇年代後半から衰退した。原因は水産資源を管理せず、乱獲を行った結果であった。

(1) サンマやサバ漁の衰退

千葉県が発祥の地と言われるサンマ棒受け網（海中に敷設した網の上に集魚灯でサンマを誘導しすくい獲る漁法）は戦後、漁具や設備の改良で急速に普及した。漁場は千葉県沖から三陸・北海道へと拡張され、県を代表す

る漁業となった。しかし高度成長期に経営の悪化や乗組員不足などにより操業船が減少し、一九六二年（昭和三七）には二六六隻あった船が七一年には九〇隻まで減少した。漁獲量も六〇年代半ばには五万㌧あったが、七〇年代には二万㌧を割り込んだ。サバ一本釣り漁業も同様で、六四年の二九九隻から七一年は一二五隻まで減少した。漁獲量も六〇年代前半は八から九万㌧あったが、七〇年代始めには最盛期の三分の一程度となった。

(2) 漁業の斜陽化鮮明に

不振と言われながらも年々増加の一途を辿っていた千葉県漁業の総生産額は、一九六九年度（昭和四四）遂に戦後初めて下降となった。関東農政局千葉統計事務所の調査では六九年度の漁業生産額は、六八年度の二五八億二千万円に対し、二三五億八千万円で二二億四千万円（九％）も減少した。漁業部門別では沿岸漁業（採貝、採草、浅海養殖業、定置網漁業）一四一億六千万円（前年度比一七％減）、遠洋漁業（マグロやカツオ）一四億八千万円（同比三九％減）となり、僅かに沖合い漁業（サンマ棒受け網、まき網、サバ釣りなど）が七九億四千万円（同比二二％増）となった。県水産部は、初の漁業生産額の減少は、①臨海部を埋立て漁場が縮小したこと、②漁村の若者が企業へ就職したことにより経営体が縮小したことが原因であると分析した。この対策は省力化漁法の導入や漁場造成などで行うことにした。

(3) 漁港整備、予算難で工事進まず

県は一九六九年度（昭和四四）から第四次漁港整備計画を進めた。同事業は五年間で一〇〇億円の事業費を投入し、各漁港を大型船舶の出入港に仕上げ、漁業生産基盤の強化を図る計画であった。しかし計画通りに予算がつかず片貝や大原、鴨川、飯岡、白子、外川漁港など九十九里地帯の漁港は終了年次までの完了は無理で、二から三年の延長は必至となった。

特に片貝、飯岡漁港は毎年度の工事費が確保出来ないことが工事の遅れを助長した。加えて計画規模の変更

が度々行われ、その手直しで工事がストップし、大幅な狂いが生じた。毎年上昇する労賃や資材費増で要求通りの予算がついても、工事単価に見合わず大きな支障を来たしていた。第四次漁港整備計画は中小漁船による沿岸漁業や沖合い漁業のために漁船の大型化を図り、漁業基地や避難港の役目を果たす計画だけに成り行きが心配された。

（4）獲る漁業から育てる漁業へ

県内の漁業収穫は一九六三年度（昭和三八）の三八万三千トンを最高に、六五年度三五万二千トン、六六年三四万九千トン、六七年二八万三千トン、六八年二七万五千トンと減少していた。これに対して漁業生産額は年間平均二五〇億円前後で推移していた。六八年度の総生産額は二五九億円であったが、その内貝類、根漁（磯に生息する魚介類）、海藻類、ノリなど養殖漁業の生産額は一一六億円で全体の四五％を占めていた。県では漁港の整備、修築と並んで各種育苗施設の建設を行った。また県水産部や県漁連は漁協の合併をすすめ、経営体質の改善、流通機構の改善に努めた。また漁船を大型化し沿岸漁業から近海、遠洋漁業への転換、脱皮する努力も続けられた。沿岸漁業や沖合い漁業、遠洋漁業による魚類の生産額は〝横ばい状態〟となっていたが、沿岸、磯根漁業は著しい生産額を上げていた。そのため県では漁業振興策として貝類、根漁、海藻類、ノリ養殖漁業に重点を置いた行政を推進し、漁礁づくり、稚魚の放流など〝育てる漁業（養殖）〟に力を入れることにした。その代表例を幾つか紹介したい。

①千倉町に共同種苗供給センター完成

一九六六年（昭和四一）三月、県はアワビやワカメなどの磯根資源の種苗を人工的にふ化し、海に放流して育てようと千倉町平磯海岸に共同種苗供給センターを造る計画を立て、六七年三月に完成させた。五三四四平方メートル（一六一七坪）の敷地に鉄筋平屋棟内に水温管理などを行う長さ一五メートル、幅一・五メートル、深さ一・五メートルのコンクリート製の飼育池四面、管理棟には長さ二・五メートル、幅一メートル、深さ八〇センチの水槽二〇面を完成させ、アワビやワカメをそこでふ化した。海水は一三〇メートル先の沖合いから口径六〇センチのパイプで汲み上げ、水槽や飼育池を巡回させた。誕生した種苗や種糸は漁業構造改善地域の海に放流し育てた。この他にサザエやイセエビ、トコブシ、シマアジ、イカ、タコなども種苗し育成した。これまでは館山市内の県水産試験場が漁礁の造成、エゾアワビのふ化、ワカメやタコの養殖研究などで成果をあげていた。種苗供給センターが軌道に乗れば、千葉県の沿岸漁業の不振、磯根資源の枯渇などで苦しむ漁民に大きな力になると期待された。

②江見町などの大型漁礁造り

安房郡江見、和田、鴨川、小湊、天津、真浦《もうら》の六漁協（組合員四千人）はアワビ、サザエ、イセエビ、ワカメ、天草などで年間水揚げ額は一七億円を稼いでいた。それが実現出来たのは国や県の指導で一九六二年度（昭和三七）より毎年、砕石やコンクリートブロックを海に沈め、根付け魚の資源確保に努めて来たからであった。そのため県はさらに漁礁を拡大するため六七年、二千万円をかけて江見町沖合い二キロメートル（水深三一から三五メートル）先にコンクリートブロック（一・五トン）を沈め大型岩礁を造った。

③印旛沼に内水面養魚センター完成

一九六七年（昭和四二）一月、印旛沼内水面漁協の養魚センターが完成した。養魚センターの造成は、①内水面漁業が沿岸漁業に比べ振興が遅れていたこと、②干拓事業の影響を受け漁場を狭められて来た漁民八〇〇人の中から「転業やむなし」という声まで出始めていたことであった。県は事態を直視し〝育てる漁業〟事業としてセンターを完成させた。センターには九九〇〇平方メートル（二九九五坪）の敷地に種苗池（コイやフナ）七区画、放魚池一一区画、排水ポンプ、船外機、保管倉庫などを建設した。建設費は組合員が川崎製鉄からの補償金や水資源公団からの干拓補償金などを出し合い、これに国、県から七六〇万円の補助金と合わせて二六〇〇万円で完成させた。これまで同漁協の淡水魚の収穫量は年間約七八〇トン、一億二九〇〇万円前後であった。粗収入は組合員一人当たり一六万八千円であったが、完成すると収穫量は一〇一六トン、粗収入は最高三九万七千円になると県は推計していた。出荷先も地元中心から静岡県や東京市場となる。県は印旛沼が成功すれば、同様の状態に置かれている利根川河口堰周辺にも養魚センターを造成したい考えであった。

④ 養殖漁業の本命・ノリ養殖の発展

一九六九年（昭和四四）八月、県漁連では冬の内湾ノリ養殖に〝ベタ流し〟養殖を本格的に取り組むことを決め、組合員に技術指導と啓発活動を行うことにした。〝ベタ流し〟養殖は君津郡市一帯の一二漁協で行われていた。うまく行けば現在の三億三千枚、六五億円から年間収穫量と販売額が二割増えると予測された。〝ベタ流し〟養殖は水深七メートル位までの海面にロープで枠を作りノリ網を並べ、この枠をロープと錨とで海底に繋ぎ浮かせておく方法である。これまでの固定網方法は水深一から四メートル位の海面でしか出来なかったのに比べ、広い面積での養殖が可能となる。県漁連が実施に踏み切った理由は、①養殖面積を拡大することにより収穫量の増加を図ること、②ノリの病気や海水の汚れが発生した場合でも被害が一部範囲で済むこと、③狭い面積に密植する必要がなくなるためノリの品質向上が期待されること、④内湾の工業課に押され先細り傾向を示しているノリ養殖が、新しい方法の導入により収穫量を増やすことが出来れば県内漁民の大きな励みになることなどであった。県水産部はこれで千葉県ノリの名声をもう一度取り返すことが出来ると〝ベタ流し〟養殖を推進した。

(5) 漁協の合併進む

一九六八年（昭和四三）五月、県内には九四漁協（含む合併対象外の内海三二漁協）があった。県はこれまで「一市町村一漁協」を目標に合併を促進して来たが、合併が進まない原因は漁協間の財務内容の不均衡や漁業権の帰属問題にあった。そのため合併時の助成金支給、赤字漁協の借入金に対する利子補給などを行って来た。しかし、六六年五月に大佐和（二漁協合併）、江見（三漁協合併）漁協が合併した以外は暗礁に乗り上げていた。六七年七月、国の漁業協同組合合併促進法が施行された。広域合併をした場合、施設整備費として新漁協に一〇万円が助成されることになった。県は新たに漁業協同組合合併促進事業補助金交付要綱を作り五〇万円を助成し、赤字漁協には県漁信連から借り入れた金利の利子補給を行った。その後、合併が徐々に実現して行った。助成法適用第一号の長生漁協（一松、白潟、南白亀の三漁協合併）を含め五件、一五漁協と合併は増加した。県は合併計画が終了する七〇年度までに内湾漁協を除き二五漁協に整備する目標を掲げていた。県は合併がスムーズに行われるために各市町村に「漁協合併促進協議会」を組織し、参加漁協には三万円を協議会運営費として補助した。合併の合意があったのは館山市内の一〇漁協、合併計画が検討されているのは夷隅郡大原町（二漁協）、安房郡和田町（二漁協）であった。県は六八年度中に七件、二四漁協、六九年度は三件、二三漁協の合併まで漕ぎ着けたい意向であった。

4　住宅建設とニュータウンの造成

（一）県の住宅建設計画

（1）五年間で一万五千戸の公営住宅建設

臨海工業地帯の造成と東京などからの転入により、県の人口増は一九六六年度（昭和四一）から七〇年度の五ヵ年間に六五万六千人が見込まれた。これに伴う住宅戸数の不足数は普通世帯の増加で二六万戸、老朽住宅の補充で二五〇〇戸、空き家の増加で二万戸、住宅不足の解消七万戸で計三五万二五〇〇戸と推定された。その結果、実質不足数は三〇万三五〇〇戸となった。六七年三月、県はこの推計を基に住宅建設五ヵ年計画を作成した。建設計画は、①公営住宅一万五千戸、②金融公庫融資住宅六万三五〇〇戸、③住宅公団住宅四万二二〇〇戸、④その他住宅二万一六〇〇戸（含む社宅）、⑤民間自力建築住宅二〇万九八〇〇戸で計三五万二一〇〇戸とした。

(2) 県の住宅相談に年間二万五千人来所

一九六六年度（昭和四一）に県住宅相談所へ住宅や宅地の悩みで訪れた人は二万五千人あった。ほとんどがアパート住まいの人で、県営住宅や公団住宅に入れる方法を聞きに来た人達であった。家賃の状況は市川市では六畳で七千円以上、船橋、習志野両市は市川市よりやや安く七、八千円。千葉市では船橋市より安いが駅近くは四畳半で八千円というアパートもあった。相談所に訪れた習志野市の会社員Aさんは「六畳に親子四人で住んでいる。県営住宅や公団住宅は一〇倍近い競争率で、申し込んでも入れない。国や県が早く抜本的な住宅政策を立ててくれないと住宅難は無くならない」と悩みを語った[10]。

(3) 地価急騰で進まぬ住宅建設

県の住宅五ヵ年計画では官民合わせて三五万二一〇〇戸を建設する計画となっていたが、本県は東京に隣接しているため地価の高騰が著しく、そのことが持ち家促進の障害となっていた。京葉、東葛方面の地価はここ数年、年間二七％から三二％上昇していた。県住宅課では住宅用地の先行取得のため財源確保に懸命であったが、県の予算はほとんどが道路建設などに充てられ、宅地まで回って来ない状況にあった。公営住宅を五年間で一万五千戸建設する目標はとても達成出来そうもなかった。

(4) 宅地造成に初の規制

一九六八年（昭和四三）四月、県は県内一〇市、七二四五ヘクタール（二一九一万六千坪）を対象に宅地造成地の規制を開始した。目的は災害防止のため崖崩れ、土砂の流出の恐れのある土地をなくすための規制であった。同年七月一日から実施した。対象は柏、松戸、市川、船橋、千葉、木更津、佐倉、成田、銚子、勝浦の一〇市七二四五ヘクタール、一九ヵ所であった。対象地域は将来市街化する可能性のある土地であった。規制内容は、①一メートル以上の崖は擁壁で覆う、②高さ一メートル以上、切り土二メートル以上の土地は排水施設を設置する、③切り土や盛り土をした五〇〇平方メートル（一五一坪）を超える土地であった。

(二) 人口急増と住宅団地の造成

(1) 一九六〇年代から県人口が激増

県人口は戦前の一九四〇年（昭和一五）一〇月は一五八万八千人であった。戦後の四五年は一九六万六千人。五〇年（昭和二五）は二一三万九千人、五五年は二二〇万五千人であった。東京湾岸の埋立てと高度成長が始まった六〇年は二三〇万六千人であった。五年前と比べると一〇万人、年間に平均二万人増加した。六五年は二七〇万一千人で、五年前比四〇万人増、年間平均八万人増加した。増加地域は常磐線沿線では松戸、柏市、流山町、総武線沿線では市川、船橋、習志野、八千代、千葉、市原市であった。七〇年になると人口は三三六万六千人、五年前比六六万人増、年間平均一三万人増となった。激増の原因は東京都内の居住者が安い住宅地を求めて東京に隣接する都市に転居して来たこと、京葉工業地帯で働くため転居者が増えたことであった[11]。

(2) 大規模団地、常磐、総武沿線に集中

県内では東京などからの転入者のため各地で住宅団地が造られた。一九六八年（昭和四三）八月に千葉銀行調査部が纏めた報告書によると、県内の住宅団地は五一年に柏、八千代両市に日本住宅公団と県住宅供給公社が造ったのが最初であった。それ以降、六七年度までに京葉沿線一帯に公営住宅団地が相次いで造成された。戸数二〇〇戸以上の団地は千葉市（一三）、船橋市（三）、習志野市（三）、柏市（二）、松戸市（一）、八千代市（一）、流山町（一）の二四地域であった。初期に建設された住宅公団団地には松戸市常盤平《ときわだいら》や船橋市高根台、柏市豊四季《とよしき》のように四千戸以上の大型団地がある。また六八から六九年にかけては千葉市花見川、同市幸町、松戸市北小金など大規模な団地が完成した。施行者別に見ると、住宅公団団地が一二で最も多く、次いで県営四、市営および民間三、県住宅供給公社二となっていた。戸数別では全戸三万七一三〇戸の内、住宅公団

二万三五四〇戸（六三％）、県住宅供給公社七四二三戸（二〇％）、県営一四一四戸（四％）、市営一千戸（三％）、その他三七五三戸（一〇％）で、住宅公団の占める割合が高かった。

①花見川団地、規模は日本一

人口二万四千人のマンモス団地が千葉市郊外の花見川地区に出来ることになった。一九六八年（昭和四三）三月三〇日、住宅公団が発表した花見川団地は戸数七〇八一戸、前年完成した埼玉県春日部市の武里団地の六一一九戸を抜いて日本一の規模となった。

②埋立地に出来た千葉市幸町団地

県は千葉市中央地区の埋立地（黒砂海岸）に公団住宅を誘致した。幸町団地は一九六九年（昭和四四）一月、募集を開始した。同団地の敷地面積は五二・七㌶（一五万九千坪）であった。花見川団地に次ぐ県下二番目の大規模団地であった。

③八千代市は団地造成ラッシュ

首都圏のベッドタウンの波に乗り、八千代市に団地造成ラッシュが始まった。人口一万六五〇〇人の勝田台団地一一七㌶（三五万四千坪）、一万二六〇〇人の米本団地五六㌶（一六万九千坪）、一万一五〇〇人の高津団地一三・一㌶（四万坪）など大型団地の造成であった。この他に京成の愛宕《あたご》団地六㌶（一万八千坪）、県住宅供給公社の八千代西団地六㌶、京成東団地二〇㌶（六万一千坪）、八千代東団地二〇㌶が造成され、民間企業では東急不動産の東急団地、光和不動産の光和団地、野村不動産の野村団地などが相次いで造成された。一九七五年度（昭和五〇）までに一六ヵ所となった。

④有秋台団地は工場従業員用

一九六二年（昭和三七）、県開発局は市原市五井や姉崎、袖ケ浦地区に進出した企業で働く従業員のために有秋台住宅団地を造成する計画を発表した。有秋《ゆうしゅう》台団地は市原・五井地区の工業地帯の後背地で、市原市大字不入斗《いりやまず》、深城、迎田地区の小高い丘陵地に建設される。六六年に一一〇人の地主から用地を買収し、事業費一八億二千万円で、八一・五㌶（二四万七千坪）の敷地に六七年から住宅建設に着手する。六八年一〇月末に完成、一一月五日から入居とした。住宅戸数は三千戸、九千人が入居する。入居対象者は丸善石油、デンカ石油化学、宇部興産、日産化学、日本曹達、三井物産、三井石油化学、出光興産、東京電力、住友金属、日本板硝子、吾嬬製鋼所の従業員であった。

⑤柏市内最大規模の北柏団地

一九六九年（昭和四四）五月、住宅公団は同年一〇月から北柏団地の建築工事を開始すると発表した。事業費は二八億円、住宅戸数は四八〇〇戸、完成は七三年三月を予定していた。建設場所は同市十余二、根戸、若柴、松ヶ崎、花野井、宿連寺の六町に跨る一一〇・三㌶（三三万四千坪）を区画整理事業で行う。同団地が完成すると豊四季団地（四六〇〇戸）を上回る市内最大規模の団地となる。市内の団地は豊四季、光が丘（九六〇戸）、荒工山（一一四戸）に続いて四ヵ所目となる。

⑥県、住宅公団と団地造成で協定

一九六八年（昭和四三）時点までに、県内に建設された公団住宅は一八団地（六二七㌶・一九〇万坪）で建設戸数は三万一三一戸、人口は一一万一四四人であった。建設中の団地は五三四㌶（一六一万五千坪）で一万七九九七戸、人口六万三千人。計画中の団地は八〇〇㌶（二四二万坪）で四万四千戸、一五万三九〇〇人であった。公団住宅の建設は通勤者の輸送や水道、教育施設などの問題で地元市町村の財政を圧迫していた。県は以前から公団に対して団地を建設する場合は、①計画人口分の水使用量を確保すること、②建設場所は総武、常磐、新京成沿線など比較的輸送に余力のある地域とすること、③教育施設（小中学校など）を地元市町村に譲渡する場合は、一五から二〇年の長期償還（現行一〇年返済）とすることなどを要望していた。同年一一月、県は住宅公団と今後の団地造成について次の五点で協定書を締結した。①公団は県の住宅建設五ヵ年計画に合わせて住宅建設を行うこと、②造成計画策定前に知事の意見を聞くこと、③水資源の確保、交通輸送機関の整備及び地元市町村の財政負担の軽減に努力すること、④公共施設の整備は市町村の財政事情を配慮するとともに団地内外の住民相互の融和を図ること、⑤県が行う大規模団地建設に協力することであった。

（3）ニュータウンの造成

① 海浜ニュウータウンの造成

一九六六年（昭和四一）一月、知事は記者会見で、「習志野市津田沼地先から千葉市幕張、検見川、稲毛地先までを埋立て、人口一六万人の海浜ニュータウンを建設する」と表明した。海浜ニュータウン事業の開始は六八年からであった。海浜ニュータウンで最も早く入居が始まったのは、一九七二年（昭和四七）一一月からの住宅公団高洲《たかす》第一団地（四六八九戸）であった。

② 成田ニュータウンの造成

一九六八年（昭和四三）二月、県は成田市に人口六万人の成田ニュータウンを建設すると発表した。場所は成田空港から西に八キロメートル、国鉄成田駅、京成成田駅から一・八キロメートル西の位置であった。事業主体は県北総開発局（現・県開発庁）で面積は四八七ヘクタール（一四七万三千坪）、住宅戸数一万六千戸、人口六万人、事業費八三四億円であった。同年四月、六八億円で用地買収に着手し、六ヵ年計画で建設する。計画人口六万人の内訳は、成田空港関連企業の従業員とその家族二万人、周辺から流入する人口で約四万人とした。

5 房総の水不足解消と上下水道の整備

（一）房総半島の地形的弱点

（1）九年振りの県下各地の水不足

房総半島は海に囲まれているが、一番高い愛宕山（現・南房総市）で四〇〇メートル程度である。そのため山は水源地としての役割をあまり果たしていない。唯一の水源地は利根川である。一九六七年（昭和四二）年五月から八月にかけて県下全域は九年振りの水不足に見舞われた。銚子気象台の調べでは五月の降雨量はわずか一九ミリで、前年同月より一〇三ミリも少なかった。東部地区を潤していた灌漑池や水枯れしたことのない磯見川（銚子市と旭市との境界を流れる川）、高田川（銚子市内を流れる利根川の支流）はカラカラの干上がり状態となった。特に水が不足した芹沢地区では消防ポンプ車が用水池から汲み上げて散水する事態となった。八日市場町（現・匝瑳市）では乾いた水田の真ん中に深さ六メートルの井戸を掘るなどして水を求めたが焼け石に水の状態であった。外房地方の夷隅郡の山間地では堰（ため池）の水を使っていた。勝浦市では水源地の水が深刻な状態となり市民に節水を呼びかけた。水源の夷隅川は普段の三分の一しか水がない状態となった。柏市でも水不足は深刻で同市農政課の調べでは水田一〇五〇ヘクタール（三一七万六千坪）の内、田植えが済んだのは九三〇ヘクタール（二八一万三千坪）、その内の約二〇〇ヘクタール（六万一千坪）が枯れ死寸前、約三〇〇ヘクタール（九〇万八千坪）が水不足、一二〇ヘクタール（三六万三千坪）は田植えが出来ない状態となっていた。深刻な事態を受け五月二四日、県は干害対策本部（本部長・友納知事）を設置した。

（2）利根川上流ダムの放流を陳情

同年五月二九日、県内各地は水飢饉という異常事態となった。上水道や工業用水も赤信号となった。印旛沼の水位は一・五メートルで、五井・姉崎南部地区へ送水する工業用水はストップとなった。そのため山倉ダムから工業用水を取水しているが、同ダムも遂に貯水量が二〇〇万トンを割り赤信号となった。また印旛沼を取水源とする川鉄専用工業用水も平時の半分以下で節水していたがストップする事態となった。利根川本流の流量も我孫子町布佐地点で毎秒四五トン程度まで下がり、県は建設省河川管理会議に窮状を訴えた。その結果、上流の藤原ダム（群馬県）から毎秒一五トン、江戸川から毎秒七トンの水を利根川本流に分流する措置がとられることになった。同日、知事は記者会見で「異常渇水のため県内の水田一万七千ヘクタール（五一四二万五千坪）が被害を受けている。水確保に全力を挙げている。利根川の上流県（群馬県など）に対してはダムの放流をするよう強力に働きかけ、何としても危機を乗り切りたい」と述べた。

（3）利根川の水を確保

一九六八年（昭和四三）七月一五日、県水資源室は県内の各種用水の将来需要量を纏めた。それによると七〇年度における必要量は毎秒一一・三一トン、七五年度は六六・五一トン、八〇年度は一一六・九四トンとなった。当面する七〇年度は必要水量一一・三一トンの内、三・四九トン（三一％）は地下水や河川などで賄えるが、残り七・八二トンは利根川水系に依存しなければならないことになった。そのため県は各省に利根川水系の必要水量の確保を要請した。また七五年度における新規開発水量は、上水道が毎秒一四・〇六トン、工業用水が二一・六〇トン、農業用水が二五・七七トン、計六一・四三トンとなり、地下水や県内河川を除いた利根川水系への依存水量は四四・六八トン（七三％）と推計した。八〇年度の利根川水系への依存水量は毎秒八〇・一四トンと推計した。利根川の水は東京や埼玉、茨城、栃木、群馬の一都六県が利用していた。今後、各都県との間で活発な陳情が国に対して展開されることになる。七〇年三月、経済企画庁は「利根川水系開発プラン」を発表した。県が利根川に期待した七五年度の配分量は毎秒四一・二トン（最大量）であったが、経済企画庁の配分プランでは二七・六トン（三三％減）に抑えられていた。経済企画庁が決めた利根川からの取水量では県が見込んでいた配分量を確保出来ないことが明らかとなった。県の想定では六一・四三トンの水源は、利根川四一・二〇トン、県内河川一四・五七トン、地下水五・六八トンで対応する計画であった。利根川の期待量（四一・二〇トン）が一三・六トンも下回ったことで、この水源の供給不足量を県内の河川または地下水に求める必要が出て来たのである。同年八月、県水資源室は水の供給計画を見直すことにした。その結果、県は河川に確保先を求め洪水防止も兼ねた多目的ダムの建設を早急に行い充当することにした。ダムは河川開発総合事業として君津郡上総町の亀山ダム（小櫃川上流、貯水量一四七五万トン）、市原市の高滝ダム（養老川上流、一一二五〇万トン）、夷隅郡夷隅町大野の荒木根ダム（夷隅川上流、二〇〇万トン）、君津郡天羽町豊岡の戸面原《とづらはら》ダム（湊川上流、四三五万トン）、天羽町郡の郡ダム（郡川上流、三八八万トン）が七二年から七四年には完成し、使用出来ることになっていた。しかしこれらの河川ダムも需給基本計画では利根川が利用出来ることを前提に造成されているため、一挙に水量を増加させることは出来なかった。そのため県は隣接する茨城県の水ガメである霞ヶ浦の水を利用出来ないか茨城県と交渉することにした。

（二）用水源確保の道

（1）水資源開発研究会を設置

県は一九六八年（昭和四三）一一月二八日から二泊三日で県水資源開発研究会（会長・川上紀一副知事）を開催し、①当面の水問題の状況、②今後の開発計画と水資源対策のあり方を協議した。水の需要は産業の発展による都市人口の急増と生活の向上により急激に増大していた。工業用水も京葉工業地帯の発展と君津製鉄所などによって水不足は急迫していた。七五年度には市原や木更津地区で工業用水は一日一八一万五千トン（現在の供給能力七五万九千トン）、上水道用水は一日八万八千トン（同二万四千トン）の需要が見込まれていた。そこで県は利根川水系に水源を求めるとともに県内河川の開発に乗り出し、六九年度から小櫃川や養老川、湊川の各上流に三つのダム（亀山、高滝、郡）建設と工業用水用に小糸川河口湖を造成し、上水道や農業用水も含めた多目的ダムを二〇〇億円をかけて造成する計画を決定した。これにより日量三七万五千トンの新たな水が生まれ、既設分を含めると日量一五〇万トンを確保出来ることになる。しかしそれでも三〇万トンが不足する。それらを解決するため房総導水路建設事業を検討することとした。

（2）房総導水路計画の登場

一九六六年（昭和四一）頃から経済企画庁は、木更津南部工業地帯の開発に伴う工業用水を確保するため両総用水を利用する導水路計画を検討していた。その骨子は、①灌漑期における両総用水路の通水余力量を利用出来ないか、②非灌漑期の用水は途中に調整池（ダム）を造り貯水する、③ダムから必要量を木更津南部工業地帯の工業用水に供給する、④両総用水の受益者負担を軽減することであった。県でも六八年度から本格的な検討に着手した。九十九里地域や夷隅、安房地域では夏の海水浴シーズンを中心とした観光やリゾート開発で水需要が増加していた。しかし中小河川や井戸水に頼らざるを得ず、地域内に新たな水源確保が見込めない状態にあった。また千葉市から君津市に至る工業地帯でも安定した工業用水の確保が必要であった。ところが房総半島にはこれらの需要を満たすだけの水源がなかった。そこでこれらの地域に利根川の水を運ぶ房総導水路建設が計画されることになったのである。房総導水路事業の目的は、①農業用水用に造られた両総用水の導水路を利用して上水（飲料水）と工業用水の水不足を解消すること、②両総土地改良区が国営事業に支払う償還金の軽減を図ること、③施設の維持管理費を軽減することであった。当時両総土地改良区には国営事業に支払う地元負担金が一二億円あった。その他に施設維持管理費もあった。両総用水の取水能力毎秒六トン（日量五二万トン）の内、農業用水には三トン（同二六万トン）程度しか使用していなかった。そこで県は残りの三トンを工業用水として売り、その代金を両総用水地元償還金に充てる計画を土地改良区に提案した。また両総用水が使用されるのは灌漑期（四月から八月）の五ヵ月間だけであり、残りの期間は利用しなくても施設維持費、電気代が膨大にかかり土地改良区の財政を圧迫していると指摘した。両総用水の建設費償還は六六年八月から始まった。同月、南部幹線で決壊事故が発生し、給水が停止となり山武や長生一帯の稲作は大きな被害を受けた。この不測の減収で農家の家計は急速に悪化し負担金の支払いに苦労する組合員が続出し、滞納などにより両総土地改良区の運営は困難となっていた。その事故が契機となり農林省と千葉県、土地改良区の三者協議が開始された。その結果、両総用水を都市用水として共用することが両総土地改良区の負担軽減となり、房総導水事業にとっても当初の目的にかなう事業となるとの意見が一致した。県は七一年三月三〇日、土地改良区と「両総土地改良施設の一部共用に関する協定」を締結した。その結果、県は七億円（内訳は佐原市利根川水門から栗山川までの共用分四億九千万円、栗山川から東金地域までの南部幹線の共用分一億四千万円、維持管理費負担分七千万円）を土地改良区に支払った。房総導水路建設事業は利根川を水源に開発が進む京葉工業地帯（市原工業地帯や木更津南部工業地帯など）へ工業用水を供給し、九十九里地域や夷隅郡から館山市に至る南房総地域にまで水道用水を供給する事業となった。利根川の取水場から末端の南房総の大多喜町までの距離は一〇〇キロメートルに達した。事業は七一年六月から三五ヵ年計画で行われ、事業費一五〇億円が見込まれた。

（3）印旛沼からの取水増量計画

印旛沼の貯水量は約三千万トンで、この内最大一千三一〇万トン（四四％）までが水利用可能とされていた。一方、同沼を直接の水源として取水している水量は、農業用水毎秒二〇・四トン（日量一七六万トン）、工業用水同六・八トン（同五八八万トン）で合計日量七六四トンであった。これに対して周辺の中小河川から流入する水量は日量二四万トンで、利根川からの流入水は三一六万トンであった。県の増量計画は、①国の許可を受け利根川からの水量を毎秒二〇・四トン増やしてもらうこと、②印旛沼からの農業用水が田畑を潤して再び戻ってくる〝しぼり水〟の増加を図ることであった。

（4）霞ヶ浦からの導水計画

一九六七年（昭和四二）八月始め、県は茨城県の呼びかけに応え、霞ヶ浦の水資源を総合的に開発するための霞ヶ浦水源開発促進協議会を結成した。霞ヶ浦は面積約二万二千ヘクタール（六六五五万坪）、平均水深四メートル、貯水量八億トンの沼である。この雄大な水源はほとんど未開発状態で、茨城県の農業用水、都市用水として毎秒八〇トン（日量七〇〇万トン）しか取水していなかった。経済企画庁は七〇年度から霞ヶ浦から毎秒二四・四トン（日量二一〇万トン）を利水する計画を持っていた。千葉と茨城両県は梅雨時に生じる利根川本流の余剰水を横利根川へ毎秒五〇から七〇トンをポンプで汲み上げ霞ヶ浦で貯水し、必要な時期に再び利根川本流に戻すという計画を持っていた。霞ヶ浦の貯水池化には五〇億円の事業費が必要であった。計画が国庫補助事業として認められれば、国六〇%、両県二〇%、受益者二〇%の割合となる。七〇年度からの開始を目前にして霞ヶ浦総合開発事業は建設省と経済企画庁、茨城県が利水をめぐって意見が対立し、話し合いが難航した。対立点となったのは経済企画庁が「霞ヶ浦の水を東京都や千葉県へ給水する」と主張し、茨城県が「鹿島臨海工業地帯の急速な進展などにより県内の水需要が大幅に増え、毎秒三五トン（日量三〇二万トン）の水量では不足するので県外に給水することは出来ない」と主張していることであった。そのため千葉県は同年八月一五日、「霞ヶ浦水源開発促進協議会」を一時凍結し、霞ヶ浦からの給水は難しいと判断した。ところが同年一二月一五日、茨城県は千葉県に「霞ヶ浦からの取水を希望するなら認めてもよい」と連絡して来た。その内容は「霞ヶ浦から利根川に七三年度から毎秒四トン（日量三五万トン）を供給する」というものであった。県が必要とした水量は毎秒二七トン（日量二三三万トン）であったのでとても満足出来る水量ではなかったが、今後の増量は協議出来ることになった。

（三）追い付かぬ上水道の整備計画

（1）水道料金値上げ、異例の答申

水道料金は独立採算制となっている。一九六八年（昭和四三）七月八日、知事は県水道事業運営審議会（会長・小林重一日本水道協会理事長）に対し「上水道料金のあり方」について諮問した。八月二九日、同審議会は知事に答申を行った。答申内容は「①赤字解消のため県営水道料金の値上げはやむをえない、②上げ幅は平均二四・六%とする」とした。しかし二一人の委員の内、二人が反対した。反対意見があったため、答申内容に異例の注文を付けた。その内容は「①使用水量に応じた段階制を設け多量使用者の料金は改正幅を大きくし、一般使用者の料金は出来るだけ少なくすること、②県は国に対して補助金の増額、起債条件の改善（金利や償還期間の延長など）を要請すること」であった。県はそれらの意見を踏まえ、九月県議会に県営水道の料金引き

上げ案を上程し決定した。一一月から県営水道料金は平均一七・五％値上げされた。水道料金は一般家庭用、公衆浴場用、工場用水用に分かれている。料金は基本量プラス使用水量で決まる仕組みになっていた。改正では基本料金は据え置きとし、使用水量の上げ幅は五から三五％とした。一般家庭の一ヵ月の使用水量は二〇トンまでは四一円（一〇・八％増）、二一から一〇〇トンまでは四六円（二四・三％増）、工場などの大口料金は一トン五〇円（三五・一％増）、公衆浴場は一トン二五円が二七円（八％増）となった。

（2）県営水道第三次拡張計画

第三次拡張計画の工事期間は一九六五年（昭和四〇）四月から七〇年三月までの五年間で、総事業費は一五三億であった。六七年七月二一日、三次拡張工事の起工式が千葉市柏井町の柏井浄水場で行われた。六〇年代の人口急増と生活水準の向上で一人当たりの水使用量が増加したため、県営水道の給水量を増やすのが目的であった。新たに利根川の水を印旛沼に引き入れ使用が出来るようになった。印旛取水場（佐倉市）で砂を除去し、直径一・八メートルのパイプで九・六キロメートル先にある柏井浄水場まで送水して浄化し、誉田給水場（千葉市）と船橋給水場へ送水する計画であった。新しく出来る印旛取水場と柏井浄水場、誉田給水場などの施設建設費は四〇億円であった。また既設の栗山浄水場、船橋、園生《そんのう》（千葉市）の給水場の拡張工事も行われ、松戸市の一部、鎌ケ谷町が給水区域となり、第三次拡張事業は七二年一二月に完成した。

（3）成田国際空港とニュータウンの給水計画

一九七〇年（昭和四五）四月、北総地区水道事業は人口四〇万人、給水日量一九万トンの給水を目標に建設工事が開始され、八六年度完成を目指し計画された。総事業費は一五七億八千万円であった。利根川を水源とし、新しく建設する木下取水場から汲み上げた原水を北総浄水場（印西町竜腹寺）で浄化し、一部を千葉ニュータウンに給水、大半は成田給水場を経て成田ニュータウンと成田空港に給水する計画であった。七〇年四月、成田空港と成田ニュータウンの供用開始が迫っていた。上水道完備は緊急の課題となった。そこで県水道局は成田市内に北総建設事務所を設け、四月下旬から成田ニュータウン内に深井戸八本を掘り、七一年四月から日量九千トンの地下水を汲み上げ成田空港と成田ニュータウンへ供給した。しかし成田給水場が完成すれば地下水の汲み上げは成田ニュータウンのみとし、日量五千トンに減らすことにした。

（四）流域下水道整備計画

（1）県、市町村と協力し下水道を整備

下水道には公共下水道、都市下水路、流域下水道の三種類がある。この内、流域下水道は県が行い、公共下水道と都市下水路（雨水処理のみ）は市町村が行う事業となっている。千葉県内の下水道整備は最初に千葉市が一九三五年（昭和一〇）に着手し、六〇年代からは松戸、船橋、佐原、柏、市川市などの都市が下水道整備に着手した。六〇年頃から始まった高度成長は各地で公害が発生し、公害は社会問題となった。その動きに対応し政府は六七年八月に公害対策基本法を、七〇年一二月に水質汚濁防止法を制定した。法律の目的には「公共用水域の水質保全に供すること」が明記された。

県は生活環境の向上と広域的な水質保全を行うため流域下水道整備に着手した。流域下水道は二つ以上の市町村の公共下水道から流れて来る下水を広域的に集め、県の終末処理場で浄化し、公共用水域（海や河川など）に放流する大規模な下水道を言う。県の流域下水道整備事業は六八年度からの印旛沼流域下水道、七一年度からの手賀沼流域下水道、七二年度からの江戸川左岸流域下水道であった。印旛沼流域下水道整備事業の開始は二期県政の時であった。知事は自著『続・疾風怒涛』で次のように述べている。「公共用水域の水質汚濁の根本的な対策としては、水ガメへの汚排水の流入を一切シャットアウトするしかないが、そのためには流域下水道の整備が必要である。（略）主要水域の周囲に県営で流域下水道を整備することであった。広域的かつ基幹的な施設を県が造り、市町村の下水道をここで引き受けて一括処理する。こうすれば水ガメへの汚染源の流入

を絶つとともに市町村の下水道整備も促進されると期待した」と記している。[12] 印旛沼流域下水道は、一三市町村の生活排水や工場排水を千葉市花見川終末処理場で浄化し、東京湾（千葉港）に放流することになった。

(2) 印旛沼流域下水道整備に着手

一九六七年（昭和四二）四月一四日、県土木部は飲料水や農業用水、工業用水を供給している印旛沼の汚濁を防止するため、六七年度を初年度とする流域下水道整備五ヵ年計画を作成した。この計画は野田、佐倉市、木更津を加えた一二市二町に跨る大規模な建設工事で配水パイプの長さは二〇三キロメートル、家庭から出る汚水量は一日二〇万トン、工場汚水六万六千トンと推計し、処理能力は一日二七万トンを目標にした。総工費は一四二億五千万円であった。これが完成すれば印旛沼の水源は雨水と流域河川の自然水だけとなり、水質汚濁はかなりなくなるはずであった。この事業により北総地域のニュータウンや成田空港からの公共下水道も受け入れが可能となった。最終的には一五ヵ年計画となり、全てが実現する八五年度には配水対象面積は六二〇五ヘクタール（一八七七万坪）、処理面積は三三四六ヘクタール（一〇一二万二千坪）、県下の下水道処理率は一九六六年度（昭和四一）の一七％から三一％に引き上げられることになる。

(3) 難航した印旛沼流域下水道整備事業

① 建設事業費への国庫補助率引き上げ

印旛沼流域下水道事業は行政区域にとらわれずに流域各市町村から排出される下水（汚水と雑排水）を処理する事業で、成田空港やニュータウンなどの下水を含めると総事業費は県営、団体運営を併せて二〇七億五五〇〇万円が見込まれた。総事業費は建設省関係が五六億五千万円、厚生省関係が三八億五〇〇〇万円、支線（団体運営）関係一一三億円であった。この内、県営で行う幹線の事業費は一四二億五千万円であった。これに対する国庫補助率は三分の一のため、四七億五千万円が国から県に交付される。しかし流域下水道事業は全国で初めてのため、県は国に対して一〇分の六に引き上げるよう要請した。六割補助が認められれば八五億五千万となる。しかし結果は一〇分の四となり五七億円で決着した。そのため残り八五億五千万円は県と地元市町村で負担しなければならなくなった。県は関係市町村と協議したが難航し一九六七年度（昭和四二）の建設工事は見送られ、翌年度に再度国と折衝することになった。六八年一月、次年度予算の概算要求で一〇分の五補助に引き上げる内示（七一億円）があり、印旛沼流域下水道整備事業は同年四月から開始された。[13]

② 終末処理場の選定場所

当初、終末処理場の位置は八千代市保品地区が予定された。選定理由は、①保品地区が下水道幹線の合流する地点であること、②広大な施設となるため地盤が強固な場所であること、③処理水が自然に流下するような高台の場所であることなどから、八千代市北東部の山林一九・八ヘクタール（六万坪）が適地とされたのであった。しかし保品地区の一部住民が強く反対をしたため八千代市は態度を保留していた。県と地主との話し合いが何回となく行われたが建設は暗礁に乗り上げていた。そのため知事は一九六八年（昭和四三）八月六日、八千代市を訪れ兼子通純市長と市議会に協力を要請した。同年一二月一日、県は八千代市の建設を諦め千葉市検見川の埋立地に終末処理場を建設することにした。処理場の面積は二一ヘクタール（六万四千坪）、建設費一八億円、日量二二万五千トンが処理可能となった。これで二つの難題（財源確保と場所選定）は解決した。

6　半島性脱却を目指す鉄道・道路網の整備

（一）電化・複線化を目指す鉄道整備

(1) 国鉄と千葉県の新計画

① 房総半島を横断する房総新幹線構想

一九六九年（昭和四四）一一月、国鉄（総裁・磯崎叡《さとし》）は「八五年には外房沿岸は大観光地になる」とする千葉県の長期計画を踏まえ、鉄道網整備計画を発表した。その計画は〝房総新幹線構想〟と呼ばれた。鉄道網の整備は東京湾横断橋が建設されることを前提に、木更津駅を基点に外房の茂原駅、木更津駅と安房郡鴨川駅との間に二本の鉄道を建設することで千葉県の半島性を打破しようとする計画であった。建設費は約三兆円。これが実現すると内湾沿岸の過密化に比べ過疎化の著しい外房東側地域は産業や経済、観光面で大きな役割を果たすことが出来る。二本の新線が実現出来れば木更津駅を軸に通勤客や観光客の新しい流れが生まれ、混雑緩和も図られる。県は早速計画の具体化に着手した。しかし、そこには二つの新たな検討課題があった。一つ目はこれまで県の鉄道網整備計画は県都千葉駅を軸に進められて来たことであった。木更津駅を軸とした新たな計画によりこれまでの計画との整合性をどのように図るかという問題が生じた。二つ目はこれまで房総半島の横断は久留里線（木更津駅から上総亀山駅）と木原線（上総上野駅から大原駅）を接続させて行う運動を進めて来た経緯があった。房総新幹線構想によりそことの調整をどうするかという問題が生じた。計画が発表されると木原線と久留里線の接続運動を進めてきた沿線市町村や住民から建設反対の動きが開始された。これらの課題に国鉄や県はどう対応して行くか県民が注目した。

②　東京から成田空港を結ぶ三つの鉄道建設案

成田空港の建設に伴い空港と都心を結ぶ鉄道問題が浮上した。県は路線決定に当たり三案を作成した。第一案は成田空港から新線を建設し総武線西船橋駅に接続する案であった。西船橋駅は総武線や京葉線、地下鉄五号線、小金線（現・武蔵野線）経由で常磐線へ接続するターミナル駅であった。第二案は地下鉄五号線を西船橋駅から成田空港まで延伸し直通運転する案で、すでに西船橋駅から八千代市勝田台駅までは第三セクター（現・東葉高速鉄道）で建設する計画案があった。第三案は東武鉄道、新京成電鉄鎌ヶ谷駅経由で東京・高砂駅に接続する案で、京成電鉄に新線を建設してもらう案であった。

③成田新幹線建設計画

一九七〇年（昭和四五）五月、全国新幹線整備法が施行された。同年一一月、橋本龍太郎運輸大臣は成田空港と都心を三〇分で結ぶ成田新幹線建設計画を発表した。航空機利用客専用線で完成は七五年度であった。空港公団によると空港が本格的に動き出すと旅客数は七六年度に五四〇万人となり、ピーク時には一時間当たり出国旅客は約千人、入国客は一八〇〇人となる。そのため空港と都心を結ぶ輸送手段をどうするかが最大の課題となっていた。国鉄は成田線を空港まで延長する計画を持っていたが具体化が出来ず立ち消え状態となっていた。京成電鉄は空港から京成成田駅まで八・三キロメートルを延長し、旅客を輸送する工事を進めていた。日本道路公団は高速自動車道建設（現・東関東自動車道）による輸送計画を持ち、用地買収、道路建設を行っていた。運輸省が空港と都心を結ぶ新幹線建設に踏み切ったのは、京成電鉄の輸送だけでは充分対応出来ないとの判断があったからであった。

④県内を走る国鉄線の赤字

一九六六年度（昭和四一）の県内を走る国鉄線の赤字が明らかとなった。千葉鉄道管理局の発表によると二〇一億一千万円の売上げ目標に対して一八四億円となり、一七億一千万円の赤字となった。定期外乗車数は対前年度の一億一二四九万人を下回り一億九八八万人であった。また定期券を含めた売上額は、一三九億六千万円の目標に対して一二七億一千万円しか売上げられなかった。一方、貨物の取扱いトン数は三四三万トン、売上額は四五億五四〇〇円で目標の五〇億四千万円を大幅に下回った。管理局の説明によると五〇年度から五五年までは赤字続きであった（除く五二年）。ところが京葉工業地帯の造成や住宅団地建設などにより五六年度から黒字経営となり六一年度一四億円、六二年度一七億円、六三年度一八億七千万円、六四年度五億八千万円と黒字が続いていた。しかし六五年度は旅客と貨物で一七六億六千万円の収入があったが一一億二千万円の赤字を出したという。この原因は、設備投資による返済金、自家用車や観光バスなどの普及で県民が鉄道を利用しなくなったことにあった。

(2) 国鉄の整備事業

① 総武線の複々線化工事の開始

総武線複々線化工事は、江戸川から西船橋駅手前までを高架（六・一キロメートル）とし、西船橋駅から船橋駅手前までを平面路線（二・七キロメートル）、船橋駅前後は高架（一キロメートル）、船橋駅から津田沼駅手前までが平面路線（五・七キロメートル）とする一五・五キロメートルの工事であった。鉄道と交差する道路は県道八本、市川市道一八本、船橋市道一六本、計四二路線あった。市川駅―津田沼駅間（一二キロメートル）は一九七一年（昭和四六）一〇月までに行う計画となっていた。西船橋駅―船橋駅間は県道と市道（六本）を陸橋にし、一部を平面交差として電車を通過させる難工事であったが、それによって三六ヵ所の踏切が無くなる。六七年二月、国鉄が県に示した工事費は、一九四億六千万円であった。その内訳は国鉄一〇六億六六〇〇万円、営団地下鉄五七〇〇万円（西船橋駅乗り入れに関する分）、地元負担八七億三七〇〇万円であった。地元負担金は県一五億九二〇〇万円、市川市三〇億六二〇〇万円、船橋市四〇億八三〇〇万円となっていた。工事内容は、①江戸川―西船橋駅間六キロメートルは高架にする、②渡線橋六ヵ所、架道橋（ガード）三一ヵ所、簡易立体一六ヵ所、平面踏切八ヵ所の廃止などであった。六八年一〇月、県は「市の財政負担が大き過ぎる」とし、国鉄と協議を行った。県は、①増線工事費は国鉄側が負担する、②在来線を高架とし道路を拡張する費用は地元側が負担する、③その他工事費は折半とする案であった。この案だと地元負担は七四億円となり、市川市二八億円（当初案より二・六億円減）、船橋市三一億円（同九・八億円減）、県一五億円（九千万円減）となる。この案に国鉄は合意した。しかし県は総武線は市川、船橋両市だけの問題ではないとし、高架工事は県が負担することにした。その結果、市川市の負担金は五億円、船橋市は一〇億円減額となった。複々線化工事は東京駅―両国駅間を地下鉄道としたため東京駅は地下駅となった。隅田川は海底トンネル（一二二〇メートル）とし、両国駅―津田沼駅間は大部分が高架となった。この工事により千葉県側の乗客は秋葉原駅で乗り換えをすることなく東京都心へ行けることになった。ラッシュ時は二分三〇秒間隔で電車が出入りし、一日三〇〇回の運転が行われることになった。

② 総武線津田沼駅拡張工事

総武線複々線化工事に伴い津田沼駅拡張工事が行われた。工事は一九六八年（昭和四三）一二月から開始し七一年一〇月完成とした。拡張工事は駅広場（七二〇平方メートル・二一八坪）に仮駅舎を建て、資材置き場にする計画であった。工事が始まると広場へのバス、タクシーの乗り入れは大幅に制限される。駅を利用する乗客から〝混雑し不便になる〟との声が続出した。利用者で組織した新京成利用者協議会（会長・横山哲夫、一万世帯）は五万人の署名を集め改善運動を行った。県も同年一一月、駅に南口を開設する案を示し調停に乗り出した。その結果、一二月九日、国鉄は県庁で会談を行い、協議会の主張を認めた案を提示した。案は、①六九年一〇月に駅南口を新設する、②バス乗り入れが出来るようにする、③仮駅舎は広場脇に建設し、従来の広場の面積は確保する、④工事完成後は南口駅前に七六〇〇平方メートル（二二九九坪）の広場をつくる、⑤津田沼駅を都市計画道路に合わせて五四メートル千葉駅側に移設するなどであった。協議会は案に納得した。

③ 動き出した常磐線複々線工事

常磐線複々線工事により松戸駅―我孫子駅間（一五・四キロメートル）は交差する道路を全て陸橋にし、事故や渋滞の原因となっていた全踏切（三八ヵ所）は一九七一年（昭和四六）三月までに廃止された。県土木部計画課は陸橋が必要な箇所は松戸市五、柏市五、流山市一、我孫子《あびこ》町三の一四ヵ所、このほか交通量が少ないため陸橋の必要がない細い道路は松戸市一〇、柏市一〇、流山市一、我孫子町一の二二ヵ所あるとした。そこは横断歩道橋の設置で対応した。工事費は国鉄が三分一、県や地元市町が三分の二負担とした。七〇年一月、複々線化工事は足立区綾瀬駅―我孫子駅間（二四キロメートル）は六〇％、綾瀬駅―葛飾区金町駅間は高架工事が終了し、柏駅―我孫子駅間では土盛工事を行った。柏市から、①柏駅―我孫子駅間に北柏駅の新設、②南柏駅に東口新設、③柏駅に東西に行ける通路の建設、④柏駅を急行停車駅にして欲しいなどの要望が出された。国鉄は「用地確保や駅舎費の一部を柏市が負担してくれるなら実現したい」と回答した。複々線化工事が完成すると一日上り下りの列車が七〇〇本通過する。電車は山手や中央線並みに二、三分間隔で発着する。綾瀬駅（足立区）から先の都内は営団地下鉄千代田線に接続され、柏駅や松戸駅から都心へ向かう乗客は上野駅で乗り換える必要もなくなる。

④柏駅東口再開発

一九六八年（昭和四三）八月、柏市は常磐線の複々線化に伴い、七一年度までに柏駅東口の都市再開発を行うことにした。そのため国鉄柏駅東口駅前再開発公社を設立した。柏駅前通りは五五年一二月二五日の大火でほとんどが消失した。市はすぐに鉄筋モルタル二階建ての住宅を建設し、全国から都市改造のモデル地域と言われた。しかし六〇年頃から人口と自動車が増加し、一七〇〇平方メートル（五一四坪）の駅前広場は通勤、通学客を運ぶバス、タクシーの乗降客で混雑するようになった。駅前の地価は上昇し三・三メートル（一坪）当たり一〇〇万から二〇〇万円とも言われていた。複々線化工事が完成すると駅前は再び改造しなければならなくなる。国の都市改造事業の認定を待っていては間に合わないと判断し、同公社により市単独で都市再開発を行うことにした。都市再開発を行う地域は駅前約一ヘクタール（三〇二五坪）とし、この内駅前広場は五五〇〇平方メートル（一六六四坪）、残り四五〇〇平方メートル（一三六一坪）は駅ビル（鉄筋六階建て）と地下商店街を造る。また同駅から旧国道にかけて幅一四メートル、長さ二八五メートルの道路を新設し、駅前通りを環状線とし車の流れを良くする計画とした。事業費は約五〇億円であった。地主など地権者約一〇〇人は代替地、完成後の営業などの問題で不安を抱いていた。

⑤鹿島線の建設

一九七〇年（昭和四五）八月二〇日、鹿島線の開通式が行われた。鹿島線は成田線佐原駅から一駅先（銚子市側）にある香取駅から茨城県水戸市までの総延長七六キロメートルで、総工費一〇二億円で工事が建設された。開通式は香取駅―北鹿島駅（現・鹿島サッカースタジアム駅）間の一七・四キロメートルであった。六七年（昭和四二）三月から鉄建公団が工事を行い、三年余の期間で開通させた。全線は単線で、ディーゼル機関車で運転された。この区間は古くから〝水郷〟と呼ばれ、自然美豊かな穀倉地帯であった。利根川や与田浦、常陸利根川、北浦などの河川や沼地（軟弱地盤）の上を走るため線路は長い橋梁が多く、高架式で行われた。潮来《いたこ》や鹿島神宮、十二橋など観光名所が多い。北総地域は陸上の交通手段は国道五一号線以外はなく、この地域の発展は大きく遅れていた。観光地帯の中央を走る鹿島線だけに鉄道開通に地元民の期待は大きかった。しかし開通させた目的は観光開発にあるのではなく、茨城県の鹿島臨海工業地帯の貨物を輸送することにあった。国鉄は乗客用には五両連結のディーゼル機関車を走らせ、貨物は二三両連結の貨車を走らせた。一回に運ぶ貨物量は七五〇トンであった。

⑥房総西線の複線・電化実現

一九六五年（昭和四〇）に作られた国鉄第三次設備投資計画（六五から七一年）では、県内の房総西線や房総東線、成田線などの複線・電化は七〇年度以降となっていた。鉄道網整備促進期成同盟（会長・友納知事）は、「その計画では遅すぎる」と国鉄と協議した。国鉄から「資金難なので鉄道建設債を購入してくれるなら工期を早めたい」との回答があった。県は建設債を購入し工事を早めてもらうことにした。房総西線（一二三・二キロメートル）は千葉市蘇我駅から木更津、館山を経由して安房鴨川駅までである。県は複線化を図るため鉄道建設債を六八年八月に二四億五千万円、六九年度に一三億七千万円購入した。その結果、国鉄は六九年七月までに蘇我駅―君津駅間の複線電化、君津駅―千倉駅間（五八・三キロメートル）も単線電化となった。工事費一億九七〇〇万円は地元市町（館山市、千倉町、白浜町）が負担した。蘇我駅―館山駅間（八五・九キロメートル）の所要時間は、急行ディーゼル機関車で九七分であったが、電化され七二分（二五分短縮）となった。また東京駅―館山駅間（一二八・九キロメートル）は急行で一三三分が、総武線の複々線化が完成すると三三分短縮され一〇〇分となる。

⑦房総東線の電化

房総西線の複線・電化は進んでいたが房総東線は遅れていた。房総東線は千葉駅から大網、上総一宮、勝浦駅を経由して安房鴨川駅までである。沿線の市町村は「房総半島の環状線である房総東西線の片側だけが電化されるのは輸送効率の上からも不合理だ」とし、国鉄に房総東線の複線・電化を強く働きかけた。近年は茂原市内の内陸工業団地の造成、都市化の進展に伴い通勤人口も増え、従来の輸送量では間に合わなくなっていた。そのため沿線四市一五町二村は一九六九年（昭和四四）二月、「国鉄房総東線複線電化促進期成同盟（会長・友納知事）」を結成し、①県と一緒に市町村も鉄道建設債を購入する、②七二年度までに千葉駅―上総一宮駅間（約四三キロメートル）の複線化、③千葉駅―安房鴨川駅間の電化、④大網駅のスイッチバックを無くし同駅を近くの場所へ移転させるなどを決め運動を開始した。七〇年一〇月八日、蘇我駅―安房鴨川駅間の電化工事の起工式が大網駅（現・大網白里市）構内で行われた。電化工事費は八〇億円で七二年七月までに完成させることになった。複線化工事を行う蘇我駅―永田駅（現・大網白里市、一一・五キロメートル）間は総工費四五億円で七五年七月までに工事を完了させることになった。大網白里は大網駅のスイッチバック解消のため用地買収し駅舎を移転させた。四・一二ヘクタール（一万二千坪）の駅前広場やバスターミナル、駅前商店街を造成した。これまで都心から大網駅まで一時間五〇分かかっていたが、複線電化で一時間一〇分となり四〇分短縮された。

⑧総武・成田線に電車が走行

一九六五年一二月、総武・成田線（千葉駅―成田駅間、二九・二キロメートル）の電化工事が開始された。六八年三月二八日、ディーゼル機関車から電車になった。総工費は二〇億三千万円（複線化一一億円、電化九億三千万円）であった。複線は佐倉駅までで、佐倉駅―成田駅間は単線電化であった。工事を急いだのは同年四月に成田山新勝寺本堂が完成し、ご開帳に全国各地から一五〇万人の信徒などが訪れることが予想されたことにあった。それに合わせて成田駅も改良工事を行った。同駅は電車折り返し用の新線一本と成田駅―銚子駅間の列車用折り返しホームを増設し、成田山の表玄関に相応しい構えとなった。電車の定員はディーゼル車の二倍となり、輸送力も増強された。これまで総武・成田線の佐倉駅通過時の最高乗車率は定員の二・五倍であったが、二倍を下回ることになった。この間、成田線沿線の市町村は千葉成田間複線電化促進期成同盟や成田線整備促進協議会を結成し、国鉄に要請を続けて来たがやっと報われることになった。通過途中駅である都賀《つが》駅（千葉市）も複線電化に合わせて六二年四月から駅舎工事（七三〇〇万円）を行い、橋上駅を六八年三月に完成させた。

⑨木原線、久留里線の廃止反対運動

一九六九年（昭和四四）四月、一兆円の赤字を抱える国鉄は、一九六九年から三ヵ年計画で駅業務の合理化を推進することを決めた。その内容は、①主要駅は線区、地区の中心となる管理駅を設け、管理業務を一本化する、②中小駅は廃止し無人駅とする、③駅員数を大幅に削減するなどであった。それを踏まえ千葉鉄道管理局は木原線や久留里線を中心に、かなりの駅数を廃止する案を検討した。管理局内には廃止、無人化の対象駅は四一（一日の乗降客数一六〇〇人以下）あった。この内、すでに無人化している駅が一五あり、残り二六が対象となった。乗降客数八〇〇人以下で有人赤字駅は木原線では上総総元、中川、西大原、久留里線では上総清川、東横田、下郡、房総西線では竹岡、九重、房総東線では永田、総武本線では都賀、成田線では酒々井の一一駅あった。木原線は一一駅あったがすでに無人駅が八駅あり、大原駅を除く残り二駅も赤字駅となっていた。久留里線も一二駅あったが無人駅が六駅あり、残り六駅は赤字となっていた。管理局は「木原線と久留里線の廃止はやむを得ない」というのが結論であった。泉幸夫管理局長は「近代化のためには仕方がない。バス輸送に振り替える」というのが方針だと新聞報道で述べていた。六八年七月三日、久留里線・木原線接続促進期成同盟（会長・友納知事）は県庁内で臨時総会を開き、両線の接続を促進するため強力な運動を展開することを決めた。その第一弾として同日、北見木更津市長や四宮上総町長、東平平川町長、森大原町長ら代表が泉管理局長を訪ね、両線の存続と接続を陳情した。泉局長は「陳情の趣旨は良く分かりました。再度検討してみましょう」と対応した。ところが国鉄諮問委員会では国鉄財政の赤字解決手段として赤字線廃止基準を決め、両線は廃止線として国鉄総裁に答申する準備を進めていた。これが答申通り決定されると、両線の接続を主軸に沿線の総合開発計画を進めて来た地元住民の悲願は打ち砕かれることになる。県にとっても君津製鉄所の進出に伴い内陸開発を推進している時だけに、房総半島の中央部の東西を結ぶ唯一の幹線を失うことになり、受け入れ難いことであった。木原線の一日の旅客数は六〇年度五二七二人から六七年度六六二九人へと増加（二六%増）、久留里線は六三四二人から九一〇三人（四四%増）へと増加していた。接続が実現すれば、さらに増加することが確実視されていただけに許しがたい国鉄の動きであった。国鉄諮問委員会の「木原線廃止」答申は沿線住民には大きな衝撃となった。同年九月七日、友納知事と菅野儀作参議院議員は現地大原町の総合庁舎を訪れ、対策会議に参加した。森次郎大原町長や尾本要三大多喜町長、高木勇夷隅町長ら地元関係者は「廃線は通勤や通学者の足が奪われ、今後の町の開発計画に大きな支障を来たす」と木原線の存続を強く訴えた。また、既存の久留里・木原両線接続期成同盟（会長・友納知事）を「木原線廃止反対期成同盟」に改称し、反対運動を地域ぐるみから県民運動にして盛り上げていくことにした。会議後、友納知事一行は大原駅から木原線に乗り込み、終点の上総中野駅（二七キロメートル）までの沿線住民の利用状況を視察した。木原線に乗るのは初めてという知事は二両編成に約一五〇人が乗車していたのにびっくり。「昼どきにこれだけの利用者があるのに、廃止とはもってのほか」と顔をこわばらせた。国吉駅のホームや沿線の電柱に貼り出されている〝廃止反対〟のポスターに「やっているな」と車窓から身を乗り出し、乗客にも「これが廃止されては不便でしょう」と話しかけるなど、木原線の廃止に終始強い反対姿勢を見せた。六九年九月八日、木原線廃止反対期成同盟（会長・尾本要三大多喜町長）ら代表六〇人は、千葉鉄道管理局を訪れ、①木原線の廃止反対、②貨物や手・小荷物の取り扱い廃止反対、③木原線と接続している房総東線大原駅の乗り入れ改善などを陳情した。また木原線廃止に反対する沿線住民や利用客約一万人の署名簿を高安一郎文書課長に手渡した。その後、県庁を訪れ友納知事に木原線の存続を国鉄に強く働きかけるよう要請した。

（3）遅れていた私鉄の整備

①県内私鉄に整備を要請

一九六七年（昭和四二）一〇月、知事は県庁に京成や東武鉄道など県内私鉄六社と営団地下鉄代表を招き、私鉄の整備を要請した。九月県議会で議員から「県内の私鉄整備は国鉄に比べ遅れている」との指摘があった。六五年度の私鉄網の状況は路線延長一七〇・二キロメートル（国鉄五二五・一キロメートル）、複線距離八三・三キロメートル（同六九・六キロメートル）、複線化率四九・二％（同一三・三％）、電化距離一三一・一キロメートル（同四八・八キロメートル）、電化率七七％（同九・三％）となっていた。また一日の平均旅客輸送数は私鉄（六社）が三九万二八〇〇人（国鉄比五四％）であった。そのほとんどは京成や新京成、東武鉄道であった。国鉄（一〇路線）の旅客数は七二万七千人、貨物一万二五〇〇トンであった。県は国鉄関係には力を入れ総武や常磐線の複々線化をはじめ房総西線の複線電化など、七〇年度までにはかなり整備される見通しとなっていた。これに比べて私鉄関係は京成や新京成、東武鉄道などは整備計画を持っていたが他社は持っていなかった。私鉄の整備計画は東武野田線では複線化工事が六七年度から船橋駅—新船橋駅間（一・四キロメートル）、柏駅—野田市梅郷駅間（八・四キロメートル）で開始され、六八年度から船橋市塚田駅—松戸市六実駅間（八・二キロメートル）、七一年度から梅郷駅—野田市川間駅間（八キロメートル）で建設工事が開始され、七二年度に全線が完成する予定となっていた。京成電鉄と小湊鉄道には京成千葉駅—市原市辰巳団地駅間（一二・五キロメートル）、辰巳団地—同市海士有木《あまありき》駅間（五キロメートル）の複線電化の計画があった。新京成鉄道は松戸—葛飾区柴又駅間（四・七キロメートル）の複線計画を持っていたが、建設時期は未定となっていた。

②営団地下鉄東西線の防音工事

一九六九年（昭和四四）三月二九日、永年の悲願であった地下鉄東西線が西船橋駅まで延伸され総武線と繋がった。東西線は江東区東陽町駅—西船橋駅間（一五キロメートル）で快速電車は五分間隔、普通電車は一〇分間隔で運転され、西船橋駅—中央区日本橋駅までは二〇分で到着可能となった。同線は国鉄の複々線化工事が終わると総武線津田沼駅までの相互乗り入れが決まっていた。東西線の電車が江戸川鉄橋を通るときの騒音がうるさいと沿線住民から苦情が出た。騒音を訴えていたのは浦安町欠真間《かけまま》の吉野釣り船業他四二世帯であった。同年六月、市川保健所が騒音測定を行った。鉄橋の真下で最高一〇三ホン、鉄橋近くの住宅内で七〇から八〇ホンあった。一〇月二三日、防音工事が開始された。鉄橋の長さは一四〇メートル、橋の両端それぞれ四三メートルを防音工事した。防音工事と合わせて列車がブレーキをかけた時に飛び散る鉄粉を吸収する装置も取り付けられた。工事費は一千万円で、鉄道橋の防音工事は全国初であった。

(二) 進む道路網の整備

(1) 国の千葉県道路整備計画

① 東関東自動車道の建設

一九六七年（昭和四二）一一月、政府は全国幹線道路建設計画を決定した。その計画に東関東自動車道（千葉市宮野木―成田市間、三〇キロメートル）の建設が入っていた。同道路は六車線、インターチェンジ五ヵ所（千葉市宮野木、四街道町黒田、佐倉市木野子、富里村七栄、成田市大山）、設計速度は時速一二〇キロメートル以内、予算二六二億円と決まった。将来は成田市から茨城県鹿島港まで延長（四〇キロメートル）されることになっていた。六八年四月、建設工事を開始し、七一年四月の成田空港一番機発着前までに完成させることとなった。中央区日本橋―首都高速（六・七号線）―京葉道路―成田空港までが五九分（従来の時間は三時間三〇分）で到着出来るようになる。

② 東京湾外郭環状道路の建設

一九六二年（昭和三七）四月、建設省関東地方建設局は東京湾外郭環状道路（「湾岸道路」と言う）の実態調査を開始した。湾岸道路は神奈川県横須賀市―横浜港―川崎臨海工業地帯（浮島）―東京・大井埠頭―船橋・京葉港―千葉港―市原石油コンビナート―木更津港―富津岬の東京湾岸を一周する延長一六〇キロメートルであった。また東京湾を横断するため木更津市金田―川崎市浮島間一五キロメートル（東京湾横断堤、現・アクアライン）と富津岬―横須賀市走水間一〇キロメートル（東京湾横断橋）を二本の橋を架けて繋ぐ計画であった。六二年度は五〇〇万円で事前調査を行い、六三年度一千万円、六四年度一五〇〇万円で交通量や地質、気象、船舶の出入、横断架橋などの基礎調査を行う。六五年度は二億円をかけ実施計画を策定する。着工予定は六九年度、完成は七五年度とした。東京湾を囲む神奈川県、東京都、千葉県の都市は隣接し、政治、経済や文化の中核を担っている。しかし近年は人口や資本の集積により過密状態が各所に起こっていた。それを解決するため東京湾周辺地域を総合的、広域的に開発する東京湾横断橋を含めた湾岸道路の建設の必要性が政府や財界から指摘されていた。また東京外郭環状道路は、東京都内の交通量を緩和するため都外からの交通を一旦区部の密集街地の外縁をめぐる外郭環状道路に流し、そこから都内の道路系統に分散し乗り入れる、都心を通過せずに他の幹線道路に接続させるという目的もあった。そのために東京外郭環状道路は東京・大井埠頭で環状七号線、船橋市内で京葉道路、千葉市検見川で東関東自動車道と接続する計画となっていた。

③ 京葉道路の延伸計画

一九六六（昭和四一）年四月、京葉道路は習志野市谷津まで延伸された。六九年四月には千葉市殿台先（一〇キロメートル）まで延伸された。完成により千葉市殿台と東京都江戸川区一之江（二六・四キロメートル）までが一本で繋がり、千葉市内から東京・一之江間が二〇分で行けるようになった。開通で国道一四号線の混雑はかなり解消された。一本に繋がったことにより幕張インターチェンジで国道一四号線、武石インターチェンジで県道千葉―鎌ヶ谷―柏線、穴川インターチェンジで国道一六号線と接続された。終点の千葉市殿台からはバイパスが新設され、市中心街に入れるようになった。京葉道路には殿台から市原市五井までの延伸計画があった。しかし、六九年四月二九日、この計画に対し路線内に該当する松ヶ丘西町内会、鵜の森緑町内会、大巌寺自治会、大森台町内会など十数町会が路線の変更を求め五〇〇〇人余が総決起集会を開催した。この集会に自民や社会、共産党の地元市議や県議も参加した。その動きに驚いた千葉都市計画地方審議会（会長・友納知事）は、全会一致で建設省に路線再検討を答申した。その結果、建設計画は保留となった。

④国道一六号線の開通

一九七〇年（昭和四五）四月、国道一六号線（野田市―千葉市長沼間四二・三二キロメートル）が開通した。千葉市と東葛地域を結ぶ国道一六号線が開通したことにより、これまで東葛地域の住民生活と経済圏は国鉄常磐線と国道六号線を中心に東京、茨城県に片寄り、県都千葉市に目が向いていなかった。住民たちは成田空港問題も他県の出来事のように感じていた。一六号の開通で千葉市との距離が縮まり新たな変化が生まれた。六三年、建設省は総工費七一億円で一六号の建設を開始し、八年の歳月をかけこの区間を完成させた。これまで車で野田市から千葉市までは一時間四〇分かかっていたが、開通で一時間足らずで到着出来るようになった。沿線各都市では町の発展に遅れまいと工業団地や住宅団地建設に力を注いだ。柏市では六六年から同市十余二に工業団地を造成、同市松ヶ崎に北柏団地を造成し、七三年度には四八〇〇戸、一万九千人の柏ニュータウンが誕生する。野田市でも同市梅郷に南部工業団地（四三ヘクタル・一三万坪）を造成し、すでに一二社が操業していた。同市中里にも工業団地（四〇ヘクタル・一二万一千坪）を造成し、すでに五社が操業した。沼南町（現・柏市）では同町若白毛に第一沼南工業団地（二〇ヘクタル・六万一千坪）を造成し、八社が操業した。同町大井には住宅団地（一二〇ヘクタル・三六万三千坪）の建設計画を立て、七二年度には四六〇〇戸、二万一千人が入居する予定となっている。また同町藤ケ谷に第二工業団地（七〇ヘクタル・二一万二千坪）の造成計画を持っている。工場進出、住宅地造成に伴い、その台所を賄おうと柏市や流山市、我孫子町、沼南町の四市町では柏地域に公営卸売市場建設を決め、七〇年度から総工費七億九千万円で市建設工事を開始した。

（2）県の道路網整備と有料道路建設

① 道路網の整備計画

（あ）房総縦断道路の建設計画

一九六八年（昭和四三）九月、房総半島の南と北を貫く縦断道路の早期実現を目指す房総縦断道路建設促進協議会（会長・水田三喜男大蔵大臣）が発足した。縦断道路は安房郡白浜町から千葉市までの九〇キロメートルを予定し、直線的に房総半島の尾根を縦貫する路線で、沿線地区は市では千葉、市原、館山、町では白浜、千倉、富山、長狭《ながさ》、丸山、清和、長柄《ながら》、土気《とけ》、長南、上総、村では三芳《みよし》の一四市町村で、間接的には三二市町村が関係し、合計七市三八町村が道路圏となる。縦断道路は南房総地帯の背骨を造り、ここから東西にロッ骨の役目を果たす道路（国道一六号、一二七号、一二八号、東関東自動車道、東京湾岸道路、東京湾横断橋、東京湾横断堤など）に連結させ、南房総地域全体が有機的に結合する道路体系となる計画であった。建設資金は八〇〇億円であった。南房総地域は農業と水産業を主とした第一次産業と観光の第三次産業を中心とする低開発地域であった。特に近年は京葉工業地帯の発展、成田空港を軸とした北総開発などで県勢の飛躍的な発展からも置き去りにされていた。人口は年ごとに減少し、住民所得や生活環境にも格差が生じていた。原因は南房総地域が行き止まりの袋小路という地理的条件から道路、鉄道などの基盤整備や産業開発が遅れ、閉鎖的な地域社会を形成していることにあった。それだけに他地域と均衡の取れた躍進を図るためには、産業の基盤となる交通体系の整備は地域住民の悲願であった。六九年六月、促進協議会の役員会（水田会長、菅野副会長、川上副知事など三八人）が開かれ、①六九年度、七〇年度に本格的な調査を行い、ルートを決める、②七一年度から建設に着手する、③道路用地は関係市町村が責任を持って確保する、④同協議会の総会を毎年七月上旬に開くことなどを決めた。

（い）東京湾横断橋の建設計画

一九六五年（昭和四〇）一月、東京湾総合開発の決め手として建設省が進めていた東京湾横断橋建設計画に県の東京湾外郭環状道路計画が取り入れられた。建設省から県に「神奈川県と協議し設計案を早急に作って欲しい」との要請があった。県は東京湾横断橋（横浜市走水―富津岬）の建設調査と設計図作成を日本建設コンサルト社に四千万円で委託した。完成した設計図を踏まえ友納知事と内山岩太郎神奈川県知事が話し合いを行った。同じ時期、海上架橋計画としては瀬戸大橋（岡山県―香川県、一二キロメートル）や明石海峡大橋（淡路市―神戸市、四キロメートル）、尾道・今治架橋（広島県―愛媛県、六〇キロメートル）があった。関係各県は設計図を作り、国へ実施を迫っていた。県もこれらの建設計画に遅れることのないよう取組んだ。

② 県道路公社による有料道路建設

（あ） 市川・松戸有料道路の開通

一九六六年（昭和四一）四月、市川松戸有料道路（松戸市下貝塚町―市川市若宮町間、七・四キロメートル）の建設工事が市川市若宮―同市大野町間から開始され六八年一〇月に開通した。総工費三五億円であった。この道路の目的は松戸市松戸の国道六号線（通称・水戸街道）と船橋市中山競馬場手前（北方十字路）の道路渋滞を解消し、車の流れを国道一四号線や京葉道路原木インターチェンジに誘導するためであった。

（い） 九十九里有料道路

一九七〇年（昭和四五）二月、南総開発の一環として観光客誘致のため九十九里有料道路（通称・「波乗り道路」）建設が長生郡一宮町―山武郡九十九里町片貝間（一七・二キロメートル）で開始された。この道路は海上郡飯岡町間四〇キロメートルとなる有料道路であった。総工費四〇億円で七二年六月開通を目指した。九十九里海岸には全国でも有数のシギやチドリの渡来地一宮干潟と食虫植物群生地があった。有料道路の建設で群生地が消滅する恐れがあると自然保護団体などが反対した。

③ 主要道路にバイパス建設ラッシュ

県内の道路は企業の進出や観光客、人口増に伴う車両の増加で国道や県道の渋滞が年々激しくなっていた。

そのため一九六九年（昭和四四）春から建設省と県は、バイパス（迂回路）を造り交通のネックとなっている一般国道七路線を整備することにした。バイパスが出来ると交通渋滞や交通事故が解消されると利用者から期待された。主な場所は長浦バイパス、木更津バイパス、一四号バイパス（千葉市内）、五一号バイパス（千葉市内）、一六号バイパス（松戸市内）、佐原バイパス、一二六号八日市場バイパス、東金バイパス、一二八号天津小湊（通称「おせんころがし」）バイパスなどであった。

（3）バス・タクシーの新たな課題

①バス経営を食うマイカー

〝車くらいは持たなければ〟という人が増え、県内ではマイカーが増えていた。マイカーが増えれば乗客を食われて打撃を受けるのはバス会社であった。（表6）乗用自動車の保有台数の推移（P475）を参照されたい。県民の乗用車保有台数は一九六三年（昭和三八）一万二四〇六台から六七年五万四二三〇台と四・四倍に、七一年には一九万九四九四台と一六倍になっていた。大変なマイカーブームであった。市原市や県中部の君津郡、県北西部の流山町、八千代、船橋市、浦安町などの農家は土地の値上がりや補償金なども入り軒並み新車を購入していた。勤労者も同様であった。市原市八幡海岸の不二サッシ千葉工場の場合、六五年九月の進出時はマイカー通勤者がゼロであったが、年毎に増え六九年には一〇〇人となっていた。「みんな昔はバス通勤でした。今は全体の一五％がマイカー通勤です。これからはもっと増えるでしょう。駐車場をまた増やさなければ」と同社庶務課は述べていた。同年三月の時点で最もマイカーが普及している都市は市原市で五人で一台。次いで千葉市、流山市、八千代市、浦安町、木更津市の順であった。マイカーの増加で頭を痛めているのがバス会社であった。県中央部を走る小湊バスの場合、六九年一月の一日平均乗客数は一一万五千人であったが、前年同期と比べて一・四％の伸び率であっった。同社の木田バス担当次長は「農村部はマイカー普及の影響が大きく、一日走っても利益が二、三千円しかならない路線が増えている。京葉工業地帯造成の三六、七年頃は年間二〇％

ずつ乗客が増えていた」と先行きを心配していた。県内最大のバス会社である京成バスの話では「六八年四月から六月までの乗客数は前年同期と比べ三・一％減。人口が急ピッチで増えているのに、乗客数が減って困っている。最大の原因はマイカーの増加です」と嘆いていた。

②タクシーの課題

（あ）乗り合い強要や乗車拒否

一九六八年（昭和四三）二月一五日、東京、千葉方面に大雪が降った。総武線は新小岩―下総中山駅間で上下線が運行中止となり、帰宅時と重なり各駅は混雑した。午後七時頃から千葉市や船橋市内はバスも間引き運転や運行中止となった。帰りを急ぐ人は駅前のタクシーに殺到した。千葉駅ではタクシーが乗車拒否や白タクまがいの荒稼ぎをする運転手が現れ、乗客から批判の声が寄せられた。午後六時過ぎ、一台のタクシーが駅に滑り込んで来た。すでに四人の乗客が乗っていた。運転手が降りて来て黒山の乗客に呼びかけた。「千草台団地まで二五〇円。行く人はいないか」。運転手は市内各地を回って千草台まで行く客を集め、それぞれから正規の料金を取り、未だ客捜しをしているのだった。帰路を急ぐ客の弱点を捉えた違法行為である。道路運送法第三〇条では相乗りは認めても、距離に基づいた正規の料金以上の徴収は認められていない。駅構内では三〇〇から五〇〇人の乗客が白い息を吐きながら、いらだたしげにこの不法行為を見ていた。(14)

（い）個人タクシーの登場

一九六七年（昭和四二）九月、「個人タクシーを認めて」と千葉県個人タクシー免許促進同盟が結成された。知事や東京陸運局長など関係機関へ陳情を重ねていた。その運動が始まって八ヵ月後の六八年五月、中曽根康弘運輸大臣が「千葉県内にも個人タクシーを認可する」と述べた。一〇月三一日、東京陸運局は個人タクシーの申請者の申請を受理することにした。認可申請書が三三人から提出された。営業区域は千葉市内二六、船橋市内三、市川、松戸市内各一、その他一件となっていた。六九年四月一日、千葉市千葉寺町の栗原治郎さん（四七歳）ら九人の免許が認可された。五月から県下第一号の個人タクシーが走行した。認可条件は、①年齢四〇から五〇歳、②運転経験一〇年以上、③過去三年間、道路運送法や道路交通法違反をしていない、④車庫、資金などの準備があり、事業計画が適切であることであった。今回の認可対象地域は千葉市内に限られたが、船橋、市川、松戸市から申請件数は二三〇件近くあり、タクシー業界の競争は一段と厳しくなることが予想された。

7　医療体制の充実と社会福祉の向上

（一）医療施設の充実

一九六〇年代後半頃から県内の医療施設は新設や改装が相次いだ。

(1) 千葉大学医学部附属病院の新築

千葉大学医学部附属病院が新しいスタイルの病院に新築されることになった。その当時の建物は一九三一年（昭和六）に着工、三七年に完成した内科、外科など一六科で八三五ベッドあった。新しい病院は地下一階、地上九階建て、二八科、一千二〇〇床を持つ病院に生まれ変わる。六八年から四ヵ年で建築し総工費は四五億円を予定していた。

(2) 国立国府台病院ガンセンターの完成

市川市内の国立国府台病院はガン治療を行っていたが一九六七年（昭和四二）七月、総工費二千万円で新たにガンセンターを建設した。鉄筋で面積は一〇六平方メートル（三二坪）。厚さ一メートルのコンクリートの壁に遮られた内部に回転照射式の新式コバルト治療機が取り付けられた。固定照射式と違って病巣部分だけを集中的に照射でき副作用もないという。

（３）国立習志野病院外来棟の建設

習志野市泉町にある国立習志野病院（二〇〇一年六月、現・済生会習志野病院に経営移譲）には一日六〇〇人の外来患者が訪れていた。病院は内科を中心に一四科で治療を行っている。外来棟は戦時中に建てられた老朽木造病舎で待合室も無く、照明も暗い。午前中は酷い混雑状態であった。新外来棟は総工費二億円で鉄筋コンクリート三階建て（床面積四六〇〇平方メートル、一三九二坪）。一階に一四科の診療科と救急センターが配置される。二、三階は手術室、医局、会議室など主に管理部門が入る。治療開始は一九六九年（昭和四四）五月からであった。入院病棟は六七年七月に八階建て（四二五床）が完成していた。救急センターは頭部外傷の診療器具を完備し、事故の際には医師と看護婦二人が現場に急行するためのドクターカーを配備し、一般外来とは別の出入り口を設け、患者を直接センターまで運べるように設計された。また同センターと県庁間を専用電話で繋ぎ、事故発生と同時に県庁から防衛庁へヘリコプターの出動を要請、病院近くの自衛隊習志野空挺団のヘリポートから同病院内の救急センターへ患者を搬送し、患者をスピーディーに治療出来る体制を確立していた。

（４）県立ガンセンター建設の開始

県内で毎年三千人がガンで亡くなっていた。県は一九六六年（昭和四一）年度からガン専門の治療研究施設を建設しようと、ガンセンター建設室を設置し、愛知県など数県にある施設を参考に建設計画を作成した。七一年一月、千葉市仁戸名《にとな》町（現・中央区）で建設の起工式を行った。敷地面積四・四ヘクタール（一万三千坪）、地下一階地上七階の病棟、地下一階地上二階の研究棟、地下一階地上四階の管理棟、三棟合わせた床面積一・九二ヘクタール（五八〇〇坪）の病棟を建設する。病院は消化器や呼吸器、血液、脳神経、頭頸、婦人、泌尿器、整形外科の八科の診療部門、放射線部門、生化学検査、細胞検査などの臨床検査部門に分かれ、ベッドは二〇〇床、医師五九人、看護婦一一四人、放射線技師一五人など三四六人が配置される。また、病院とは別に病理や生化学、化学療法、疫学の研究部門が併設され、制ガン剤の開発など臨床に即した研究も行う。病院運営の近代化やスピード化を図るため電子計算機を導入し、ガン患者の登録、追跡調査、病歴管理なども行う。総工費は二六億円、診療開始は七二年一一月一日となった。

（二）県民の命を守る予防接種

（1）乳幼児にハシカの予防接種

一九六七年（昭和四二）一月、県は〝ハシカ追放〟に取組むことになった。〝ハシカ追放〟運動は、「生まれた子は健康で育てよう」という知事の強い希望でもあった。四歳までの乳幼児約一〇万人に、一月から二月中旬まで予防接種を行う。市川市国府台にある県血清研究所では、ハシカ予防ワクチン製造も終わり、いつでも病院に配送出来る準備を整えていた。予防接種は市町村単位で四歳までにハシカに罹ったことのない乳幼児に接種する。六六年一二月一四日付の毎日新聞千葉版によると、全国に先駆けて六六年度から始めたハシカ予防特別対策事業による集団接種は、大きな効果を発揮している。県内一八保健所から県予防課に同月一三日までに入った報告によると、ハシカ患者は三〇人、死者一人であった。六五年度の患者は八六七人、死者一二人であった。患者数で三〇分の一という減り方。接種の効果に関係者は目を見張っていた。

（2）香港カゼ、進まぬワクチン製造

一九六八年（昭和四三）八月、インフルエンザ・ワクチンの製造を行っている県血清研究所では、秋に大流行が心配される香港カゼの予防ワクチン製造に全力をあげていたが、原料のニワトリ有精卵の不足と製造従事者の人手不足でお手上げ状態となっていた。全国七社のメーカーで六五〇万人分、同所だけで一〇〇万人分を厚生省から割り当てられ、担当者はタマゴと人手を求め賢明に努力しているが、流行期までに何人分出来るか分からない状態にあった。大人一人分のワクチン一ミリグラムには三個のタマゴが必要、ところがワクチンの製

造は毎年七月末で終わるため、養鶏業者は八月から秋ビナの〝孵化用〟にしかタマゴを産ませていない。香港インフルエンザは新型のA３型で、突然の要請に同所と取引のある県内の養鶏業者も予想外の受注に悲鳴を上げていた。ワクチンに必要なのは普通のタマゴ（無精卵）と違って有精卵であるため、手間がかかり業者も限られていた。厚生省からの割当の一〇〇万人分には三〇〇万個の有精卵が必要となる。県は一日二万個、一五〇万個までは確保出来るが残り一五〇万個は見通しが立たなかった。一方、同所の製造従事者は八〇人しかおらず、徹夜で作業をしている状態で職業安定所やチラシ公告で募集しているが応募者はない状態であった。

(三) 救急医療体制の整備

(1) 交通事故対応の救急医療センターの指定

県内の交通事故は年々増加していた。県警の調べでは一九六六年度（昭和四一）の交通事故件数は一万四四二八件で、この内死亡者四二六人、負傷者一万三四九二人であった。応急処置が出来れば命を救うことが出来る人、後遺症のために悲惨な生活を余儀なくされる人もいた。そのため県衛生部では県医師会の協力を得て急病者のための救急病院を六六年度から一二七ヵ所指定したのに続き、六七年度から四ヵ年計画で交通事故による救命医療センターを県内各地に設置することにした。計画では七〇年度までに県内一〇病院を救命医療センターに指定し、交通事故現場で応急治療が出来るドクターカーを完備する。救急病院に脳外傷手術セットなどを備え交通事故被害者の命を救うことにした。初年度の六七年は事業費一千万円を計上し、県立佐原病院と国保旭中央病院の二病院を指定し、交通事故患者の治療が出来る医療機器、手術セットなどの整備に取り組んだ。すでに国立習志野病院ではこの取り組みが行われていた。七〇年度までに指定する病院は国保松戸病院や成田赤十字病院、国保君津中央病院、県立東金病院、千葉労災病院、館山・安房郡医師会病院、国立千葉病院、国立国府台病院の八病院であった。しかし、外科系医師は確保出来ても後遺症を食い止める脳神経系の専門医が極度に不足していた。県は厚生省や千葉大学医学部に協力を求め、専門医の確保に力を入れて行くことにした。

（2）日曜当番医、実現の苦悩

一九六八年（昭和四三）三月一九日、市川市議会では休日の急病患者の死亡事故をなくすことが重要議題となった。この問題は市川市医師会でも〝医者の職業倫理に関わる大切な問題だ〟と急患対策を早急に実現しようという空気が盛り上がっていた。隣の松戸市でも同市医師会が救急体制の条件整備に向けて検討していた。課題となったのは、〝看護婦などを日曜日に出勤させた場合、時間外手当を誰（医師会か市）が負担するのか〟という問題があった。医師会は、「市民の健康や治療のためなので、市が予算を支出するべきだ」と主張した。すでに日曜当番医制度は千葉や船橋、柏、習志野、八千代市で行われていた。千葉市では医師会に年間一五〇万円、柏市では七〇万円を市が補助していた。船橋や習志野、八千代市は補助金なしでスタートしていた。市川市では医師会がまずスタートさせ、その後に市から補助金を貰う方法で解決することにした。松戸市医師会では「開業医が手におえない重症患者が出た場合、市立病院が救急医療体制を整備してくれるなら実施してもよい」となった。

（四）心臓病や難病・原爆症への支援

（1）心臓病の子ども医療費の増額

一九六八年（昭和四三）九月一五日、船橋市東部公民館で全国心臓病の子どもを守る会千葉支部（会員一二〇人）が、心臓病の手術を受けられない子を持つ親たちの集いを開いた。出席したのは手術が出来ない子の親四人と手術した子の親一一人、養護学校の教師で日頃の生活上の悩みなどを語り合った。船橋市内の親からは一〇歳の男の子が二年前、東京の病院で手術したが、その後悪化し再手術となった。一回目の手術代、入院費などで約六〇万円もかかり、県の補助（一二万円）があったが、借金に追われている。再手術は経済的、精神的に大きな負担となっているとの訴えがあった。また別の親からは心臓病のため発育が遅れ、特に冬季は病状が悪化し幼稚園や学校を休まなければならないという子どもの教育の悩みが語られた。

新聞報道で知った県は同年九月一九日、心臓病の手術を受けられない子どもを救おうと九月県議会に、一般会計補正予算に県費一〇割補助（最高二〇〇万円）を行うことを決めた。県内には先天性の心臓病の子どもが一〇〇人に二、三人いると言われていた。心臓に穴が開く病気の手術費は六〇から七〇万円かかり、手術したくても出来ない家庭が多い。こうした状況を無くすためには国の育成医療（国費八割補助）では不充分だとし、県独自に二割補助（実質ゼロ）する育成費増額を予算化したのであった。この動きは心臓病の子どもを持つ親たちにとっては朗報であった。

（２）スモン病患者の原因究明に委託研究費

足が痺れ、運動麻痺を起こし、目がやられ歩けなくなるスモン病。県予防課の調査では一九六七年（昭和四二）、六八年に県内の保健所や病院で受診したスモン病の疑いのある患者は五二人いた。スモン病は下痢や腹痛でキノホルムの入った整腸剤を服用した人に多いことが近年明らかになりつつあった。患者の内訳は女性三八人、男性一四人で、女性に多いという特徴があった。地域別では千葉市一四人、夷隅郡大原町九人、市川市六人、夷隅町五人と夷隅郡に多かった。患者はほとんど成人で三〇代、四〇代が過半数を占めていた。原因は不明で准難病扱いとなっていた。県予防課では千葉大学医学部第一内科に委託研究費を補助し原因究明に乗り出した。

（３）筋ジストロフィー患者に朗報

筋ジストロフィー（進行性筋萎縮症）は、全身の筋肉が萎縮や脱力、運動機能障害などを起こし死亡する病気である。幼児期に発病するが男性が女性より三倍も多く、原因は不明で的確な治療法も未だ確立されていない状態にあった。全国で最大規模の専用病院が印旛郡四街道町にある国立療養所下志津病院であった。関東や甲信越地方で唯一の筋ジストロフィー、重度心身障害児の病院で各都県から割当てられた患者を収容していた。千葉県は地元だけに東京都と同じく最も患者の収容人数が多かった。入院患者一〇〇人の内、一七人を占めていた。退院する患者はほとんど無く、死亡して空床が生じた時、死亡した患者の出身都県から入院希望患者に入院を許可するという方法で、少ない病床をやりくりしていた。個人からの入院申し込みは受付けず、児童相談所を通じて受付けていた。一九六八年（昭和四三）五月、厚生省は下志津病院に本年度から筋ジストロフィー患者の病床を四〇床、重度心身障害児用を四〇床増床すると決定した。筋ジストロフィーは一四〇床、重度心身障害児は八〇床となり、これまでベッドが空くのを待たされていた患者や家族には大きな朗報であった。

（4）少ない原爆被爆者の指定医

一九五八年（昭和三三）四月、「原爆被爆者の医療等に関する法律」が施行され、被爆者に被爆者手帳が交付された。健康診断（年二回まで）と医療費（除く出産費と虫歯治療）が無料となった。五九年度の手帳交付者は四六五人であったが、一〇年後の六九年（昭和四四）八月には一千人以上となっていた。特に増加したのは千葉市一二六人、市原市二一人であった。京葉工業地帯への関西系企業の進出が主な原因であった。指定医は千葉市が国立千葉病院など六、市原市が県立鶴舞病院など四で、県下で五五の病院や医院しかなかった。県内には二六〇〇の医療機関があったが、治療を受けられる医療施設は二％という状態であった。千葉大学医学部附属病院や千葉市立病院も指定医になっていなかった。原爆症患者は病気の人が多く、歩いて病院に通うのは困難な人もいた。被爆者が望むのは自宅近くの開業医であった。同年六月、市原市で被爆者手帳を持っている人が医者に罹らず、行き倒れで亡くなる事件も発生した。県衛生予防課では医師会に指定医になってもらうよう要請したが、医師会は「被爆者の数が少なく、事務が煩雑なので医師に嫌われる」、「医師会内では指定医は話題になったことがない。要望があるなら今後検討したい」との対応であった。

（五）不足する医師・看護婦

（1）県立病院、医師不足に悲鳴

鶴舞や東金、佐原の三県立病院で医師が不足し医師法で決められた配置基準を大幅に下回り、患者の手当が行き届かない状態となっていた。県病院当局は待遇改善を図るとともに医師探しに奔走していた。医師法基準によると医師の数は鶴舞病院一三人、東金病院九人、佐原病院一三人必要となっていた。ところが鶴舞九人、東金四人、佐原八人で充足率は約六〇％であった。集まらない原因は、①待遇が悪い、②研究が出来ない、③都市部から遠いであった。医師の待遇は県の職員給与規定で初任給は月額本俸四万一一五八円、医師手当一万二千円、その他で六万八千円であった。民間病院は一五万円、開業医は二五万円と言われていた。そのため三病院では千葉大学医学部附属病院へパート勤務医として無給医局員の派遣を要請した。二二人が応援しているがパート医師には一日一万一千円から一万五千円が支払われた。

（2）看護婦に人並みの生活を

〝一病舎に二人以上配置、月に八日以内の夜勤〟、これが看護婦の要求だった。一九六九年（昭和四四）六月、成田赤十字病院ではこの要求を掲げ看護婦たちの組合が闘った。同病院は基準看護婦数を揃えている恵まれた病院であったが、それでも各病棟の夜勤は月一二、三回がザラであった。月に八回の要求の実現は厳しい状況にあった。小児科勤務のSさん（二六歳）。五月の勤務表をみると、准夜勤（午後四時半から午前零時半）六回、深夜勤（午前零時半から同八時半）七回、計一三回の夜勤をしていた。准夜勤は午前零時半で開放されるとはいえ、すでに帰りの電車は無く、三一〇円の夜勤手当では千円近くかかるタクシー代金も払えない。「家では二歳の子が待っているのに、宿直室に泊まるほかない」という。

千葉市内のA病院。県内の私立病院ではトップクラスの病院（二二〇床）だが、経験一〇年のOさん（三三歳）の月給は三万六千円余。夜勤手当などを含めても四万七、八千円である。「身体をすり減らして夜勤をやらなければ食っていけない」と嘆いた。千葉市内のBさん（四〇歳）は子ども二人の育児のため病院勤務を辞めていたが、手がかからなくなったので春より再び近所の病院で働いている。月給はわずか一万八千円だという。このように看護婦の勤務はきつく給料は安い状態に置かれていた。医療法によると看護婦数は、患者四人に一人の割合が基準。この基準でいくと県内の看護婦数は正、准看護婦合わせて七七五〇人必要だが、県医務課が一九六八年（昭和四三）一二月に調べた実数は、四七二五人（正看二三〇二人、准看二四二三人）しかいない。充足率は六一％であった。

新しく看護婦になる人達はどうか。六九年春、県内に一九ヵ所の准看護婦養成所を卒業した六三七人の内、県内にとどまった人は四九三人（七七・四％）であった。千葉大学医学部附属看護学校など六つの高等看護学校の卒業生一六四人中、県内の病院就職者は八四人（五一％）で、他は県外の病院や看護婦を嫌って保健婦になるために学校へ通っていた。この現状を県医師会はどう見ているのか。吉田邦村常任理事は「国や県の行政が悪い」、「戦後、各郡市医師会で准看護婦養成所をつくり、そこで養成して来たが、国や県はほとんど何もしていない。高等看護学校への志願者は今年も三倍強あるのに、定数増や学校の増設をしなかった。看護婦の待遇についても今の医療点数制度では、高い賃金を払ったら病院経営が出来ない」と語った。[15]

（六）遅れていた県の身障児対策

県の身障児対策は遅れていた。一九六七年（昭和四二）一二月二三日、全国肢体不自由児者父母の会連合会、県肢体不自由児協会、県肢体不自由児者父母の会連合会の三団体代表は友納知事と小川社会部長に会い、五点の陳情を行った。①保護者が死亡した後の身障児の生活を保障する保険扶養制度の早期実現を、②〝安楽死事件〟のような悲劇を二度と繰り返させないように収容施設の増設を、③不自由児を一人でも減らすために発生の予防、早期治療のための総合研究所の早期建設を、④在宅不自由児に対する援助金の支給を、⑤県肢体不自由児協会に対する事業費の大幅増額であった。知事は「出来るものから早急に実施したい」と答えた。保険扶養制度は保護者が保険に加入し、毎月一五〇〇円を支払うと保護者が死亡した場合、身障児に月額二万円の保険金が支払われる仕組みとなっていた。この制度はすでに神戸市や岡山県で実施していた。東京都は六八年度から実施することになっていた。障害児の収容施設は県内に三ヵ所あり一六〇人が収容されていた。これらの施設の障害児は比較的症状が軽い子たちであった。要望は船橋、市川など交通の便がよい場所に重症児を収容出来る施設を建設し親の負担を軽くして欲しいというものであった。総合研究所建設は、脳性小児マヒについての研究施設が無いため治療技術が立ち遅れていた。脳性小児マヒは妊娠中やお産の時の注意によりかなり予防出来ることから、こうした研究を進め、同時に一般の人たちにも啓蒙をして欲しいという要望であった。在宅不自由児に対する援助金は県から重症児約五〇〇人に月五〇〇円の補助が出ているが少な過ぎる。肢体不自由児を持つ家庭には低所得者が多いことから、不自由児が生活出来る額に引き上げて欲しいという要望であった。協会では身障児の家庭へホームヘルパーを巡回させ機能回復のための訓練器具の交付、機能訓練のための講習などの事業を行っていた。しかし県から年間六〇万円の補助では運営出来ない。年間五〇〇万円に事業費補助を増額して欲しいという要望であった。

（七）身体障害者への県の対応

一九六八年（昭和四三）、県の予算に身体障害児に対する三つの新規事業が認められた。①盲人精神児に対する収容施設建設費補助金、②肢体不自由児への訓練器具貸付けと移動マザーズホームなどへの在宅児サービス、③保険扶養制度の実施であった。それらに一二〇〇万円が予算化された。保険扶養制度には一〇〇万円が予算化された。加入者は二千人を想定し、この一〇〇万円を基金とし六九度からさらに増額して行くことになった。身体障害児に対する松葉ズエ、義手、義足など補装具には一五〇万円増額され、盲精神薄弱児収容施設建設のため盲人福祉協会へ七八〇万円が補助された。協会が行っている身障児家庭へのホームヘルパーの巡回六〇万円が二〇〇万円に増額された。

同年二月、県は自宅で生活している身体障害児の実態調査を行った。五月末に結果が纏まり、身体障害児は五七二人存在すると発表した。六九年四月、障害者扶養年金がスタートした。加入資格者は身体障害者（児）や精神薄弱者（児）を扶養する満二〇歳から四五歳（今回だけ六〇歳）までの者となった。対象者の約三分の一、二二四七人が加入した。

（八）保育園不足・高い保育料

（1）深刻な保育士不足

共働きが増え、子どもを保育園に預ける家庭が激増していた。ところが有資格者の保母が不足し、資格の無い保母で急場を凌いでいる保育園が多くあった。一九六八年（昭和四三）四月、県内の保育園は公私立合わせて二九一ヵ所あり、前年度だけでも一四ヵ所新設された。県婦人児童課の調査では入園希望の乳幼児は二万三千人いた。ここ二、三年、毎年千人ずつ増えていた。児童福祉法が定めた保母配置基準で計算すると保母の数は一二五〇人であったが、資格を持つ保母は九〇〇人で、残る三五〇人は無資格者であった。保母不足の原因は、①幼稚園と比較して勤務時間が長く仕事がきつい、②給与が安い点にあった。そのため子どもを預かる仕事でも、幼稚園の教諭の方に受験者が片寄ってしまうのが実情であった。また保母を養成する専門学校が少ないことも大きかった。県内には千葉市にある県立保育専門学院と松戸市にある私立の養成学校の二つしかなく、定員は二校で一〇〇人と少なかった。そのため関係者からは専門学校の新設や定員増が強く求められていた。

(2) 保育料値上げ反対で父母動く

人口が急増している船橋市には東京からの若い転入者が多く、共働き世帯が増加していた。父母たちは保育園の増設や保育内容の改善に対する要求とともに、毎年ある保育料の引き上げに不満を抱いていた。保育料引き上げは厚生省基準に基づき行われていた。その対応に父母たちの不満が爆発した。保育料の仕組みを調べてみると、保育料の算定に保母の人件費が含まれていることが判明した。毎年、市職員の給与の引き上げは人事院勧告を参考に行われていた。市職員(保母)の人件費が上がると、それを理由に保育料を四月に遡って上げていた。そのため保育料は年二回も引き上げられた。それは共働き世帯の生活実態を無視した値上げであると父母たちは反発した。一九六七年(昭和四二)六月、市から四月に遡って保育料を値上げするという通知が届いた。遂に父母の怒りが爆発した。市立二宮保育園や高根台保育園、若葉保育園の父母会は結集して反対運動に立ち上がり、反対署名と募金に取り組み、市議会に陳情書を提出し、市長交渉も行った。交渉の結果、幾つかの成果が得られ運動は終息した。成果は、①保育料の値上げは六月からとする、②六月からは第二子二〇%、第三子四〇%を減額する、③保育施設の改善は可能な物から実施するであった。しかし、翌六八年三月、再び新年度からの値上げを通知して来た。怒りを新たにした父母会は、取り組みを六園に広げて運動を開始した。この年の反対運動は値上げ案撤回まで継続することにし、その後、行政不服審査を県に要求することにした。この時の運動の成果は、①今後三年間(六九年度から七一年度まで)値上げはしない、②全保育園に予備保母と用務員を配置する、③税外負担(ティッシュペーパー、画用紙などの父母負担)の廃止などであった。しかし保育料は引き上げられた。そこで父母会は旧料金で支払う運動を行った。市は受け取りを拒否した。そのため各父母会は独自で料金を父母から集めた。毎日保育園の入り口に交替で立ち、多くの親に呼びかけ旧料金を集めた。市からは供託も認められず、やむを得ず父母会はその金額をプールした。その額は二千万円になったという。行政不服審査は六九年一二月に却下されたが、対市交渉の結果、新旧料金の差額の督促はしないとの約束を取り付けることが出来た。

行政不服審査は、どのように進められたのであろうか。行政審査不服法に基づき二〇〇人余の父母が審査請求を県に行ったことから開始された。法律的には個人個人の訴えであったが、内容的には父母たちは父母会に結集し、統一した対応をとった。公開口頭陳述会は六八年一一月一七日、六九年二月九日、五月二五日と三回にわたって船橋市東部公民館で開催された。父母たちは綿密に学習し、陳述の任務分担を行った。当日は県や市の課長を前にして、分担に基づいて陳述を繰広げた。ある人は保育内容から、ある人は生活実態から、ある人は保育料の国基準について、施設・延長保育・病児保育について訴えた人もいた。印象に残った陳述は、保育料の国基準についてであった。「保母の人件費は、保母が地方公務員である以上通常の税金で賄われるべきであり、保育料の中に含まれているとしたら税金の二重取りではないか。現に同じ公務員の教員の給与を父母に負担しろという話は聞いたことがない」。この問題は父母と保母とが共闘を組む上でネックになったところであった。この時の保育料の値上げについての数字を見てみよう。**（表7）保育料金値上げ比較（P475）船橋市立二宮保育園（定員一五〇人）**を参照されたい。六三年四月と六八年四月の五年間に九回の保育料の値上げがあった（六三年四月、同一〇月、六四年四月、同九月、六五年四月、同九月、六六年四月、六七年六月・六八年四月）六三年四月と六八年四月を比べると、三歳未満児の最低C一階層で七〇〇円が一五五〇円に、最高はD四階層の二千円が七千円へと二・二倍から三・五倍になっており、父母たちの怒りも理解出来ると言えよう。行政不服審査の取り組みは多くの成果と教訓を残すことになった。一番の財産は六五年四月に船橋保育問題協議会（「市保問協」と言う）が結成されたことであった。そこでは船橋の保育に関する交流や学習会・調査・研究が父母や保母、研究者が一緒になって行えるようになったことであった。そしてこの組織はその後、千葉県保育問題協議会結成へ引き継がれていった。(16)

8　公害の激化と生活環境の悪化

公害という言葉を私たちが目や耳にするようになったのは、一九五〇年代から六〇年代にかけて工場などの生産性向上に伴い、工場周辺の住民が有害物質に晒され、その苦情を企業や行政機関へ訴え、それが新聞などに登場するようになって来た頃からであった。一九六七年（昭和四二）八月に公害対策基本法が公布され、公害防止の規定が明記された。法第二条では、①大気汚染、②水質汚濁、③騒音、④振動、⑤地盤沈下、⑥悪臭の六つを公害と規定している。友納二期県政になると公害は増加し、公害に対する新聞報道は大気汚染や河川汚染、地盤沈下、廃油・重油のたれ流しによる漁業被害が一期の二倍に、新たに畜産、山砂利採種、フッ素などからの被害や苦情が登場した。行政の対応としては県に公害研究所が、各市に公害課（係）や議会の設置や防止条例の制定、企業との公害防止協定の締結、健康調査などが行われた。友納一期県政では住民の反対の動きは単発的に行われていたが、集団的な動きや反対組織の結成は少なかった。しかし二期になると住民集会やシンポジウム開催、企業の移転要求、健康を守る会、公害をなくす会など集団的な動きが開始されるようになった。特に巨大コンビナートが本格的に稼動した市原市の動きは顕著であった。公害課を部に昇格、公害防止計画作成、企業との公害防止協定の締結、大気汚染防止条例の制定、ゼンソクの原因追跡調査、人体影響調査、注意報の発令などが行われた。また住民側も公害教室開催、公害追放市民の会結成など公害に立ち向う動きが開始されている。

（二）広がる公害激化

（1）大気汚染

①「大気汚染週報」発行と注意報の発令

一九六七年（昭和四二）一二月、県は翌年三月末まで「大気汚染週報」を発行した。寒さとともにビルの暖房が始まると大気汚染は増加する。地上が空中より冷えると、汚れた空気が地上に押し込まれる逆転現象が起き、人体や草木に悪影響を及ぼすことになる。県公害課はスモッグ発生シーズンに「大気汚染週報」を発行し、県民に空気の汚れ状態を知らせ、不急の燃焼を控えるようスモッグ追放を呼びかけた。スモッグは林立する煙突から出る亜硫酸ガスと自動車の増加による排気ガス排出が原因であった。工場群から排出される黒い煙や赤い煙、白い煙に含まれる亜硫酸ガスは農作物や樹木を枯らし、トタン屋根を腐らせ、人体を蝕んだ。県は京葉工業地帯の中でも最も大気汚染の著しい市原、千葉、船橋、市川市を対象に一日の亜硫酸ガス最高濃度や平均濃度、風向速度を計測し、〇・三ＰＰＭを上回った時にスモッグ注意報を発令し、工場や一般家庭に不急の燃焼を自粛するよう呼びかけた。

②亜硫酸ガス濃度、市原市は三重県四日市並みに

一九六七年一二月一二日午後二時、市原市役所姉崎支所の大気汚染自動記録計が亜硫酸ガス濃度値〇・五ＰＰＭを示した。県は直ちに市原市全域に県内初の〝スモッグ警報〟を発令し、企業側に対しては低硫黄重油に切り替えるように指令し、緊急時体制を敷いた。翌一三日もスモッグ警報が発令された。県当局は「このような事態はいつかやって来ると思っていたが、こんなに早くしかも広域的に広がったのは予想外であった。〇・五ＰＰＭになったからといって直接人体に影響があると考えるのは早計だ。県の警報はあくまで予防的措置だ」と述べた。しかし、〇・五ＰＰＭは公害都市・三重県四日市並みの大気汚染濃度で、亜硫酸ガスの恐怖がいよいよ身近に迫って来たことを物語っていた。二日間のスモッグ警報を市原地区の住民はどのように感じた

のであろうか。コンビナート工場地帯近くの玉前地区住民は「頭が重く、カゼかと寝込んだ」と言い、薬屋では「カゼ薬が良く売れた」と証言している。東電姉崎火力発電所の二〇〇メートル煙突に登った従業員は「工場の煙は陸の方に流れているのがはっきり分かった」と語っている。一方、企業側は県のスモッグ警報に対して「煙は海側に流れていたので亜硫酸ガスの地上濃度がそんなに上がるはずがない」と半信半疑、渋々低硫黄重油に切り替えた。各企業が燃焼している重油はC重油と言われ、硫黄含有量は三・八％前後、スモッグ警報時にはA重油といわれる同一％前後の物に切り替え、亜硫酸ガスの排出量を少なくすることになっていた。C重油からA重油に切り替えると一キロリットル当たり一五〇〇円高くなる。企業側にとっては燃料費が高くなる。企業のA重油予備タンクは八時間から二四時間位の使用量しか入らず「たびたびスモッグ注意報を発令されてはたまらない」というのが本音であった。市原地区では日量一万八〇〇〇トンの重油が燃焼されていた。その量は住民の〝亜硫酸ガス恐怖〟に繋がっていた。

③果物や樹木を蝕む大気汚染

市原市の梨は六五年、六六年と二年間、大気汚染によって被害を受けた。特に工場群に隣接する養老川沿いの梨畑が被害を受けた。県市原地区ナシ等被害調査委員会（委員長・千葉大学園芸学部河村教授）や県議会公害調査特別委員会（委員長・畦蒜《あびる》源之輔議員）が中心となって原因究明に当たった。六七年七月、結果が発表された。「工場群の煙突から排出された煙の中の硫黄酸化物（亜硫酸ガスや無水硫酸など）が北風に乗って梨畑に流れ込み、開花時期の梨に被害をもたらしたと認められる。梨被害は産業公害だ」との結論であった。養老川沿いの電力、石油化学など一三社は総額一三〇〇万円の補償金を支払った。石油コンビナートと市街地との緩衝地帯になっている五井海岸の特別工区との間にはグリーンベルト（三キロメートル）がある。そこにはクスやシイなど四二万本が植樹されてぃた。六九年六月、その内の六万本（一四％）の葉が茶色になり立ち枯れ状態となった。市民の間から亜硫酸ガスによる影響ではないかと不安の声が上がった。

④ 山林が枯死寸前に

一九六九年四月、市原市内の海保や市津、姉崎、惣社《そうじゃ》地区など石油コンビナートから二から四キロメートルの山林のアカマツの立ち枯れが目立っていた。石油コンビナート群から排出される亜硫酸ガスの影響と見られ、住民たちは「人体に悪影響があるのでは」と不安に駆られていた。被害を受けた姉崎立野の林業・切替尊文さんの山林は数百本のアカマツが枯死。残りのアカマツも生育が止まり、葉先が黄色に変色し枯死寸前になっていた。樹勢の衰えたアカマツには松食い虫が発生し、立ち枯れを早めていた。アカマツは亜硫酸ガスに敏感と言われている。姉崎神社では樹齢三百年のご神木のスギが一八本枯れた。海保の桑田宅ではヒバ、モミジが枯れた。桑田さんは「庭木が枯れるほど汚染された空気を吸っているのかと思うと〝死〟を宣告されているようだ」と語った。

⑤ 五井海岸一帯、ガス流出で異臭騒ぎ

一九七〇年一月二三日、五井地区（五井や玉前、岩崎町など）に異臭が漂った。異臭は玉ねぎが腐ったような匂いで朝九時過ぎから午前中いっぱい匂っていた。公害課には住民から「胸がむかつく」、「発生源を確かめて早く嫌な匂いを止めて」といった苦情電話が殺到した。同課は「匂いの正体を五井海岸付近から流れる石油臭」と判断し、丸善石油や極東石油、チッソ石油化学の石油関係三社に調査を申し入れた。悪臭の原因は丸善石油千葉製油所内の流動接触分解装置（減圧軽油を分解しガソリンを採る装置）のプロパンガス洗浄安全弁のスプリングが折れ、悪臭ガスが漏れたことによるものとの報告があった。「安全弁のスプリングは、直ちに取り替えた」と始末書が届いた。市は「二度と同じような事故を繰り返さないよう」厳重に注意した。

(2) 地盤沈下

① 京葉臨海地域にゼロメートル地帯出現

一九六七年（昭和四二）五月八日、県公害課は「京葉地帯地盤沈下調査速報」を発表した。今回の調査で行徳（市川市）から浦安町（現・浦安市）にかける東京湾沿いが一〇から一五センチ低下し、海抜ゼロメートル地帯が

一一・七平方キロメートル（三五三万九千坪）になっていた。この他、浦安から富津町に至る京葉臨海地域には四つの沈下巣があった。沈下巣は、①浦安地区は東京都内に波及、②行徳南部一帯は平面沈下、③市川市埋立地は不規則沈下、④船橋市は総武線以北の台地でも沈下が顕著になっていた。沈下量が浦安町で年間一六・八センチ、市川市で一二センチ、船橋市で一一センチであった。鉄筋コンクリートの浦安中学校では前年春頃から地盤沈下の影響が校舎に出始め、校舎が沈むため窓ガラスにひびが入り、二〇枚も割れた。屋上の亀裂のため雨が滲み込み教室の雨漏りが酷い。校長室の壁には幅、深さとも一センチ程のひびが左右に四メートルも走り、第一校舎の玄関口はコンクリート床が割れ、五メートルにわたって約一〇センチ陥没するなどの被害が出ていた。市川市の埋立地ではこれまでの六〇センチの地盤沈下で市道の排水溝のあちこちで水が道路上に溢れ出ていた。七〇年一月、船橋市役所庁舎が二〇センチも沈んでいた。鉄筋コンクリート三階建ての本館屋上の柱が崩れ始め、玄関にもヒビが入り、一階の窓ガラス戸は開閉が出来ない程のゆがみが出ていた。修理しても壁や柱はすぐヒビ割れし、庁舎前のタタキは浮き上がり、水道のパイプは曲がって水の出が悪くなっていた。市公害課は市役所周辺の地質や水質検査を続けているが、年間二一センチ以上地盤沈下が起きていた。同年九月、市公害課が原因究明の一つとして市内の地下水量の実態調査を行った。その結果、工場や農業用水などの井戸が三七六ヵ所、一日の揚水量は一三万トンあった。この量は千葉市（人口四八万二千人）の一日の飲料水使用量に匹敵する量であった。内訳は工場七万九千トン、天然ガス採取二万一千トン、病院や学校一万五千トン、農業用一万トン、浴場二三〇〇トン、宅地造成現場二一〇〇トンであった。

② 浦安から九十九里まで沈む大地

一九七〇年五月二五日、県公害規制課は六九年度の地盤沈下調査結果を発表した。浦安町や市川市、船橋市に始まった地盤沈下は京葉臨海地域から千葉市の後背地、さらに九十九里方面まで千葉県を西から東へと真二つに切って進行していた。それによると、①葛南地区（浦安町や市川、船橋市など）の沈下が激しく年間二〇センチ以上の沈下が五・五平方キロメートル（一六六万四千坪）生まれていた、②船橋市では総武線以北の台地でも二一・四センチ沈下している地域があることが判明した、③九十九里地域では南白亀川流域の低湿地帯、一宮川流域で年間七、八センチ沈下し、四五・九平方キロメートル（一三八八万五千坪）が五センチ以上沈下していた。長生村が九・六センチで最大、白子町でも町の半分の地域が五センチ以上となっていた。茂原市や本納町、大網白里町でも一センチ沈下していた。沈下の原因は、①工業用水や生活用水として地下水を汲み上げ使用していること、②天然ガス採取のための地下水の汲み上げ、③地盤沈下が起きやすい粘土やシルト（砂と粘土の中間的な粒子）質の軟弱地盤、④自然圧密、⑤地盤変動などであると結論付けた。九十九里地域は天然ガス採取のための汲み上げが最大の原因だと考えられた。そのため県は対策として、①県公害防止条例に新たに地下水採取規制を設ける、②葛南地区に工業用水道を早急に建設し通水を行う、③東京湾高潮対策や市川海岸の高潮防止事業を促進する、④天然ガス採取の規制を通産大臣に要望する、⑤工場や事業所に対し水使用量の規制などを指導する、⑥船橋市内に五〇〇メートルの観測井戸を設置し監視体制を強めることなどを実施した。

③ 知事、地盤沈下防止対策へ乗出す

地盤沈下は年毎に酷くなり、遂に船橋市内で二四・三センチという観測史上最大の沈下量となり、地元をはじめ関係者に大きな衝撃を与えた。沈下原因は未だに充分究明されず、確たる対策もなく全てが後手に回っていた。七〇年六月一九日、知事は上京し、総理府や厚生、通産、建設省、経済企画庁、科学技術庁などを訪れ、七項目の要望を提出して財政面の援助と国の対策を求めた。地盤沈下は地下水の汲み上げなど六種類位の原因が引き起こしていると考えられた。しかし一県の行政力ではいかんともしがたく、その防止策には限界があった。国の協力がない限り解決しない事態となっていた。要望事項の七点は、①地盤沈下に対する国の総合研究機関の設置、②地盤沈下の究明と防止技術の開発、③地盤沈下防止法の制定、④地盤沈下防止策の早期確立、⑤国土保全のため水準測量の実施、⑥国は地盤沈下測量井戸を設置し測量体制の強化を図る、⑦地盤沈下災害対策事業の推進や排水施設（水門や排水路、下水道、排水機場など）の整備に財政的援助を行うことであった。

（3）騒音や悪臭

① 騒音規制、京葉沿線七市で実施

一九六九年（昭和四四）四月、県公害課は公害対策基本法に基づく騒音基準の改正を行った。規制対象地域は市川、松戸、柏、船橋、習志野、千葉、市原市の七市であった。これまでの県条例に比べ、①住居地域を一種区域と二種区域に分け基準を強化した、②朝夕の規制基準を設けた、③夜間の基準を厳しくしたことなどが改正された。騒音規制基準は第一種区域（住宅専用地区）、①昼間五〇ホン以下、②朝・夕四五ホン以下、③夜間四〇ホン以下、第二種区域（住居地区）、①昼間五五ホン以下、②朝・夕五〇ホン以下、③夜間四五ホン以下、第三種区域、①昼間六五ホン以下、②朝・夕六〇ホン以下、③夜間五〇ホン以下となった。時間区分は朝は午前六時から午前八時まで、昼間は午前八時から午後七時まで、夕は午後七時から午後一〇時まで、夜間は午後一〇時から午前六時までとなった。これまでの県条例と比べ、第一種区域で昼と夜間一〇ホン、第二種区域で夜間五ホン、第三種区域で夜間五ホン規制を強くした。

② 木更津上空の旅客機騒音、運輸省が実態調査

一九七〇年五月、羽田空港に向かう大型旅客機の騒音に悩まされている木更津市（北見日吉市長）は運輸省に「空路変更」を陳情した。同市公害係は同月二二日午前八時から午後八時までの一二時間、実態調査を行った。同市上空を通過した航空機は全部で二三七機、一時間に二〇機が飛んでいた。その内、木更津自衛隊飛行場に離着陸するヘリコプターは三四機、残りの二〇三機（八六％）は羽田に向かう旅客機であった。旅客機の平均騒音は七〇ホン、昼間に機種が確認出来たのはボーイング727が五二機で平均七三ホン、ダグラスＤＣ８が四九機で七一ホン、ＹＳ11が六一機で六四ホン、機種不明機が四一機あった。県の住宅地の基準は昼間五〇ホン以下、夜間四五ホン以下と比べると非常に高いことが明らかとなった。この調査結果を踏まえ「空路の変更が必要である」と運輸省に申し入れた。運輸省も実態調査を開始した。

③銚子市、魚臭追放で対策会議

銚子市内には水産加工場や魚腸処理工場が三〇〇軒あった。その周辺に漁臭と汚水の公害が発生し、観光客や付近住民を悩ませていた。水産加工場や魚腸処理工場は、ほとんどが零細業者で脱臭装置や浄化装置を付けていなかった。これまで同市衛生課や県保健所は、特に酷い工場などには警告を出すなどして対処して来た。同市黒生町地区は住宅が増えたことから公害が問題となり、業者数も多いので解決策を考えることにした。六八年二月、県漁連や県水産、振興、公害、環境衛生の各課と市衛生、水産課、県保健所、地元選出県議会議員ら二二人が集まって第一回公害対策懇談会を開催し対策を検討した。

(4)河川汚染

一九六七年（昭和四二）一二月、県公害課は翌年二月末まで利根川や養老川、夷隅川をはじめとした県内四三河川の汚染調査を行った。県内の河川は急激な宅地化の影響を受け著しく汚染されていた。近い将来、水資源の赤信号も心配されているだけに、今回の調査は水質保全基準を策定する上で参考の資料になると期待された。前年七月の調査では養老川や夷隅川、花見川、都川などに工場排水や都市排水が流入していることが判明した。県は「今回の調査で河川の水質基準を定めるデータが出来る。今後も河川汚染調査を行い、県内河川の基礎資料を作成したい」と語った。

(5)重油・廃油汚染

①東京湾内のノリ被害

一九六八年（昭和四三）二月上旬、ノリ収穫最盛期の船橋沖ノリ漁場に工場の重油が流れ込み、ノリ柵に大きな被害が出た。重油を流出したのは同市日の出町の日本冷蔵船橋食品工場（通称・「ニチレイ」）であった。同工場は「重油タンクからボイラーへのフロート弁が故障し、約三〇〇リットルの重油が海に流出した」とミスを認めた。船橋漁協（組合長・小野尾俊雄）の被害総額は五億円と推定された。同漁協は前年一一月下旬にも近くの工場から重油が流出し約四億円の被害を受けていた。そのため三千万円をかけてノリ柵を囲んで約四㌔に廃油の流入を防ぐためのオイルフェンスを設置しただけにショックを受けた。

同年一二月五日、浦賀水道沖でタンカーと貨物船が衝突し、タンカーに積んでいた二二五㌧の重油が流出する事故があった。潮流や風向きで県内沿岸に流れ着きノリやアワビなどに被害が出た。ノリの被害は一二漁協（富津、新井、青堀、大堀、南部、木更津、中央第一、金田、牛込、中里、井川、九洲間）、四万五千柵（生産量二億枚）となった。各漁協は中和剤の投入や重油の焼却処理をし、木更津航空自衛隊にヘリコプター、横浜第三管区海上保安庁に監視船の出動を要請した。そのため最小限の被害で食い止めた。

② 市川市真間川へ重油流入

一九七〇年五月九日、市川市国府台四丁目の真間川根本水門に重油が流れているのを同市消防本部根本分遣所隊員が見つけ、市公害係に連絡した。調べたところ重油は真間川上流の国分川付近にある松戸市稔台工業団地と松飛台工業団地から流れ込んだものと分かった。重油の量は一㌧と推定され、約八㌖にわたって油が流れ、川べりに付着していた。真間川根本水門など三ヵ所にオイルフェンスを張り、下流への流れを食い止めた。溜まった重油は中和剤二〇〇㍑を撒き、油を吸い取った。

（6）山砂採取とヘドロ流出

地響きをたてて動き回るブルドーザーやダンプカー。一九六二年（昭和三七）頃から緑を売りものにしてきた君津郡の山奥で山砂採取が始まった。埋立てや建設ブームが始まり、ダンプカーの通る道は雨の日はドロが撥ね、晴れればもうもうの砂埃。道端の家は表戸を閉め、商店は横に出入り口を作り、ひさしを低く下げていた。以前、この地域の山々は雑草と潅木が茂り、焚き木の切り出しや炭焼きの煙が棚引いていた。内湾の埋立てが進み、川砂が各地で底をついて来た。建設業者の目にとまったのが、この地域の山砂だった。山の緑を剥がせば中は砂。ヘドロ（浮遊物のドロ）交じりのため川砂や海砂のように質は良くないが、洗ってヘドロを落とせば充分使えた。六七年一〇月、県の調査では採取場所は天羽《あまは》町四、小櫃《おびつ》村二、大佐和町三、清和村三、小糸町五、上総町五の計二二ヵ所あった。地元業者は二、三社しかなく、ほとんどが東京など他県であった。現場に井戸を掘り沈殿池を造り、ベルトコンベアで掘ったヘドロのついた砂を池できれいに洗い出荷した。ダンプカーは一日に延べ二千台。千葉ナンバーは少なく東京、埼玉、茨城などのほか、秋田、山形の東北各県から九州地方のものもあった。山砂は六割が京葉地域、後は君津製鉄所の埋立地と木更津港から船で対岸の京浜工業地帯に運ばれた。砂に着いたヘドロは池から近くの川に流された。小糸川の川底には三〇センチ以上のヘドロが堆積した。川沿いの水田は川からの水で稲の茎にヘドロが付き収穫量が減少した。小糸川の淡水漁業組合（組合長・山田保治）のコイやフナ、ヤマメの養殖業は営業が厳しくなった。下流のノリ養殖業者も「河口にヘドロが溜まり、それが雨で増水するとかきたてられ周辺のノリが被害を受けている」と嘆いていた。一方、木更津港の桟橋、公共荷揚げ場は隣のカーフェリー専用岸壁を除き山砂の船積み専用状態となっていた。木更津市富士見の二本の桟橋は、集中するダンプから落ちる砂が積もって舗装面が見えない状態となった。雨が降れば泥んこ、カゼが吹けばダンプカーの荷台や野積みされた砂置き場から舞い上がる砂で眼が痛くなった。

一一月二四日、小糸町法木（通称・「法木山」）で沈殿池が決壊し、流れ出した水圧で農業・磯崎金治さん宅など民家六棟が半壊する事故が起こった。県は公害防止条例第五条（勧告権）に基づき日本開発興業小糸採取所（本社・東京都中央区銀座）に対し、①沈殿池を強固な構造に改善すること、②工事が完成するまで作業は一時停止するよう勧告した。砂利採取事業は砂利採取法や災害対策基本法の中に「汚水規制」は無く〝法の盲点〟となっていた。県は公害防止条例に「汚排水の規制条項」を入れて産業公害防止に努めていたが、監視体制は充分とは言えなかった。七〇年四月の時点で、山砂の宝庫と言われた県南の君津、南房総地域には三三社、四〇事業所が充分な処理施設もないまま〝山砂採り競争〟を行っていた。

（二）公害に対する県の対応

二期県政になり様々な公害が噴出した。それに対し県や市町村役場は対策を立てた。

（1）県公害研究所の誕生

これまで公害の全般的調査や研究は県衛生研究所が行っていたが、近年は大気汚染（亜硫酸ガス）などが県民の健康に被害を及ぼすようになって来た。一九六八年（昭四三）八月、公害の総合的な研究や対策を行うため市原市岩崎町に千葉県公害研究所（現・千葉県環境研究センター）を開設した。総工費は二億七千万円（含む備品一億二千万円）、敷地面積は一・三㌶（三九三三坪）であった。研究所は大気汚染研究室や気象研究室、水質汚濁研究室、地盤沈下研究室、公害技術指導部、庶務の六部制とし、所長以下五二人の職員でスタートした。研究所の中心は〝白い凶器〟と言われた亜硫酸ガスによる大気汚染の測定や研究であった。所内には大規模なテレメーター装置が設置された。テレメーターは市川市から市原市の内湾沿いに設置した七ヵ所（市川市役所、船橋保健所、県衛生研究所、千葉市大森消防署、市原市役所、同姉崎支所、同八幡小学校）の自動記録ステーションから送信されて来るデータを集約し、大気汚染の状況を分析し対策を立てるために使用された。異常事態が発生すると大気汚染注意警報を発令し県民に注意を促した。また排出工場に重油燃料を低硫黄重油に切り替えさせるか、ストップさせるかの指令を出した。当時、全国でこうした機能を備えた公害研究センターがあったのは横浜市だけであった。

（2）県公害防止条例の改正

一九六三年（昭和三八）一〇月、千葉県公害防止条例が施行された。しかしこの条例には地下水の規制や紛争調停などが盛り込まれていなかった。企業誘致で公害排出企業は増加していたが、それに対応する規制が充分だとは言えなかった。六六年一〇月、地下水規制や紛争調停などの規定を盛り込んだ条例の改正が行われた。国の法改正や科学の急速な進展で、県条例に規定された「生活環境の保全」という抽象的な条文だけでは規制も大まか過ぎて効果が薄いからであった。七〇年四月にも公害防止条例の改正があった。改正の主な点は、①県民の健康管理を前面に打ち出したこと、②企業の責任体制を明確化したこと、③県民に公害の状況や分析結果、施策などを公開し、周知するようにしたこと、④大気や水質汚染など発生源別の規制基準を明確にしたこと、⑤深夜の騒音基準を示し県民の不安を解消したこと、⑥罰則を強化したこと、⑦公害の規制範囲を拡大したことなどであった。改正の目的は「公害を認定し規制する」から「公害を予防すること」に重点を変えたことにあった。しかしこの改正でも旧条例の一条に明記されていた〝産業との調和を図る〟という文言は削除されなかった。

(3) 公害紛争処理に審査会設置

騒音や悪臭、大気汚染などの苦情が多発し、それらが原因で紛争が起きるケースが増えて来た。これらを解消するため、一九七〇年（昭和四五）六月、公害紛争処理法が施行された。県内の公害の相談や苦情は市町村役場や県警相談室、法務局人権擁護課、千葉行政監察局、県民相談室、県公害担当課などに届いてから県保健所に回されていた。保健所は申立人から事情を聴取し、実情を調査した上で発生者に防除装置の指導などを行い、その結果を申立人に説明し解決する流れとなっていた。そのため紛争が長引き、解決の仕方も各保健所の対応に任されていた。この法律の施行で県庁内と一九保健所に最低一人以上の公害苦情相談員を置くことと公害紛争審査会の設置が義務付けられた。七一年三月一五日、千葉県公害審査会が設置された。業務内容は、①公害に関わる紛争の斡旋、調停及び仲裁、②公害防止に関する施策の改善についての意見や具申となった。調停委員会は三人で構成され、申請手数料は調停を求める事項の価格に応じて決められた。

(4) 亜硫酸ガス防止で協定締結

県は京葉臨海地帯の工場から排出される亜硫酸ガスなどを防止するため、千葉や市原市、君津地区にある二六工場と一括協定を結ぶ交渉を行った。一九六八年（昭和四三）一二月、九社と協定を締結した。九社は東京電力、富士石油、住友千葉化学、大日本セルロイド、日産石油化学、昭和発電、君津共同火力、丸善石油、極東石油であった。残りの一七社とも六九年一月末までには調印が可能となった。知事と各社とが結んだ協定内容は、①県に公害防止計画を提出する。計画を変更する場合は事前に県と協議する、②県は必要に応じて立入検査をすることが出来る、③緊急時には重油燃料を低硫黄重油に切り替える、④それでも亜硫酸ガス濃度が低下せず、人の健康に影響が出る恐れのある場合は操業を一時停止するなどであった。

（5）公害対策局の新設

一九七〇年（昭和四五）四月、県は機構改革で公害担当組織を公害対策課と規制課としたが、それでは不充分だとし七月、衛生部内に公害対策局を新設した。最近の公害が大気汚染、水質汚濁から地盤沈下、騒音へと拡大し、さらに成田空港の航空機騒音など新たな対策が必要となるとの判断からであった。

（三）県議会で知事の答弁に変化

県の公害防止条例には「県民の健康を保つため、経済の健全な発展との調和を図りつつ生活環境の保全を行う」という条項があった。この表現に対し野党は「経済の健全な発展との調和を図る」の削除を要求した。一九七〇年（昭和四五）六月県議会で市川福平（社会）、須田章（共産）の両議員がこの問題を追及した。知事は「県民の健康保持と経済の発展は両立する。両立しない場合には、県民の健康保持を優先する」と突っぱねた。ところが九月県議会で再びこの問題が追及されると、知事は「経済の健全な発展との調和の字句は削除し、条例改正を近く行う」と答弁した。また富津地区に進出を希望している三井や三菱グループの石油コンビナートについても「これ以上、公害企業を受け入れると大気が汚染されるので、進出を避けるように努力したい」、葛南地区の地盤沈下対策では「沈下を招く鉱業権（天然ガス汲み上げ）は憲法で言う公共の福祉に反するので、正当な権利行使とは認められない」と答弁した。また森田景一議員（公明）の「開発の功罪は何か」との質問に、知事は「工業開発で県民所得は豊かになったが、公害や交通マヒなど都市のアンバランスが出て来たことも事実である。工業開発に偏った点を反省し、福祉の充実に努めたい」、「公害問題は今後県政の最重点で取り組む」と答弁した。僅か三ヵ月前の六月議会まで、開発のプラス面を強調していた知事は遂にマイナス面を認めざるを得なくなったのであった。この変化には二つの要因があると考えられる。一つは春から夏にかけ公害は深刻の度合いを増し、開発のヒズミを各新聞が連日取り上げた。市原市の亜硫酸ガスによる大気汚染は住民を苦しめ、植物被害が後を絶たなかった。旭硝子や昭和電工のフッ素公害も明らかとなった。新日鉄が進出した君津地方の大気汚染も問題となって来た。夏には各工場の工業用水は充分あるのに家庭の上水道は断水状態が続き、知事の工業優先の施策が浮彫りにされた。木更津沖には石油化学工場の廃棄物と思われる汚物が流れ、ノリが大規模な被害を受けた。こうした被害は連日報道され、全国的に盛り上がっていた〝反公害〟の動きを知事は無視出来なくなっていた。もう一つの要因は来年行われる知事選挙であった。九月県議会を前に自民党議員団総会が開かれ、友納知事も参加した。この席で反友納派（川島副総裁派）の村上睦朗議員が「東京湾岸の大気汚染はやむを得ない経過があるが、銚子に火力発電所を誘致して九十九里が工業開発されたら千葉県は公害で埋め尽くされてしまう。工場しか地域住民を幸せに出来ないという知事の考えは辞めてもらいたい」と知事を追及した。反友納派の自民党国会議員の中からも「知事は地元選出の国会議員に相談もしないで企業をどんどん引っ張って来た。それによってもたらされた公害問題を、我々も背負わせられなければならないのか」という意見が出ていた。こうした批判が知事に開発路線の変更を迫る要因になった。

（四）県民の対応

大気汚染による気管支ゼンソクの発生などにより、住民の間から〝もう黙ってはいられない〟との動きが各地で始まった。公害は県民生活にとって重要な課題となった。住民の具体的な動きは「第三章7、大気汚染の深刻化と県民運動の高揚」で詳述したい。

（1）医師会や弁護士会の動き

①県医師会、呼吸器病患者の追跡調査

一九六七年（昭和四二）一〇月一三日、市原市玉前に住む農業・長岡きみさん（三七歳）が気管支ゼンソクを苦に自殺した。この事件は地域住民に大きなショックを与えた。同市公害課と市議会公害対策委員会は大気汚染実態調査を行った。一一月一八日、県医師会（会長・川名正義）は県衛生会館で小西宏県衛生部長、田波潤一郎千葉大学医学部教授、千葉市、市原市、千葉中央保健所など関係機関の代表が出席して公害対策会議を開いた。県衛生部と千葉大医学部から大気汚染の現状報告、防止対策の意見発表があった。それを受け県医師会は今後、関係機関の支援を受け市原と千葉市内の大気汚染地区の潜在ゼンソク患者の発見など、医師の立場から公害防止に取り組むことにした。六八年一月、医師会は工業地区の市原市と未だそれほど空気の汚れていない木更津地区を対象に、両地区の内科医各三〇人に協力してもらい、慢性呼吸器病患者の追跡調査を行った。七〇年四月、その結果が纏まった。工業地区の市原市のゼンソク患者が圧倒的に多かった。

②県弁護士会、被害者救済に動く

一九七〇年一二月八日、県内の弁護士一〇人が千葉市に集まり、〝今こそ我々も告発の側に立つ時〟と県弁護士会公害対策委員会（委員長・田口二郎弁護士）を結成した。目的は公害の予防、公害企業の排除、被害者の救済の三本柱を中心に、知事に公害追放を強く働きかけることにした。①知事に公害企業の電力や水道の供給を止めさせる、②悪質な企業は強制的に施設を撤去させる、③公害賠償保険制度を創設し、被害者に補償金を支給させるなどの方針を決めた。また公害の実態調査も行うことにした。

（2）学習会や集会、反対運動

一九六七年（昭和四二）一二月一二日、千葉市白旗町の蘇我中学校で同地区の住民六〇人が集まり、公害か

ら学童を守る集会を行った。川鉄千葉工場や東京電力千葉火力発電所などの公害を受けている人達であった。集会には安部県公害課長、加地県衛生研究所長ら、会社側から宮永川鉄千葉副工場長、西原東京電力千葉火力発電所長なども出席した。住民は「工場排水や煤煙に痛めつけられている私達の生活を何とかして欲しい」と訴えた。

六八年五月二九日、千葉市あやめ台団地の住民代表三〇人が二一五二人分の署名を携え東京舗装工業千葉工場と市役所に工場移転と施設改善を求めて申し入れを行った。同工場は道路用アスファルトを造る会社であった。六七年六月から京葉道路建設用のコンクリート製造を行っていた。工場は団地と道路を挟んで五〇メートルの場所にあった。道路用アスファルトは砕石と砂を混ぜ、重油バーナーで加熱、さらに石粉とアスファルトを混ぜて道路舗装に使うコンクリートを製造する。作業が始まると騒音や煤塵、亜硫酸ガスの匂いが団地住民を悩ませた。「耳鳴りがする、車にコールタールが飛んで来た、煙が出始めると洗濯物を慌てて取り込んでいる」などの怒りの声が団地自治会に多数寄せられたため、工場は「一〇日以内に設備改善を行う」と約束した。

六八年七月一二日、船橋市婦人団体連絡協議会（代表・福島年子）に加盟する三〇団体代表一〇二人がバス二台に乗って市原市を訪れ、公害に悩む市原市の婦人代表との勉強会を行った。船橋市では海岸の埋立てや内陸部に工業団地造成が行われていた。そのため婦人達は三重県四日市や市原市の二の舞になりたくないと強く感じていた。勉強会には市原市婦人連絡協議会（代表・斉藤ふみ）の役員五人も参加した。佐藤豊公害課長から市原市の公害の状況報告を受け、その後懇談会となった。公害の主な原因や人体への影響、地域婦人会の活動など質問が矢継ぎ早に出された。勉強会が終わり、一行はバスに乗って公害工場地帯を視察し帰宅した。

銚子市に東京電力火力発電所進出計画があった。一九七〇年（昭和四五）八月五日、銚子地区労働組合（議長・宮内義衛）は緊急役員会を開き、進出計画に反対するため次の行動を起こすことを決めた。①加盟三〇組合は大会を開き反対を決議する、②知事や県議会議長、県総合開発審議会、銚子市長、東京電力など関係者に進出計画反対を申し入れることにした。早速同月七日、嶋田隆銚子市長に会い「市として反対するよう」申し入れを行った。

（3）「市原市から公害をなくす会」の結成

一九七〇年（昭和四五）一〇月、「市原市から公害をなくす会」が結成された。同市には臨海部に多くの公害工場があり、ゼンソク患者が発生し、植物が枯れるなどの被害を受けていた。しかし市民活動としては僅かに大学生らを中心とした公害問題研究サークル「えんとつ」が年二回新聞を市民に向け発行し啓蒙しているだけであった。同年三月から市原市職員労働組合（委員長・小林勝利）とサークル「えんとつ」が企業の労働組合員、町会長などに呼びかけて月一回の学習会を開いていた。学習会に参加しているのは一五、六人であったが、会員の中から「公害をなくす会」を結成しようとの声が出された。そこで小林委員長が連絡員となり町会長、企業の労働組合など広く市民に参加を呼びかけ「会」を結成した。「会」は今後の活動として講演会や署名活動、写真展などを開き、公害規制を強めるよう企業や行政当局に働きかける運動を展開することにした。

（五）生活環境の悪化と改善

一九五四年（昭和二九）七月、清掃法が施行された。この法律で、①市町村はゴミ収集を行うこと、②国と都道府県は財政的、技術的な援助を行うこと、③住民は市町村が行うゴミ収集や処分に協力することが義務付けられた。高度成長に伴い六〇年代に入ると所得増や家電製品の急速な普及、スーパーなどの登場により国民生活は大量生産・大量消費型となった。その結果、都市のゴミは急速に増加した。工場から製造工程で出た各種廃棄物（汚泥やプラスチックくず、廃油など）は適切な処理がされないまま処分されていた。都市部では企業の集中により建設廃材（土砂やガレキなど）が大量に出たが、その処理は建設会社に委ねる都市が多かった。処分地のない業者は空地や道路脇、河川敷、雑種地などに不法投棄を行っていた。

（1）生ゴミの収集

①生ゴミに埋まる市原市

一九六七年（昭和四二）一月、市原市内の清掃区域は五井や八幡、姉崎の中心市街地と三和、市津《しづ》の一部地域一万二千世帯、収集区域は四四・五平方キロメートル（一三四六万一千坪）だけであった。収集は清掃車八台と作業員一三人で行っていた。この体制で収集するゴミの量は一日一〇トン前後であった。五地区の収集面積は広いため八台の車では週一回収集するのがやっとであった。これまで農漁村の町であったため、市民は二〇キログラム当たり一五円という収集代を支払うことに難色を示した。したがって〝ゴミは捨てるもの〟という意識が強く、近くの排水路や川に捨てていた。市内でも養老川沿いや海岸線、八幡の新田川など水面が見えなくなるほどゴミが捨てられていた。市当局は捨てゴミ処理班を設けて処理していたが、とても追い付けなかった。

②人口増に追い付けぬ千葉市のゴミ行政

一九六四年（昭和三九）一二月、千葉市は宮野木町に一日九〇トンの焼却能力を持つ宮野木焼却場を建設した。六八年九月、同市では一日平均八〇〇トンのゴミが一般家庭や商店、工場から出ていた。この内の半分は悪臭やハエの発生源となる生ゴミであった。同焼却場だけでは一部のゴミしか焼却出来ず、残ったゴミは工場廃棄物や建築不用材などと一緒に市の指定した焼却場近くの一・七ヘクタール（五一四三坪）の土地に棄てていた。捨てたゴミは上から土砂をかけ、埋立てる方法であった。しかしその場所も六八年一月には一杯となり、新たに同市源町に一・五ヘクタール（四五三八坪）の土地を購入しゴミ捨て場にしたが、僅か九ヵ月で飽和状態となった。そこで市は宮野木町の元の場所近くに一ヘクタール（三〇二五坪）のゴミ捨て場を確保した。しかしそこから一キロメートルも離れていない場所に京成宮野木団地（五〇〇戸）があった。以前のゴミ捨て場の時、ハエが大量に発生し耐え難い臭気に悩まされていた住民たちは、その動きを知り「ゴミ捨て場反対」の声をあげた。宮野木町に住む高橋昭治さん（都立高校教諭）は「昨年の夏にはハエと悪臭で付近住民は悩まされ続け、団地自治会から市に陳情した。またゴミ捨て場を造るというのでは、あまりにも住民を無視している」と怒っていた[17]。

③ 生ゴミ収集方法の改善

一九六九年（昭和四四）三月から松戸市はゴミ収集の効率化を図るため、ポリ容器から紙袋に切替え収集した。五万世帯の同市では一日に出る生ゴミ量は一一〇トン。これを市のゴミ収集車一五台と委託業者一一台・合計二六台でゴミ焼却場に運んでいた。同市の人口は年間四千世帯、一万五千人前後増え続けているため、ゴミの量は一日に四トントラック一台分ずつ多くなっていた。市のゴミ収集作業員の確保が難しいため業者に委託していた。それらを解決するために紙袋回収方法に切替えた。

六九年四月、船橋市は市街地の生ゴミ収集を昼間から夜間にした。市内のゴミ量は毎年増加していた。収集車は週三回家庭が出す生ゴミを指定した場所で回収していた。昼間の収集は交通量が増加しているため交通妨害（渋滞原因等）になるうえ、作業も雑になりがちだった。そのため人通りの少ない夜間に収集することにした。市民もこの方式に期待を寄せていた。同市清掃課は「通行の妨害にならないし、きれいにごみ収集が出来るため一石二鳥になっている」と述べた。しかし市のゴミ収集作業員は集まらず松戸や千葉、市原市のように悩んでいた。そのため同市は埋立てによる転業者（漁民）を採用し作業員にした。また漁業転業者が委託会社を設立しゴミ収集を行っていた。

（2）ゴミの不法投棄

一九六九年（昭和四四）四月、柏市郊外ではゴミの不法投棄が目立つようになり、付近住民から「不衛生で困る」との苦情が同市衛生二課へ届いた。同市では一日一七、八台の清掃車をフル回転させ、約一〇〇トンの生ゴミを収集していた。商店や工場から出る大型ゴミは同市大室地区の水田埋立地で埋設していた。しかし、投棄場所が遠いこともあり、途中の道路脇や山林へ捨てる人がいた。同課の調査では市内六〇ヵ所に不法投棄の山があった。市内を巡回し、市民や企業に指定されたゴミ捨て場に捨てるよう呼びかけていた。市民には違反者を見つけたら市へ通報するよう依頼していた。ほとんどが夜間に捨てるため、犯人は摘発出来なかった。同様の不法投棄は浦安町、市川、船橋、千葉、市原、木更津市などでも発生していた。

(3) 産業廃棄物の処理

京葉工業地帯の生産が増加するにつれ、工場から出る産業廃棄物の処理は深刻な問題となっていた。県内に産業廃棄物の処理施設が少ないため、適当な場所に捨てられていた。一九六九年（昭和四四）九月から一一月、県環境整備課は船橋市から君津郡袖ケ浦町までの臨海部にある一四六工場（従業員五〇人以上）の実態調査を行った。その結果、工場から出る廃棄量は一ヵ月に約一一万トンあった。この量は県内全市の家庭から出る生ゴミ量の三倍強であった。鉄鋼や金属、石油化学、機械、食品などの工場が紙や木、繊維、わら屑など燃える物の他、様々な廃棄物を出していた。各工場が困っていたのは金属や石炭ガラ、がれき、土砂などの不燃物、廃酸類や廃アルカリ類、スラッシュ（沈殿そうに溜まる汚泥）の液状廃棄物、燃えるが排煙に有害物の出る合成樹脂（ビニールやポリプロピレン、プラスチックなど）、ピッチ（アスファルト素材）類、廃油などであった。各工場は敷地内で処理出来る物は埋めたり、焼いたりしていたが、廃棄量が増えると廃棄物処理業者に出していた。実態調査では廃酸類や廃アルカリ類などの液状廃棄物は海上に投棄されていた。中でも危険な硫酸などは調査した工場だけで一ヵ月に二万七千トンあった。県は廃酸類は安房郡白浜町の野島崎沖五キロメートル地点と大島・波浮港を結ぶ線より沖に投棄するよう指導していたが、法的規制も監視体制もないため東京湾内に捨てられている恐れもあった。七一年度、県は衛生部内に特殊廃棄物処理研究会を設置し、産業廃棄物対策に取り組むことにした。

(4) 雑草の処理

一九六八年（昭和四三）一一月、習志野市は「雑草刈取り条例」を施行した。市内の放置された土地に雑草が茂っていた。こうした空地で前年一年間に婦女暴行などの犯罪が一五件発生し、市民生活の妨げになっていた。同市が〝危険な空地〟と判断した土地は四五ヘクタール（一三万六千坪）あった。土地の所有者は市内居住者二四五人、市外居住者二九九人（五四％）であった。条例は一ヵ月前に刈り取り期日を指定、地主が処理出来ない場合は市の委託業者が刈り取り、一平方メートル当たり五〇円の手数料を地主から徴収すると規定した。条例は予想外の反響を呼び、北は札幌市から南は北九州市まで、全国から五〇件近い照会があった。埼玉県川口市でも習志野市の条例を参考に環境衛生保全条例を制定し実施した。

（六）公園や緑地の造成

（1）都市公園整備に着手

都市公園とは都市公園法で定めた国または地方自治体（県、市町村）が設置した公園のことを言う。また「都市公園は県民が憩いや遊び、運動、レクリエーション、防災など様々な目的に使用出来るように整備しなければならない」と規定されている。

幼児から老人まで誰でも利用出来る都市公園は、市街地の憩いの場としてその重要性は増していたが、地域が都市化すればするほど整備は追いつかなかった。都市公園法が規定する一人当たりの標準面積は六平方メートル（一・八坪）であった。一九六七年度（昭和四二）時点の人口一人当たりの面積は、全国平均は二・二四平方メートル（〇・七坪）であった。この面積は標準面積の半分にも満たない状況であった。千葉県は一・三九平方メートル（〇・四坪）であった。首都圏の都市公園数は一三八三ヵ所あった。都県別では神奈川三九七、次いで東京二四〇、千葉二三〇、埼玉二一六、群馬一一六、栃木九二、茨城六六、山梨二六ヵ所となっていた。県内の都市公園は児童公園一八七、近隣公園二一、普通公園一三、運動公園七、その他二で二三〇ヵ所、面積は三〇・九ヘクタール（九万三千坪）であった。児童公園は都市計画法や都市公園法で市街化区域人口に対する面積は一平方メートル（〇・三坪）と規定されていた。六七年四月、県内の市街化区域内人口は二〇八万人であったので法律通りに児童公園を建設すると八三〇ヵ所必要で、充足率は二八％であった。県は六七年度、六八年度に三九ヵ所建設したが、とても満足出来る状態とは言えなかった。原因は人口増と土地高騰などで用地確保が出来ないことにあった。

① 富津臨海公園の整備

政府が行う明治一〇〇年記念事業で富津臨海公園整備が認められた。一九六七年（昭和四二）、県土木部は五ヵ年計画で富津公園一〇八・三㌶（三二万八千坪）を総事業費六億七千万円で整備することにした。広場六・二㌶（一万九千坪）やキャンプ場一・五㌶（四五三八坪）、児童遊戯場三千平方㍍（九〇八坪）、芝生二・八㌶（八四七〇坪）、パーゴラ（植物用棚）一〇ヵ所、駐車場六ヵ所、園内道路一三㌖を建設する。またメモリアル施設として高さ二一㍍（八階相当）のテラス型展望台を建設する。展望台から富士山や箱根連峰をはじめ鋸山、鹿野山などが眺められるようになる。富津岬の先端の第一海堡《ほ》を野鳥の島にするため鳥類保護団体と協議し計画する。

② 県民の森造成計画

友納知事は自著『続・疾風怒涛』で「千葉県は県有林がまことに少ない」、「失われてゆく郷土の自然をなんとか保護しよう、緑豊な森林を積極的に保全し、県民に安らぎと憩いの場を提供して明日への健康の増進を図ろう、という考えで県民の森の造成を決意した」、「たとえば山梨県などは県有林を三〇万㌶（九億七五〇万坪）も保有している。私は県有林一万㌶（三〇二五万坪）の確保を目標とした」、「私が知事になった時（六三年四月）の県有林は三二〇〇㌶（九六八万坪）であったが、知事を辞めた時（七五年四月）は二倍の六三〇〇㌶（一九〇五万八千坪）になっていた。一万㌶には及ばなかったのは残念であった[18]」と語っている。

内浦山県民の森は、県が最初に手がけた県民の森で、明治一〇〇年記念事業として一九六七年（昭和四二年）から工事が開始され、七〇年一一月に開園した。面積は二九四㌶（八八万九千坪）で、この一帯はシイやカシ類を中心とした常緑広葉樹林で、炭焼き生産地として地元内浦地区の共有林であった。地元天津小湊町の片海石町長の県民の森建設に対する強い要請があり建設された。シカやイノシシ、ウサギ、イタチ、テンが生息し、野鳥類ではウグイスやホトトギス、ホオジロ、カモ、オシドリ、ヤマドリなど二五種類の鳥が生息している。園内のふる里の森には全国から贈られた〝県の木〟が数千本植樹され育っている。管理事務所兼資料館、宿泊施設、キャンプ場、ハイキングコースなどがある。総工費は約二億円であった。

(2) 市町村の公園建設計画

① 千葉市の泉自然公園建設計画

一九六七年（昭和四二）九月から千葉市は県内初の試みとして、市内野呂地区に総事業費五億円で泉自然公園の建設を開始した。面積は四三ヘクタール（一三万坪）で完成予定は三年後となっていた。建設地は市中心部から車で二五分の千葉―東金道路から南へ約四〇〇メートル入った小高い丘陵地。山と山との間の低い帯状になっている水田を堰きとめ二千平方メートル（六〇五坪）の人造池を造りボートを浮かべる。また林の中には、子供達が小動物と戯れ遊ぶことが出来る小動物園、素足でバレーボールなどを楽しめる芝生、植物園なども配置する計画となっている。計画区域内には松や杉、ヒノキ、クヌギ、シイ、カシ、サクラ、ケヤキ、クリなどの樹木があり、樹齢一〇〇年を超える杉五〇〇本、松一〇〇本、五〇年から一〇〇年の樹木一万七千本、五〇年以下のもの一五万本植樹する。この一帯は農林省の禁猟区に指定されているため、野ウサギやキジ、山バト、ヤマドリ、ウグイス、モズ、カケス、ミミズク、リスなどが生息していて文字通りの自然公園である。

② 八千代市の新川自然公園建設計画

一九六九年（昭和四四）一〇月、八千代市は市の中央を流れる新川沿いにハイキングコース、遊歩道を含めた自然公園を建設することにした。計画区域は同市保品地先の阿宗橋《あそう》から成田街道の大和田橋間の新川流域一一キロメートル、面積一四〇ヘクタール（四二万四千坪）である。堤防沿いにハイキングコースやサイクリングコース、遊歩道の他、休憩所を設け、川にはボートを浮かべ周囲に四季の花を植える。市ではすでに新川沿いにサクラの木五〇〇〇本を植樹し公園造りを準備していたが、土地が国有地のため水資源開発公団を通じて建設省と用地交渉を進めることにした。建設省も建設計画に理解を示している。

③ 船橋市行田無線跡、都市公園を要望

一九六六年（昭和四一）、戦後米軍に接収されていた船橋市行田町の旧日本海軍無線基地五三ヘクタール（一六万坪）が日本に返還され、七一年（昭和四六）五月から解体工事が開始された。その内一一・九ヘクタール（三万六千坪）が国から千葉県に無償借与されることになった。船橋市は県と協議し六八年九月、県立公園として整備することを決めた。残りの面積四一・一ヘクタール（一二万四千坪）は税務大学校や国家公務員体育施設（野球場や陸上運動場）、住宅公団行田団地、県浄水機場、市立小中学校、公民館、保育園、幼稚園が建設される。

9 房総観光の現状と開発計画

（一） 房総観光の現状

千葉県を訪れる観光客は年々増加していた。一九六〇年度（昭和三五）は二四二三万人であったが、七年後の六七年度には四五〇〇万人となっていた（約二倍）。消費金額では六〇年度の五三億円が六七年度には二四五億円（四・六倍）に増加していた。しかし本県の観光は、夏季（海水浴）と寺社観光が中心で客数の五割近くを占めていた。今後の発展を図るには〝四季を通じての観光地化〟が課題となっていた。六七年度の海水浴客数は一〇九八万人であったが、その後は漸増、微減を繰り返していた。その原因は、①内房は汚物や廃油で海が汚れている、②外房は波が荒く遊泳禁止の日が多い、③海辺にプールなどの付属施設が少ない、④房総西線の複線化や電化が進まずアクセスが悪い、⑤宿泊出来る施設が少ないことにあった。

（二）観光開発計画

一期県政では京葉・東葛地域の工業や住宅開発、内陸地域の工業開発、成田空港建設に伴う北総開発が推進されたが、南房総地域の開発はとり残されていた。一九六七年（昭和四二）七月、知事は「二期目は南房総開発に本腰を入れたい」と表明した。五八年八月、富津岬から外房太東岬に至る延長一九〇キロメートルの海岸線と内陸部の鹿野山、清澄山などの区域が南房総国定公園に指定された。区域内には富津や館山、鴨川、勝浦市など一九市町村があり、面積は五六六〇ヘクタール（一七一二万二千坪）を擁している。南房総国定公園の特色は、温和で繊細な内湾風景と豪快荒削りな外洋風景、変化の多い海岸景観を主とし、丘陵の鹿野山や森林美の清澄山、日蓮上人誕生地・史跡誕生寺などがある。首都圏近郊の観光客も激増し、六二年は八〇〇万人であったが、六三年九五〇万人、六四年九九〇万人、六五年一一〇〇万人とウナギのぼりに増加していた。しかし区域内の観光施設の整備が遅れているため、訪れた観光客からは不評を買っていた。そこで県は道路公社や観光公社に委託し海面を埋立て遊園地やホテル建設、大規模駐車場の整備を行うことにした。すでに九件のホテル建設や海面埋立ての申請が県土木部に提出され、県開発審議会にかけられている。計画には夷隅郡御宿町の八階建てホテル建設、君津郡大佐沢町大坪山の観光開発、館山市北条海岸埋立て（六・六ヘクタール・二万坪）、安房郡富浦町高崎海岸埋立て（六・六ヘクタール・二万坪）などがあり、今後の観光開発が期待されている。

六八年五月六日、友納知事は「内湾の工業誘致は富津地区で打ち切り、今後南房総や九十九里の海岸線への工場誘致は極力抑制したい」との考えを明らかにした。これを受け六月二四日、川上副知事は南房総地域の振興を図るため、「南房総地帯振興協議会」を発足させ、観光開発を軸に道路整備、水資源開発、河川汚濁防止と保全を図る構想を明らかにした。協議会のメンバーは対象地域の市町村長や農林漁業・商工団体代表、学識経験者など二五人で構成された。開発に関する意見を纏め、一年以内に知事に答申することを明らかにした。

（三）観光拠点都市に大規模投資

一九六八年（昭和四三）七月二二日、知事は記者会見で「南房総開発の一環として一〇ヵ所の観光拠点都市をつくりたい。一ヵ所あたり一〇億円、一〇ヵ所で一〇〇億円の投資を行う」と表明した。そのため九月補正で三〇〇〇万円を予算化し、日本技術開発会社に対象拠点の観光施設の整備計画策定を委託した。整備は一〇ヵ年とし、来年度から順次計画を実施する。この計画は民間投資を含めると二〇〇億円以上となる。拠点となる場所は一〇ヵ所で、①君津郡君津町と大佐和町、②鹿野山及び房総山岳ブロック（含む三島ダム）、③安房郡鋸南町と富山町（含む鋸山）、④館山市と同郡富浦町（大房岬から洲埼《すのさき》灯台に至る地域）、⑤同郡白浜町と千倉町、⑥同郡鴨川町、⑦同郡天津小湊町（含む清澄山）、⑧勝浦市、⑨夷隅郡御宿町、⑩九十九里浜地区であった。このほか銚子市も一つの拠点として整備する。開発の基本は南房総国定公園と県立自然公園を広域観光ルートとし、交通体系の整備と合わせて観光施設の整備を行う。観光施設はホテルや水族館、海中公園、フラワーセンターなどで、自然を利用した多様性に富んだ施設を建設する。上下水道や駐車場なども都市並みに整備する。南房総地域は観光客が六六年度に一四〇〇万人あり、県全体の三六％を占めていた。観光客は八五年度には県全体で一億六千万人が見込まれていた。その内の半分は南房総地域が占めることになる。

（四）有料道路沿いにフラワーセンター

県は南房総有料道路フラワーライン沿いに大規模なフラワーセンターを設置する造園計画に着手した。同センターは県内で栽培されている四季の花や植木を全て集め、原種農場として良質な種子や苗をつくり栽培農家や観光客に普及させようと計画した。総事業費は三億円で一九六八年（昭和四三）秋に用地買収に着手し、七一年度中に全施設を完成させる計画とした。場所は館山市西崎から平砂浦《へいさうら》に至る房総フラワーライン沿いの山側で長さ一・三キロメートル、幅七〇から一三〇メートル、面積一三ヘクタル（三万九千坪）。このうち三分の一に当たる西崎寄りの四・三ヘクタル（一万三千坪）は県直轄の原種農場にする。ここではユリやアイリス、カーネーションなどを中心とした良質な原種を作り、市町村の採種舗や農協の共同育苗センターを通じて栽培農家に普及させる。花狩り場を設け訪れた観光客に販売する。県内の花栽培農家は六六〇〇戸、植木農家は九千戸、年間三〇億円の生産を行っている。県内で栽培されている花、植木の種類は一二〇種、三一〇余品目ある。これら全てがセンター内で観賞出来る。南房総の海岸線を走る有料道路は〝房総フラワーライン〟という名称であったが所々に花畑がある程度であった。期待して訪れる観光客をがっかりさせることもしばしばあった。有料道路沿いに大規模なフラワーセンターが出来れば、文字通りフラワーラインとなる。県立バードセンター、白浜グリーンパーク、亜熱帯植物園などの施設と合わせて南房総は一大観光地帯を形成することになる。

（五）鴨川地区、南房総観光開発の拠点に

鴨川町は観光資源の一つである神社仏閣や史跡などには恵まれていないが、美しい海浜と綺麗な空気、新鮮な食べ物をキャッチフレーズに観光保養地として宿泊施設の整備に重点を置いて来た。一九七〇年（昭和四五）一〇月、東洋一と言われる海洋水族館とイルカやアシカ、シャチなどのショーを観られる施設（現・鴨川シーワールド）が開園した。観光客の増加を見込み二年前から鴨川海岸沿いにホテル、旅館の新増設が続出していた。鴨川グランドホテルは工費一億三千万円で二二室増、一〇〇人宿泊可能に、鴨川シーワールドホテルは工費七億三千万円で七六室、四〇〇人宿泊可能に、相模屋旅館は工費五億円で一二〇室、六一〇人宿泊可能に、老舗の吉田屋旅館は工費一四億円で一七八室、一〇六七人宿泊可能な施設を完成させる。同町は観光客が年々増加し、年間四八万人（鴨川町観光協会調べ）を超える宿泊者数となった。七一年には二倍を超えると予想され、同町は南房総観光の拠点として飛躍が期待されていた。鴨川地区（天津小湊町、鴨川町、江見町）の漁業

と観光面の実績を比較すると当初優位にあった漁業はその位置を観光に譲り、天津小湊町は観光産業が年間一四億円に伸び、水産業一二億円、鴨川町は観光二〇億円、水産業一〇億円、江見町は観光五億円、水産業三億円となっていた。漁船や船具に投資しても漁獲物は流通機構の不備から大漁貧乏を繰り返したため漁業は後退し、他産業と格差は開くばかりであった。

10　空港建設の基礎造りと矛盾の拡大

一期県政最後の年であった一九六六年（昭和四一）七月、新国際空港は成田市に決まった。二期県政の重要課題は建設用地の確保や代替地、土地買上げ、騒音、アクセス、燃料輸送、反対派への対応（行政代執行など）であった。

（一）空港敷地の買収交渉

成田空港建設には条件付賛成派と絶対反対派がいた。条件付賛成派の中心は成田空港対策部落協議会（「対策協」、会長・岩沢正春、会員二六一人）と成田空港対策地権者会（「地権者会」、会長・神崎武夫、会員二五八人）であった。その他に人数は少ないが二団体あった。それは芝山町空港対策連絡会議地権者会（「対策連絡会」、会員三〇人）と多古町・鍬田空港対策委員会（「対策委員会」、会員一〇人）であった。一九六六年（昭和四一）九月一二日、対策協は空港建設に協力するには七項目の実現が前提だとして国と県に要望書を提出した。七項目とは、①土地買収価格は一千平方メートル（三〇三坪）当たり一〇〇万円以上とする、②代替地の場所や価格、土地面積を提示して欲しい、③代替地への移転は部落単位の集団移転を希望する、④騒音区域内の用地買収は空港敷地内と同一条件とすることなどであった。また地権者会も六七年五月一二日、県と空港公団（以下「公団」と言う）に四項目の要望書を提出した。四項目とは、①代替地の場所や面積、払い下げ価格の提示を、②代替地の造成計画を示し、国と県は助成を、③残地や騒音地域の買収価格は空港敷地内と同一条件とすること、④代替地への移転は部落単位の集団移転とすること。これらが適うなら空港建設には協力したいということであった。

（二）測量杭打ちの実施

一九六七年（昭和四二）五月四日、公団は知事に対し「二〇日から立入測量を行いたい」と通知した。一一日、県の斡旋で空港敷地の測量に向け地権者との第一回協議が行われた。条件賛成二派は協議に応じたが、反対派は参加を拒否した。同日の協議で条件賛成派は、①代替地の場所や面積、払い下げ価格の明示、②残地や騒音地域の買収価格は空港敷地内と同一条件で買い上げることなどを要望したが、公団は即答を避け、賛成二派に一五日、一七日に文書で回答すると約束し、協議は終わった。公団は両日に二派に回答した。その内容は、①払い下げ価格は買収価格より安くしたい、②代替地の場所は確保出来る、③騒音地域の買収価格は空港敷地内と同一価格となるよう努力したい、④買収価格は要望に近づけるよう検討中であるなどであった。六月一九日、条件賛成派との懸案事項を解決するため川上副知事が県成田土地改良事務所に常駐した。成田市大清水の牧場が用地提供を申し出たことにより地権者会の移転先は確保され、代替地配分交渉も解決した。同月二六日、大橋運輸大臣と友納知事が成田市役所で対策協と地権者会と会い、移転条件や立入測量の実施などについて話し合った。席上、騒音区域内農地は空港敷地内と同一条件に取り扱うことが決まった。八月一一日、知事は「条件賛成派から立入測量の承諾を得た」と発表した。同月一四日、二派は大橋運輸大臣や公団総裁、友納知事、藤倉成田市長などと会い、空港敷地内の外郭測量（基準杭打ち）に同意した。同二一日、知事は公団に対し土地収用法に基づく事業準備のため土地立入測量の承認を行った。その結果、九月以降公団は外郭測量を開始することが可能となった。同年一〇月一〇日午前五時五〇分、公団により外郭測量（駒井野地先山林、駒井野地先県道、三里塚地先県道）が行われた。杭打ちは空港用地を正確に実測するのが目的で、打ち込まれた杭は今後の建設作業や土地買収などの基礎となった。この作業により空港区域が確定した。一一月一五日、公団は一六本の基準杭打ち作業が全て終わり、「外郭測量は完了した」と発表した。外郭測量により新空港建設作業が開始された。

（三）空港建設反対の闘い

次に空港建設は実施する国や県、公団などとそれに反対する地域住民の闘いとなった。約三四〇戸の農家は建設反対組織に参加し闘った。三里塚芝山連合空港反対同盟（以下「反対同盟」と言う、代表・戸村一作）である。当初、反対運動は幅広い層の闘いであった。しかし建設予定時期が決まると公団の態度は厳しくなり、それに反対する住民側は闘い方をめぐって亀裂が生じた。強行戦術を求める学生達も加わり、反対同盟の行動は過激となって行った。しかし過激な行動は多くの県民から支持されなくなって行った。

(1) 反対同盟と民主勢力との共同の闘い

成田空港決定以前に闘われた富里空港建設反対の闘いでは、町長や村長、議会、政党も参加し地域ぐるみの幅広い闘いが展開され、政府の内定を撤回させた。成田空港建設反対の闘いも当初はその経験を生かした闘いが行われた。一九六七年（昭和四二）八月一五日、空港反対同盟、三里塚国際空港反対千葉県共闘会議（労働組合や社会・共産党などの革新政党が参加）が「三里塚空港粉砕、強制測量実力阻止八・一五平和集会」を千葉市内で開催した時は、一千人以上が参加し、三〇〇人の反対派農民が県庁に座り込みを行うなど幅広い闘いを展開した。

(2) 三派全学連の参加

一九六七年（昭和四二）八月一六日、反対同盟戸村代表は「あらゆる民主勢力との共闘が必要だ」とし、三派全学連（マル学同中核派や社学同派、社青同解放派で構成した学生自治会組織）の支援を受け入れることを表明した。一〇月一〇日の公団による杭打ち作業は反対同盟と支援学生との最初の実力阻止闘争となった。反対同盟と支援学生一二〇〇人は杭打ち作業場所に座り込みを行った。この行動で農民や一部支援者（含む学生）と県警察機動隊との間に流血事件が発生した。「そうした実力阻止行動に共産党や支援者はついて行けない」と批判された。

（3）反対運動に亀裂

同年一二月一五日、反対同盟は「共産党の支援は受けない」と総会で決定した。ここに至り空港建設反対運動に亀裂が生まれた。六八から六九年にかけて全国の大学や一部高校で授業料値上げ反対、授業内容の改善、学校運営の民主化を求めて学園紛争が起こった。全国の大学で大学の民主的運営や日米安保条約延長反対を求めて集会やデモ行進などが行われた。県内でも日本大学生産工学部で学内バリケード封鎖（六九年一月）、千葉大学医学部でストライキ（同年二月）、同大学本部占拠（同年四月）、県立千葉東高校で学校封鎖（同年五月）、千葉高校で教室封鎖（同年一〇月）に機動隊が出動し、女子生徒など九人が逮捕された、薬円台高校でも学校封鎖（同年一一月）の動きがあった。こうした学生達の動きは反対同盟の闘い方にも大きな影響を与えた。六八年二月二日、反対派は成田市役所近くの公園で空港建設反対集会を開催した。この集会に「三派全学連」が初めて壇上で挨拶した。これ以降、空港建設反対闘争は実力で阻止する戦術がとられるようになり、民主的勢力との亀裂は一層拡大した。同月二六日、反対同盟や三派全学連、砂川基地拡張反対同盟共催の「三里塚空港粉砕・砂川基地拡張阻止二・二六総決起集会」が成田市営グラウンド（現・栗山近隣公園）で行われ一千人が参加した。学生たちは市役所に併設された空港公団分室への突入を図り、千葉県警機動隊との乱闘騒ぎとなった。学生二四人が公務執行妨害で逮捕された。反対同盟戸村代表も怪我をし、成田赤十字病院に入院した（第一次成田デモ事件）。三月七日、成田市や同市議会、同教育委員会など一〇団体は反対同盟や三派全学連、反戦青年委員会に対し「暴力行為の取り止め」を要望した。三月一〇日、空港反対同盟と全国反戦青年委員会共催で「空港粉砕・ベトナム反戦総決起集会」が成田市営グラウンドで行われ、四五〇〇人が参加した。集会後、機動隊とデモ隊が衝突した。市役所の窓ガラスが破損し、学生や野次馬によって商店や住居が荒らされ、周辺住民から怒りをかった。一五〇人以上の逮捕者や一千人以上の負傷者が出た（第二次成田デモ事件）。同年九月、社会党第三一回全国大会が開催され「以後いかなる闘争においても過激派とは共闘しない」と決めた。ここに至り反対同盟の闘いは社会党や共産党、労働組合、支援団体など民主的勢力とは絶縁関係となった。六九年一一月、公団に対するブルドーザーを使った阻止行動では戸村代表などが逮捕された。七〇年二月、反対派の土地への立入検査では少年行動隊が抗議の同盟休校（要求を掲げ授業をボイコット）を行った。七一年一月、代執行に備えて反対派は地下壕を掘削するなど行動をエスカレートさせた。

（四）用地買収進む

（1）代替地

県は代替地として国有地と県有地で二一〇㌶（六三万五千坪）、民有地一九三㌶（五八万四千坪）、合わせて四〇三㌶（一二一万九千坪）を用意した。この面積は空港敷地内住民の要望に充分応えられる面積で、集団移転も可能となった。しかし、敷地内住民の建物や宅地、畑、山林原野などの払い下げ価格（買収額）は決まっていなかった。当初、条件付き賛成二派に対しては空港建設に伴う補償金は外郭測量実施前に解決する方針であったが、空港建設の時間的制約（開港期日など）や税制上の問題（翌年一月一日が租税措置法の施行日）などから補償条件を残して公団の外郭測量は行われた。

（2）買上げ価格

敷地内住民の要望は、代替地価格は「買収価格よりも安いこと」が条件であった。県は地元民が最も注目している問題だけにその算定に苦慮していた。一九六七年（昭和四二）五月、県は、民有地を一千平方メートル（三〇〇坪）当たり六〇万円で買上げ、空港建設協力費という名目で一〇万円上乗せし七〇万円にしたいとしていた。一方農民側の代替地購入価格は一千平方メートル当たり五〇万円位なら良いと考えていた。同年一〇月二三日、公団は条件付き賛成二派に対し買収価格を提示した。その内容は一千平方メートル当たり宅地一五〇万円、田一二〇万円、畑一一〇万円、山林原野一一五万円であった。六八年四月六日、中曽根運輸大臣や友納知事立会いのもと、条件付き賛成派四団体と公団との間で「用地売り渡し覚書」が締結された。買収価格は一千平方メートル当たり宅地二〇〇万円、畑一四〇万円、田一五三万円、山林林野一一五万円に決まった。

また畑の代替地購入価格は七〇から九〇万円となり、買収価格の三分の二程度に抑えられ用地提供者側の要望に応えた。

公団は用地提供者に対し転職や就職の斡旋、空港内の営業権の保障、代替地を早期に造成すると約束した。買収価格が段々と引き上がって行ったのは、①六七年一〇月の杭打ち作業以降、反対派の激しい運動が影響したこと、②新空港建設の起工式が決まっているため賛成派とは早めに妥結し、反対派への説得工作に当たりたかったことにあった。第一期工事（四千メートル滑走路とターミナルビル建設）に必要な用地は、民有地二八二ヘクタール（八五万三千坪）と国有地（御料牧場）二二八ヘクタール（六九万坪）の計五一〇ヘクタール（一五四万三千坪）であった。すでに民有地二〇〇ヘクタール（六〇万五千坪）は買収済みで、七二ヘクタール（二一万八千坪）は近く買収が行われる予定となっていた。残り一〇ヘクタール（三万坪）は反対派農民の土地と一坪運動の土地（支援者が農家の土地を一坪所有する）土地だった。当初の土地所有者七〇〇人は、一二〇〇人になっていた。[19]

（五）空港建設の諸課題

（1）本体工事に着手

第一期工事はA滑走路を中心に誘導路とエプロン（駐機場）、乗客や貨物のターミナルビルを建設する工事であった。その工事に使用される砕石や砂利、セメント、アスファルトの量は一二五〇万トンであった。それを運ぶため資材専用道路や資材輸送鉄道工事が行われた。A滑走路（長さ四千メートル、幅六〇メートル）はボーイング747など大型飛行機に対応する滑走路であった。一九六九年（昭和四四）九月二〇日、A滑走路の工事が鹿島建設と熊谷組によって開始された。旅客や貨物ターミナルビルは旅客数年間五四〇万人、貨物量四五万トンと見込み計画された。規模は羽田空港の三倍となった。ターミナルビル建設工事は七〇年から開始されたが、反対同盟の抵抗にあい第一期工事は七四年（昭和四九）に完成となった。

（2）騒音対策

空港開港時の最大の課題は航空機の騒音問題であった。県国際空港騒音対策室は騒音対象地域を千葉県北部の利根川べりから九十九里海岸までの九四〇〇ヘクタール（二八四三万五千坪）を防音工事対象区域とした。この区域で防音工事が必要とされる民家は四一六〇戸であった。そのため県は飛行高度から九〇ホン地区、八〇ホン地区、七〇ホン地区を設定し対策を検討した。騒音区域は、①滑走路隣接地域（九〇ホン地区）、②滑走路周辺地域（八〇ホン地区）、③滑走路から離れた延長地域（七〇ホン地区）とした。また騒音地区内の代替地や買収、夜間飛行禁止時間の設定などに取り組んだ。一九六七年（昭和四二）三月、知事は大橋武夫運輸大臣に騒音対策などで七項目の要望書を提出した。

①代替地の斡旋

県や公団の騒音地域に対する基本的な考えは、①宅地や農地は希望があれば買い上げる。価格は空港敷地内と同じ価格とする、②宅地は代替地を斡旋する、③農地は斡旋しないであった。しかし一九六七年（昭和四二）

七月二四日、知事は「騒音区域内農家は代替地を希望する者が多いので、農地の代替地の斡旋を行うことにした」と発表した。同月二五日、川上副知事は「代替地の払い下げ価格は、原価プラス造成費で払い下げる。空港用地買収価格と大差がなくなるようにしたい」と述べた。しかし、成田市や富里村などの代替農地の取得は不可能となっていたので、場所は大栄町や多古町などを候補地とした。

② 農地の基盤整備

滑走路周辺地域（八〇ホン地区）内には成田市など五市町村（成田市久住と中里地区、芝山町、大栄町、多古町、下総町）に七千戸の農家があった。総面積は四三六八ヘクタール（一三一万三千坪）であった。これらの地域は農業が中心で、騒音被害はあるが空港建設で恩恵を受けることはなかった。特に谷津田が多く、用水も天水利用とあって生産性が低かった。そこで県は公団や農林省と協議し、この地帯の農作物の生産性を高めるため土地改良や排水施設完備などの基盤整備事業を行った。総事業費は九四億円（国五七億円、県二〇億円、公団一七億円）で一九六九年度（昭和四四）を初年度とする六ヵ年計画で実施した。六八年四月の時点で農家一戸当たりの年間平均所得は四五万円であったが、完成すると一三〇万円以上と三倍近い所得の向上が見込まれた。

③ 防音工事の実施

一九七一年（昭和四六）二月、県は滑走路周辺の騒音地区内に防音施設を整備するため実態調査を行った。A滑走路の先端二キロメートル、両幅六〇〇メートル内に四四〇戸の家屋があった。この地区には空港建設に反対する農家が多かった。県は公団から委託を受け、調査結果に基づき、①移転を希望する居住者の土地は空港敷地内と同一価格で買収する、②移転を希望しない居住者の家屋には防音設備を施すことにした。同年一二月、県議会で知事は「防音工事費として一戸当たり県費七〇万円、金融国庫融資四五万円、計一一五万円を充てたい」と答弁した。しかし、県空港騒音対策室は「一般家庭は木造のため工事費は一坪当たり一〇万円かかる、②農家は八から一〇畳の広い部屋が多いので、一一五万円で家屋全体の防音工事を行うのは難しい。一一五万円では寝室か勉強部屋程度となってしまう」と考えていた。反対同盟北原鉱治事務局長は「知事が示した防音工事費には誠意が見られない。騒音地域には二〇万人が住んでいる。この程度の防音工事ならやらない方がマシである。我々はこんなゴマカシの騒音対策を認めるわけにはいかない」と述べた。騒音区域以外でも授業に支障が出ることを考慮し、小中学校二二校や公民館など四施設、その他病院などに防音工事が行われることになった。

④夜間の飛行制限

一九七〇年（昭和四五）八月一二日、県は「航空機騒音は公害だ」として国へ四項目の要望書を提出した。四項目は、①飛行機の運行時間は夜の一一時を一〇時までにして欲しい、②滑走路先端の横二千、縦四千《メートル》内の土地利用計画を作り、この区域は工場や流通施設、牧畜などの土地とすること、③周辺民家は防音施設の対象とし、寝室や居間の防音に助成すること、④航空機企業に対し騒音防除のための技術開発を義務付け、防音対策費の負担を命ずることなどであった。七一年一月、県の要望を受け橋本龍太郎運輸大臣は「飛行機は午後一一時から午前六時までは飛ばさないが、国際空港なので一〇時までには出来ない」と知事に回答した。同年二月二七日、公団は騒音防止法に基づき学校の防音工事を開始した。

⑤空港へのアクセス

乗降客の都心へのアクセスには、電車（国鉄と京成電鉄）や高速道路、成田新幹線建設が検討された。

（あ）電車利用の場合

国鉄は総武本線成田駅を整備し、千葉駅を経由して東京駅に行くダイヤ改正を計画した。京成電鉄は成田空港地下駅を新設し、京成上野駅を経由し東京駅へ行く路線を計画した。

（い）高速道路の建設

一九六六年（昭和四一）七月一日、新空港自動車道路（現・東関東自動車道、成田空港―東京都心間）が国の幹線予定道路線となった。六七年一一月二二日、政府は国土開発幹線自動車道建設審議会（会長・佐藤首相）を開

き、新空港自動車道路建設計画を決定し、六車線、速度は時速一二〇キロメートル以内と決めた。六九年五月から用地買収が開始され、一九七一年（昭和四六）四月の空港開港までに完成させる予定とした。この道路の完成で中央区日本橋—首都高速（六・七号線経由）—京葉道路—成田空港までが五九分で到着可能となった。

⑥飛行機燃料の輸送

一九六六年（昭和四一）一二月、公団は千葉港近くの埋立地に四・四ヘクタール（一万三千坪）のジェット燃料基地（四千トン級一基、二千トン級二基のタンク）を建設した。燃料は千葉港の油送船用岸壁に係留した艦船から燃料基地に貯蔵し、四七キロメートル離れた成田空港まで一時間に五トンの油送能力のある直径三五センチのパイプライン二本で運ぶことにした。輸送ルートは新空港自動車道路の直下に一・五メートルの深さを掘り、パイプを埋設する方法であった。パイプライン建設は千代田化工と日本鋼管の共同出資で設立したパイプ・ラインエンジニアリング社であった。また空港側にも給油基地として四トン（新空港一日平均使用量の七日分）を貯蔵するタンク群を建設した。六九年一二月、公団は建設省と日本道路公団にパイプライン埋設許可の申請を行った。七〇年五月、建設省は、「ジェット燃料はガソリンとケロシン（石油を常圧蒸留した際に得られる成分）の化合燃料が常温で引火しやすい状態になるため、事故車がパイプを破損した時は引火し爆発する危険がある」と埋設に難色を示した。同年四月八日に大阪市で天六ガス爆発事故（死者七九人、重軽傷者四二〇人）があったこともあり、建設省は「安全性が確認されない場合は埋設は認められない」と回答した。新聞報道でパイプライン埋設の動きを知った沿線住民からも不安の声が上がった。七〇年六月二七日、公団は「パイプラインは一・五メートル以上深い地下に埋設するので地上からの影響を受けることはない。これまで青森県三沢空港などで実施しているが事故は一度も起きていない。パイプは強度の高い圧力配管用炭素鋼鋼管を使用するので、都市ガスや水道に使用されている鋳鉄管とは強度が違う。継目は電気溶接を行いX線検査や水圧検査を行うので漏油の心配はない」と断言した。公団は建設省の指導に従い、保安対策として、①パイプラインに必要な標識を付ける、②障壁などの防護施設を設ける、③僅かな漏油でも探知する漏油探知装置や地震探知装置を付け、漏油や地震時は自動的に輸送が停止し、緊急バルブが閉鎖されるなどの対策を行うことを条件に工事施行許可を得た。一二月一九日、千葉港で給油施設工事が開始された。また二五日、空港内の給油施設工事も開始された。パイプライン埋設工事には道路管理者である沿線市町村長（成田市や富里村、酒々井町、佐倉市、四街道町、千葉市）の道路専用許可が必要となり、今後も紆余曲折が予想された。

⑦ダンプ公害の発生

一九七一年（昭和四六）四月の開港を前にして、空港敷地と成田市土屋の資材置き場を結ぶ資材専用道路の工事が大幅に遅れていた。六九年五月、道路建設工事（四・二キロメートル）が開始されたが反対同盟の農家の土地があり、用地買収の拒否にあい三四〇メートルの工事が出来なかった。そのため資材は国鉄成田駅と資材置き場を繋ぐ資材輸送鉄道と県道成田―小見川線（県道四四号線）を使用し、大型ダンプ（一一トン車）五〇〇台で資材を輸送した。七〇年七月、資材輸送を開始した。四四号線はダンプ同士がやっとすれ違える程の狭い県道（幅六メートル）であった。特に国道五一号線と交差する同市寺台から駒井野の空港敷地に通ずる大清水三叉路までの三キロメートルは、一日の交通量が従来の二倍、五千台に達していた。この区間をダンプがピストン輸送した。道路渋滞や砂ボコリが舞い上がり迷惑を被っているのは沿道住民やマイカー利用者だった。特に沿道にある遠山小や三里塚小、遠山中に通学する生徒は危険だった。そのため公団は三校の全校生徒をスクールバスで登下校させた。

（六）空港建設反対派への対応

（1）知事、反対同盟代表と初会談

第一期工事予定用地内には、空港建設に反対にする農家（一九七〇年時点で三四〇戸）の土地と一坪運動所有者の土地一〇ヘクタール（三万坪）が存在した。それらの農家は六六年七月に結成された反対同盟に参加して闘ってい

た。反対同盟は空港建設反対やそれに伴う土地収用等に反対する地域住民により結成された。戸村は初代代表に就任した。戸村自身は農家ではなかった。父が三里塚で経営していた鍬や鋤、鎌などの販売店・戸村農機で働いていた。戸村はクリスチャンであった。六六年一月に成田市に空港が決定した頃からその信仰に基づき反対運動に参加していた。県内のキリスト教会を中心に空港反対運動の支援を求めて回っていた。店には自らが結成した「富里空港反対キリスト者連盟」の看板を掲げていた。そうした活動が評価され反対同盟が結成された時、皆から推薦され代表に就任した。戸村は一時社会党に入党したが、新左翼学生との繋がりが深まると離党した。以前から友納知事は戸村代表に会って話をしたいと考えていた。同年七月二日、朝日新聞の仲介で戸村と会った。しかし両者の考えには隔たりが大きく物別れに終わった。

(2) 県収用委員会の土地明け渡し命令

一九六七年（昭和四二）五月二一日、公団は県の斡旋で空港敷地の測量に向け地権者と協議を行ったが、反対派は参加を拒否した。それ以降、空港敷地内の反対派の立入測量は行えず建設工事が出来なかった。その間、公団は新空港の早期建設を政府に急き立てられ、公権力による用地取得（土地収用）を実施する手続きを準備していた。六九年一二月一六日、公団は坪川信三建設大臣から土地収用法に基づく新東京国際空港建設事業の認可を受けた。これにより空港建設は公共事業となり、地権者（反対派農家）の意思にかかわらず、千葉県収用委員会の議決を得れば、行政代執行を行い県知事の権限で土地取得が可能となった。七〇年二月一九日、公団は県収用委員会へ申請する土地調書と物件調書を作成するため買収地へ立入調査を行った。これに対し反対派は子供を含む家族総出で抵抗した。同年三月三日、公団は滑走路予定地の北端の谷津田の一坪運動共有地六筆、計一四八九平方メートル《メートル》（四五〇坪）について収用委員会に権利取得と明け渡しを求めて申請を行った。六月一二日、収用委員会第一回公開審理が千葉県総合運動場体育館で開始された。八月二六日、収用委員会は現地調査を実施した。一〇月七日、公団は「用地取得のため公共用地の取得に関する特別措置法を適用する」

と発表した。同月二四日、第五回収用委員会公開審理が行われたが、反対同盟はボイコットし、公団による意見陳述のみで公開審理は結審となった。一二月二六日、収用委員会は「反対同盟は採決の遅延を図ることを目的とし、正常な意見を述べる意思を持たないものと判断し審理は打ち切る」とし、「権利取得と明け渡しの期限は七一年一月三一日まで」と決定した。

(3) 第一次行政代執行

一九七一年（昭和四六）一月一四日、公団は損失補償金一九〇万円の支払いを開始したが、地権者は現金書留の受け取りを拒否した。同二三日、知事は代執行を前に反対同盟戸村代表と会談したが議論は平行線に終わった。同盟は期限の一月三一日になっても明け渡さなかった。二月一日、公団は知事に行政代執行を要請した。翌二日、知事は「同月一二日まで」と期限を定め、「それまでに明け渡さない場合には行政代執行を行う」旨の戒告書を地権者に送付した。それでも明け渡さなかったため「二月二二日から三月一四日までの間に代執行を行う」旨の代執行令書を送付した。二二日から代執行が始まった。反対同盟は立ち木やバリケードに身体を縛り付け撤去を拒み、予め掘ってあった穴に立て籠もり代執行に抵抗した。また周辺地域にビラや宣伝カーで緊急事態を訴えた。それを聞きつけた住民や支援者が集まり、その中には陣中見舞いを持った友人やすでに自分の土地を売り渡した条件付き賛成派農民もいた。代執行の状況は第三章の成田空港の項で明らかにしたい。

友納知事の著『続・疾風怒涛』に当時の関係者の思い出が寄せられていた。知事の下で六八年四月から七五年一月まで県企画部長や教育長として知事と一緒に仕事をした大橋和夫（船橋市長）の寄稿文である。その要旨を紹介したい。

「昭和四六年二月から三月にかけて成田空港の第一次代執行が行われた。一月に知事が三里塚御料牧場内の宮内庁建物内で反対派の人達と直接会うことになった。反対派の人達は父祖伝来の土地は絶対渡さんと殺気が漲っていた。知事が現地に行って地元の人達と会うのは非常に危険が伴う微妙な時期であった。県側は知事以下一〇人足らず、地元の人達は一〇〇〇人を越す数である。もし不測の事態が起きれば袋叩きにあうか、それ以上のことも考えられる。それでも知事は反対派の人達と会うと決断された」、「私達は不測の事態の場合、知事だけは助けなければと、机と人で守ることになった。乱闘国会を経験して得た私の知識を生かして、まず机を沢山並べて可能な限り通路を狭くした。知事と地元の人達の間に報道関係者を挟む格好をとった。もしもの場合でも地元の人達は報道陣を踏み越えてまで攻めかかっては来ないだろうし、これなら一触即発の際にも知事を救い出す多少の時間は稼げる」、「現地へ行く二日前、知事さんは私達同行者数人を呼んで話された。ちょうどその時期に三島由紀夫が自刃した事件（注・一九七〇年一一月二五日）があった。〝我々も軍服を着て記念写真を撮り、辞世の歌を詠んで水杯をし、スエヒロのビフテキでもたらふく食べて別れよう〟と笑いながら言われた。私達は、知事の笑顔の中にいつもと違った緊張感が潜んでいることを感じた」、「危惧された現地の話し合いは、実に厳しい雰囲気の中での話し合いだったが、予想されたトラブルも起きずに無事終えたのである」[20]。

おわりに

友納二期県政で東京湾岸開発は富津地区埋立地の工業開発を除いて全て終了した。県政の最大の課題は成田空港建設と北総開発となった。知事は北総開発局を設置し、成田ニュータウンや千葉ニュータウン造成など住宅政策を推進した。空港建設では農家の用地買収や代替地確保、騒音対策などが中心となった。また空港建設反対派との間では用地測量や土地収用、行政代執行など初めて経験する難問に遭遇した。反対派は建設が進むにつれ行動をエスカレートさせ、流血事件もたびたび発生した。行政代執行を前に知事周辺は緊張状態に包まれた。一期県政で進めた工業開発は公害が県民の健康を蝕み、反対運動が各地で発生し、知事は公害対策に取り組まざるを得なくなった。東京電力銚子火力発電所誘致では与党自民党県議会議員から「誘致反対」が表明された。知事は「富津地区埋立地には公害を出さない企業を誘致したい」と表明した。知事を支え続けた三井不動産などからも反発の動きが生まれた。二期目の県政は知事を支える自民党県議団内で反支持派（川島副総裁系）が主導権を握り、知事支持派は劣勢であった。知事を支え続けた菅野儀作も県議会議員から参議院議員となり県議会から去ってしまった。自民党県議団の内部対立は激しくなり、知事の政治的基盤はさらに弱まった。それでも県財政は好調であったため起債などを増額し、公共事業や県立ガンセンター建設、袖ケ浦社会福祉センター建設などに取組むことが出来た。知事は二期目最後の九月県議会で野党議員の「三期目の知事選に出馬する気はあるか」との質問に対して「検討中である」と態度を明らかにしなかった。知事の優柔不断な態度を見た川上副知事は、川島派議員に推され「次期知事選に出馬したい」と表明し一度辞職した。その直後、川島副総裁が急逝した。自民党は分裂を心配し、川上副知事に辞表を撤回させた。その結果、友納知事は三選に出馬することになった。

注

（1）千葉県立中央図書館蔵　『千葉県の歴史・通史編 近現代3』（千葉県、二〇〇九年）六一六〜六一八頁
（2）千葉県選挙管理員会　「過去の千葉県議会議員選挙（一般選挙・補欠選挙）の結果」より作成
（3）前掲図書館蔵　「千葉日報」一九六七年五月八日付
（4）前掲図書館蔵　「千葉日報」一九六七年八月二七日付
（5）前掲図書館蔵　「千葉日報」一九六七年九月五日付
（6）前掲図書館蔵　千葉県自然保護連合『房総の自然を守る　第3集』（二〇二一年）一二一頁
（7）君津選挙管理委員会事務局にメールで照会　二〇二四年七月一二日回答
（8）前掲図書館蔵　「千葉日報」一九七〇年一月一〇日付
（9）前掲図書館蔵　「千葉日報」一九七〇年四月八日付
（10）前掲図書館蔵　「朝日新聞千葉」一九六七年九月二六日付
（11）前掲図書館蔵　『千葉県統計年鑑　令和三年』（千葉県総合企画部）二〇二一年三月
（12）前掲図書館蔵　友納武人著『続・疾風怒涛』（千葉日報社、一九八四年）六六〜六七頁
（13）前掲図書館蔵　「千葉日報」一九六八年一月一三日付
（14）前掲図書館蔵　「読売千葉」一九六八年二月一六日付
（15）前掲図書館蔵　「朝日新聞京葉」一九六九年六月一五日付
（16）前掲図書館蔵　『戦後船橋と市職労の五〇年』（自治労連・船橋市役所職員労働組合、一九九七年）四三七〜四四〇頁
（17）前掲図書館蔵　「読売千葉」一九六八年九月七日付

（18）前掲図書館蔵『続・疾風怒涛』一三頁
（19）前掲図書館蔵「朝日新聞千葉」一九六八年四月七日付
（20）前掲図書館蔵『続・疾風怒涛』一七七〜一七九頁

第三章　経済危機に見舞われた友納三期県政

一　知事選挙の動向と結果

1　知事選をめぐる動向

一九七一年（昭和四六）三月一七日告示、四月一一日投票で第八回千葉知事選挙が行われた。同日に千葉県議会議員選挙も行われた。

（一）もめた自民党の候補者選び

一九七〇年（昭和四五）二月二六日、千葉市内で開かれた千葉日報社主催・千葉政経懇談会の講演で、川島正次郎党副総裁は「来年春の知事選の自民党公認候補として友納武人・現知事を推薦するのが最も適切である」、「現段階では同知事以外適任者はいない」、「新東京国際空港建設に尽力し、その努力と手腕は高く評価される」と述べた[1]。副総裁の立場にあり、また党県連の最大派閥である川島が公式の場で明確にしたのは初めてであった。しかしこうした発言があっても友納知事は同年一一月まで出馬の態度を明らかにしなかった。その理由は県連内で推薦を簡単にはとれない事情があった。①県議会に自民党議員が四六人いた。川島派は染谷誠県連幹事長を中心に二二人で「正風会」を組織していた。友納知事を支援する反主流派は菅野儀作参議院議員を中心に一六人で「政策研究会」を組織し少数派であった。また水田三喜男党本部政調会長（元大蔵大臣）を中心とした水田派は四人で川上副知事を知事候補にしたいと動いていた。残り四人は中間派で主流派と連携し行動していた、②友納知事は時々「知事職は二期までがよい」と公言していた、③開発を中心とした県政を推進したため各地で公害問題が発生し、友納県政への批判の声が強くなっていた。それらが三選出馬の決意を躊躇させていたのである。来春の知事選挙は東京都や北海道、鹿児島県など一八都道府県で行われる予定となっていた。すでに自民党本部は六月に第一次公認八人、七月に第二次公認二人を決めていた。九月議会では与野党議員から「友納知事は来春の知事選に立候補する考えはあるのか」との質問が出たが、知事は「熟慮中」としか答えず態度を明らかにしなかった。

一〇月一七日、県選出自民党国会議員懇談会（以下、「国会議員会議」と言う）が自民党本部で開かれた。川島や千葉三郎、水田、伊能繁次郎、山村新治郎、浜田幸一、菅野の衆参両議員が出席し、座長は千葉県連会長が務めた。冒頭、染谷県連幹事長は「県連内には友納三選支持、反対の両意見がある」、「友納知事は二、三人の県議会議員に〝疲れたので来期は出馬を考えていない〟と発言している」と報告した。この発言を多くの出席者が〝知事は交代を考えているのではないか〟と受け止めた。代わりの知事候補として川上紀一副知事、宮沢弘自治省行政局長（元千葉県副知事）、山本力蔵（新東京国際空港公団副総裁・元小見川町長）、茂木啓三郎（千葉テレビ放送社長・キッコーマン社長）の名が上がった。次に話題は友納三選を支持するか反対するかとなった。川島から「今日は賛否両方の意見が出た。この場では決めずしばらく時間を置こう」との提案があり、知事候補の決定は保留となった。今後の対応は千葉県連会長、川島党副総裁、水田党本部政調会長の三者に一任することを決め散会した。

一一月九日、川島副総裁が急逝した（八〇歳）。当日予定していた三者会談は中止となった。翌一〇日、自民党県連は自民党本部で緊急国会議員会議を開き、知事選など当面の問題を協議した。最初に知事選では千葉県連会長からこの間の経過が報告された。要旨は一〇月一七日の三者会談で、①候補者は〝県内出身者の中から広く人材を求めること〟で意見が一致した、②川島から茂木啓三郎の名が出されたので、電話で打診したが茂木は固辞した、③川島から〝官僚出身以外の者が良い〟との発言があり、塚本清（総合商社塚本総業社長、千葉そごうオーナー）の名が出され、山村代議士が川島の代理として塚本と会った。一一月九日、塚本から「①国会議員全員が推薦してくれること、②友納知事を国会議員に転出させること、③それまでの間は公団総裁のようなしかるべき処遇をすることの三条件が満たされるならお受けしたい」との返事があった。その報告を受け国会議員会議は知事候補者は友納知事、川上副知事、塚本清の三人を対象に議論した。出席者の大勢は友納現知事を推す空気となったが、水田は反対した。反対理由は「知事は京葉工業地帯への企業誘致や銚子市への東京電力進出、富津埋立地への三井・三菱の進出などでは国会議員に相談もなく、事後承諾の報告が多い」ということであった。しかし水田の発言に賛成した渡辺一太郎参議院議員（元千葉県副知事）以外に友納三選反対者はいなかった。川島派の染谷県連幹事長も「友納以外にいない」という態度で友納反対の態度を示さなかった。水田は友納反対に固執していては状況が不利になると判断した。国会議員会議の結論は「友納知事と川上副知事の心境を聞いた上で改めて協議しよう」ということで散会した。

（二）友納知事と川上副知事が対立

一一月一六日、友納知事は川上副知事に「一七日に開かれる国会議員会議で結論が出るそうだが、もし君に出馬の気持ちがあるなら私は君を推してもよい」と述べた。川上副知事は「相談したい人がいるので少し待って欲しい」と即答を避けた。翌一七日、川上副知事は「友納知事が推してくれるなら出馬させて欲しい」と回答した。友納知事は「それなら責任をもって推そう」と述べたという(2)。一一月一八日、国会議員会議は自民党本部に友納知事と川上副知事を招き、二人の意思確認を行った。友納知事は「知事職は二期までが妥当だと思っているが、私には公害や新国際空港問題など残された課題がある。県民に対する義務、使命感として三選出馬を考えている。だからといって三選にこだわっているわけではない」と述べた。川上副知事は「友納知事が推薦してくれるなら知事選に立候補したい」と述べた。これを受け国会議員会議は対応を協議した。結論は、①両者の対立は極力避け円満に解決させること、②塚本清も引き続き対象候補にすること、③これらの調整は千葉県連会長と染谷県連幹事長の二人に一任することを決め、一一月二四日に再度国会議員会議を開き協議することで散会した。

一九日、友納知事と川上副知事が県庁で個別に記者会見を行った。友納知事は「各方面に誤解を招くような発言をしたのは全て私の責任だ。川上副知事に〝あなたが出るなら私が引く〟と言ったと伝えられているが私なりに反論したいこともあるが、水かけ論になるのでしない。これまで私は党内主流派の川島派と相対する立場にいた。最近知事選に関しては川島派も支持してくれそうな情勢になって来たと思っている。県民も公害や空港問題もあり、引き続き私が知事になることを望んでいるようだ。私の個人的な意思で知事を辞めてはならないと思った。自民党の公認がもらえ、三選されればこうした問題解決に全力を尽くしたい」、「私と対立する形になっている川上副知事には、引き続き副知事の座に留まって欲しい。川上副知事は有力な私の後継者の一人だと思っている。こんなことで仲違いはしたくない。今度の騒ぎの責任は全て私にあるので謝りたい」と述べた。川上副知事は「副知事である以上、公式の場で友納知事と争うことは好ましくないと思っているが、党の公認をもらって立候補したいという気持ちに変わりない。友納知事は〝川上君を推薦する。公認されるよう最大の努力をする〟と言ってくれた。友納知事は支持してくれると思う。近く私の進退や県政に対するビジョンを含め立候補宣言をするつもりだ」と述べた。知事公認問題は去る二月の川島発言から「友納三選」が既定の事実となっていたが、友納知事が正式表明をしなかったことで情勢に変化が生じ、川島副総裁の急死もあって結論を出せないまま持ち越されていた。その結果、立候補者の選定は友納知事、川上副知事、塚本と三人が候補者線上に並び、かえって党内の混乱を招いたのであった。

二〇日、国会議員会議だけで知事候補を決めてしまうやり方に対し、自民党県議団の中から批判の声が上がった。県議有志九人は、これまでの選考過程は、①県連役員会で経過報告が一回あっただけである、②県民の代表である自民党県議団には一切相談がない、③二四日の国会議員会議で決定する予定となっているがその決め方には納得出来ないと千葉県連会長に抗議文を手渡した。名を連ねた議員は井上裕や倉田寛之、坂井時夫、鈴木忠兵衛、高橋誉冨《たかよし》、柿沢正毅、渡辺実、渡辺多門、鎌形敏夫であった。

二一日、川上副知事は友納知事に辞表届を提出した。川上副知事は「現職の知事と副知事が公認を争うことは、県庁という組織上好ましくない。私は副知事の職を退き、公認調整の場に臨むべきだと考えた。今後いかなる慰留があっても辞意は変わらない」と述べ友納知事に辞表届を提出した。これに対し友納知事は「現在まだ調整段階であり、辞表届は受理出来ない。思い留まって欲しい」と慰留した。友納知事は川上副知事の意思は固いと判断し、とりあえず松本健仁総務部長の手元に辞表届を預けた。しかし辞表届は法的に一二月一一日で期限が切れるため、今後の取り扱いが注目された。

二二日、自民党県連会館で県議団総会が開かれた。これは先に九人の議員有志から〝知事候補の人選は国会議員によってのみ決めるべきではなく、党の総意を反映して欲しい〟との申し入れに基づき開かれた。会議には党議員団四六人の内、三三人が出席した。染谷県連幹事長がこの間の経過を報告し協議した。会議では誰を推すとか、特定の候補名は出なかった。〝県民と党の意向を反映する知事候補を早急に決めて欲しい〟というのが皆の気持ちだった。候補者選考は二四日の国会議員会議に持ち越されたが、問題が派閥抗争と絡んでいるだけに決着は党本部の選挙対策委員会まで行く可能性が強くなった。

(三) 友納知事、三選に出馬

一一月二四日、国会議員会議が党本部で開かれた。会議では友納、川上、塚本の三人のほか同日朝、自民党県議辞表届と知事公認申請を自民党県連に提出した柳沢正毅（松戸市選出、川島派）の四人について協議した。

最初に塚本、柳沢には公認申請を辞退してもらうことを決定した。次に友納、川上にマトを絞って議論したが結論は出なかった。そのため千葉県連会長、水田、山村、伊能代議士、染谷県連幹事長の五人による小委員会を設けた。五人は二七日に再度友納、川上と会い、和解の道をつけ、二八日に国会議員会議を開くことを決め散会した。二七日、五人は自民党本部で友納、川上に会った。千葉県連会長は両者に「考えを一一月一八日の時点まで戻すよう」説得した。一八日時点までに戻すとは一八日以降に行われた友納の立候補声明、川上の副知事辞表届の提出であった。その提案に対して友納は「了承した」が、川上は「明日二八日まで考えさせて欲しい」と態度を保留した。その結果、和解へのカギは川上の出方次第となった。二七日、柳沢は「今回の知事候補者を選考する国会議員会議の進め方に納得出来ない」と無所属での出馬を表明した。また「友納とは対決する」と語った。二八日午後、自民党本部で県選出衆議院議員全員の会議が行われた。その席で染谷県連幹事長から「川上副知事から、私の対応は水田代議士に一任したいとの申し出があったこと」が報告された。水田は川上と事前に協議し川上の辞表撤回を了解していた。自民党の知事候補者は友納に決まった。川上は辞表を撤回し、副知事として友納知事を支えることになった。一二月一日、自民党本部選挙対策委員会（委員長・佐藤栄作首相）が開かれ、千葉県連から推薦のあった友納武人が自民党公認候補に決まった。

（四）野党の対応

（1）社会党などの対応

一九七一年（昭和四六）一月一七日、前回、前々回と知事選に候補者を立てられなかった社会党県本部知事選挙対策委員会（委員長・加瀬完）は、①開発優先の友納県政を転換させるため候補者を立てる、②知事選と同時に戦われる県議選で躍進するための方針を決定した。党内では候補者として加瀬完（参議院議員）や柳岡秋夫（前参議院議員）、実川清之（前代議士）の名前が上がっていた。加瀬は次期参議院議員選挙（七一年六月）の予定候補者に決まっていることや体力的にも二つの選挙を戦う自信がないことを理由に「辞退したい」との意向を示した。柳岡は出馬の意向を強く持っていたが党内の反発が強く本人も辞退せざるを得なかった。そのため候補者は実川に落ち着いた。県本部は野党統一候補を実川とし、公明、民社、共産党に共闘を呼びかけた。社会党は公認候補とせず推薦候補とした。社会党は友納県政との政策上の争点を、①公害問題、元凶とも言える無計画な工場誘致、工業優先行政、②開発テンポに対する都市計画の不在や遅れ、住宅、交通、過密、過疎、学校問題などのヒズミの是正、③成田空港問題、なかでも騒音対策、④総合農政による農業破壊の追及とした。しかし社会党は野党間の政策、組織協定に絡む調整や候補者決定の立ち遅れ（選挙二ヵ月前）など不利な要素もあったが、反友納、反自民で県民世論を結集し、野党共闘が実現出来れば勝利は充分可能であると考えた。しかし四野党共闘には公明党や民社党が共産党との共闘にアレルギーが強かった。それでも社会党は政策協定が出来れば共闘は可能であると判断した。しかし、野党統一候補問題は下部からの要求ではなく上部段階での選挙対策の一つと考えていたところに弱点があり、下部に対する説得力が欠けていた。告示日直前の三月一五日、民社党は県連執行委員会で「県政は県民福祉優先の政策を推進すべきものであり、知事選は反自民、反共産の基本方針を貫き、県政革新への道を進める」と決め、社会党から申し入れのあった「実川支持、推薦は出来ない」と表明した。公明党は「知事選挙は自主投票（個々の党員の判断）で臨むこと」を決定した。

(2) 共産党の対応

共産党千葉県委員会（委員長・木島宏）は、一年以上前から柴田睦夫（弁護士）を党公認県知事候補とし選挙運動を行っていた。この間、共産党は衆議院議員選挙や県内の各種選挙で得票数を伸ばしていた。民主団体や都市部では柴田の知名度は浸透していた。社会党から共闘を申し込まれ、両党選対レベルで数回協議した。三月一五日、両党は政策協定で大筋合意となったが、組織協定で一致出来ない点があった。それは確認団体の構成であった。社会党案は「反自民の労働団体や民主団体、個人で構成する」となっていた。共産党は「反自民の政党（含む共産党）を加えるべきだ」と主張した。両党は一六日、持ち帰り協議したが知事選と同時に行われる県議選、その直後の市町村議員選、参議院選挙への影響を考慮し平行線となり、知事選での共闘は実現出来なかった。

（3）無所属で柳沢が出馬

柳沢正毅は「友納知事は出馬の理由に公害の後始末をあげているが、友納は企業と強いつながりがある。友納に公害対策は期待出来ない。友納県政を質すために立候補した」と述べた。

2 友納三選決まる

知事選に立候補した四人の決意と公約は次の通りであった。

友納（五六歳）は「千葉県の発展があまりにも早すぎたため公害、道路、鉄道などにヒズミが見られるようになった。このヒズミを是正して真に豊かな千葉県をつくりたい」と述べ、五つの公約として、①農業と中小企業の振興を図る。農業は基盤整備を中心に競争力のある生産地造りを行う。漁業は基幹漁港の整備のほか、生産・加工・流通を近代化する。中小企業は技術の高度化と金融の円滑化を図る、②生活環境の整備と公害の追放を行う。文化財や自然を保護する環境保全条例を制定する、③道路や鉄道の整備を行い通勤の円滑化を図る。一九七三年度（昭和四八）までに国、県道の完全舗装化、内陸通勤鉄道の建設を進める、④子供や老人、心身障害者のための施設を整備し、県民文化の創造に努める、⑤成田空港問題の解決を図る、を掲げた。

実川（六七歳）は「千葉県に革新県政を確立したい」、「開発は県民生活の向上が目的で、工場誘致はその手段にすぎない。企業が栄えて県民が苦しむ自民党の開発には反対である」と述べ、七つの公約として、①中央直結でなく住民直結の県政の実現。憲法を生かし平和と民主主義を貫く県政を行う、②快適な生活の出来る環境づくりを基本に公害の追放、シビルミニマムによる計画的な環境改善に努める、③住民運動を盛り上げ国の経済政策の転換を求め、消費者保護に全力を挙げる、④農漁業の基盤整備と中小企業の大幅育成を図る、⑤人間を大切にし、お年寄りや心身障害者など恵まれない人を救う、⑥平和国家の形成者を作る民主主義教育を確立し、香り高い千葉文化の創造発展に努める、⑦住民本位の都市造りを断行し野放し開発を許さず美しい郷土を築く、を掲げた。

柴田（四二歳）は「自民党県政に代わる新しい革新県政を実現したい」、「大資本本位の開発は公害、交通事故など住民の生活と健康を脅かしている。公害は発生企業を厳重に規制し、公害絶滅のため住民運動を支援し監視体制を強めたい」と述べ、五つの公約として、①公害や交通事故をなくす、公害企業の新、増設の禁止、企業の責任で防止装置を義務付けるなどの緊急対策を行う、交通安全施設を増やし人間優先対策を行う、②住民の声を生かし、住みよい都市と農村作りを進める、住宅や上下水道、交通機関を整備し、人間らしい生活環境を作る、③教育、文化の予算を増やし、父母の願いに応える民主教育を行う、④軍事基地をなくし、平和な郷土と住民の安全を守る、⑤地方自治を守り、県政を刷新して県民と共に歩む明るい清潔な県政を進める、を掲げた。

柳沢（三一歳）は「自民党県議として四年間、友納県政を支えて来た。しかし自民党員の立場から見ても友納県政には大いに反省しなければならない点が多い。友納県政は開発に力を入れたのは良いが、大企業優先に傾きすぎた。企業の利益を上げれば県民所得も向上するという考え方だが、実際には企業の利益だけが先行して、県民生活の向上につながっていない」と述べ、五つの公約として、①地方自治と県民のための県政を確立する、②公害を追放し、自然を保護し生活環境の改善を図る、③教育施設を充実し、特殊教育や幼児教育を振興させる、④医療制度を整備し、社会福祉施設を充実させる、⑤道路や鉄道網を完成し、交通安全対策に力を入れる。特に公害については選挙を通じてそれを放置してきた友納県政を批判し、責任の所在をはっきりさせる。成田空港問題は、県と県民との話し合いの場をつくり、力に頼らず話し合いで解決していく、を掲げた。[3]

（一）選挙の結果

①有権者数は二二五万七一一五人であった。投票率は六四・六五％（前回比一・九九％増）であった。

②当選者の友納武人は九三万五七六六票（対有権者比四一・五％）であった。落選した実川清之は二八万四〇九二票、柴田睦夫は一三万三七八三票、柳沢正毅は四万一八七三票であった。[4]

（二）選挙の特徴

①三候補者は公害や成田空港問題で友納県政を批判した。友納批判票がどの位出るか注目されたが、友納の圧勝であった。友納は前回の知事選票八七万二一五一票を六万三六一五票伸ばし、九三万五七六六票獲得し勝利した。実川に六〇万三八八票の差をつけた。友納が負けたのは実川の地元芝山町だけであった。実川は芝山町の農協組合長をしていたことも影響した。しかし友納は獲得目標を一〇〇万票としたが今回もそこには届かなかった。

②友納の独走を許した原因は、野党共闘が実現出来なかったことにあった。労働組合（県労連や県同盟など）には共産党アレルギーが強くあり、それが原因で社会党と共産党は統一した候補者を立てて戦えなかった。

③友納は選挙公約で開発オンリーを引っ込め、〝住民環境の整備〟を重点に掲げ、〝開発のヒズミは必ず是正する〟という姿勢を打ち出し戦った。その姿勢を有権者は期待を持って受け止めた。また県東部や南部地域の過疎化、京葉・東葛地域の過密化による南北地域格差防止策の取り組みも急務であるとし、〝全県の多様な開発〟は必要だと訴えた。過疎地域の有権者は〝多様な開発〟に関心を示し投票した。

④友納の唯一の〝弱点〟は、知事選挙前約一年間続いた自民党内の公認（知事対川上副知事）争いと亀裂であった。

⑤野党候補者は友納が進めた開発による公害や空港建設などの問題点を追及したが、具体的な打開策を示すことが出来ず、保守層の地盤に食い込むことが出来なかった。

⑥社会党は前二回の知事選に候補者を立てられず、今回ようやく実川を立てたが、候補者を決めていた共産党との共闘を追求する姿勢と熱意に欠け、反共色の強い労働組合を説得出来ず、知事選を党派選挙にさせてしまった。

⑦柳沢は自民党県議会議員（川島派）を離党し、無所属で立候補し戦った。終始友納県政批判に的を絞って戦ったが柳沢を支える組織がないため主張だけに終わった。三選をめぐる自民党県連内の亀裂は解消していなかったことを示す結果となった。

二　友納三期県政の政治的特徴

1　自民党県連内の〝反主流派〟が支える知事として県政担う

知事選と同時に行われた県議会議員選挙で自民党は四一人が当選した。その後、無所属九人が入党し五〇人となった。内訳は主流派二三人、反主流派一八人、中間派七人、その他二人であった。友納知事は反主流派が支えていたため三期目も不安定な基盤の上で県政を行った。三期目の知事選考過程で生じた川上副知事との亀裂は一層深まり、県庁内の部課長は友納派、川上派に分かれ、職員も議員も人事異動のたびごとに〝あの人は何派だ〟という噂が囁かれた。県議会議員選挙で千葉県も多党化時代となった。都市部を中心に県議会議員選挙や国政（衆議院・参議院）選挙で公明党や共産党議員が複数人当選するようになった。県議会は自社対決から全野党対決に様変りした。こうした状況の変化の中で友納は三期目の県政を行った。

2 第三次総合五ヵ年計画に人口、開発抑制、無公害企業誘致を明記

一九七〇年（昭和四五）六月、第三次総合五ヵ年計画が発表された。この計画は七〇年を初年度とし七四年度を目標年次とする実施計画であった。この五ヵ年計画では「量的発展より質的充実」がスローガンとなった。知事は七〇年一月の県議会で「経済開発のスピードに基盤整備が対応出来なかったという反省に立ち、県民経済の基盤である道路や鉄道、港湾、水資源保護、土地利用の合理化など基盤整備に今後は重点を置きたい」と述べた。知事の姿勢が変化したのは、公害などが各地で発生し、県民から厳しい批判の声が出ていたことにあった。しかし知事は「県勢の発展の過程で生じたヒズミの是正を図り、真に豊かな千葉県を建設することが自分の責務だ」とし、県政運営は〝工業開発を重点に置くことに変わりはない〟とした。これに対し社会党や共産党は議会で公害や環境破壊問題を取り上げ友納行政と対決した。七二年二月、知事は「第三次総合五ヵ年計画を中止し、第四次総合五ヵ年計画を新たに作成する」と述べた。中止の理由は、①急激な人口増で計画の見直しが必要になったこと、②ドルショックやオイルショックの影響で県税の増収が見込めなくなったこと、③各地で公害が発生し県政への批判の声が強くなって来たことにあった。七三年六月、第四次総合五ヵ年計画が発表された。この計画は七三年を初年度とし、七七年度を目標年次とする実施計画であった。この計画で、①人口増加は抑制する、②臨海部埋立てや内陸工業開発の縮小を行う、③企業誘致は無公害、非用水、知識集約型企業とすることが明記された。

３　公約実現に向け県庁組織を整備

①過疎地対策を行うため南総開発局を新設し、南房総地域の観光開発を行うことにした。（七一年八月）
②都市部を新設し駅前再開発、商店街造成など市街地再開発を促進した。県庁組織を九部一局とした。（七一年九月）
③衛生部内を大気保全課と水質保全課に分離し公害対策を強化した。（七二年四月）
④県水質保全研究所を設置した。（七二年四月）
⑤環境部を新設し一〇部一局に。開発庁を企業庁に改組した。（七四年四月）
⑥県開発公社を県都地開発公社に統合した。（七四年十月）

４　二度の経済危機で県財政ピンチに

友納県政の一期、二期（六三年四月から七一年四月）の頃の日本経済は、東京オリンピック景気（六二年一一月から六四年一〇月頃）やいざなぎ景気（六五年一一月から七〇年七月頃）と呼ばれる好景気の時期にあった。一九六六年度（昭和四一）から七〇年度までの日本の年平均経済成長率は一一・八％であった。六九年六月、経済企画庁は日本の国民総生産（ＧＮＰ）が一九四〇億ドル（五一兆四二〇億円）となり、西ドイツを抜いて資本主義国で世界第二位となったと発表した。こうした状況下で県税などの歳入が増加した。知事は積極的に開発事業を行った。しかし県政三期（七一年四月から七五年四月）はドルショック（七一年八月）、第一次オイルショック（七三年一〇月）など二度の経済不況に見舞われ、日本経済は急速に冷え込み高度成長の終焉を迎えた。急激なインフレは千葉県経済に多大な影響を与え、県財政は深刻な状況となった。七一年一二月県議会で知事は「七二年度の一般会計予算は二千億円前後となるが、税収増が見込めないため、穴埋めは起債の発行で対応したい」と答弁した。施策を実施しようとしても財源が不足し実施出来ない状況となったのである。県内産業は不況となり、県税に占める事業税収入は六五年度から七四年度までは四〇%を占めていたが、七五年度以降は三〇%まで低下した。（表8）県民税に占める事業税（決算額）（P476）を参照されたい。また、税の徴収率も悪化し財源不足は一層深刻となった。それを補うため起債（「減収補填債」など）が発行され、起債は年々増加の一途を辿った。一般会計決算額で起債残高を調べると、七一年度末の三三九億七千万円が七五年度末には九五六億七千万円（二・八倍）となっていた。[5]

三　友納三期県政の県議会議員選挙

第七回千葉県議会議員選挙（一九七一年四月一一日施行）は、第八回県知事選と同一日に行われた。

①選挙区は三一区（前回比△二）、定数七〇人（増減なし）であった。投票率六五・八七%（前回比一・一九%増）であった。有権者数は前回の一六二万八千人から二〇七万三千人と四四万五千人も増加していた。

②立候補者は一一四人で、党派別内訳は自民党四七人、社会党一六人、共産党九人、民社党八人、公明党四人、無所属三〇人であった。

③党派別当選者数は自民党四一人（前回比△三人）、社会党一二人（増減なし）、公明党四人（一人増）、民社党二人（△一人）、共産党二人（一人増）、無所属九人（二人増）であった。この内には以下の四つの無投票選挙区（野田市選挙区一人、佐倉市選挙区一人、匝瑳郡選挙区一人、安房郡選挙区三人）六人が含まれている。いずれも自民党の現職議員であった。

④党派別得票率は自民党四八・六％（前回比△六・二％）、社会党一六・二％（△一・四％）、民社党五・六％（〇・七％増）、公明党五・二％（一％増）、共産党五・三％（二・四％増）、無所属一九・一％（三・五増）であった(6)。

選挙結果の特徴は、

①議員定数は七〇人で前回と同じであった。選挙区は三二から三一に減った。理由は市は出来るだけ単独選挙区とし、郡は郡を一選挙区とするよう再編成を図ったからである。

②知事与党の自民党の当選者数は四一人で前回より三人減少した。議席数七〇人に対する占有率は五八・六％で前回の七一・四％を一二・八％も減少させた。しかし当選後、無所属当選者六人が入党した。そのため県議会の過半数を優に超え、県政運営の比重は増した。自民党県議五〇人の内訳は、主流派二三人（旧川島派一五人、山村派六人、水野派二人）、反主流派一八人（始関派四人、菅野派二人、水田派三人、森派六人、伊能派一人、浜田派二人）、中間派七人、その他二人であった。中間派七人を主流派、反主流派のどちらが引き付けるかで党内バランスが変わることになり、中間派がキャスティング・ボートを握ることになった。友納知事は三期目も反主流派が支えるため不安定な議会運営に悩まされた。主流派二三人は川島派議員一五人（染谷誠、相川久雄、内藤良一、原秀夫、滝口進、佐久間正夫、村上睦朗・高橋誉富、鈴木忠兵衛、板橋義雄、中山利静、山本正蔵、井手口魁《いさむ》、中村英夫、石塚健）山村派六人（渡辺昇司、菅生義一、畦蒜源之助、佐藤実、藤崎薫、篠塚良）水野派二人（西村玄篤《げんとく》、飯島重雄）であった。反主流一八人は始関派四人（渡辺多門、足立信義、倉田寛之、岡島正之）菅野派二人（鎌形敏夫、井上裕）水田派三人（堀江弘太、浜名儀三、渡辺実）森派六人（土屋米一、桜井熊雄、小高艶三《つやぞう》、斉藤万右衛門、林孝衛《こうえい》、米本隆）伊能派一人（宇野亨）浜田派二人（三浦正行、野口岡治）であった。中間派七人は中村派三人（高橋祐二、吉原鉄治、佐久間国重）千葉派三人（鈴木勝、市原正利、酒井茂）臼井派一人（藤代七郎）であった。

③社会党は千葉市と船橋市選挙区で複数（二人）当選させた。都市部では市川市、松戸市、柏市、習志野市

選挙区などでも議席を確保した。農村部では印旛郡、長生郡、安房郡選挙区で当選し現状を維持した。
④民社党は船橋市選挙区で加藤正蔵県本部委員長を落選させ、三人から二人となり、県議会で交渉団体の資格を失った。
⑤公明党は千葉市、船橋市、市川市選挙区に続いて松戸市選挙区でも当選し四人（一人増）となった。大都市以外には立候補者を立てず全勝したが、県内全体への広がりをまだ作りきれていなかった。
⑥共産党は千葉市選挙区に続いて船橋市選挙区でも当選し二人（一人増）となった。全県に九人立候補させ党勢拡大に挑戦した。同時に行われた知事選挙に柴田を立候補させ戦った効果は大きかった。
⑦無投票選挙区は前回の七選挙区から三選挙区に減少した。しかし匝瑳郡選挙区は連続三回（第五回から七回の一二年間）も県議会議員選挙の投票が行われていない。無所属から自民党へ党籍の移動はあったが畔蒜《あびる》源《げん》之《の》助《すけ》は、一度も選挙民からの洗礼を受けずに当選していた。
⑧知事選と県議会議員選挙など一連の地方選挙が終わった五月二八日、自民党県連の定期大会が行われた。役員改選が行われ役員体制は千葉会長（中間派）、染谷幹事長（川島派）は留任となった。副会長は高橋祐二（中間派）と渡辺昇司（主流派）が、総務会長は相川久雄（主流派）が、組織委員長は市原正利（中間派）が、選挙対策委員長は水田（反主流派）が、広報委員長は佐藤実（主流派）が、党紀委員長は内藤良一（中間派）が、県議会会長は吉原鉄治（中間派）が決まった。自民党県連の運営は主流派と中間派が独占し、反主流派は主要ポストから外された。

四　友納三期県政の国政選挙

1　第三次佐藤栄作内閣期の第九回参議院議員選挙　一九七一年六月二七日施行

一九七〇年（昭和四五）一〇月の自民党総裁選で四選を果たした佐藤首相は、沖縄返還交渉の決着（同年六月、アメリカとの沖縄返還協定調印）や大阪万博の成功（参加七七ヵ国、来場者六四二二万人）、七〇年安保反対闘争や大学紛争を乗り切り、選挙戦では大きな不安材料を抱えていなかった。こうした状況の下で参議院議員選挙が戦われた。定数は二四九人（改選数一二六人・非改選一二三人）、投票率五九・二四％（前回比△九・七〇％）であった。選挙結果（改選）は定数一二六人で、当選者は自民党六三人（前回比△六人）、社会党三九人（一一人増）、公明党一〇人（△三人）、民社党六人（△一人）、共産党六人（二人増）、無所属二人（△三人）となった。

千葉県地方区の定数は二人。投票率は五〇・六％（前回比△九・八％）であった。当選者は加瀬完（社会党）三六万二六六〇票、菅野儀作（自民党）二七万七六二四票であった。次点者以下は石渡秀男（自民）一九万六五一三票、吉川成夫（民社）、佐藤二郎（共産）、長谷長次（無所属）であった。

選挙結果の特徴は、

①全国の投票率は五九・二四％であったが、千葉県の投票率は五〇・六〇％と八・六％も低かった。二三〇万有権者の半数が棄権したことになる。一九四七年（昭和二二）四月施行の第一回参議院議員選挙の投票率四七・六〇％に次ぐ低さであった。各郡市別投票率で最高は市原市（菅野の出身地）の六四・九九％、最低は成田市の四一・五三％であった。

②自民党は前回選挙で二人独占を果たしたので今回も二人当選に挑戦した。現職菅野（反主流派）は当選したが、新人石渡（主流派）は落選した。二人の得票数の合計は四七万四千票で、前回獲得した五四万五千

票より七万一千票も少なかった。自民党県連内は菅野を中心とした反主流派と川島派を中心とした主流派との指導権争いが続き、参議院議員選挙では地盤割りも組織（企業や団体）割りも出来ず、両候補は野放し状態で戦った。その結果、主流派候補は敗北した。主流派には川島副総裁に代わり派内を纏める能力のある指導者が育っていなかった。選挙の結果は両派の確執を一層深めた。

③社会党は加瀬がトップ当選を果たし、自民党から一議席を奪い返した。出身の県教職員組合や退職教諭、県労連など労働組合の選挙活動の果たした役割、加瀬個人の人望が勝因であった。

④民社党は前回選挙の吉川兼光から息子の吉川成夫に候補者を替え選挙を戦ったが、前回獲得した一八万三千票から一四万五千票へと三万八千票も減らした。

⑤共産党は佐藤二郎が前回の小松七郎の獲得数九万六千票から一〇万八千票へと一万二千票増やし善戦した。

2 第一次田中角栄内閣期の第三三回衆議院議員選挙　一九七二年一二月一〇日施行

一九七二年（昭和四七）九月二九日、田中首相と中国・周恩来首相は北京で首脳会談を開き、「日中国交正常化・共同声明」の調印式を行った。正常化を両国民は歓迎した。田中内閣はこの実績を踏まえ選挙に臨んだ。内閣府は一九七〇年に行った「国民生活に関する世論調査」で国民の生活意識は〝中程度〟と回答した人が八九・五%に達したと発表した。こうした状況の下で選挙が戦われた。選挙制度は「中選挙区制」で行われた。定数は四九一人、投票率は七一・七六%（前回比三・二五%増）であった。

千葉県選挙区の投票率は七一・七六%（前回比六・七八%増）であった。当選者は一三人（自民党九人、社会党二人、共産党一人、無所属一人）であった。

一区の定数は四人。当選者は染谷誠（自民）一六万七五〇九票、木原実（社会）一六万七四六四票、臼井荘

一（自民）一五万六八一六票、柴田睦夫（共産）一四万三〇七六票であった。次点者以下は鳥居一雄（公明）一四万六二三票、始関伊平（自民）、吉川成夫（民社党）であった。

二区の定数は四人。当選者は山村新治郎（自民）五万六二六五票、水野清（自民）五万三二四二票、伊能繁次郎（自民）五万一〇九六票、林大幹（無所属、当選後自民党に入党）四万一四八八票であった。次点者以下は井上裕（無所属）四万九三三二票、桜井茂尚（社会）、鶴岡洋（公明）、柊《ひいらぎ》弘一（共産）、石毛藤樹（無所属）であった。

三区の定数は五人。当選者は浜田幸一（自民）八万二四二一票、水田三喜男（自民）七万五五一六票、金瀬俊雄（社会）六万五八三七票、千葉三郎（自民）五万五九六二票、森美秀《よしひで》（自民）五万五一六票で、次点者以下は吉浦忠治（公明）四万二〇三六票、佐久間国重（無所属）、岩瀬宝作（共産）、鈴木徳夫（無所属）であった。

選挙結果の特徴は、

①選挙の結果、千葉県一区と兵庫県五区の当選者の一票の格差が五倍あったことが明らかとなった。最高裁は「選挙は違憲である」との判決を下した。これ以降の選挙では一票の格差解消が政治課題となった。

②一区で自民党現職の始関伊平と公明党の鳥居一雄が落選した。自民党の臼井荘一が返り咲きを果たした。共産党は新人柴田睦夫が当選し千葉県内に衝撃が走った。共産党は一区を中心に公害反対活動を日常的に行っていた。例えば成田新幹線建設反対や船橋市習志野台の帝国電子カドミウム汚染、同市山手町の旭硝子船橋工場ブラウン管製造で発生する鉛公害など地域住民が苦しんでいる問題を積極的に取り上げ、県や市、製造会社の姿勢を厳しく追及し活動してきたことが住民に信頼感を与えた。また社会党支持の労働組合内に共産党員活動家が中心となって「柴田睦夫を励ます国鉄労働者の集い」などといった組織をつくり、選挙活動の輪を広げていた(7)。

③二区で公明党現職の鶴岡洋が落選し、前回次点の林大幹（無所属）が当選した。林は当選直後に自民党に入党した。公明党は一区と二区で現職が落選し、初めて千葉県選挙区で議席を失った。

④三区で自民党の現職中村庸一郎が引退したが、自民党は代わりの候補者を立てられなかった。その結果、社会党金瀬俊雄が三位で当選した。金瀬は初当選であった。しかし在任中の一九七四年（昭和四九）、千葉県君津市のダム工事入札で飛鳥建設に政治献金を要求。飛鳥建設が渋ると「飛鳥建設のスキャンダルを国会で取り上げる」と脅迫し、三〇〇万円を着服した。そのことが発覚し七六年に恐喝容疑で逮捕され、同年一二月九日に議員辞職した。

⑤各党の得票数と投票率は自民党八六万二五〇一票（五〇・四％）、社会党二七万三五〇六票（一六％）、民社党七万四三四五票（四・四％）、公明党二一万九三一票（一二・三％）、共産党一六万六二九八票（九・七％）、無所属一二万三三四九票（七・二％）であった。総得票数は一七一万九三〇票であった。

3　第一二次田中角栄内閣期の第一〇回参議院議員選挙　一九七四年七月七日施行

物価上昇や地価高騰が社会問題となり、田中内閣の経済政策への批判が強まった。マスコミ各社の世論調査で田中内閣の支持率は二〇％を割る低水準となった。危機感を抱いた田中首相は企業などから巨額の選挙資金を集め選挙に備えた。そのため企業献金のあり方が大きな政治問題となった。こうした状況の下で参議院議員選挙が戦われた。定数は二五二人（改選数一三〇人・非改選一二二人）、投票率七三・二〇％（前回比一三・九六％増）であった。選挙結果（改選）は一三〇人で当選者は自由民主党六二人（前回比△一人）、社会党二八人（△一人）、公明党一四人（四人増）、共産党一三人（七人増）、民社党五人（△一人）、無所属八人（六人増）となった。自民党は参議院で過半数維持に必要な議員数六三人を確保出来ず（一人不足）敗北した。田中は求心力を失った。月刊誌「文芸春秋（一一月号）」は、作家立花隆が書いた「田中角栄研究・その金脈と人脈」を掲載した。その内容は政界に大きな衝撃を与え、田中に対する金権政治批判は一挙に高まった。同年一二月九日、遂に田中内閣は退陣に追い込まれた。

千葉県地方区の定数は二人。投票率は七〇・七六％であった。三年前の五〇・六〇％を二〇％も上回り過去九回の参議院議員選挙で最高の投票率となった。当選者は赤桐操（社会党）四六万二七三八票、高橋誉冨《たかよし》（自民党）四一万九四七一人であった。次点者以下は鶴岡洋（公明）三六万四三二五票、渡辺一太郎（自民）、佐藤二郎（共産）、長谷長次（無所属）であった。

選挙結果の特徴は、

①投票率が高くなった原因は、狂乱物価など有権者の中に〝暮らしに対する不安〟があったこと、保革対決ムードが多くの無関心層を掘り起こしたこと、〝千葉都民〟と言われた団地に住む有権者が投票所に行ったことも大きかった。

②自民党は現職渡辺と新人高橋の二人当選を目指し戦った。高橋（自民党県議）は当選したが、現職の渡辺は三六万九七五票を獲得し、前回（六年前）の二七万一一九一票より約九万票伸ばしたが次々点（四位）となり落選し、屈辱的な敗北となった。高橋は〝教育一筋〟と過去の実績を訴え、反主流派の菅野参議院議員が選挙対策責任者となり、浜田幸一代議士の支援を受け知名度の低さを克服し当選した。高橋は千葉県師範学校（現・千葉大学教育学部）卒で、卒業後は千葉県内の小中学校で教師をしていた。一九六三年（昭和三八）に千葉県議会議員選挙（八千代市選挙区）で初当選し、約一〇年間議員活動をしていた。渡辺は友納一期の当初、副知事をしていたが友納と意見が合わず辞任させられ、その後参議院議員になっていた。選挙後、高橋を推した友納知事、渡辺を推した川上副知事との対立が表面化した。

③社会党は新人赤桐が四六万二七三八票を獲得しトップ当選を果たした。赤桐は自民党批判票の受け皿となった。赤桐は県内労働組合（県労連）の議長をしていた。社会党内では右派系の党員で、県労連議長として社会党一党支持組合の組合員の票を固め、東電や川鉄など総同盟系労働組合、純中立系労働組合員

票まで味方に付けて戦った。

④公明党は元衆議院議員の鶴岡洋を県内初の参議院議員候補者として戦った。県内全体の組織固めの狙いもあった。三六万四三二五票を獲得したが次点となり落選した。鶴岡は一九六九年（昭和四四）一二月の第三二回衆議院議員選挙に旧千葉二区（山武や匝瑳、海上《かいじょう》郡など）で初当選したが、七二年一二月の衆議院議員選挙で落選していた。

⑤共産党は佐藤二郎を二度目の挑戦者として戦った。佐藤は前回（三年前）の得票数一〇万八八七七票を一九万四一七七票とし、八・五万票（一・八倍）伸ばし善戦した。

⑥今回の参議院選挙は国政レベルでは〝保革逆転〟が焦点であったが、県レベルでは翌年四月予定の知事選を前に、与野党間の勢力比の比較、自民党内の派閥の力関係、次期知事候補者などを占う意味を持っていた。選挙結果は社会党をはじめとする野党（社・公・共）の得票数は一〇二万票（五六・六％）に対し自民党は七八万票（四四・四％）であった。次の知事選挙で野党共闘が実現出来れば革新県政実現も可能な結果となった。一方自民党では主流派内に「川上副知事は有力な知事候補者だ」（県連渡辺昇司幹事長談）との動きも始まった。

五　友納三期県政の展開

1　富津埋立てと工業地帯の造成

友納知事の東京湾岸開発計画は、最初に千葉市中央地区（出洲海岸）の造成を行い、次に浦安町地先（現・浦安市）から五井南部地先（現・市原市から袖ケ浦町）までを、木更津南部（富津）埋立ては需要に応じて行うであった。しかし君津地区には八幡製鉄が進出し操業を開始していた。そこで一九六六年（昭和四一）八月、隣接する富津海面を埋立て重工業地帯を造成することにした。県港湾工業用水局は「設備投資総額三千億円以上の重化学工業地帯を造成する計画」を決め、進出希望企業を募集したした。同年一一月、三井、三菱両グループ、東京電力、出光興産、国土総合開発が申請した。七〇年四月には新日本製鉄（八幡製鉄が名称変更）も申請した。

（二）難航した漁業補償交渉

県の埋立て計画は「①一九七〇年度（昭和四五）中に地元漁協との漁業補償交渉を済ませる、②海面埋立は七五年度までに完成させ、工場建設を予定する」としていた。埋立てで漁業権を放棄する漁協は四つあった。富津漁協（組合員七三四人）や青堀漁協（組合員三三五人）、青堀南部漁協（組合員二六七人）、新井漁協（組合員六六人）である。四漁協の海面放棄面積は六一八一ヘクタール（一八六九万八千坪）であった。その内、富津漁協は六八年一一月二七日、漁業権放棄と補償金に関する調印式を県庁知事室で行った。同漁協が漁業権を放棄した面積は四五一五ヘクタール（一三六五万八千坪、全体比七三％）、補償額は九六億三八五一万円であった。一戸当たり平均一三一三万円であった。県が同漁協に現金で支払う一八億円の内、県は進出予定の三井グループに五億円、三菱グループに一〇億円を予納金として支払わせた。しかし残り三漁協との交渉は難航した。難航した理由は、①補償額の安さ、②転職後の生活保障、③代わりの漁場（ノリ養殖場）の確保などであった。漁民はノリ養殖や沿岸漁業などで充分暮らしていけると考えていた。しかし執拗な要請で漁業補償交渉に応じざるを得なかった。交渉は難航したが六九年八月、県は青堀漁協に一戸当たり一一六〇万円、青堀南部漁協に同一一二〇万円、新井漁協に同九三〇万円で漁業権を放棄するよう文書で申し入れた。しかし、青堀南部漁協は「一八〇〇万円支払ってくれるなら放棄しても良い」と回答したが、他の二漁協は「県が示した金額ならノリ漁で充分食っていけるし、転職などしたくない。組合員の意見も確認していない。全てはノリ漁が終わってからだ」と回答した。多くの漁民は漁場から離れたくなかったのである。ノリ漁が一段落した七〇年二月一八日、青堀、青堀南部、新井の漁協は県と漁業補償交渉を行い妥結した。補償額は青堀漁協が四四億九一四七万円（一戸当たり一三四一万円）、青堀南部漁協が三六億九九〇九万円（一戸当たり一三八五万円）、新井漁協が七億四一六六万円（一戸当たり一一二四万円）であった。また漁業希望者には富津岬南側海面（下洲地区七二五ヘクタール・二一九万三千坪）と埋立地前面でノリ養殖や沿岸漁業を行うことが補償され合意となった。

（二）四漁協、埋立て反対を表明

（1）富津岬周辺四漁協、埋立て反対の意見書提出

富津岬から浜金谷間で漁業が出来るようになったが一九七三年（昭和四八年）九月五日、富津町（組合員二三六人）や富津下津（同六〇人）、天羽（同四〇〇人）、大佐和（同二五〇人）の四漁協は、その年夏に発生した付近工場からの水銀垂流し事件を契機に、富津市四漁協埋立て反対対策委員会（委員長・島野茂夫天羽漁協組合長、組合員九四六人）を結成した。同月一六日、富津市に対して「富津市の埋立てを即時中止すること」を求める意見書を提出した。反対理由は、①企業の排出する汚水や工場排水、廃油で海洋汚染が激しくなっている、②埋立てによる潮流の変化や企業の排出する温廃液により水温が上昇して漁場に致命的な影響を与える可能性が強くなっている、③東京湾の全ての魚貝類の産卵場である富津沖を埋めることは東京湾内全漁民の生活を奪うことになる、④埋立ては同時に生活環境の破壊であるなどであった。同委員会では意見書を県や環境庁、経済企画庁などにも提出した。また船形や館山漁協など東京湾沿いの漁民にも呼びかけ、幅広い埋立て反対運動を展開することを決めた。島野委員長は「これまで埋立てされても、企業からの垂流しがあっても仕方がないという気持ちがあった。しかし海上封鎖までした夏の水銀垂流し騒ぎで漁民も目覚め、反対に立ち上がった」

と説明した。旧四漁協が漁業権を放棄した時にも漁民の間に反対の声はあったが、今回のように埋立て隣接地域の漁協から反対の動きが出たのは県内で初めてであった。

（2）説明会、両者の意見は平行線

九月二二日、県開発庁は富津市役所で埋立て反対対策委員会に対する説明会を行った。説明会には県側から吉田巌臨海開発局次長、今井正公害対策局長など五人、反対対策委員会からは島野委員長ら約四〇人が参加した。佐久間清治富津市長の司会で行われた。県吉田開発局次長は「公害防止対策は充分検討しており、環境を大きく破壊することはない。漁業振興策も考えているので埋立てに協力して欲しい」と県の基本的態度を説明した。これに対し島野委員長は「先の水銀汚染騒ぎでは海上封鎖の最中でさえ企業は水銀を垂流していたことを後で知った。いくら公害の心配はないと言われても納得はいかない」、安室宏富津漁協組合長は「県は漁業振興策に力を入れると言ったが、今日の説明会には水産部関係者が一人も来ていない」と鋭く迫った。県は「計画遂行はあくまで漁民に納得していただいた上で行う」と何度も繰り返したが、安室組合長は「われわれの県に対する不信感は消えない。この土地で漁業は続けて行く。そのためには漁業権放棄で受取った補償金は耳をそろえて返す」と埋立て反対にかける決意を述べた。この日の説明会では両者の接点は見られなかった。

（3）埋立て縮小案、四漁協が大筋合意

一九七四年（昭和四九）四月一六日、県企業庁（開発庁を改組）は富津市中央公民館で開催された埋立て反対対策委員会との協議の場で「埋立て面積の二割削減と漁業振興策の骨子」を提案した。漁協からは島野組合長ら一二人、富津市から佐久間市長ら八人、県からは企業庁仁保武人臨海部長ら六人、県環境部、水産両部から一〇人が参加して行われた。

県が埋立地の縮小案と漁業振興策などを説明した後、各漁協組合員から「水質保全は充分か」、「漁場が汚染された場合の補償はどうなっているか」、「埋立地との緩衝地帯の具体的計画を明らかにして欲しい」などの質問が出された。それらに対する県の答えに参加者の多くは納得した。しかし一部の漁協参加者から「未だ疑問点がある」、「一般組合員への説明と理解を得る必要がある」との声があり、両者は同月二三日に再度協議することで会議は終わった。県案に対して漁協役員は「自分達の要望が一〇〇％取り入れられたわけではないが、現在の漁協と県との力関係では提案を受け入れざるを得ない」と述べた。

（4）県と四漁協、富津埋立てで調印

一九七四年（昭和四九）六月三日、県と四漁協は富津埋立て合意の調印式を行った。調印式は県から友納知事、角坂企業庁長、漁協は富津や下洲、大佐和、天羽組合長、立会人として佐久間富津市長が参加した。調印された覚書には、①埋立地と漁場の間に緩衝海域を造り、漁場側の埋立地には幅二〇〇メートルの緑地帯を設け、船舶は入れず工場排水も流出させない、②東京電力の温排水口は出来るだけ漁場から遠ざける、③埋立て許可が下りたら五年以内に漁礁や種苗育成施設、陸上共同施設などを二三億円かけて設置し、埋立てによる漁業資源減少の償いとする、④進出企業の水質汚濁などにより魚価が低落した場合は当該企業に補償させる、⑤潮流や風向きが変化し、漁業資源が減少した場合には県が責任を持って対策を構ずることなどが明記された。島野組合長は「海は漁民の生命。生命が縮められるのはつらいが、千葉県の発展のために了解する」と述べた。

（三）富津地区の企業誘致計画

県の最初の計画では一六五〇ヘクタール（四九九万一千坪）を埋立て、そこに大企業を誘致する。誘致企業の条件は、①地元雇用を産み出す業種、②工業用水はなるべく使用しない企業、③公害を出さない企業の三点であった。一九六六年（昭和四一）一一月、県の募集に三井グループは三九六ヘクタール（一一九万八千坪）の土地に石油コンビナートを、三菱グループは六九三ヘクタール（二〇九万六千坪）の土地に石油コンビナートとアルミニウム精錬工場、木材・プラスチックなどの加工工場、流通センターを、東京電力は一四八ヘクタール（四四万八千坪）の土地に火力発

電所を、出光興産は九九㌶（二九万九千坪）の土地に原油の貯蔵基地を、国土総合開発は一三一㌶（三九万九千坪）の土地に骨材や建材のストックヤードを建設したいと申請した。合計すると希望面積は一四六八㌶（四四四万一千坪）となった。七〇年四月一日、新日本製鉄は三六〇㌶（一〇八万九千坪）の土地にシームレスパイプ製造の鋼管工場などを建設したいと申請した。新日本製鉄を加えると埋立地は一八二八㌶（五五三万坪）となり、一七八㌶（五三万八千坪）オーバーした。困った県は同月六日、通産省企業局長に「富津地区の工業用地開発方針について」の見解を求めた。県が通産省に求めた理由は、公害や工業用水の確保などから見て富津地区にはどのような業種を誘致するのが適当か国の意見を参考にしたいためであった。五月二一日、通産省から見解が届いた。それによると「①進出する企業の希望は原則認め、不足する用地は埋立てを行い確保すること、②亜硫酸ガス発生企業が進出すると市原市五井や姉崎地区と重合（重なることによって元の物質より大きくなる）する。風洞実験を行うなどして慎重に対処して欲しい、③風洞実験前に進出した企業があった場合は風洞実験結果が判明した時点で国や県の方針に従うという条件を付け許可すること、④工業用水確保が困難であるなら多量に使用する企業は進出させないこと」であった。通産省が厳しい条件を付けた背景には全国の工業地帯で公害企業進出に反対する動きが強まり、地域開発を兼ねた重工業進出は難しくなって来たことにあった。近年、千葉県でも公害対策が県政の重要な課題となっていた。六月二八日、県開発庁は三井、三菱グループに対し「国と協議した結果、公害が発生する業種は認められない」と伝えた。

（四）知事、公害企業の進出反対に態度を変更

（１）知事の態度変更

一九六七年（昭四二）九月、市原工業地帯の石油コンビナートから排出された亜硫酸ガスや千葉市の川崎製鉄の浮遊粉塵など、大気汚染に対する被害や苦情が多数県に寄せられ社会問題となった。子供や老人、女性の

呼吸器疾患、樹木や植物の立ち枯れなどが各地で発生した。県議会では野党や自民党議員からも知事の開発行政が批判された。こうした状況に知事は開発優先のこれまでの姿勢を改めざるを得なくなった。七〇年二月、県議会で知事は「富津地区には〝公害型企業〟は進出させたくない」と答弁した。五月二一日、知事は記者会見で「富津地区には石油化学はもとより、石油精製も好ましくないと思っている。漁業補償金の一部を建替えてもらっている三井や三菱グループには大変申し訳ないが、石油化学工場は諦めてもらいたいと思っている。最大の公害発生源と言われている東京電力は石油燃焼を前提とした発電所ではないので、公害は発生しないだろう。近く三井や三菱グループのトップに会って了解してもらう予定だ」と述べた。知事の考えは七〇年六月に発表される予定の「量的発展より質的充実」を柱とした第三次総合五ヵ年計画に裏打ちされた県政方針の転換であった。知事の認識は「もう東京湾の公害は限界に来ている」ということであった。同年九月の県議会でも市川福平（社会党）や須田章（共産党）議員の質問に対して「富津地区の三井や三菱グループによる石油コンビナートは認めない。無公害企業を誘致したい」、「東京電力銚子火力発電所の進出は歓迎の意向であったが八月に白紙に戻した。会社から申請が再提出されても断るつもりである」と答弁した。

(2) 三井や三菱などは〝約束違反〟と怒る

当初県は「三菱グループでも三菱重工業は県の条件に合う企業である。自動車部門の進出は歓迎する」としていた。その理由は、①自動車工業は関連企業も多く、沢山の労働力を必要とすること、②富津工業地帯は一日一〇万トンの工業用水が必要となるが、使用する水は木更津南部工業用水道と小糸川から流れる水を貯水する河口湖を埋立地に建設すれば耐用出来ると考えていた。県の重工業から公害の出ない企業の誘致という態度の急変に膨大な設備資金を準備した三井、三菱両グループは同年六月二八日、「一九六八年（昭和四三）に君津開発会社を設立し、計画の具体化を進めて来た。今更進出をストップと言われても」と反発した。三井グループの三井不動産千葉事業所の坂根英夫所長は「三井ばかりでなく進出を希望する各企業はみんな富津進出を目標にして来た。急に進出を認めないと言われても、そうですかとは簡単に言えない」、「石油関連事業の公害問題は今の技術で解決出来る。石油イコール亜硫酸ガス公害という県民感情もあるだろうが、公害の程度かいえば東京電力火力発電所や新日本製鉄君津製鉄所の方が多いはずだ」と述べた。三菱君津開発の岡本好弘（社長付き）は「コンビナートを建設するための準備を十年前から続けて来た。用地造成費だけでも五〇〇から六〇〇億円を要する。ここに設備投資を含めれば一千億円は突破する。これを急に止めて欲しいと言われても引き下がるわけにはいかない」と真っ向から対立する姿勢を示した。

六月下旬から九月初旬まで県開発庁港湾工業用水局は三井や三菱グループ代表と四回協議した。県は「石油コンビナート建設をやめ、公害の出ない業種の工場を建てて欲しい」と求めたが、両グループは「一〇年来の計画を今更変更することは出来ない」と答え、話し合いは平行線となった。三菱君津開発の岡本好弘は「公害問題が重大なことは良くわかるが、現在開発が進められている重油脱硫装置や排煙脱硫装置などで公害を防げる自信がある。われわれは富津地区に無公害のモデル工場を造るつもりだ。石油コンビナート建設は三菱の総力をあげた事業なので今更止められない」と石油コンビナート建設に固執した。一方、三井物産開発一課の加藤薫課長は「県の意向をもう一度検討し直してみたい。計画変更は難しいのではないか」との姿勢を示した。協議内容の報告を受けた知事は「公害反対の県民世論は想像以上に高まっている。県民は企業公害に対して神経質になっている。両グループは早番石油コンビナート建設を諦めざるを得なくなるだろう。どうしても石油コンビナート建設に固執するなら両グループに埋立地は分譲しないこともありうる」、「これまで両グループが協力してくれた一五億円は、場合によっては元利を付け返しても良い」、「石油コンビナート建設には通産省などの認可が必要となるが、両グループは通産省などと喧嘩してまで石油コンビナートを造る気はないだろう」と述べた。

（五）県総合開発審議会に諮問

一九七一年（昭和四六）八月二〇日、富津町議会（同年九月一日から富津市に）は「富津地先埋立地への公害企業反対」を決議、一〇月四日には木更津市議会も「富津の貰い公害反対」と「富津埋立地造成反対」の二つの決議を行った。こうした状況の下で県総合開発審議会が開催された。

（1）諮問内容を説明

一九七一年（昭和四六）八月一二日、東京電力は亜硫酸ガスを出さない液化天然ガス（ＬＮＧ）発電方式か硫黄分の少ないミナス重油を使用する発電所建設を、三井グループは石油コンビナートを諦め石油精製だけを扱う工場を建設すると表明した。しかし、首都圏に石油コンビナートを持たない三菱グループは富津進出を期待していただけにあくまで固執し、県との話し合いは纏まらなかった。そこで知事は三菱グループなどに東京湾への石油コンビナート建設がいかに無理かを知ってもらうため、県総合開発審議会（会長・岩城長保千葉銀行頭取）に判断してもらうことにした。そのため県は同月一五日までに進出を希望する二グループと四企業に対し、進出業種などの計画書を提出するよう求めた。九月二日、学識経験者を中心に三〇人で構成された第一回審議会が開催された。友納知事が諮問内容を説明したあと、井上富雄県港湾工業用水局長が富津開発計画の経過と進出希望企業の事業計画を、宗像文彦県衛生部長が企業の公害防止計画を、山岡雄教県企画部長が富津地区開発の問題点を説明した。審議会は二回以降は大気汚染、水質汚染、工業用水などを審議し、年内に報告書を提出することを決めた。

（2）六企業の計画を審議

一〇月二一日、第三回審議会が開催された。同審議会には進出予定六社の代表が呼ばれた。各委員から各社に対し公害対策や海上輸送計画、ノリ漁や沿岸漁業への影響などについて質問が出た。審議会は、①大気汚染を引き起こす石油精製や石油化学工場などの石油コンビナート、②シーバース（大型タンカーが接岸出来る海上の荷役施設）を必要とする会社、③ノリ漁や沿岸漁業などへ悪影響を与える会社は認めないことで意見が一致した。石油コンビナートやシーバース建設を計画していた会社は、計画変更か規模縮小を余儀なくされることになった。一一月一九日、第四回審議会が開催された。会議では前回を踏まえ論点整理と六社に対する意見が纏められた。三井と三菱グループには「亜硫酸ガスによる大気汚染の恐れがある石油精製や石油化学部門を建設することは認められない」という意見が大勢を占めた。出光興産には「シーバース建設や大型船の航路浚渫を計画しており、付近の漁場に影響を及ぼす危険性がある。大型タンカーが接岸すると港内入港の安全性が確保出来なくなるので認められない」となった。東京電力には「毎秒一三〇トンの温水を海に流す計画となっていいるが近くのノリ漁場に影響が出るのではないか」、国土総合開発には「骨材センターを造るため東京湾内から土砂を採取すると言うが漁業や海流に影響は出ないか」などの意見が出された。それに対して県企画課（会議事務局）は「東京電力の温水は排出口で五度、二キロメートル沖合いで二度となる。水産業への影響は少ないと考えられる」、「国土総合開発の土砂採取は県南端（野島埼灯台）と三浦半島を結ぶ以南の湾外で採ることに計画変更が出されているので問題はないと考えられる」との答弁があった。新日本製鉄には「降下煤塵を減らす装置を取り付ける必要がある」などの意見が出された。意見は集約されたが、埋立ての是非や環境保全、汚染問題などさらに検討すべき課題があった。そのため岩城審議会長から「本日の会議では結論を出さず、審議会内に小委員会を設置し、最終原案をそこで作成することにしたい」との提案があり、会議はその提案を了承し散会した。尚、この審議会開催に先立ち「房総の自然を守る会」、「公害から命と暮らしを守る県民協議会」から富津地区の埋立て計画の中止を求める意見書が審議へ提出された(8)。

（3）開発審小委員会が紛糾

一二月二日、総合開発審議会から原案作成を依頼された第一回小委員会（委員長・菊池利夫千葉大学教育学部教授）が開催された。小委員会は九人で構成された。この日、出席したのは赤桐操（県労連議長）、石原耕作（新東京国際空港公団理事）、伊藤剛（産業計画会議顧問）、片柳左右吉（県漁協連専務）、勝又豊次郎（県中小企業団体中央会会長）、菊池利夫（前述）、吉田亮（千葉大学医学部教授）、吉野英昌（千葉大学医学部名誉教授）であった。最初に吉田委員から埋立て反対の意見が出された。この発言を受け、埋立てを認める立場の委員との間で議論が白熱した。また埋立ては東京湾外の漁業にも影響が大きいなどの意見も出された。議論の内容は、①埋立ては認めるべきでない（吉田）、②コンビナートは湾口内外の船のラッシュに拍車をかけ、そのしわ寄せは漁民に来る（片柳）、③公害に対する県の姿勢は二酸化硫黄（ＳＯ２）を減らすよう努力すると企業側に要請するだけだ。大気汚染や温排水、水質汚濁については公害審議会に意見を聞いてから結論を出すべきではないか（吉田、赤桐）、④県民はこれ以上の公害は御免だという空気が強い。企業誘致、人口集中、埋立ての悪循環は断ち切る必要がある（吉田）。この意見に赤桐委員も同調した。これらの埋立て反対意見に対し石原、菊池両委員から「①審議会は埋立てを前提に六企業は適切か不適切かを審議する目的で作られていること、②ここは埋立ての可否を審議する場ではない、③公害企業をどう扱うかを考えるのが審議会の役割だ」と主張した。対立点が鮮明となり、一二月九日開催予定の審議会総会までに原案を作ることは出来なくなった。一致出来た点は、「公害問題が一番大きな問題なので公害対策審議会で協議してもらい、その結果に基づき工場の可否を決めよう」という点であった(9)。

（4）開発審委員長、独断で答申案を採決

一二月九日、第二回小委員会が開催された。会議の冒頭、県側の発言があった。その内容は「①公害対策審議会も総合開発審議会と同じように県条例で設置された知事の諮問機関である、②開発審議会が公害審議会に検討を依頼するのは筋が違う、③公害対策審議会で審議してもらうには、開発審議会が知事に必要性を答申し、知事が改めて公害対策審議会に諮問するのが筋である」と述べた。小委員会は県の説明に納得し、富津開発の問題点を審議した。特に漁業に対する開発の影響が議論された。片桐、吉田委員から「埋立てた場合、海

流が変化して内房の漁業に大きな影響を与えることが予想されるが、県はその調査は行っているか」との質問があった。県側は「調査はやっていない。工場開発と平行して今後調査したい。漁業に影響が出ないよう万全を期したい」と答えた。吉田委員は「調査もせず、ろくなデータもなしに審議をして工場立地を認めて欲しいと言うのか。埋立ててから悪影響が出たら県はどのような責任をとるのか。これでは埋立ては認められない」と反論した。しかし、菊池委員長は議論を遮り、「埋立ては前回の会議で認めることを決めている。審議会がどの工場の立地を認めるかを年内に答申するためには本日の会議で見解を纏めなければならない」と述べ、埋立ての是非についての審議を一方的に打ち切った。そして進出希望六社の工場の適不適についての検討に入った。他の委員の発言にはほとんど耳を傾けず、「答申案」を纏めた。その内容は菊池委員長が「埋立て内容は優良可で採点すれば可だ」と酷評した「県案」と同様な〝条件付きで全社を認める〟というものであった。[10]

(5) 開発審議会の答申内容

一九七二年（昭和四七）一月一〇日、県総合開発審議会総会が開催され、友納知事に検討結果を答申した。その内容は「①三菱グループの石油関連工場は公害工場であり、立地は不適当である。ただし流通加工部門の立地については問題が少ないと考えられるので認める、②三井グループの石油関連工場は公害工場であり、立地は不適当である。化学やガラス工場は排煙脱硫、活性汚泥除去などの公害防止装置の設置を条件に立地を認める、③出光興産はシーバースの設置、新航路の掘削は行わないことを条件に立地を認める。またタンカーの大きさは県と協議し決めること、④東京電力の液化天然ガス（ＬＮＧ）火力発電所は大気汚染対策、温排水対策に万全の措置を講ずることを条件に立地を認める。将来漁業に悪影響を与えた場合は、漁民の納得のいく解決を図ること。ただし大気汚染が出ないようにするため窒素酸化物の環境基準数値、防止技術の開発状況を見た上で進出の可否を再度審議する。公害防止技術の開発が充分でない場合は進出の認可を取消す場合がある、⑤新日本製鉄は亜硫酸ガス排出対策として燃料の低硫黄化を図り、浮遊粉塵対策に万全を期することを条件に立地を認める、⑥国土総合開発の骨材センターは土砂を県沿岸の海域から採取しないことを条件に立地を認める」であった。

(6) 答申内容に三菱グループは不満表明

一九七二年（昭和四七）一月二二日、県開発庁は進出を希望する六社に対し県総合開発審議会の答申内容を説明した。三菱グループを除く五社は大筋了解した。しかし三菱グループは「科学的な根拠もないまま公害企業と決め付けられるのは納得出来ない」、「低硫黄重油の使用など公害対策に一〇年近い研究を続け万全の対策を立てて来た。この間の経費は膨大なものだ。漁業補償金も県の要請で一〇億円も前払いしている。今後どのように対応するか社内で検討したい」とコメントした。しかし、同年三月、三菱は社内で検討した結果、石油化学関係は諦め、液化天然ガス（ＬＮＧ）基地やアルミ加工工場を建設する計画に変更した。三菱グループが石油化学関係を諦めたことにより、富津地区への石油コンビナート進出計画は消滅した。

（六）進出企業、計画案を再提出

(1) 埋立て面積、一五％縮小へ

一九七二年（昭和四七）四月、県は進出予定企業に対し新たな計画書の提出を求めた。五月、三菱君津開発と三井君津開発から青写真が届いた。二社の計画変更により三菱の面積は当初の六九三㌶（二〇九万六千坪）から三九六㌶（一一九万八千坪）へ、三井も三九三㌶（一一八万九千坪）から二七〇㌶（八一万七千坪）へと減少した。その結果、東京電力一四八㌶（四四万八千坪）、出光九九㌶（二九万九千坪）、国土総合開発一三二㌶（三九万九千坪）、新日鉄三六〇㌶（一〇八万九千坪）となり、合わせて六社の総面積は一四〇五㌶（四二五万坪）となった。それらを踏まえ県は富津地区の埋立て造成計画を作った。埋立ては富津地区を一期工事、二期工事に分けて行うことにした。一期工事は新日本製鉄君津製鉄所から富津岬つけ根までの海面で、そこに三井や三

菱、東京電力、新日本製鉄、国土総合開発を配置する。二期工事は富津岬の北側とし出光興産や三井、三菱の原油基地とした。尚、二期工事は一期工事より数年遅れの工事とした。また、分譲面積が当初計画面積より一五％縮小され、石油精製部門がなくなったことにより六社が使用する工業用水は日量一〇万㌧となった。日量四〇万㌧を溜める予定の小糸川の水を使用して造る計画の河口湖の面積も四分の一に縮小された。

（2）県公害対策審議会に諮問

一九七二年（昭和四七）九月二六日、県は進出企業の公害対策を詳しく検討するため県公害対策審議会（会長・吉田亮千葉大学医学部教授、以下「公害審」）が開催された。公害審が開かれることになったのは、一月の県総合開発審議会の答申で「進出企業の公害対策の検討は、専門の公害審に諮問すべきだ」という条件が付けられていたことにあった。公害審の開催が八ヵ月も遅れた理由は、石油コンビナートに代わる三井や三菱の業種の選定、埋立て面積の縮小や企業配置の検討、県の計画案に対する中央官庁の意向打診などに手間取ったことにあった。第一回会議では、審議に先立ち吉田会長は「進出企業については公害防止の意味から厳しい条件で臨めというのが国の方針だ。汚染源となる窒素酸化物や浮遊粉塵の排出基準は近々国に見直す動きがあるようだ。開発のいかなる段階でも公害の心配はないという保証が必要だ。各委員が納得いくまで審議を尽くしたい」と決意を述べた。続いて友納知事が諮問内容の趣旨とこれまでの経過を説明した。知事は「①富津埋立地は重化学工業地帯と位置付け国や地元漁協、漁民の意向を汲んで計画を立案して来た、②地元漁協とは六八年から七〇年にかけ漁業補償交渉を行い、一八五億円の補償金を支払った、③環境保全が叫ばれる情勢にあり、進出希望企業の中から石油関連産業を排除した、④答申は七三年二月定例県議会前までにお願いしたい」と述べた。審議が開始され、最初に上野建一委員（社会党県議）から自然保護と公害防止の立場から「進出希望企業以外の企業にする考えはないか」、「知事の埋立て理由は良く分からない。知事の発言は漁業補償をしてしまったので埋立てをしなければならないと受取れる。東京湾に関する限り埋立ては止めるべきではないか」と知事を質した。知事は「企業進出は転業漁民や富津市のために必要だ」、「計画の変更は考えられない」と答えた。続いて須田章委員（共産党県議）が質問した。「①自然保護の世論の高まりの中で知事は埋立てをどのように考えているのか、②埋立地に希望企業が進出すると窒素酸化物は二〇から三〇％増えると推測されている。公害企業の進出は光化学スモッグ対策に逆行するのではないか」と知事の考えを質した。知事は「人間生活をしていく上でやむを得ぬものもある。自然保護に配慮し現実的な要請に対処したい。窒素酸化物については未だ解明されていない分野も多く、今後の課題である」、「富津市は企業進出を前提に誕生した都市である。埋立ては漁民の転業対策にもなる」と答えた。(11) 一〇月一九日、公害審が開催された。公害審に県公害対策局から「富津市の空気は隣の君津市や貰い公害に悩む木更津市より汚れている」という資料が提出された。七一年度の調査結果表では富津中学の大気中の硫黄酸化物濃度測定値は年平均〇・〇三八ＰＰＭで、君津市君津公民館〇・〇一八ＰＰＭ、木更津市役所〇・〇二一ＰＰＭより高く公害企業がないにもかかわらず、木更津市以上の貰い公害になっていることが明らとなった。公害審では委員から「富津市の場合、北風の吹く冬に亜硫酸ガスが高濃度になる原因は、同市北側の新日本製鉄の影響と見られる。今でも富津は汚染地区だというのに、新たに三井や三菱グループの石油、化学工場などが進出するとさらに大気の汚れが加算されるのではないか」という質問や意見が相次いだ。県公害対策局は「富津地区の大気汚染は新日鉄の影響である。しかし富津進出希望企業の亜硫酸ガス排出量は一時間当たり四八トンと当初計画の一〇〇分の一以下に抑えたので、県の環境基準〇・〇五ＰＰＭは守れるはずだ」と答えた。これに対し委員から「少量であっても汚染を促進することは間違いない」と指摘があった。吉田会長は「後世に悔いを残さないため細部にわたって慎重に審議したい」と述べた。審議会は今後、大気汚染、水質汚染、生態系への影響の三分科会に分かれ、問題点を摘出することになった。(12)

（3）県公害対策審議会の答申内容

一九七三年（昭和四八年）一二月六日、公害審は一三回の審議結果を踏まえ知事に答申した。その要旨は次の三点であった。

① 大気に関する事項

窒素酸化物などの排出基準は中央公害審議会で現在検討中だが、窒素酸化物専門委員会の中間報告値（NO_2・二四時間平均値〇・〇２ＰＰＭ）がそのまま環境基準として設定されると京葉工業地帯はほとんど環境基準に不適合となる。このような理由から現段階においては富津地区への東京電力の進出は保留し、国における環境排出基準の設定や防止技術の進展などの動向を踏まえて審議すべきであるとする意見と移動発生源や固定発生源の窒素酸化物減少状況や技術開発の進展などもあり、認めるべきだという意見もあった。両意見を踏まえ窒素酸化物対策については今後県が充分な調査を行い、東京電力の一号機発電機の建設計画決定時点で改めて当審議会で判断する必用がある。硫黄酸化物については富津地区五社の総排出量は四八トン（一時間当たり）である。五社の進出があっても富津地区の硫黄酸化物は現行環境基準内に収まるので問題ないものと思われる。しかし京葉工業地帯（市川から君津）の硫黄酸化物の総排出量は一万八一六八トン（同）もある。この抑制策を富津地区五社進出前までに既存企業に求めるべきである。

② 水質に関する事項

東京電力の発電所からの排水は最終年度に一時間当たり四〇〇万キロワットとなり、一日一二〇〇万トンが前面海域に流される。海水温との差が冬季プラス八度、夏季プラス五度となり漁業、特にノリ養殖への影響の有無が問題となる。また潮流による温排水拡散域の移流はノリ以外でも漁道、魚の生態系への変化、富栄養化の助長といった問題も懸念される。発電所の建設は一ユニット（一〇〇万キロワット）ずつ段階的に行い、その都度、影響調査を行い確認の上で建設の可否を判断すべきである。

③ 生態系への影響に関する事項

富津地区の埋立てが東京湾の潮流に変化を与える可能性がある。東京電力からの温排水が富津沖に植生する海浜植物群に影響を与える可能性があることが審議の過程で指摘された。そのため同地区への企業立地に先立ち地域住民の健康及び動植物の現状に関する調査を行うこと。今後この調査は継続して行い、経年変化を把握する必要がある。

（七）富津埋立て反対の意見続出

（1）県、各社に敷地面積と配置図案示す

一九七四年（昭和四九）八月二七日、県企業庁は埋立て計画の縮小に伴い東京電力や新日本製鉄など五社に新しい土地利用計画と配置図を示した。土地利用計画は県の縮小案を具体化したものであった。企業配置案も大幅に変更された。漁協との協議で東京電力の位置は東南側に寄せ、排水口を出来るだけノリ漁場から距離をとることになった。三井、三菱と東京電力のエネルギー（ＬＮＧ・ＬＮＧタンク群）は敷地の中央に集めた。敷地西側に小糸川の水を貯水する河口湖を建設する計画は中止した。その代わりとして工業用水は利根川水系の房総導水路から引くことにした。各社の面積は、三井ループ（ＬＮＧやＬＮＧ基地、化学製品基地）が二七〇ヘクタル（八一万七千坪）から一五二ヘクタル（四六万坪、四四％減）に、三菱グループ（ＬＮＧやＬＮＧ基地、アルミ加工場など）が三九六ヘクタル（一一九万八千坪）から九三ヘクタル（二八万一千坪、七七％減）に、東京電力が一四八ヘクタル（四四万八千坪）から七七ヘクタル（二三万三千坪、四八％減）に、新日本製鉄が三六〇ヘクタル（一〇八万九千坪）から一五〇ヘクタル（四五万四千坪、五八％減）になった。同庁から原案を示された各社は、すでに工場の設計にかかっていたため一様に「縮小に困った」と言いながらも「進出のためにはやむを得ない」と了承し、持帰った。同庁は九月中にも各社の合意を取り付け、埋立て計画を審査する六省庁会議に提出する。

（2）国、富津埋立てに難色表明

通産、運輸、建設各省と環境、国土庁は一九七四年（昭和四九）七月下旬から東京湾地域整備連絡会議を四

回開催し、千葉県が計画している富津埋立て内容を検討した。一〇月二四日の会議で打ち切り、近く千葉県を呼んで国の原則的な考え方を示すこととした。二八日、千葉県に対して国の考えが口頭で伝えられた。その要旨は「①埋立て規模は出来るだけ縮小すること、②県の環境アセスメント（事前評価）は不充分であり、引き続き検討すること、③製造業や東京電力の進出は適当でないが、富津地区にはこれまでの経緯もあるので条件が整えば進出は認める、④造成地の一部を都市再開発用地に活用出来ないか検討して欲しい、⑤エネルギー基地を造ると海上輸送問題が生じることになる。危険物を積んだ大型タンカーがこれ以上東京湾を出入りするのは好ましくない」と述べた。

(3) 海上保安庁、富津埋立てに反対表明

一九七四年（昭和四九）一一月九日、木更津市沖の東京湾でLPGを満載した第十雄洋丸（四万三千トン）がリベリア国籍の貨物船（一万五千トン）と衝突し炎上した。双方の乗組員四〇人が死傷した。この事故を踏まえ海上保安庁は二五日、「東京湾に船舶の入港を増加させるような設備を持つ富津埋立地の建設は止めて欲しい」とクレームを付けた。海上保安庁の所管の運輸省は「雄洋丸の衝突事故の原因は、東京湾内の混雑にある。これ以上湾内への入港が増加するような設備の建設は、事故の再発を認めるようなものだ。富津地域に船舶入港設備は認められない」とした。また国土庁は「首都圏全体の整備から見て富津での製造設備の増設は必要ない」との見解を示した。反対の急先鋒の環境省は県が作成中の環境事前協議書の提出待ちであったが、「東京電力火力発電所の建設は認められない」と難色を示した。通産省も「富津地区にエネルギー基地は必要ない」とした。埋立地の是非を検討している五省庁の中で反対を示していないのは建設省だけとなった。

(4) 県、富津開発大幅に縮小

一二月一八日、知事は県議会で蛸八郎右衛門議員（社会党）の質問に「①富津埋立て計画は大幅に変更することにした、②私の任期中の一九七五年（昭和五〇）三月末までにはメドを付けたい」と答えた。変更内容

は「①東京電力の最大出力四〇〇万キロワット発電は二〇〇万キロワットに半減する、②液化天然ガス（LNG）基地の容量は年間一九〇〇万トンから四〇〇万トン（八〇%減）にする、③液化石油ガス（LPG）基地の容量は年間三〇〇万トンから二七〇万トン（一〇%減）にする、④加工度の高い製造業（ガラス工業や化学工業）は進出させない、⑤市街地にある公害企業の移転用地を確保する、⑥埋立て面積は一一二一ヘクタール（三三九万一千坪）から一〇九一ヘクタール（三三〇万坪）に三〇ヘクタール（九万一千坪）縮小にすると答えた。知事の答弁は一〇月二四日に五省庁が県に示した「富津埋立て計画に対する意見」を踏まえ県が検討した結果であった。

（八）埋立て計画、知事任期中の承認無理に

（1）埋立て事業計画纏まる

（図2）富津埋立地の企業配置図

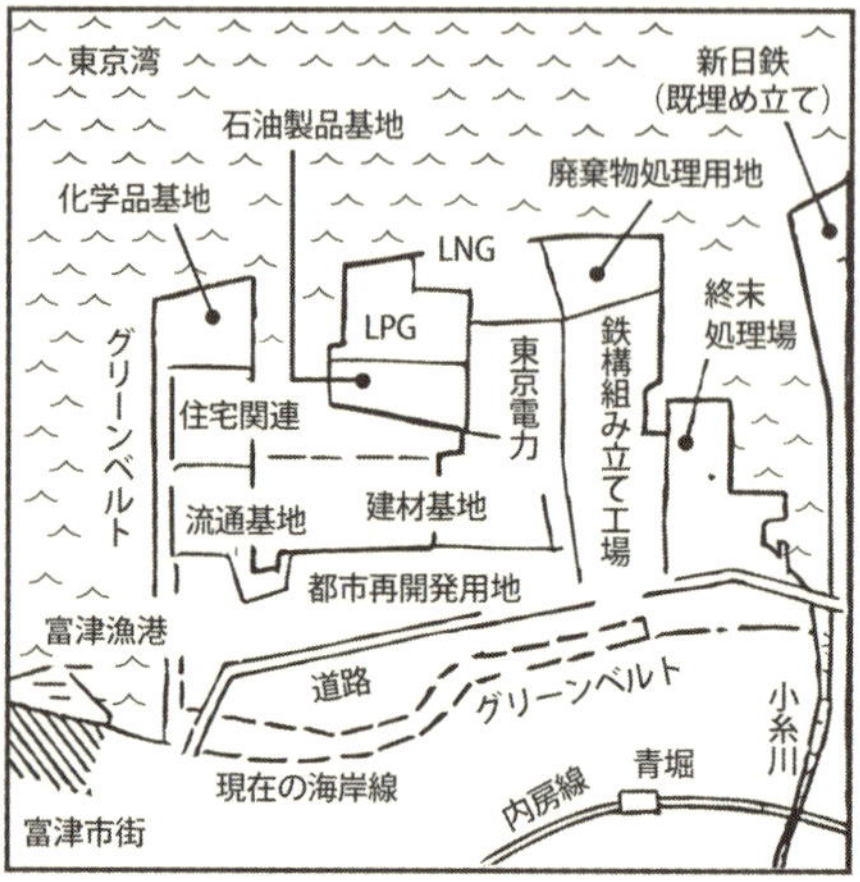

一九七五年（昭和五〇）三月二四日、知事は埋立て造成地内の土地利用計画の最終案を発表した。当初の石油や電力を中心とした石油コンビナート構想は、タンカー事故や水銀汚染問題などもあり大幅に変更された。化学や住宅などの流通基地を中心とするものになった。埋立て総面積は一〇九一ヘクタールとなった。その内訳は三井一五二ヘクタール（四六万坪）・三菱九三ヘクタール（二八万一千坪）・東京電力七七ヘクタール（二三万三千坪）・出光九九ヘクタール（二九万九千坪）・国土総合開発一三二ヘクタール（三九万九千坪）・新日鉄一二〇ヘクタール（三六万三千坪）の合計六七三ヘクタール（二〇三万六千坪）と合成樹脂や化学繊維などの化学品基地三五ヘクタール（一〇万六千坪）、住宅産業の資材置き場三九ヘクタール（一一万八千坪）、コンテナヤード三〇ヘクタール（九万一千坪）、液化石

油ガス基地五五ヘクタル（一六万六千坪）、石油製品基地五四ヘクタル（一六万三千坪）などの流通基地のほか、市街地からの移転工場用地一二七ヘクタル（三八万四千坪）、終末処理場用地、廃棄物処理用地七八ヘクタル（二三万六千坪）の合計四一八ヘクタル（一二六万四千坪）であった。埋立地の外周はグリーンベルトで囲まれることになった。（図２）富津埋立地の企業配置図を参照されたい。この計画案について友納知事は「石油や鉄鋼コンビナートは環境問題や国の意向に照らして適当ではないと考えた。新日鉄のシームレスパイプ製造工場は鉄構組み立て工場に変えてもらった。三井開発には三井東圧化学や三井金属などの進出を断った。工業用水の使用量も少なくて済むことになったので、小糸川の水を貯水し使用するために建設する予定だった河口湖も不要になった。大気汚染物質の排出量は硫黄酸化物がゼロに、窒素酸化物は毎時四〇トンまで抑えられた」と胸を張った。しかし、東京電力の火力発電所は通産省の主張する四〇〇万キロワットと環境庁のゼロの間を取った二〇〇万キロワットで認め、液化石油ガス基地や石油製品基地などは認めるものとなっていた。

（２）土地利用計画案、港湾審議会に諮問

一九七五年（昭和五〇）三月二八日、県はこの計画案を県地方港湾審議会木更津港部会（部会長・石原耕作）に諮問した。同審議会では「まもなく新しい知事が誕生する、審議は急ぐ必要はない」、「一日で結論を出すには問題が多すぎる」などの意見も出されたが、①県はすでに二五〇億円も先行投資している、②漁業権を放棄した漁民の生活を保障する必要がある、③埋立地の財源（固定資産税など）を見込んで富津市は誕生しているなどの理由から、石原部会長が多数意見で纏める形で諮問内容を了承した。しかし県地方港湾審議会は船舶航路の安全対策や港湾施設計画の手直しが必要との条件を付けた。

（その後）川上知事になった七五年五月以降、県埋立て面積はさらに九六七ヘクタル（二九二万五千坪）に縮小された。その後、進出五社の内三井と三菱グループから「富津工業地帯には進出しない」との申し出があった。そのため埋立て計画案は再度練り直しとなり、全面積は六六〇ヘクタル（一九九万七千坪）に縮小された。富津地区の埋

立ては七八年四月から開始され、八五年に完成し、公共岸壁が整備された。そこには富津火力発電所や君津製鉄所の研究施設などが進出した。

2　房総農漁業の停滞

（一）米の減反で野菜重視に

(1) 米の減反、目標通りに進まず

一九七〇年度（昭和四五）農林水産省作況調査では、都道府県別水稲（米）の収穫量は一位北海道九一万四千トン（一トンは一六・六俵）、二位新潟八三万七千トン、三位秋田六五万トン、四位宮城、五位山形、以下福島、岩手、茨城、青森で一〇位が千葉四一万五千トンであった。このように千葉県農業は稲作が作物の中心であった。その稲作の減反を推進することは、千葉県農業の方針転換を迫る国の政策であった。米の生産を需要に見合う量に抑える減反政策は七〇年度から始まった。米の日本の消費量は六三年度の一三四一万トンを最高にそれ以降減少した。六七年度以降の米の生産量は平年作なら一四〇〇万トンは確実という状況となった。七〇年度末には在庫が七二〇万トンに達していた。政府は米の輸出を検討したが、内外格差（米の国際価格は日本米の約三分の一）が大きすぎるため輸出で処理することが出来なかった。そこで政府は、需要量に合わせて米の生産を抑制する政策（減反）にしたのであった。県は政府の方針に従い七〇年度から米の減反を開始したが、佐原市や香取郡などの穀倉地帯の農家から激しい抵抗にあい、思うように減反は出来なかった。しかし、県は減反奨励金などを交付し、目標減反面積七九六四ヘクタール（二四〇九万一千坪）の九九・七％に当たる七九四〇ヘクタール（二四〇一万九千坪）を何とか達成することが出来た。出来た理由は、①すでに休耕田となっていた水田があったこと、②東葛や京葉地区には稲作を止めた野菜農家が多数あったこと、③後継者がいない水田があっ

たことであった。農林省は県に対して七一年度は前年の生産調整割当数量の約二・五倍に当たる減反面積一万九九〇〇ヘクタル（六〇一九万八千坪）、調整数量八万六五〇〇トン（一四四万二千俵）を行うよう要請した。全国平均は前年度実績の二・三倍であった。この数字を示された知事は「過重数値である。検討はしてみるが、この数字は受け入れ難い。関係方面などの意向を良く聴いてから県の態度を決めたい」と反発した。農林省は千葉県の数値は「①六七年度産米から六九年度産米の政府の買入れ実績、②各都道府県の水稲平均収穫量を考慮した地域分担指標、③農業生産の動向などから決めた」、「これらが達成されれば七五年度には米の需給不均衡が是正され、余剰米は解消される」と主張した。減反を行うためには水田を稲作以外の作物に転作するか、休耕田にするかなどの判断を行わなければならず、簡単に出来るものではない。千葉県の場合、水田は九割が湿田か半湿田が占めているため、すぐに転作へ切り換えるのは難しい。転作するためには土地基盤整備が必要となる。そのためとても減反目標面積一万九九〇〇ヘクタルは不可能に近い数字であった。そこで県は対策を立てた。七一年度の千葉県の実績は、農林省が示した減反面積一万九九〇〇ヘクタルに対し一万四三二〇ヘクタル（四三三一万八千坪）、調整数量八万六五〇〇トンに対し六万五五〇〇トンで達成率は七〇％と大幅に目標数値を下回った。

農林省は七二年度は前年度と同じ減反面積一万九九〇〇ヘクタル、調整数量八万六五〇〇トンを行うよう要請して来た。七二年度の実績は調整数量八万六五〇〇トンに対して六万一七五五トンとなり、七一・四％と前年実績をわずかに上回った。転作や休耕の割合は転作が若干増え、休耕は前年度実績をやや下回った。地域別では千葉市や東葛などの都市近郊が地域別目標を超えたが、湿田の多い〝米どころ〟の香取や海上、匝瑳、山武郡では五〇％以下となった。一方、新しい傾向として「委託休耕（農協などに水田を預ける）」や養魚池への転換が増えていた。転作では麦や大豆、野菜、牛や豚、鶏などの飼料作物、落花生、果樹、植木栽培、造林などであった。

（２）米から野菜などへの転作を推進

農家は米から他作目への切替えを迫られた。県は一九七一年度（昭和四六）の総事業費六千万円を投じて県下一〇〇ヵ所に三から五ヘクタール（九千から一万五千坪）を規模とした「集団転作モデル地区」を設置し、水田の転作を促進した。モデル地区で転作作物の栽培技術の講習や試験研究を行った。園芸ではナスやインゲン、ハス、メロン、ショウガ、枝豆、カーネーションなどが奨励された。それらの施設を通じて減反を進め転作への切替えを行った。しか減反が難航した香取や海上、匝瑳郡の一部農家からは県に対して減反奨励金の増額を要求する声が上がったが、県農林部は「要望に応えるのは難しい」と頭を抱えていた。

（3）国や県に休耕田復元奨励金を要求

政府の減反方針は一九七〇年度（昭和四五）から七五年度までとなっていた。減反奨励金は七三年度で打ち切られた。千葉県の他作物への転換は約三〇％で、残りの七〇％は休耕田であった。休耕田はアシやヨシに覆われ大きな社会問題となった。そのため減反に協力した農家からは「荒廃した休耕田の復旧費用を補償して欲しい」という声が強まった。青森県などでは復元奨励金を出していた。この先、三年も休耕したら米どころ地域では、米作りに舵を切る休耕農家も出そうな気配となっていた。また休耕を決めている農家からも「減反奨励金は七四年度以降も続けて欲しい」、「休耕水田を復元する際には費用を補償して欲しい」などの要望が県の出先機関や各市町村に相次いだ。七三年六月、国もこうした動きを重視し全国三千市町村の農家を対象に、①経営の動向、②米作への依存度、③他作物への転作の可否などの実態調査を実施した。減反政策は三年を過ぎ今後どうなって行くのか、日本の農政は曲がり角に立たされていた。

（二）野菜や畜産重視に舵を切る

千葉県は米の減産により、稲作中心の農政から野菜や畜産中心に大きく舵を切った。一九六九年度（昭和四四）の農業生産額は野菜が五六九億円で米の五四八億円を抜き、県史上初の出来事となった。生産物に対する比重でも野菜が二九・九％、米が二八・八％となった。一〇年前の六〇年度の米の比重四七％、野菜一二％と比べると大きな変化であった。県沼田武農林部長は「七〇年度は一年かけて県内二七ヵ所の農業改良普及所を中心に水田での野菜作りを実験した。作目はメロンやショウガ、大和芋、インゲン、フキ、枝豆、トマト、ナス、キュウリ、トウモロコシ、落花生。花では花菖蒲やカーネーションなどを栽培したが、かなりの手ごたえがあった」と述べた。

(1) 米に代わり野菜、果実が台頭

一九七一年（昭和四六）四月、農林省千葉県統計調査事務所は六九年度の「農業所得統計」を発表した。同年の農業粗生産額は一八九九億円で前年比八・八％増であった。これまで一位を占めていた米が減少、代わって野菜や果実、畜産部門の好調が目立っていた。農家一戸当たりの生産農業所得は六三万五千円と前年比五・三％増であった。米価の据え置きによる影響が大きく、千葉県農業は米作中心から園芸作物や畜産などへ大きくカーブしたことを示していた。各部門の構成比は野菜が二九・九％と米を抜いて初めて粗生産額中一位、米は二八・八％と前年三五・一％から転落。畜産は二六・八％であった。これら三部門で粗生産額は一六二六億一七〇〇万円で総粗生産額の八五・五％を占めていた。

(2) 県、農業再編へ基本構想作る

一九七二年（昭和四七）二月、県は七〇年代の農政の指針となる「農業の再編整備を進める基本構想案」を纏めた。この構想案は同年三月の県農業政策審議会に諮問された。基本構想には著しい都市化や工業化の中で首都圏の中枢を担う千葉県が農業と環境分野でどのような役割を担うべきかが記されている。高生産性農業へ向け、①経営規模の拡大、②農業生産団地の促進、③農業生産基盤の整備と開発、④農業技術の革新を柱に、食料の安定的、効率的供給を望む国民的要請に応える。そのためには農家の組織化を進め、農業協同組合の活用と受委託農家登録制度を新設し生産団地の促進、機械化による農業生産の効率化を目指すとしていた。農業生産の基盤となる土地条件の整備では、千葉県の水田の大部分は湿田である点を考慮し湿田の解消と水田土地

利用の向上を図る。畑地は畑地農業の振興と生鮮食料品の安定的な供給を図るため、畑地灌漑事業の推進に力を注ぐ。広域営農団地（流通団地）と流通機構の整備によって農畜産物の流通合理化を図り、市場情報の収集と伝達の機能を持つ農業管理センターを造る。農地の宅地並み課税など都市化の振興に伴い、都市農業再編が課題となって来た。六八年の都市計画法の施行により、大部分の市町村の区域が市街化区域と市街化調整区域に区分された。市街化区域は今後一〇年以内に計画的な都市化が行われる。その地域にある農業用地の活用が問題となってくる。こうした情勢に対応するため、千葉県は食糧供給と緑地供給機能を併せ持つ都市農業の再編が必要となる、と記されていた。

（3）県内農業地域を三つに分け生産団地を育成

一九七二年（昭和四七）八月、県は農業の体質改善と生産の再編成を目的に農業団地育成事業を展開することにした。そのため県内農業地域を、①都市近郊地域、②北総地域、③南房総地域の三つに区分し、それぞれの地域条件に見合った主要作目生産の基本方向を示し、広域集団化を目指すことにした。農業生産団地は野菜や果樹、酪農、肉牛、養豚など作目毎に一定の範囲の農家が集まって生産の組織化を行う。背景には他産業の労働力需要が盛んになって農業人口の流出が大幅に増えたことや経済成長で国民所得の上昇に伴い食料の消費パターンに変化が生じ、高度化したことがあった。園芸と畜産を中心に県農業は着実な伸びを示しているが、急激な都市化現象で農家戸数は過去五年間で約一万戸も減少し一六万戸となった。専業農家率は年毎に減り二〇％まで低下した。そうした厳しい現状を打開するため、県は農業を都市近郊農業として確立するための基本方針を決めた。それによると、①都市近郊農業地帯（東葛飾や千葉、市原、印旛及び君津の五郡市）は、都市への生鮮食料品の供給基地として農用地の高度利用に重点を置く。作目は水稲や麦類、豆類や雑穀、いも類、工芸作物、養蚕を進め、省力化で得た労働力を野菜などの集約部門に振り向ける、②北総地域（香取や海上、匝瑳、山武郡市）は利根川沿岸での水稲栽培の集団化を進め、生産性の向上を図り水田転作による飼料基盤の造成を行い酪農や畜産の振興、露地野菜産地を造成する。また果樹や養蚕などの導入を行い、タバコの生産団地を作る、③南房総地域（長生や夷隅、安房郡市）は野菜や酪農、肉用牛の生産に力を入れる。特に同地域はわが国最古の歴史を持つ酪農地帯でもあり、県内最大の乳牛頭数を持ちながら飼料生産基盤の不備で伸び悩んでいる。今後は水田転作の促進と林野開発により粗飼料生産体制の確立に力を注ぐ。

県はこれらの基本計画を中心に、農業生産団地の標準的規模を肉用牛二五〇頭、酪農三〇〇頭、野菜一五ヘクタル（四万五千坪）、施設規模は三ヘクタル（九千坪）、果樹園一〇ヘクタル（三万坪）とし、三地帯で七七年度までに肉用牛三万二千頭、野菜作付面積四万五三八〇ヘクタル（一億三七二七万五千坪）、粗生産額七三二億八六〇〇万円の達成が出来るようにしたい、とした。本県の野菜栽培の機械化は近郊農業地帯を中心に着実に進んでいた。機械化が容易な耕作地ではトラクターなどの導入が普及していた。また種まきや野菜選別作業の自動機械も開発され、これらの機械力を活用した野菜生産地での栽培省力化が成果を上げていた。野菜栽培を機械化する上で障害となっていた耕地面積の狭さの問題も交換分合によって解決が図られ、機械化による野菜生産が急速に普及していた。

（4）野菜の中心地、東葛から印旛地方へ

野菜の中心地が東葛から印旛へ移ろうとしていた。従来の野菜の大産地であった東葛飾郡が、急ピッチで進む農地の宅地化で耕作地が縮小し生産が伸び悩み、これに代わって落花生中心だった印旛郡など北総台地の野菜栽培が急速に伸びている。東葛飾郡は宅地開発の波を受け、一九六九年（昭和四四）四三四八ヘクタル（一三一五万三千坪）、七〇年三四七一ヘクタル（一〇五〇万坪）、七一年三〇二四ヘクタル（九一四万八千坪）と農地が減少した。これに伴い野菜生産額が七〇年は一八四億七一〇〇万円、七一年は一五七億二七〇〇万円と減少した。一方印旛郡は野菜生産額が急上昇し、六三年二二億三千万円が、七〇年は一四八億九二〇〇万円となった。作目では東葛飾郡はネギやダイコン、ホウレンソウなどの周年生産が可能な野菜を中心に、エダマメやサトイモな

ど栽培期間に特徴のある作物を組み合わせて生産効率を上げていた。印旛郡はサトイモやショウガ、ダイコン、スイカが中心で労働力の配分が困難な作物が多かった。また、印旛郡も交通の便が良くなり、成田空港の開港が間近となり今後は生鮮野菜の需要が見込まれる。近い将来、印旛などの北総台地が野菜生産のトップとなることは確実である。

（三）花卉流通センターの建設

県農林部と県農業経済連は、県の特産農産物の一つである花卉類の流通体系を合理化するため、千葉市内に面積約一千平方メートル（三〇三坪）の花卉流通センターを三千万円をかけて建設する。流通センターは生花類の価格安定と出荷コストの低減を狙うことを目的にしていた。建設は経済連が主体となって行う。安房や君津郡をはじめとする生産農家から集荷されて来た生花類をここで纏めた後、東京や関東、北陸、東海、東北などの約一五〇ヵ所の市場に分けて出荷する。各農家が個別に出荷していた従来の方法に比べると各消費市場の動向を見ながら計画的に出荷出来るため生産物の価格の安定が図られ、農家は細かい作業から解放されることになる。

（四）厳しい酪農環境

（１）衰退と立ち向かう酪農家の県民大会

一九六〇年（昭和三五）、千葉県の酪農家は一万七千戸を超えていたが年々減少し、七五年頃には七六〇〇戸に半減した。乳牛頭数は三万一千頭から七万二千頭へと二・三倍に増加した。**（表９）千葉県の酪農家、乳牛数の数位（Ｐ476）**を参照されたい。その原因は経営者の高齢化や後継者不足、小規模経営、生産にあわない生乳価格の安さなどにあった。七一年三月一一日、日本酪農政治連盟千葉県支部（支部長・小原耕太）は千葉市の県農業会館で県酪農県民大会を開催し、菅野儀作参議院議員、染谷誠県農協中央会長、沼田武県農林部長ら関係者三〇〇人を前に主催者挨拶を行った。「酪農は米の生産調整と同様にかなり厳しい事態となって来た。乳価の値上げを政府やメーカーに要求しているが認められない。その意味で我々は被害者である。この大会を機に大同団結して生産者乳価の大幅引き上げなどを積極的に働きかけて行きたい」と訴えた。また大会宣言では「県酪農はいまや死活の重大な岐路に直面している。この実態を訴え酪農を生業として生き抜く活路を拓くため生乳価格の即時大幅引き上げ要求を貫徹しよう。国や県農政の柱に酪農を明確に位置づけさせ、希望する具体的政策の早期実現を期するため、全酪農民一糸乱れぬ体制の下、目的を完遂しよう」と訴えた。しかし、千葉県は全国でも有数の酪農県で大消費地に近いなどの恵まれた条件もあったが、経営規模が小さく、副業的要素が強いなど問題点を抱えていた。

(2) 市原市に乳牛育成牧場を建設

一九七二年（昭和四七）四月一〇日、六九年から建設を開始していた乳牛育成牧場が完成した。県農林部では市原市国本の民有地一二一ヘクタル（三六万六千坪）を買収し、工事費一一億円をかけて施設を完成させた。乳牛育成牧場が酪農家から預かるのは生後六ヵ月のメスの子牛。それを一八ヵ月間、専門家の管理の下で充分な牧草の採食と運動を与え、生後二四ヵ月目に生産性の高い乳牛として酪農家に返す。この間、生後一五ヵ月目に県が所有している優良種オス牛と交配させ、能力の優れた子牛を増やす計画となっていた。各酪農家は預けた乳牛が手元に返された後、約二ヵ月後に新たに出産した子牛を手にすることが出来る。またこの牧場では牧場経営に関する研修も行う。研修は県内酪農家とその後継者を対象に三ヵ月から半年間をかけて草地経営や大群飼育管理技術の教育を行う。牧場内には放牧専用草地五四ヘクタル（一六万三千坪）、野草放牧地一五ヘクタル（四万五千坪）、三〇〇頭収容の牛舎、六頭収容の衛生舎、飼料貯蔵庫、乾燥施設などが造られる。

（五）北総地区に種豚育成牧場を建設

千葉県では常時約四万五千頭の繁殖豚が飼育され、年間八〇万頭の子豚が生産されている。食肉子豚は飼育後に出荷し、年間三〇三億円を売上げ、畜産業の中心の位置を占めている。県農林部は養豚事業の資質向上を図るため、一九七四年度（昭和四九）から三ヵ年計画で三億三千万円を投じて北総地区に原種豚育成牧場を建設する。育成牧場は、市場に集荷される肉豚の親となる繁殖親豚の品質を改良して、生産農家が市場に出荷する食肉豚の資質を高め、販売収益の増加を図ることを目的とした施設となる。豚舎は二〇〇頭収容し、そのうち一棟は二〇頭の優秀な種雄豚を飼育する施設とし、もう一棟は各生産農家から預かった雄と雌九〇頭ずつの親豚育成施設とする。雄豚は生産農家に返還し、種付け用に利用してもらうことにした。

七三年二月、市原市加茂農協は日本一の大規模畜産団地を造成する計画を明らかにした。計画によると二〇〇ヘクタール（六〇万五千坪）の用地を取得し、酪農一二戸一〇八ヘクタール（三二万七千坪）六〇〇頭、肉牛六戸三〇ヘクタール（九万一千坪）一〇〇頭、養豚一〇戸五〇ヘクタール（一五万一千坪）五〇〇頭、養鶏四戸一一ヘクタール（三万六千坪）三万羽となっている。出荷は共同体制とし、共同し尿処理場を設置し公害防止にも務める。同団地が動き出すのは七六年度からで、一戸当たりの粗生産額は乳牛飼育農家で年間一四〇〇万円、牛肉飼育一九〇〇万円、養豚四二〇〇万円、養鶏五五〇〇万円とし、他産業に対して劣らない生産が予定されている。しかし最大の難関は土地の確保であった。同地区にはゴルフ場の建設がラッシュで地価が高騰し、一〇アール（三〇三坪）当たり一二〇〇万から一五〇〇万円と言われており、土地の確保が大きな壁となっていた。

（六）植木生産、日本一に

植木生産熱が農家の間で急激に高まっていた。千葉県の植木生産額は一九七一年度（昭和四六）が五〇億円を超え、埼玉県についで全国二位となっている。生産面積は三千ヘクタール（九〇七万五千坪）で全国トップとなり、七五年には全国一位になるのは確実と言われていた。千葉市新港の県植木市場では毎月九の日に市が開かれていて、一日平均三〇〇万円を超える取引があった。五月、六月のピーク時には五〇〇万円を超えていた。平均は二五〇万円であった。千葉県は昔から全国有数の植木の生産地であった。九十九里地方のマキやキャラ、北総地域のツゲなどは代表格となっている。それらはいずれも高級品であった。最近の植木ブームで年間売上げ額は一五億円を超え、全国有数の生産県となっている。植木は農家の副業で取引は植木業者が各家庭の庭先で行っていた。そのため標準価格も決まっていなかった。植木の需要が急速に伸びたのは京葉工業地帯やニュータウン、団地の造成、成田空港建設などが原因であった。農家は減反により水田を埋め、植木生産へ転業する人が増えていた。近年の植木作りの主流は高級品ではなく大量生産が出来る樹木であった。流行品はカイズカイブキやネズミモチ、トベラなどでセールスポイントは「公害にも強く、生育が早いこと」である。マキやキャラ、ツゲは商品となるまでに二〇年以上かかるが、カイズカイブキなどは二、三年で一メートルになる。植木としての見栄えよりも、緑さえあれば良いという時代になって来たからであった。需要先では公共需要（街路樹、校庭など）が全体の三分の二を占め、中でも工業団地用、次いで都市公園用、中高層住宅用となっていた。高速道路用の需要も多くあらゆる方面で植木需要が伸びていた。

（七）離農を進める国と県の農業政策

（１）農地の自由化を推進

一九七一年（昭和四六）三月、国は農業の近代化を図るためと称して農地の自由化推進に舵を切った。県農林部も県農業開発公社と協力して「農地保有合理化促進事業」を開始した。事業内容は「農業の近代化を行うためには経営規模を拡大し、機械化によって生産性を高めなければならない」とし、「しかし農業の現状は兼業家ばかりが増え、農地を手放す人が少ない。その結果、土地利用度が低下し農地が荒廃している」、「この状態を解決するためには弱小農地の買い入れ、農地の交換移動などを促進させる必要がある。拡大した農地が出来れば機械化した農業が可能となる。それらを行うため県農業開発公社内に農地課を新設し、合理化を推進したい」とした。この政策は離農を推進する県の農業政策であった。

（2）宅地並み課税、市街地から農地締め出す

一九六八年（昭和四三）の都市計画法の改正で全国の市町村は「市街化区域」と「市街化調整区域」に線引きされた。市街化区域は住宅や商業施設、工業施設など市街地を優先して整備を行う区域とされた。一方、市街化調整区域は建築物や開発行為などを抑え、健全な都市の育成と秩序ある発展を図るとされた。両区域の線引きがどう行われるかは住民の大きな関心事となった。線引きは千葉県都市計画審議会に諮られ決定された。市街化区域は都市化を進めるため都市計画税が課税されることになった。七一年三月、都市計画法の改正が行われ地方税法と都市計画税の改正が行われた。その内容は市街化区域内にある土地には、①都市計画税を適用する、②農地は宅地と同額の課税を行う、③適用は七二年一月一日とするであった。これらの改正内容を通称「宅地並み課税」と言った。人口急増前の都市は市街地に田や畑、林の中に住宅が混在していた。畑や水田に「宅地並み課税」が適用されると、農地として課税されて来た固定資産税は一挙に数十倍引き上がることになる。

船橋市を例にその状況を調べてみた。船橋市は七二年、市街化区域内の農地に「宅地並み課税」を適用するため、船橋市市税条例などの改正に着手した。同市は急激な都市化で地価が高騰し、再開発のガンとなっていた。市当局は「農地に宅地並み課税が適用されれば農地の転売が促進され都市開発が進み、多額の税収が市に入る」と考えた。七二年一月の時点で、同市内の市街化区域内の農地面積は一三九一ヘクタール（四二〇万八千坪）で全農地の約四七％を占めていた。市街化区域内の宅地の一平方メートルの平均評価額は一万四四三六円であった。そこで市当局は農地をこの評価額を基準にして、同評価額以上をA農地、同評価額から一万円以内まで

をB農地、一万円以下をC農地と三段階に分けて計算した。これまでの課税額はA農地四五万五千円、B農地九六万九千円、C農地七〇九万円であった。それらの農地に「宅地並み課税」が適用される面積はA農地六一・四㌶（一八万六千坪）、B農地一三一・四㌶（四〇万一千坪）、C農地一一九七・四㌶（三六二万二千坪）であった。市税条例の改正で「宅地並み課税」が適用されるとA農地は八三八万五千円に、B農地は四〇〇二万八千円に、C農地は一億九六三万円となり、総額一億五八〇四万三千円となった。その結果、A農地は一八・四倍に、B農地は四一・三倍に、C農地は一五・五倍になり、平均すると二五・一倍になる。同年二月一六日、臨時市議会が開催された。会期は一日。議案は第一号市税条例の一部改正、第二号都市計画税の一部改正、つまり「宅地並み課税」の条例であった。同市議会は前年の一二月市議会で「市街化区域の農地の宅地並み課税反対に関する意見書」を採択し国に送っていた。理由は「農家に過大な税負担が強いられ、農家経営及び消費経済面に与える影響が大きい」からであった。二月八日、〝これは都市農業の破壊だ〟と学習を通じて「新都市計画法」や「宅地並み課税」に疑問を抱いていた船橋市北部地域の農家の青年達二〇人が集まり、市条例改定阻止の行動を起こすことを決めた。行動には市街化区域の青年ばかりでなく市街化調整区域の青年もいた。行動は、①市議会が宅地並み課税反対を議決するよう請願署名と活動資金を集めること、②反対内容のチラシを全農家（約二五〇〇戸）に配布すること、③市内公団住宅自治会にチラシを回覧してもらうこと、④全市議会議員に賛否のアンケートを行い、賛成議員には市議会の紹介議員になってもらうこと、⑤農協や地域の労働組合へ働きかけ協力してもらうことなどを決めた。九日から連日行動を開始し、本会議開催日までにチラシは五種類（約二万枚）発行、署名数は五九二〇人を集めた。同月一四日の渡辺三郎市長との交渉には二〇〇人が参加した。一六日の市議会本会議には農民二〇〇人が傍聴した。議場に入りきれないため市役所内の会議室を用意させ、審議内容を放送させた。審議は午後一一時二九分まで行われたが結論は出ずに散会した。翌一七日、午前中に総務委員会が開かれた。そこには四人の農民代表が傍聴した。総務委員会は「賛成三人、反対六人で市案は否決」された。午後一時からの本会議には前日に続き二〇〇人以上が傍聴した。市案は「賛成六人、反対三六人で否決」された。市当局は「今後三〇年間その土地を使って農業を続けるなら宅地並み課税は適用しない」、「生産緑地として扱う」とし、当初の方針を撤回した。国や市の「宅地並み課税」の真の狙いは市街地から農地を無くす政策であった(13)。

(3) 増え続ける離農世帯

一九七一年(昭和四六)七月、県企画部は「七〇年日本農業センサス(農家の部)」の千葉県版を発表した。この調査は七〇年二月一日時点での農家総数や人口、専従者数と兼業者数、耕作地面積、品目、販売額などの結果であった。農家総数は一六万三五〇〇戸で、六五年(昭和四〇)の前回調査(一七万二九六八戸)から五年間で九四六八戸(五・四七%)と大幅に減少していた。六〇年から六五年の農家の減少数は八八七六戸であった。減少数は前五年間より五九二戸も増えていた。減少率を地域別でみると東葛飾郡の一〇・四%を最高に、夷隅郡六・九%、千葉市郡六・九%、安房郡五・九〇%で県平均を上回っていた。減少率が高いのは都市化の著しい地域と過疎化の進んでいる地域であった。経営規模は七〇アール(二一一八坪)から二〇〇アール(六〇五〇坪)層に全農家の五五%が集中していた。三〇〇アール(九〇七五坪)以上層が三六・二%であった。農産物の販売額では米作を筆頭に一〇〇万円以上の農家が増えていた。農業専業者(農業だけに従事プラス農業が主)は三三万九七五〇人で、一九六五年より四万九八〇〇人(一二・八%)減少していた。農家の専業や兼業別の構成比は専業農家二〇・六%、兼業農家七九・四%であった。専業農家は前回調査より八・七%減少していた。農家の販売額が最も高かったのは前回も今回も米が一位で六〇%を占めていた。品目では麦類や雑穀、イモ、豆類、工芸作物は減少したが、特殊園芸(主に施設園芸)や野菜類、酪農などは増加していた。農家人口は八三万六二五八人で、五年前より一一万二九二二人(一一・九%)減少していた。農家数の減少と農家一戸当たりの人口減が影響していた。農家人口の県人口に占める割合は二五・七%であった。前回は三六%を占めていたが、今回は一戸当たりの農家人口も五・五人から五・一人に減っていた。農業従事者は前回より四万九八二二人（二二・八％）減少していた。年齢別従業者の増減を見ると六四歳以下の従業者は少なくなり、六五歳以上が増加していた。なかでも減少率の高い年齢層は二〇歳から二九歳の三二・二％、三〇歳から三九歳の三二％であった。このように農村は人口や世帯数とも年々減少し、特に働き盛りの人が大きく減少し、後継者問題は益々深刻となり、農家の老齢化が著しくなっていた。

七一年九月、農林省千葉統計調査事務所は「七〇年度の農家所得の実態」を発表した。七〇年度の農家一戸当たりの農業所得は一四〇万九三〇〇円であった。その額は前年度を一七万二四〇〇円（一三・九％）上回っていた。農業所得の内訳は農業所得六七万三千円、農外所得は七三万六三〇〇円であった。農外所得が農業所得を上回ったのは七〇年度が初めてであった。原因は米の生産調整（減反）や畜産部門の伸び、都市化の進展で労賃を稼ぐ場所が多くなったためである。

（4）県、アグリミニマムを作成

一九七三年（昭和四八）八月、県農林部は本県農業が今後存続していくために最小限必要な農業基盤の基準であるアグリミニマムを作成した。打ち出されたミニマム（最低限数値）は、耕地面積一五万ヘクタール（四億五三七五坪）、農業従事者一六万人、林野は面積一六万六千ヘクタール（五億二一一五万坪）であった。七三年の県内農地は一七万ヘクタール（五億一四二五万坪）あるが毎年一％強の二千ヘクタール（六〇五万坪）が宅地や工場、ゴルフ場などに転用され、この一〇年間で約一万五千ヘクタール（四五三七万五千坪）の農地がなくなっていた。このままで行くと八〇年に農地は一二万ヘクタール（三億六三〇〇万坪）となる。県の第三次総合五ヵ年計画による八〇年の推定人口は五三〇万人であるから県内の米や野菜など食料自給率は約四〇％になってしまう。そのため県は八〇年度の食料需要（米五〇万七千トン、野菜九二万トン、牛乳三九万トン）などを目標にしたアグリミニマムを作成した。そのため八〇年を目標に農地一五万ヘクタール、基幹農家五万二千戸、同従業員一六万人の確保を打ち出したのであった。林野は一七万六三〇〇㌶（五億三三三〇万八千坪）あったが、六五年から減少し、毎年の減少面積は平均一八㌶（五万四千坪）であった。八〇年には一年間で三〇七㌶（九二万九千坪）の緑の森林が潰されると推定している。林野は農地と比べ法的規制がゆるいため、ゴルフ場や民間企業の買占めが八割を占めていた。林野は木材の供給だけでなく、水源涵養や大気の浄化、がけ崩れの防止などの役割を担っているため現状の面積を維持する必要があった。

（八）衰退の一途をたどる千葉県漁業

（1）栽培漁業の推進

①ノリ養殖の推移と漁場使用の統一化

一九六〇年度（昭和三五）、県のノリ収穫量（枚数）は全国一位であった。六一年、六二年、六五年、六六年度二位と全国で常に上位の収穫量を占めて来た。七二年の主なノリ養殖漁場は、浦安や市川、船橋、習志野、幕張、金田（木更津）であった。七一年九月、農林省千葉統計調査事務所が纏めた県内漁業生産額調査によると、七〇年度の総生産額は二五五億円であった。その内三〇%に当たる七六億円がノリ養殖であった。採貝二四億円と合わせると四〇%近くを占め、本県漁業の中心の位置を占めていた。しかし内湾北部のノリ養殖に最適な遠浅海域は京葉工業地帯の工業用地として年々急ピッチで埋立てられ、六九年度には漁場面積は埋立て開始前（六〇年）の五八%とほぼ半減していた。**（表10）ノリ収穫量の推移**（P476）を参照されたい。そのことは経営体数が六〇年の一万一二八四から七五年には三三六八へと七〇%も減っていることからも明らかであった。経営体数の九八・三%は個人世帯である。しかし収穫量は六〇億枚前後と堅調であった。その理由は内湾全域が取り入れたベタ流し漁法（海面の広域に網を張り、ノリ採取機を網の下にくぐらせ、ノリを回転する刃で切り落とす収穫方法）や漁具の改善など漁民の努力にあった。また県では六九年に「内湾地区ノリ漁場造成計画」を策定し、七ヵ年計画で富津岬南側の天羽や大佐和、富浦、上総湊などに漁場を開拓する方針を打ち出した。

一九七二年（昭和四七）九月、県内湾水産試験場と県水産試験場は「気象や海況の変化に見合った統一あるノリ漁場の使い方」を指導し、六〇億枚台の大型生産時代に対応した生産の合理化をノリ養殖漁民に呼びかけた。千葉県のノリ生産作業は一月以降に集中していた。そのため県は試験的に生産時期を年内に早め、前年に比べて一億枚増加させた。その原因は、①九月中旬の採苗は薄芽であったが、二次芽により増芽が順調に育ったこと、②冷蔵網の入庫から秋芽網の展開まで病害の発生が少なかったこと、③一一月中旬以降の気温や水温の降下により年内に生産体制に入ることが出来たことであった。こうした結果から、気象や海況に見合った統一ある漁場の使い方の改善を行うことにした。六〇億枚台の大型生産体制にするため柵当たりの生産枚数や生産金額の増大を図り、生産と製造の両面でムダを省き、出来るだけコストの低い良質な製品を目指すことにした。

②安房郡千倉町に県総合水産試験場を建設

一九七三年（昭和四八）六月、県水産部は千葉県の水産業の中心地が内湾から外洋へ移りつつあることを考慮し、七四年五月完成を目標に総工費四億二六〇〇万円をかけ千倉町に県総合水産試験場を建設することにした。同町平磯の県有地一・二一ヘクタル（三六三〇坪）に本館や生物飼育、実験、作業、加工、漁労実験作業、漁具製作など七棟の建物と屋外施設を建設する。ここで孵化発生実験や飼育実験、生態研究、放流用種苗の生産、魚貝類の養殖実験などを行い、千葉県の水産漁に何が最適かなどの研究を行う。また鮮魚の貯蔵方法や輸送方法、魚貝類を原料とした加工食品の改良と新製品の開発や漁具の改良と新漁具の開発なども行うことにした。

(2) 漁業従事者二万七千人台に

一九七一年（昭和四六）四月、農林省千葉統計調査事務所は七〇年の「県内漁業世帯員就業調査」の結果を発表した。それによると、千葉県の漁業は京葉工業地帯の造成に伴う漁業地帯からの労働力流出や埋立てによる漁場の消滅、サンマ漁の不振などが原因で漁民は急激に減っていた。漁業世帯員数は九万四〇五人でその構成比は個人経営世帯六万三二五二人（七〇％）、漁業従事者世帯は二万七一五三人（三〇％）であった。前年に比べ個人経営世帯は七三五三人（一〇・四％）、漁業従事者世帯は二五六九人（八・六％）減少していた。また同年に行った「漁業動態調査」でも千葉県の漁業経営体数は一万一六二一で、前年より八八二人、七・一％減少していた。経営体の組織では個人経営体が一万一四三〇（九八・三％）と圧倒的に多く、団体三二九（一・七％）は僅かであった。経営体別に見るとノリ養殖階層が五九・八％で地引網及び小型定置網階層合わせた漁民層が全体の九七・二％を占め、残り二・八％は中小企業層となっていた。地域別では東京湾内が七一七二経営体（六一・七％）、外房が三五九六体（三〇・九％）、銚子・九十九里が八五四体（七・四％）となっていた。東京湾内はその内の九一・七％に当たる六五七九体がノリ養殖経営体を占めていた。八八二の経営体の減少の中には埋立てによる富津市藤波二六三体、千葉市稲毛二二六体、船橋の一部七五体などがあった。漁船では経営体が使用した漁船総隻数は一万五一一〇隻で、一万八〇三隻（七一・五％）は動力船や船外機付船で東京湾内のノリ養殖用であった。

3　土地ブームと乱開発の規制

一九七二年（昭和四七）六月、一ヵ月後の自民党総裁選を前に、田中角栄は『日本列島改造論』を出版した。出版の目的は人と金、物の流れを大都市から地方に逆流させ、〝地方分散を推進する政権公約〟であった。七月、総裁選に勝利した田中は首相に就任した。日本列島改造ブームが起き、『列島改造論』で開発候補地に挙げられた地域では投機家によって土地の買占めが行われ不動産ブームが発生し、地価が急騰した。千葉県では人口急増が続く東葛や京葉地域、成田空港予定地周辺、南房総のリゾート地域では地価高騰や土地買占め、乱開発、悪徳不動産業者による宅地造成や違法建築などが行われた。

（一）土地ブームの到来と高騰

一九七二年（昭和四七）八月、建設が進む成田空港周辺市町村では、〝国際都市成田〟〝東京への通勤圏〟を歌い文句に宅地造成が始まった。空港に直接関係する成田市や芝山町、空港から五から二〇《キロメートル》圏内の香取郡多古町や下総町、印旛郡栄町までもが山林や水田が切り拓かれ宅地化された。下総町では四〇《ヘクタール》（一二万一千坪）が不動産会社に宅地として買われ、二千から二五〇〇戸の住宅建設計画があった。栄町では二〇ヵ所、五〇《ヘクタール》（一五万一千坪）、多古《たこ》町では六ヵ所、一〇《ヘクタール》（三万坪）、酒々井町では五ヵ所、五〇《ヘクタール》（一五万一千坪）が宅地造成された。各市町村役場の悩みは二つあった。一つは地価の高騰で公共事業が思うように出来ず、都市計画や財政計画が立てられないことであった。「空港が出来ても何のメリットもない。人口だけ増えても、それに伴う公共事業は出来ない」（下総町）、「人口が増えると公共事業は先行投資せざるを得なくなり、町の財政規模ではとても無理。多額の借金は覚悟している」（酒々井町）、「業者は宅地造成さえしてしまえばという考え方が強い。しかし町は道路や上下水道、学校建設などを考えると、頭の痛い問題が山積している。〝宅地造成など止めて欲しい〟と叫びたい気持ち」（多古町）といった声が圧倒的に多かった。もう一つの悩みは地価の高騰であった。「値上がりなんてもんじゃない。異常高騰だ」（各市町村企画課）は呆れていた。一〇〇平方《メートル》（三〇坪）当たりの平均地価は二〇〇万円。空港インターチェンジ付近（富里村）になると三・三平方《メートル》（一坪）二〇万円以上と都会並みの地価となった。空港建設の閣議決定（六六年七月）から六年間にどの土地も一〇倍から三〇倍も値上がりした。成田市内の不動産業者の中には「日本一の高騰地だ」と言う人もいた。地価高騰で公共用地を取得出来ないというのが各市町村の共通の悩みであった。

(二) 乱開発の横行

(1) 別荘地造成に泣く南房総

観光地・南房総で別荘地を目的に無責任な宅地造成が行われ、地元住民が泣かされていた。国鉄房総東線や西線の電化、房総半島縦貫道路計画が進むにつれ、南房総国定公園に面する海岸沿いの土地に東京の不動産業者などが目をつけた。平地が少ない地形のため山を崩して宅地を造成する動きが増えて来た。大雨が降る度に避難騒ぎを繰り返す安房郡天津小湊町内浦地区、土砂崩れで県道が埋まった白浜町では「何とかしないと危険な宅地が増える一方だ」と地元町役場や県土木出張所も頭を痛めていた。これまで見向きもしなかった山林が業者の手に渡り、町の意向も考えないで開発されて行く現状に町役場や県も動き出した。県警保安課と大原警察署は夷隅郡御宿町浜にあるT不動産会社を自然公園法違反の疑いで家宅捜索し、帳簿など証拠品を押収した。同社は南房総地域で宅地開発事業を行っていた。南房総国定公園内の同町岩和田地区の山林や田畑などを県知事の許可を受けずに削り、土を盛って現状を勝手に変更した。同社は岩和田地区六八〇平方《メートル》(二〇六坪)の山林を購入し、分譲地造成を行った。この土地は御宿海岸に近く房総東線の電化が間もなくあり、南房総国定公園内の景色の良い別荘地としては最適の場所であった。景勝地が無秩序な宅地開発で荒らされては困るので、県は同社を告発した。

(2) 乱開発に厳しい県条例に改正

一九七三年(昭和四八)一二月、県は県議会で成田空港周辺町村や南房総地域などの別荘地の宅地造成を規制するため、市街化区域並みに宅地造成を規制する「宅地開発事業の基準に関する条例の一部改正」を行った。都市計画法では市街化区域と市街化調整区域の宅地造成には規制基準はあるが、それ以外の区域には規制がなかった。そのため六九年一〇月、県は独自の規制基準を造り条例を制定した。原則として一《ヘクタール》(三〇二五坪)以上の宅地事業を行う場合には、県知事との事前協議や別に定めた設計基準で対応して来た。七二年二月、下総大栄町などから規制基準を厳しくするよう要請が出されていたこともあり、県条例で規制を厳しくした。その結果、空港周辺の山武郡芝山町や香取郡多古町（これまでの適用規模は〇・五ヘクタル・一五一三坪）、同郡下総や大栄町、印旛郡八街町、富里村（同〇・三ヘクタル・九〇八坪）の六町村は〇・一ヘクタル（三〇三坪）まで面積規模を引き下げた。これで千葉や船橋、市川市などの市街化区域並みの基準が適用されることになった。県は開発の手が伸びて来た佐原市や香取郡小見川町、東庄町、長生郡長柄《ながら》町、安房郡鋸南《きょなん》町、富山町、富浦町、三芳村の八市町村についても現行一ヘクタルを〇・三ヘクタルへ、富津市は〇・五ヘクタルを〇・三ヘクタルへ、木更津市旧富来田町なども〇・五ヘクタルに下げることにした。一方、九十九里町や南房総地域の別荘開発地も自然破壊が出て来るとして、新たに「別荘地開発事業に係る工事の設計基準」を新設した。主な内容は、①土地の切り土や盛り土、樹木の伐採は一ヘクタル以内とする、②開発区域の三〇％は緑地保存に充てる、③別荘地内の道路は開発区域内の一〇％以下とし、緑地を確保することなどを開発業者に義務付けた。

（三）悪質不動産業者の横行

（1）市街化調整区域の土地を宅地と偽り販売

一九七〇年（昭和四五）七月、市原市内の不動産会社が「市街化調整区域」に指定されている同市八幡、菊間地区周辺（国鉄房総西線八幡宿駅裏）の水田を知事の許可を受けずに大規模に購入し、宅地造成し販売する農地法違反があった。事件の発端は県農林部への「八幡、菊間地区周辺で県の許可を受けずに水田を宅地造成し、大量に売りさばいている不動産屋がいる」という通報であった。農地の所有権を移転する場合、農地法第五条で知事の許可が必要となっていた。不動産会社は荒地化していた水田（休耕田）であることに目を付け農地法を悪用した。農地法では法務局の登記担当官が土地の現況を見て、宅地であると判断すれば職権（「職権登記」と言う）で土地の地目を宅地に変更可能であることを知っていて、地主から購入後、水田を埋立てた。登記官を現地に連れて行き、職権登記で地目変更し宅地として五三人に販売した。水田は一・三ヘクタル（三九三三坪）で地主は一七人、約六千万円で買収した。同社は約一億円で販売した。その事実を確認した県農地課は、農地法違反で千葉県警保安課へ同社を告発した。

(2) 無断宅地造成、県が告発

一九七二年（昭和四七）一二月、県宅地課は「一月から一一月三〇日までに違反宅地造成が一四六件あった」とし、摘発した。その内、九四件は文書により行政指導で是正させた。五二件は聴聞会を開いた。聴聞会後に是正したのは二一件（四五人）、是正指導中のものが一三件であった。県の行政指導を無視するものが五件あり、県はこの五件を告発した。違反事項は、①道路位置指定と相違した道路を建設した、②建築確認を受けない建築物を三六棟建築した、③建築確認と相違した建物七棟と無確認の建物合わせて三九棟を販売した、④宅地建物取引業法に基づく資格者がいないのに取引をした、⑤市街化調整区域に許可なく住宅を建てたなどであった。違反した場合、業者は宅建業法で免許取り消しや営業が出来なくなるが、個人の場合は最高一〇万円の罰金で済む可能性もあり、〝建て得〟ということになる。県が告発しても違反住宅に入居している者もいて、行政指導の不備が改めて浮彫りとなった。

(四) ゴルフ場の規制

(1) ゴルフ場に初の規制

一九七〇年（昭和四五）年頃からゴルフ場建設が県内の丘陵地で目立つようになって来た。これまで県にはゴルフ場を規制する基準がなく野放し状態であった。そこで県都市部は七二年一二月、保養地やゴルフ場、墓地公園などの基準を定めた「指導要綱」を作成し、七三年一月から施行した。都市計画法や県条例から漏れていたこれらの施設建設は一〇ヘクタル（三万坪）以上が県知事との事前協議の対象となった。しかし策定した「指導要綱」はあまりにも基準が緩く、規制と言えるものではなかった。

（2）ゴルフ場、市原市面積の一割に

市原市の山間地でゴルフ場のラッシュが続いていた。これらがオープンすると神戸市（一一ヵ所）を抜いて全国一になると新聞などが報道した。一九七三年（昭和四八）一二月の時点で、市原市にはゴルフ場が九ヵ所あった。県内にあるゴルフ場数の二割、市域面積の一割を占めていた。六〇年一〇月にオープンした姉崎カントリークラブを皮切りにゴルフ資本が進出し、全国屈指の〝ゴルフ場王国〟となっていた。凄まじいゴルフ場ラッシュに対処するため同市は七三年六月、自然破壊の歯止め策として規制基準を定め、新設ゴルフ場の進出を規制した。規制内容は、①開発区域が一・五ヘクタール（四五三八坪）以上の面積がある場合は貯水出来る遊水池か調整池を設置すること、②九ホール毎に一億円を緑地破壊の代替えとして〝市民の森造成事業〟に寄付すること、③汚排水は場内で完全処理すること、④土地の切り土や盛り土は極力行わないこと、行った場合は市に届け出ること、⑤森林は五〇％以上残し、コース間には幅二〇メートルの樹林帯を設置し、災害防止と地下水源涵養のため植樹すること、⑥芝生への散水は遊水池の水を利用し、地下水を汲み上げて使用しないことなどであった。また市は既設のゴルフ場についての実態調査や立入検査を行い、「規制基準」を説明し守るよう指導した。実態調査では幾つもの違反行為が発見された。主な違反は、①ゴルフ場が無届けで拡張され課税対象の土地面積と実際の面積に差があった（航空写真で判明）、②コースが当初の計画から変更されているゴルフ場が多数あった、③切り土や盛り土が無届けで行われていた、④ゴルフ場が市に届けていた地下水の一日の使用量二八〇〇トン、遊水池や調整池は一一ヵ所で貯水量一二万七千トンしかなかった。遊水池の水を芝生の散水に使用していたゴルフ場は二件だけであった。地下水が使われているのに井戸の申告数が少ないゴルフ場が沢山あった。井戸数を改めて申告させ、汲み上げを規制するため各井戸に水量計を取り付けるよう指導した。七四年度になるとゴルフ場は二〇ヵ所（二三四〇ヘクタール・七〇七万九千坪）、五四〇ホールが営業し、ゴルフ場利用者数は六三万人となった。

今後予定されている新設ゴルフ場計画は一七件、その内一〇件（二三四ルホー）が認可を前提に県と事前協議中となっていた。その他に近く市と設計協議に入るものが数件あった。既設と合わせると四〇ヵ所となり、全国一の〝ゴルフ場銀座〟となってしまう状況にあった。新規ゴルフ場を規制するため県や同市は施設基準や規制基準を定めたが、この程度の規制では〝焼け石に水〟といった感があった。同市はゴルフ場に対して地域住民の雇用を要請していたが、あまりうまく進んでいなかった。「市原市民は海面埋立てで海を失い、市街地の後背地の山林はゴルフ場が建設され、緑や地下水を大企業に奪われてしまった」とゴルフ場に土地を提供した農家の人は嘆いていた。

(3) ゴルフ場建設での汚職事件

① 私文書偽造や背任などの事件が続出

一九七四年（昭和四九）一二月四日、県都市部はゴルフ場造成に絡んで私文書偽造や背任など刑事事件が続発していたため、申請書類のチェックを強化する方針を決めた。同年一一月二〇日、君津市と館山市内でゴルフ場建設計画にからんで逮捕者が出た。君津市の場合では、業者が用地買収に反対する地権者の譲渡書を偽造し、県から農地転用許可を受けていた。これまで同部では「売買、賃貸などの契約書は信頼出来るものとの前提で審査をして来たが、信頼の裏をかかれた事件だ」とし、今後は進出企業に「県との事前協議に提出する売買、賃貸契約書には必ず印鑑証明を添付すること、売買契約が成立している場合は登記簿謄本などの提出」を義務付けた。

② ゴルフ場汚職で君津市助役が逮捕

一九七四年（昭和四九）一二月九日、ゴルフ場建設に絡む贈収賄事件で君津市助役四宮《しのみや》喜八郎が業者・北辰観光会社の幹部二人と共に県警捜査二課と木更津警察署に逮捕された。事件は君津カントリークラブ建設に絡む便宜・供与であった。四宮助役は市側の責任者として建設会社との協議を行った。四宮助役は「海外旅行の際、現金を受取ったが、あくまで知人としての餞別金で便宜を計る意図はなかった」、「木更津市内で飲食を共にした請求書は北辰観光会社に渡した」と供述した。逮捕の知らせを受け鈴木俊一市長は「昨夜、警察からの連絡で事件を知った。こうなった以上、事件の全容を徹底的に究明してもらいたい」、「ゴルフ場は過疎化現象の進む君津市奥地の開発にとってプラスになると判断し前向きに取組んで来た。汚い金が動き、ゴルフ場建設は白紙に戻されてしまったが、市の考え方は変わらない」とあくまで既成方針で対処すると強気の姿勢を崩さなかった。助役逮捕を受け同月一二日、市議会内に「君津カントリークラブ建設に係わる調査特別委員会」が開催され、数人の議員が意見を述べた。発言者の一人、北川夫二男議員（無所属）は「建設計画が明らかになってから三年経つが、市は議会に中間報告すらしなかった。市は最初から秘密裏に事を進めようとしたのではないか。県は事前協議や設計協議では市から提出の意見書を信頼して建設認可をしたはずだ。市は業者の意を受けて県をミスリードしたのではないか。反対者の説得には代替地の斡旋など細かい配慮が必要なのに、市は具体的な行動を何も起こして来なかった」と市の姿勢と態度を厳しく追及した。これに対し鈴木市長は「助役を長に開発協議会で充分検討した結果、ゴルフ場は市の奥地開発にとってプラスと判断した。反対者からの陳情もあったが助役に説得するように指示していた。助役からはほとんどの地主が賛成する見通しだとの報告を受け、建設賛成の意見書を県に提出した。業者との癒着など全くない。代替地問題は市の直営事業ではないので説得には自ずと限度がある」と答弁した。さらに「今後もゴルフ場建設は進める気か」との北川議員の質問に「ゴルフ場建設は必用であり、事態が好転すればまた前向きに取組みたい」と、開発優先の姿勢を崩さなかった。

君津カントリークラブ建設予定地は君津市の奥地、加名盛や大中《だいなか》、笹、大戸見、利根にかけての一帯であった。小櫃川の源流付近で房総の尾根・清澄山系周辺の静かな農村だった。中でも大戸見地区一帯は県下一の集中豪雨地帯であった。七〇年秋の大洪水をはじめ過去幾度となく農家は被害にあっていた。また周辺には二つのダム（片倉ダム、亀山ダム）が建設される予定もあり、農家はすでに二三〇ヘクタール（六九万六千坪）の農地や山林を手放していた。こうした現状に農家はこれからの暮らしに大きな不安を抱いて暮らしていた。助役逮捕になった背景には、自分達の土地は自分達で守ろうと四七人の農民が「農地と山林を守る会（会長・鈴木八十八）」を結成し、署名活動など二年に及ぶ反対運動があった。封建色の強い農村だけに妨害する人も多かった。「守る会」は最初、地元選出の市議会議員や県議会議員に協力を求めたが、頼みの彼らは建設会社の顧問や土地買取り工作員になっていた。そのため「守る会」は自分達で反対署名用紙を持って対象農家を一軒一軒訪ね歩いた。農家から「業者が現金を持って訪ねて来た」、「市の助役は旧上総《かずさ》町長時代から〝四宮不動産〟言われるほど利権にまつわる黒い噂があった。気をつけた方が良い」などの情報も寄せられていた。事件後、市議会には二つの陳情が出された。一つは「もう一度ゴルフ場建設を実現するよう市は努力して欲しい」という賛成派農民のもの、もう一つは「計画は白紙に戻し、早く農家が生業に戻れるよう尽力して欲しい」という「守る会」のものだった。陳情書に添えられた署名数は賛成派一九三人に対し、「守る会」四三二人であった。複雑な地域事情が反映されていた。

（五）山砂採取に甘い県の対応

千葉県を航空写真で眺めると山林や田畑とは別に、平らなグリーンの芝生地と山肌が黄褐色に剝き出しになった場所がある。前者はゴルフ場であり、後者は山砂採取場跡である。その場所は富津や君津、木更津、袖ケ浦、市原の五市周辺に集中している。五市の山砂は一九六〇年（昭和三五）頃から首都圏で使われるコンクリートの材料や東京湾埋立てに使われた。多量の山砂は大型ダンプカーやベルトコンベアーで輸送船に積み込まれ工事現場に運ばれた。これらの山砂によって東京湾の五分の一（二万五千ヘクタール・七五六二万五千坪）が埋立てられ、京葉・京浜工業地帯の造成、横浜みなとみらい地区、川崎市扇島、羽田空港、臨海副都心、幕張メッセ、海浜ニュータウン、東京ディズニーランドなどが実現した。山砂採取の被害の実態は第二章、８公害の項「（６）山砂採取とヘドロ流出」（Ｐ251）で一部記述している。ここでは七〇年代初期、県が対応した二つを記述することにした。

（１）営林署が鬼泪山の山砂採取業

富津市桜井不動谷の鬼泪山《きなだやま》は標高三〇九メートル、面積七九〇ヘクタール（二三九万坪）の国有地である。この山は一九〇六年（明治三九）以来、国と県との契約で県が造林し、樹木の伐採処分した収益の七〇％を県、三〇％を国が受取る条件で管理されて来た。この山は良質な山砂地帯であることで有名であった。山砂の推定埋蔵量は四〇〇〇万トンと言われていた。一九六六年（昭和四一）頃から林野庁千葉県営林署が収入増を計るため、山を崩しその山砂をコンクリート材料として売る事業を開始した。自然破壊につながる山砂採取の規制が叫ばれていた中で、自然保護と緑化推進をする立場にある林野庁千葉県営林署が山砂を採取し収益を上げていることに批判的な意見が多かった。しかし千葉県営林署は県と協議し県に造林計画の解除を認めさせ、県は千葉県営林署に土砂採取事業の営業許可を与えた。周辺地域では山砂被害で困っていた農家があり、県に被害や苦情が届いていていた。県は許可をすべきではなかった。しかし国の圧力に屈し、誤った判断をした。国の機関である営林署が土砂採取事業を始めることになったのは、不況の影響で材木の需要が減少し収益が少なくなっていたことにあった。また同営林署は独立採算制で運営していたため、赤字財政が続いていた。県は営林署の抱えていた財政事情を理解し、期限付きで山砂採取に協力した。同署の一年間の採取量は三〇万から三三万トンで、約二億二千万円の収益を上げていた。七五年一月までの一〇年間で採取量は三一一万トン、二〇数億円の利益を上げたことになる。しかし友納知事は各地の砂採取場近くの住民から〝自然破壊だ〟との声が強まって来たため、「鬼泪山の山砂採取は認めない」と林野庁に契約解除を申し入れたが、話合いは平行線となった。困った知事は県土石採取対策委員会（会長・近藤精造千葉大学教授）に判断を諮問し、同年一月二二日の答申を受けて同月二八日から営業許可を取り消した。

(2) 富津市浅間山の山砂採取

富津市港の浅間山《あさまやま》は標高二〇四メートルで、山砂推定量は一億二千トンあると言われていた。一九七〇年(昭和四五)春、大佐和町の三平町長から「浅間山を開発し住宅団地を造りたい。山砂採取工事にはお金かかる。町は財政難なので無料で工事を引き受けてくれる人(含む会社)を捜して欲しい」と県知事に相談があった。知事は相談に応え、浅間山の山砂採取に協力することを決めた。採取工事は五葉建設と千葉県開発公社(理事長・篠原幹雄)が請け負った。山砂は二つの用途に使用された。一つは県の外郭団体である県開発公社が住宅団地建設に、もう一つは川崎市扇島の埋立て工事に使用された。当初の採取計画量は六千万トン(千葉県庁の体積八万トンを枡にして七五〇杯分)という膨大な量であった。採取工事は七一年夏頃から開始された。採取した山砂の大半は現場から二本のベルトコンベアで東京湾に浮かぶ海上輸送船に積み込まれ、対岸の川崎沖に運ばれた。しかし七三年頃から〝浅間山の山砂採取は自然破壊だ〟との批判が強まり、知事はすでに採取計画量の六千万トンに達したと判断し、県開発公社に対し採取工事を止めるよう指示した。その結果、七四年一月末で県開発公社の山砂採取工事は中止となった。しかし、山の残砂は多量に残っていたため五葉建設の採取工事は八〇年まで続けられた。七四年春、知事は今後の対応を県砂利対策協議会(会長・片岡武)に諮問した。同年一一月一四日、中間答申が出た。報告では川崎市扇島の埋立てには八千万トンが使用され、千葉県開発公社の使用量は何故か明らかにされなかった。残量は四千万トン近くあるはずが、推定で二千万トン程度しかないことが判明した。その行先はどこに消えたのかが問題となった。(14)

知事には膨大な許認可権が与えられている。ゴルフ場建設も山砂採取の許可も知事の判断で許可、不許可を決められる。高度成長以前の房総半島はきれいな海に囲まれ、陸地は緑に覆われていた。友納知事がこの時期に自然を守る姿勢を貫き乱開発を抑制すれば、こんな状態にはならなかったのではないだろうか。

(六) 県内の緑、減る一方

一九七一年（昭和四六）四月、県林務課は「六九年度県林業統計書」を纏めた。それによると山林労働者の京葉工業地帯への流出が原因で造林面積が減少し、逆に輸入木材が急激に伸びる現象が生じていることが明らかとなった。また成田市周辺では山林から宅地への地目変更の増加が顕著であった。千葉県内の山林面積は一八万三三七〇ヘクタール（五億五四六九万四千坪）で、この山林にはスギやヒノキ、松など八六〇ヘクタール（二六〇万二千坪）の樹木が植わっていた。しかし「山林で仕事をするより他産業で働く方が高い賃金が貰える」と考える労働者が増えていた。植林した面積は六五年度一九九四ヘクタール（六〇三万二千坪）が四年後の六九年度には九五二ヘクタール（二八八万坪）へと減少（四八％）した。素材生産では六五年度の三九万三千トンが六九年度には三七万四千トンと一万九千トンも減っていた。一方、外材の輸入量は国内生産の低下から六五年度は一二万トンであったが、六九年度には五八万トンと四六万トンも増加した。また山林を地目変更し、宅地とするケースが大幅に増加した。その面積は六五年度の二〇九ヘクタール（六三万二千坪）が、六九年度に二七五〇ヘクタール（八三一万九千坪）と一三倍に増加していた。特に目立つ地域は新空港が建設される成田市周辺であった。[15]

4　住宅建設と巨大団地の造成

(一) 県の住宅建設計画

(1) 住宅難解決の課題

① 五年間に三六万戸建設

一九七一年（昭和四六）五月、県住宅課は〝一世帯一住宅〟を目指し、七一年度から始まる第二次住宅建設五カ年計画（六六年から七〇年度）を発表した。その内容は、①五ヵ年で三六万戸を建設する。うち一二万三五〇〇戸は公社、公庫など公的資金融資住宅とする、②公的住宅の七〇％は京葉や東葛地域などに重点配分し、勤労者の住宅難解消に務める、③住宅環境の改善や住宅コストの軽減を図るため中高層住宅を促進する、④今後の公的住宅面積は平均七平方メートル（畳四枚分）広げるであった。第一次五ヵ年計画の目標は三五万二一〇〇戸であった。結果は公的資金で一一万九五〇〇戸、民間自力で二三万五二〇〇戸、計三五万四七〇〇戸で目標を達成することが出来た。第二次五カ年計画の目標三六万戸は、住宅難の解消や世帯増などを考慮した数で、これが一〇〇％実現すれば、〃一世帯一住宅〃となり、〃一人一部屋〃も夢ではなくなる。しかしこの数字を実現するための最大の課題は、高騰している土地対策であった。また民間住宅建設は市街化区域内の街路や下水道などの生活基盤整備を急がねばならなかった。それらの課題達成が成否のカギを握っていた。また県は千葉ニュータウンや成田ニュータウン、千葉海浜ニュータウンなど大規模住宅団地の開発で住宅難の解消を図る努力をした。

② 県内の三割、住宅困窮世帯

一九七四年（昭和四九）七月、県都市部は七三年度の「住宅需要実態調査」の結果を発表した。この調査は七三年一二月一日に全国で一斉に実施された。それによると本県の普通世帯（住居と生計を共にしている家族世帯を言う）は九一万世帯であった。そのうち、持ち家世帯は六一万八千世帯（六七・九％）と全国平均の六四・一％を上回っていた。住宅所有関係では、持ち家世帯六七・九％、民営借家一七・七％（全国平均二二・四％）、給与住宅八・二五％（同五・九％）、公団公社住宅四・一％（同一・七％）となっていた。地域別に見ると持ち家世帯は首都圏地域が五八・四％、北総地域が八七・六％、南総地域が八二・六％で、首都圏地域は北総地域や南総地域より約二〇から三〇％低くなっていた。住宅困窮世帯（「住宅に困っている点がある」、「何とかしなければならない程困っている」などを言う）は二九万二千世帯（三二％）と全世帯の三割以上を占めていた。地域別に見ると首都圏地域二〇万四千世帯（七〇％）、北総地域四万五千世帯（一五・四％）、南総地域四万三千世帯（一四・六％）であった。住宅困窮世帯の所有関係では困窮率の最も高いのは民営借家の五四・八％、公団公社住宅の四九％、公営住宅の四三％となっていて、幼児のいる世帯ほど困窮度が高くなっていた。住宅難の要因は狭小過密が最も高く七九％を占めていた。このほか同居や老朽化などがあげられていた。

（２）千葉ニュータウンの造成

①千葉ニュータウン建設に着手

千葉ニュータウン（白井町、船橋市、印西町、印旛村、本埜村の一市二町二村）の当初計画は二九一二ヘクタール（八八〇万九千坪）で、住宅九万五四〇〇戸、人口三四万人の街を建設することであった。総事業費は一三〇〇億円が見込まれた。首都圏では多摩ニュータウン（八王子や町田市など四市）、港北ニュータウン（横浜市）に次ぐ規模のニュータウンの建設であった。知事はニュータウン建設の目的について次のように述べていた。「一九六五年一一月、胃潰瘍の手術後熱海で静養していた時である。土木部都市計画課宍戸卓也課長が北総台地にニュータウン開発のプランを提案しに来た。北総台地を放置すれば急速に虫食い状態の乱開発が進む。その段階では都市化させるのは大変困難な状態となる。新空港と東京都心を最短距離で結ぶ鉄道や道路用地の確保が必要だ。この二つの命題に応えるためには東西に細長いニュータウンを建設し、その真ん中に空港へ行ける鉄道と道路を通す必要があるというものであった。計画人口三〇万人、面積三千ヘクタール」であった[16]。

知事はこの計画を採用し、具体化に着手した。計画では六九年度から事業を開始し、七年後の七六年度中に完成することになっていた。六七年二月、千葉ニュータウンの用地買収が開始された。計画を知った白井町（現・白井市）や船橋市小室地域の農家から〝農地がつぶされ農業が出来なくなる〟と反対の声があがり、建設反対の集会やデモ行進が行われた。一方、印旛村や本埜村などからは賛成の声が上がり、やがて反対運動は下火になっていった。同年一一月には七二一件、三五三・五ヘクタール（一〇六万九千坪）まで用地買収は進んだ。買収価格は白井町の宅地一坪が八千円、畑一反（三〇〇坪）が一六一万円、山林や水田が一四〇万円であった。印旛村では宅地が一坪三六〇〇円、畑一反七五万円、山林や水田六五万円と白井町の半額以下であった。土地を売った農家の大半は、各自で近隣市町村や茨城県などに代替農地を求め転居した。県は白井町と船橋市小室地区から宅地造成に入る予定で作業を進めたが、六八年秋頃から用地買収が難航し始めた。同年一一月時点の用地買収は一四四三件、面積七五四ヘクタル（二二八万一千坪）で全体の二六％、支払われた補償額は七六億円であった。難航した原因は、①空港用地と比べてニュータウンの用地買収の価格（一反当たり平均一〇八万円）は安すぎる、②周辺の土地が値上がりしているのでしばらく様子を見たい、③中高年齢者の転業は不安が多すぎる、④生活出来る範囲の農地は残しこの地で農業を続けたい、⑤先祖代々の土地は売りたくないなどであった。こうした農民の意向に対し県は「一度決まった買収価格の変更は出来ない」としながらも、農民の土地への愛着や転業への不安な気持ちは理解出来るとし、全体の六％に当たる一八五ヘクタル（五六万坪）は計画区域内に農地（「営農調整地」と言う）として残すことにした。その結果、一括買収は不可能となり、ニュータウン内は虫食い状態で買収が行われることになった。県の判断はその後の開発計画に大きな支障をきたすことになった。用地買収は六九年度中に完了する予定であったが、同年四月時点での買収面積は九二四ヘクタル（二七九万五千坪）、全体の三二％に留まっていた。そこで県は新住宅市街地開発事業で用地買収を行う新たな方法に切り替えた。同月四日、県は千葉都市計画地方審議会にその手法で行うことを諮問した。計画決定を受けると、①計画区域内の新たな建物は知事の許可を受けないと建てられない、②地主が勝手に他者に土地を売った場合、県はストップをかけることが出来る、③県が必要とした場所は土地収用法を適用出来るなど、県は用地買収を進めやすくした。しかし、この手法でも用地買収は難航した。原因は地元民や市町村長と協議をしないで一方的に計画変更を行ったことにあった。七〇年三月、造成工事が開始された。

② 計画変更と数々の問題点

一九七四年（昭和四九）九月二六日、県企業庁は「ニュータウンの基本計画の変更を行うこと」を明らかにした。計画変更の理由は次の二点であった。①六七年二月から用地買収を始め、これまでに約八〇%を買収したが、残る二〇%は未買収となっている。未買収地はニュータウン中央地区と県営鉄道敷地とその両側を並行して走る幅一〇〇メートル道路建設予定地であった。該当する白井町谷田地区や印西町（現・印西市）武西地区では地域ぐるみの反対にあい、予定通りに用地買収が進んでいないこと、②将来は都市計画に支障のない場所に移すつもりで農業継続希望者に残した「営農調整地」一八五ヘクタール（五六万坪）が未だにニュータウン予定地内に点在していたことであった。そのため当初計画した面積の用地買収を諦め、計画の縮小を行った。しかし一〇〇メートル幅の道路部分（含む鉄道用地）は何としても買収を行うが、未買収用地に計画していた住宅地や公園、学校などは位置変更を行った。この結果、計画人口や区画割りの手直しが行われた。すでに地元市町村が決定していた都市計画は変更手続きが必要となり、県都市計画審議会での承認をもらい、さらに建設省の認可も受け直さなければならなくなった。またニュータウン内だけでなく、鎌ヶ谷市内などの沿線住民からは県営鉄道通過反対運動も激しくなっていた。千葉ニュータウン計画にはその他にも幾つもの問題点が指摘されていた。①計画は地権者や地元市町村にほとんど知らせず、充分な協議もなく一方的に「県勢の健全な発展」とか「無秩序な市街化の防止」などを理由に県はトップダウンで進めたこと、②対象区域内にあったゴルフ場（現・泉カントリー倶楽部）は最初から都市計画区域から除外されたこと、③用地買収価格は当初に決めた価格に固執したため交渉は難航した。計画後にオイルショックや地価高騰が発生し、経済情勢が大きく変化していたにもかかわらずそれらが全く考慮されなかったこと、④計画面積は縮小したが、上水道や下水道などの関連施設は当初計画の三四万人が住む予定で建設したため、無駄や赤字は確実なのに計画変更を行わなかったことである。[17]七五年一月の時点で四〇〇億円が投資され、銀行へ年間二〇億円の金利が支払われた。この計画で儲けたのは大手ゼネコンと県に貸した借金の利子が入る銀行などであった。

（3）幕張副都心の造成計画

一九七四年（昭和四九）七月一五日、知事は記者会見で、「県企業庁が八一年から八五年を目標に計画している埋立地（海浜ニュータウンの隣）に幕張副都心を計画する案」を明らかにした。埋立地は四四〇㌶（一三三万一千坪）、造成費は一二〇〇億円であった。幕張副都心計画は幕張A、B地区に東京にある銀行、商社、製造企業や京葉臨海工業地帯の石油各社、成田空港関連の国際企業など大手企業を集めようという計画で、就業人口一二万人のオフィス街と三万人の住宅団地、周辺には研究機関、教育文化施設、スポーツ施設を建設し総工費一五〇〇〇億円を見込んだ。しかしオイルショックで金融引き締めの煽りを受け進出企業の数が掴めず、計画は見通しが不透明となっていた。

（4）浦安の埋立地に高層住宅建設計画

①県との約束を変更するOLCの狙い

一九六二年（昭和三七）七月から開始した浦安沖の第一期埋立て面積は八六五㌶（二六二万七千坪）であった。六三年六月、県はオリエンタルランド（OLC）に四六八・六㌶（一四一万八千坪）を、都内の鉄鋼問屋（「東鉄連」一八〇社）に三三二㌶（一〇〇万坪）を譲渡した。OLC用地の内訳は自らが買収した八九・五㌶（二七万一千坪）と県から造成事業の報酬として受け取る三七九・一㌶（一一四万七千坪）であった。OLCは六二年七月に交わした千葉県との「浦安地区土地造成事業および分譲に関する協定書」では二四八㌶（七五万坪）の遊園地を造り、四〇万坪の住宅用地を造る約束となっていた。しかしOLCは六五年一一月、遊園地を一三二㌶（三九万九千坪）に縮小し、残りの用地一一五・五㌶（三四万九千坪）は住宅用地などに変更したいと用途地域の変更を県に行った。同年一二月県議会では野党議員と知事との間で次のようなやり取りがあった。（要旨）野党議員「七五万坪は遊園地、四〇万坪は住宅地にすると言うが、実際に七五万坪もの膨大な遊園地が出来るか」、それに対し友納知事は「遊園地は私も心配している。ディズニーランド的な物を考えているが、合わせて学校や会社のスポーツセンター的な物を造りたいと言っている。当初の計画通り指導し、やむをえず変更等があれば、公共施設を造らせるなりして不当な利益は得させない」と答弁した。ＯＬＣの狙いは最初から一番金になる住宅地として販売しようと考えていたのであった。しかし社会の目もあり、一二万坪は総合運動場、八万坪は歓楽街、売店、飲食店などの用地、五万坪は工場用地にして三五万坪を売るという計画にした。これらの計画変更は明らかな協定違反であり、それを認めた千葉県にも問題があった。六六年一二月県議会で野党議員の追及に県杉山開発局長は「ＯＬＣは浦安地域の開発ということで数年間地域開発に努力されて来たので、この際県が承認する第三者に適当な利潤を得て譲渡するのもやむを得ないと考えている」と答えた。この答弁に野党議員は「協定に違反するような計画変更は認められない。三五万坪はその趣旨からいって県が取り上げるべきである」と主張したが、知事は「事業の縮小は県から話しかけたものであり、不当な利益を得させなければ、あえて県が取り上げることはしたくない。計画変更の協議は県が不充分な対応であったので反省している。今後の埋立ては過去の物を含めて明瞭にやっていきたい」と答弁し野党議員の追及をかわした。ＯＬＣは最初から七五万坪の遊園地など造る気はなかったのであった。[18]

②埋立地に高層住宅建設計画

一九六七年（昭和四二）一一月、浦安町は埋立地（Ａ地区とＢ地区）五一一ヘクタール（一五四万六千坪）の用途変更を行った。用途変更は住宅用地に二九四ヘクタール（八八万九千坪）、公共用地に一二四ヘクタール（三七万五千坪）、準工業用地に九三ヘクタール（二八万一千坪）とした。指定変更した住宅地は八階から一一階の高層住宅と八万戸の一般住宅を造ることにした。同町は六九年三月に地下鉄五号線（「東西線」と言う）が開通した。埋立地には一三二ヘクタール（三九万九千坪）の遊園地（現・東京ディズニーランド）が建設される予定となっていた。七三年三月、埋立ては終わり、砂漠のような荒野となった。しかしこの荒野もまもなく住宅や工場、遊園地に変わる。その時、三井不動産（社長・江戸英雄）と京成電鉄（社長・川崎千春）両社長によって作られたＯＬＣは土地を売って莫大な利益を上げることになる。ＯＬＣがこの土地を造るために要した費用は坪当り四三〇〇円余であった。道路や公共用地を差し引くと坪当りの造成原価は一万円余と言われていた。東京都に隣接し都心まで一〇キロメートルの距離にある埋立地は近い将来、数十倍に値上がりすることは確実であった。（その後）町の人口は六二年九月は一万九千人であったが、八五年には埋立地に四万五千人、内陸部は三万六千人となり、計八万人増が見込まれ、市制が敷かれることになっていた。

③第二期海面埋立てに着手

一九七五年（昭和五〇）一一月、第一期海面埋立て事業は終了した。総面積八六五ヘクタル（二六一万七千坪）が造成された。県は第二期埋立て事業を計画し、一二漁協と漁業権全面放棄の交渉を行い七一年七月二六日、漁業補償の調印式を行った。全面放棄した漁業権は三二八八ヘクタル（九九四万六千坪）であった。補償額は一五〇億六八二二万円であった。浦安町漁協（組合員一二九六人）に一一〇億八一七八万円が、浦安第一漁協（組合員四六六人）に三九億八六四四万円が支払われた。この額は漁民一人当たり八五五万円であった。補償額の一五％は現金で、残額は交付公債で支払われた。

翌七二年、県はＯＬＣに委託し第二期海面埋立て事業に着手した。（その後）この事業は川上知事期の八〇年に完成した。総面積は五二〇ヘクタル（一五七万三千坪）で第一期海面埋立地の前面にＤ（市川市よりに二〇〇ヘクタル・六〇万五千坪）、Ｅ（中央部に二〇〇ヘクタル）、Ｆ（東京都側に一二〇ヘクタル・三六万三千坪）の三区画に分けて造成した。Ｄ区画は住宅用地に、ＥとＦ区画の半分は鉄鋼の二次加工業と鉄材の流通センターを中心とした鉄鋼団地、Ｆ区画の残り半分は緑地にし、その一部を人口増で不足が目立っている墓地と霊園にする計画となった。造成に五年間で八〇〇億円を投じる計画であった。

(二) 住宅建設で発生した県民の被害

千葉県の人口は一九六七年（昭和四二）一〇月の二九〇万八四五一人が、七四年一〇月には三九九万二〇六〇人と七年間に一〇八万人も増加していた。その増加の中心地は東京都に隣接した京葉地域と東葛地域であった。その結果、該当地域には戸建住宅や団地、高層マンションが急増した。また新たな課題も発生した。

(1) 違法建築続出への対応

① 県、千葉ほか三市に建築Gメンを配置

一九七二年（昭和四七）四月、建築基準法の改正で「建築監視員制度（「建築Gメン」と言う）」が発足した。それに伴い県や千葉、船橋、市川、松戸市に建築Gメンが置かれた。これまで違反建築物は近所の人の通報や建築確認申請などに頼るところが多かった。県建築指導課には違反取り締まりを担当する指導係があったが、係員は六〇人しかおらず、行っていたのは年末年始や火災シーズンなどに集中して県内をパトロールする程度で、普段はとてもパトロールする余裕がなかった。他四市も同じであった。通報などで違反者を発見しても口頭指導や文書勧告、工事停止命令を行う手続きは四、五日かかり、緊急時に対応出来なかった。そのため建築Gメンを配置し、Gメンに大幅な権限を与え早期発見や是正に力を入れることにした。Gメンは緊急時の場合は種々の手続きを経ずに「使用禁止」や「使用制限」の命令を下せるほか、建築中の建物についても必要な場合は建築主や工事業者に対し、「工事停止」の措置をとれるようにした。四市も人口増とともに建築件数もうなぎ登りの状況にあった。県内の建築確認申請は年間一万五千件もあり、違反に対し監視の目が充分に行き届いていないのが実情であった。

② 建売住宅、八割が違反建築

一九七一年（昭和四六）一〇月、県建築指導課は同月一二日に行った広域一斉公開パトロールの結果を発表した。一斉パトロールは八六人で手分けをして柏や我孫子、習志野、八千代、佐倉、千葉、船橋、市川、松戸

市、印旛郡四街道町など一〇市一町を対象に建売住宅を重点的に行った。その結果、建築工事点検現場件数五六四件に対し、四八一件（八五・三％）が何らかの形で違反建築物であった。このうち一〇九件に対し口頭や文書で工事施工停止命令を出した。違反事項のうち一番多いのは確認表示板を掲げていないもの三七三件、無届け建築二一三件、建ぺい率違反一一一件などの順となっていた。違反者のほとんどは県外業者によるものであった。

③南房総の別荘、軒並み〝欠陥別荘〟

外房から南房総へかけての海岸沿いや丘陵地で小規模な宅地開発による別荘地造成が目立っていた。県都市部は一九七一年（昭和四六）一〇月から七二年一月までの四ヵ月間、南房総一〇市町村で別荘分譲地四二ヵ所の実態調査を行った。

調査は、①自然を壊していないか、②排水、道路などは完備しているか、③造成途上でも災害防止の手は打ってあるか、④法律や条例の手続きはとってあるかなどの項目であった。その結果、二九ヵ所に何らかの欠陥があった。中でも別荘地ブームの鴨川や勝浦市に悪質なものが多く、両市とも八ヵ所のうち七ヵ所が欠陥別荘であった。これら別荘地のほとんどが一ヵ所二、三〇戸で南房総国定公園の景色の良い海岸沿いや丘陵地帯を選んで造られていた。木を切り倒したり砂丘をつぶして都会の密集住宅地並みの別荘となっていた。県宅地開発条例では一ヘクタル（三〇二五坪）以上の土地造成は県へ届け出が義務付けられていたが、それ以下の小規模宅地開発は野放し状態となっていた。県は規制基準を「〇・三ヘクタル（九〇八坪）に引き下げ、別荘開発を規制すること」にした。

④市街化調整区域に無届け違法建築増

県は市街化調整区域に無届けで家を建てる違法建築物が増えている現状を直視し、規制する指導要綱制定の検討を開始した。悪徳不動産業者が短期間でプレハブ資材を使って家を建て、近くの住民からの通報で駆けつけた時には人が住んでいる場合が多くあった。監視役の県建築指導課では〃人が住んでいれば電気や水道を止めるわけにもいかない〃と対応に困っていた。他県でも同様な問題を抱え、処置に困っていた。豊中市（大阪府）では独自の水道条例を作り、違法建築物には水道を止める強硬措置で対応していた。そこで県もガスや電気、水道の供給を止める「指導要綱」制定を急ぐことにした。

(2) マンション建設と日照権被害の拡大

① 市川市の高層マンション建設と住民の対立

地価高騰が続き、〃土地を効率的に活用するには高層化するしかない〃とマンション建設が京葉地域や東葛地域、駅近くの場所に急増していた。一九七一年（昭和四六）二月時点で、市川市内にあるマンションは七棟、建築中のものが三棟、建築確認を得たものが一棟あった。マンションも始めの頃は五階建てであったが、最近は八階から一〇階建てとなっていた。マンション建設に当たっては日照権が奪われ、環境が壊されると付近住民と建築主とのトラブルがどこでも起こっていた。同市市川一丁目に建築予定の一〇階建てマンションに対し、隣接地の住民たちが「協栄生命メゾン市川建設反対同盟」を結成し、建設反対運動を展開した。

七二年二月、反対同盟は施工主の協栄生命不動産と建築請け負い会社戸田建設を相手取り「建設地に三階建て以上の建物を造らせるな」と市川市建築審査会に同マンションの建築確認取り消しを求めたが棄却された。そこで千葉地裁に建設中止の仮処分を申請した。しかし七四年六月一八日、千葉地裁は住民の訴えを却下した。

② 松戸や千葉、柏市でもマンション建設で反対運動

マンション建設と日照権を守る戦いは、県内各地で起こっていた。ここでは三つの例を紹介したい。

（あ）松戸で〃太陽を守る戦い〃

松戸市では同市竹ケ花の労働基準監督署前の空き地に九階建て、延べ床面積四八六〇平方メートル（一四七〇坪）の「松戸インペリアルビル」の建設計画があった。一九七二年（昭和四七）八月、動きを知った住民たちは

「堀川マンション建設反対同盟」を結成し、市に建設反対の陳情を行った。九月中旬、会社に二七項目の要望書を提出した。主な内容は、①冬至の日照が最低五時間以上確保出来る設計にすること、②採光確保の改造費や営業面の補償、病気の予防管理費を補償をすること、③電波や風圧障害に補償をすること、④振動や騒音の無い工事を行い災害があった場合は補償すること、⑤災害時などを考慮しこれまで通り用地の一角を通路として使用させることなどであった。これに対し会社側は七割方認めたが、その他の要望は拒否をした。

（い）千葉市花見川、マンション工事を一時中止に

一九七二年（昭和四七）一〇月、花見川団地の隣接地（花見川第一小学校正門の真正面）に長銀不動産が一・六ヘクタール（七八六五坪）の敷地に五階建てのマンション一二棟を建て、七三年年五月末には完成させ四〇〇世帯が入居する計画があった。すでに市の建築許可も下り雑木林は伐採され、一〇月始めから整地作業が始まっていた。ところが整地作業現場は周辺に柵がなく、子供たちの出入りは自由となっていた。晴れた日が続くと建設現場から砂ぼこりが団地に向けもろに吹き付けて来た。土砂を運び出すダンプが小学校の通学路を一日に数十台も通過するが交通安全対策は取られていなかった。そこで花見川団地自治会（会長・小林清造）と北柏井自治会（会長・中山弌朗《いちろう》）が会社側に、①現場周辺に柵を作ること、②ダンプやブルドーザーの出入り口は人通りの少ない所に、ミキサー車の待機場所は作業地内に設けること、③作業時間は早朝や深夜は避けることなどを要望した。会社側は要望を受け入れ、一〇月三〇日に長銀不動産、大成建設、両自治会の四者は覚書を締結した。覚書が締結されるまでの間、工事は中止された。

（う）柏駅前に建設されるデパートに市民が要望

一九七三年（昭和四八）九月一〇日、柏市末広町の「柏駅西口の環境を守る会（会長・大島八重）」は一〇月にオープンする二つのデパートによって日照権を侵され、車の排気ガスの影響も大きいとして市に早急に対策を講じるよう一八五〇人の署名を添えて陳情した。同会の要望は、①柏駅東、西口にオキシダントと排気ガス測定を表示する電光掲示版を設置すること、②駅周辺住民の定期的な無料健康診断を実施すること、③柏そごう、柏高島屋と市との間で大気汚染防止協定を締結すること、④周辺住民の健康や生活に支障が出た場合は交通規制を行うことなどであった。市は「要望に沿うよう努力したい」と応えた。

③ 県や千葉市、マンション建設で地元民との同意義務付け

マンションなど高層建築物ラッシュに伴い、建築主と地元住民との間で日照権をめぐるトラブルが続発していた。一九七一年（昭和四六）一一月二九日、川上副知事は記者会見で「年内をメドにトラブルを解消するためマンション等を規制する建築指導要領を作成したい」と述べた。現行の建築基準法には日照権を保護する直接的な規制がないため、建築主から申請が出されれば許可せざるを得ない状態にあった。そのため日照権をめぐるトラブルは民事訴訟で解決されていて、自治体は必要以上の介入を避ける姿勢をとっていた。都市部への人口集中、それに伴う地価の上昇から土地の高度利用を図るため、高層建築は年々増え続けていた。これに比例して住民とのトラブルも多くなっていた。七二年一月、県は「マンション等の建築指導要領」を作成し規制した。同年七月、千葉市もマンション建設の申請は周辺住民の同意書を添えて申請する「高層建築物に関する指導要領」を実施した。

(三) 欠陥団地が社会問題に

(1) 衆議院決算委員会、欠陥団地の実態調査

一九七一年（昭和四六）一〇月二二日、衆議院決算委員会（委員長・福田繁芳）で習志野市袖ケ浦、千葉市花見川、八千代市米本《よなもと》の三団地の視察が行われた。同月一三日の同委員会で「住宅公団の団地計画のずさんさ」が問題になったため、実情を現地で聴くためであった。最初に雨漏りで問題となった袖ケ浦団地を視察した。同団地は九月の台風二五号で分譲二五〇戸のうち、三〇戸が雨漏りした。公団の説明ではこのうち屋根から

水が入ったのは二戸、あとは外壁にヒビが入ったりして滲み込んだという。次に花見川、米本団地を視察した。米本団地では雨宮弘明自治会長らが対応した。自治会長は「七〇年から入居が始まり、現在三二〇〇戸あるが、駅から六・五キロメートルも離れているうえ、周辺には住宅地もない陸の孤島だ。また公団の募集要項には内、外、産婦人科など四軒が準備されているとあったが、内科医師が一人しかいない。公団に申し入れているが、七二年四月まで見込みがないという。スーパーも一軒しかない。公団は誇大広告だ」と実情を訴えた。委員から「医療問題は公団が積極的に進めるべきだ」と指摘され、公団は「医師会との問題もあり、予定通りに行かなかった」と答弁した[19]。

(2) 船橋市金杉台団地、市が入居ストップ

一九七〇年（昭和四五）一〇月入居予定の金杉台団地が大幅に遅れ、翌年四月になっても入居が延期され見通しが立たなくなっていた。原因は〝建物さえ造ればそれでいい〟とする住宅公団の事なかれ主義の姿勢にあった。同団地（一五二二戸）は船橋駅北口から六キロメートルの距離にあり、同団地と駅までは市道・本町―馬込線を利用し新京成バスが輸送することになっていた。しかし市道の道幅は狭く、「これ以上バス路線を増やすと道路は渋滞し大混乱になる」と同市は入居をストップした。その後、市と公団との話し合いで道路拡幅整備費一億五千万円、船橋駅北口広場整備費四億円、計五億五千万円を公団が負担することで解決した。これで「四月入居間違いなし」となったが、バス運行会社である新京成バスと市側との話し合いが難航（バス停の位置や運転手確保など）、見通しが全く立たなくなり四月以降の入居が確実となった。公団は団地サービス会社に建物の維持管理を委託し一ヵ月五八万円を支出していた。一〇月入居予定の人達は引っ越しの予定が立たず困っていた。

(3) 千葉市、新設団地建設お断り

一九七二年（昭和四七）一〇月、住宅公団の急激な進出で財政圧迫に苦しんでいた千葉市（市長・荒木和成）

は、「団地新設お断り」など四項目の要望を文書で住宅公団に提出し、公団東京支所（支所長・上野誠朗）との話し合いを行った。千葉市の要望内容は、①現在公団が計画中の東寺山団地（四九六〇戸）と稲毛海浜ニュータウン第三次（三六〇〇戸）の計画戸数の二割を削減すること、②今後造る団地は賃貸をやめ二階建てまでの分譲住宅にすること、③入居を申し込んだ千葉市民は優先的に入居させること、④今後、団地の新設は一切やめることであった。これに対し公団は、①団地新設は地元の了解が必要でダメと言うなら今後市内には造らない、②稲毛海浜ニュータウン三次は工事契約なども終わっていて計画戸数を減らすことは出来ない、③分譲中心の団地建設や地元市民優先入居は、住宅政策を進める国（建設省）の考え方次第だが、国では千葉市の要望に沿うよう検討しているとし、千葉市の申し入れ内容を受け入れた。公団に対しては地元市町村から様々な要望が出されているだけに、公団が千葉市に示した大幅譲歩は関係者から注目された。

5　鉄道網の整備とハイウェイ時代の到来

（一）過密と過疎を拡大させる鉄道建設

(1)　国鉄の電化と複線化

①　赤字線を除く県内全線電化の実現

一九七一年（昭和四六）一二月、県は千葉鉄道管理局（局長・田口道夫）と協議し、輸送力増強とスピードアップを図るため次の内容で合意した。①赤字線の久留里線と木原線を除く県内全線の電化は七三年一〇月までに実現する、②東金線（成東駅―大網駅間一三・八㌖）と成田線（成田駅―銚子駅間六五・五㌖）は七三年度内に単線のまま電化する、③我孫子線（成田駅―我孫子駅間三二・九㌖）と鹿島線（佐原駅―鹿島神宮駅間一七・四㌖うち県内分四・九㌖）は七三年三月末までに電化する、④県は七二年四月までに関係市町村と協議し鉄道建設債の引受け額と利子補給額を決め、引き受けてくれる金融機関を決めるであった。事業費は七〇から八〇億円が想定された。これらが完成するとすでに電化している部分と合わせて久留里線、木原線の両線を除く全ての県内の国鉄線は電化される。房総西線の電化は七〇年七月に、房総東線は蘇我駅（千葉市）から安房鴨川駅間は七一年七月に電化された。七二年秋に総武線（千葉駅―秋葉原駅間）の複々線化と東京駅の地下駅乗り入れが実現すると総武、成田、房総東線などの始発駅から「東京駅直行便」が運転されることになる。これらの実現は「県債（含む関係市町村）が鉄道建設債を引き受ける」という約束に対する国鉄側の具体化であった。県は鉄道建設債（年利六・七％）の引受け額を関係市町村へ割り当て、利子補給額（年利七・九％）を決めた。鉄道建設債の金額は総武本線が三三億円（関係市町村数一九）、成田線成田駅―我孫子駅間が六億円（同一〇）、成田線の成田駅―松岸駅間が一七億円（同一〇）、東金線が二億八千万円（同四）、鹿島線の千葉県分が七千万円（同一）で合計五九億五千万円であった。県は鉄道建設債を県内に店舗を持つ全ての金融機関と生命保険会社に引き上げてもらうよう要請した。鉄道建設債の利子補給額は県と市町村が二分の一ずつ負担することになった。

② 総武線の複々線化に沿線住民が反対運動

一九七三年（昭和四八）一〇月から国鉄当局は総武線の津田沼駅―千葉駅間の一部高架化を含めた複々線化について地元説明会を開いた。計画は複々線化にするため新たに快速専用の線路を設け、すでに東京駅に向け津田沼駅で発着している快速を千葉駅まで伸ばす工事であった。計画案は、①津田沼駅から稲毛駅付近までは現在の線路脇の空き地を買収して新設する、②稲毛駅から千葉市松波町までの二・五キロは住宅密集地を抜けるため高架とする、③松波町から千葉駅までは再び地上を走る、④全ての踏切は立体交差とするであった。計画案は一部住民の立ち退きや地域の分断を招くことになる。地元説明会は一〇月から自治会ごとに開かれた。それに対して松波や汐見丘、稲毛台の三地区は「騒音や振動、電波障害などの公害が発生する」として対策協議会を結成し、工事反対を表明し国鉄に計画変更を求めた。松波地区協議会（会長・北島隆）は「松波町付近では踏切を無くすため道路が線路の上を通ることになる。この工事のため一二〇戸が移転を迫られ、地域は分断されて商店は大打撃を受ける」、「本来、鉄道は地下を走らせるべきだ。高架は認めるにしても千葉駅まで高架にすべきで、鉄道と道路が上になったり下になったりでは町の機能が失われてしまう」と反対した。しかし工事は実施された。

（２）新線建設と廃線化

①京葉線、旅客輸送も可能に

京葉線は川崎市塩浜駅を起点に湾岸の埋立地を通って木更津駅に至る一〇四キロメートルの路線で、貨物輸送を目的に計画された。一九七一年（昭和四六）七月、西船橋駅―千葉市蘇我駅間の工事実施の許可が運輸省から下り、九月から建設工事が開始された。しかし工事の区域内では公害の発生を心配し市民の反対運動が起こった。船橋市から千葉市にかけて同線が通過する臨海部の埋立地には、大規模な住宅地や海浜ニュータウンの造成計画があった。新しい住宅地の中を京葉線（貨物車両）が走ることになるため、住民側には反対の声が強かった。習志野市の袖ケ浦団地では一〇〇メートル北側を通過する計画となっていたため、団地の住民や習志野市が反対を表明し、路線の変更を求めた。千葉市内でも千葉中央港に同線の貨物駅が建設される計画のため、近くの幸町団地で反対の声が上がった。同団地は東側に国道一四号が走っているため騒音がひどく、千葉市の測定では平均六五ホン（県条例で住宅地は五五ホン以内と規制）に達していた。「西側に貨物駅や操車場が出来ると一日四六〇台のトラックが出入り（幸町団地自治会調べ）し、団地の生活環境は一段と悪化する」と反対運動を起こした。同自治会代表は国鉄を訪れ「説明会を開き、住民の意見を聞くよう」要請し、県に対しても「住民説明会で県の態度を聞きたい」と申し入れた。また県や千葉、習志野、船橋市も「同線を貨物専用線にすることに反対」の態度を示し、「旅客駅を新設し旅客輸送も行うように」と要請書を国鉄総裁に提出した。国鉄は「京葉線に旅客用電車を走らせるには資金が足りない」と消極的であった。県は建設に発行される鉄道建設債を一部引き受け

れば これを足がかりに通勤線併用も可能なのではないか、旅客駅が身近に出来れば沿線住民の反対運動も鎮まるのではないかと見ていた。七二年三月、運輸省の都市交通運輸審議会の答申が出された。答申の中に「千葉県内には四本の新線を造る必要がある」と書かれていた。その一本が京葉線の活用であった。県は国鉄に京葉線の旅客輸送と新駅増設を要請した。その結果、七三年七月、国鉄は県や地元市の要請を受け入れ旅客輸送も行うことを決めた。

② 小金線の開通

一九七八年（昭和五三）五月二六日、西船橋駅―常磐線北馬橋駅（現・新松戸駅）までを結ぶ小金線の建設工事が完了した。同年一〇月、旅客営業のみで開業した。船橋法典《ほうてん》駅や市川大野駅、新八柱駅も開業した。朝のラッシュ時は一五分、夕方のラッシュ時は二〇分、昼間は四〇分間隔で運転された。常磐線と総武線が鉄道で結ばれた。これまでバスに頼っていた東葛内陸部の人たちの足が確保され、都心への通勤や通学が便利になった。小金線は〝第二の山手線〟東京外環状線の一部（武蔵野線）として鉄建公団の手で建設された貨客併用線であった。起点の西船橋駅は六九年三月末に地下鉄五号線（東西線）が接続され、総武線区間の小さな駅が都心と東葛地区を結ぶ交通の要所となり、住宅、商業地として発展が期待された。小金線（現・武蔵野線）は西船橋駅を起点に終点の横浜市鶴見駅（一〇〇・六キロメートル）までを走る外郭環状線として千葉、埼玉県、東京都、神奈川県を横に結び貨物や旅客輸送に大きな力を発揮している。

③ 地下鉄東西線、八千代市勝田台駅まで延伸

一九七二年（昭和四七）三月、運輸省の都市交通運輸審議会の答申が出された。答申の中に「西船橋駅から東武野田線新船橋駅付近から同市内の飯山満、北習志野、八千代市中央部を通り京成勝田台駅を結ぶ全長一六・二キロメートルの地下鉄東西線を延長すること」が書かれていた。京成本線（成田駅―東京・上野駅間）は通勤時は混雑し輸送は限界に達していた。（その後）船橋市と八千代市は千葉県と協議し、七三年五月、「営団地下鉄東

西線建設促進協議会」を結成し、「営団勝田台線」の建設を営団地下鉄に要請した。要請を受け営団地下鉄は七四年三月二二日、「営団勝田台線」として西船橋駅から京成勝田台駅まで延伸することを決定し、同月三〇日に運輸省に路線免許を申請した。営団地下鉄の計画では七六年九月に建設工事を開始し、七九年一〇月開業を予定した。建設工事費は九五五億円とした。東西線とは直行運転で結ぶ計画であった。しかし建設に向けた手続きに入ると沿線で競合関係になる京成電鉄から「乗客を奪われ死活問題である」と建設反対の声が上がった。京成電鉄はオイルショックの影響で不動産投資や地域開発で多額の負債を抱え、成田空港の開港の遅れもあり業績が悪化していた。それらを考慮し運輸省は一時的に「営団勝田台線計画」を凍結した。計画から二一年後の九六年（平成八）四月二七日開業した。建設工事費は当初予定した九五五億円から二・三倍の二九四八億円に膨れ上がった。その結果、利子を含めた金融機関への返済総額は四九六〇億円となり赤字路線となっている。運賃は西船橋駅―東葉勝田台駅間（八駅区間、一七㎞）で大人六四〇円（二〇一九年一〇月現在）と全国一高い運賃と言われている。

④木原線廃線に反対し住民の足を守る運動

一九六八年（昭和四三）六月、若者は都会へ、農家の人も米作が終われば自家用車や会社迎えのマイクロバスで京葉工業地帯へ出稼ぎに行ってしまい、昼間は閑散としている夷隅郡の山中に衝撃的なニュースが駆け巡った。それは国鉄諮問委員会が〝木原線廃止の答申案を作成した〟という新聞報道であった。同年九月、諮問委員会の答申で〝赤字ローカル線〟として千葉県下では久留里線と木原線が廃線となり、バス輸送に切り替えられる対象となったのである。過疎化対策に悩んでいた夷隅郡内の市町長は、久留里線と木原線の接続による南総開発に期待をかけ六三年頃から各方面へ陳情や請願を続けて来たが、その夢は吹き飛び、〝廃止〟という厳しい現実に直面させられた。六八年六月、緊急に夷隅郡町長会は地元選出県議会議員二人も加わり大多喜町役場で「木原線廃止反対同盟（会長・尾本要三大多喜町長）」を結成した。夷隅郡内の一市五町の議会も廃止反住民の足を守る運動が開始された。同年七月には「久留里線・木原線接続促進期成同盟（会長・友納知事）」も結成され、地域住民の足を守る運動が開始された。反対同盟では君津郡市にも働きかけ、促進期成同盟とも連携し国鉄本社への陳情活動を展開した。大多喜町では六九年一月、「鉄道友の会」を結成し町を上げて乗車運動に取り組んだ。しかし反対運動は「地元の盛り上がりがもう一つ必要だ」と尾本会長自身が認めているように盛り上がりに欠けていた。夷隅郡内の自動車保有台数は六七年の三九九六台が六八年には五〇五〇台と一年間に二六%も増加し、鉄道への乗車率は向上しなかった。反対運動の停滞に追い打ちをかけるような事態が発生した。七〇年七月、房総南部を襲った集中豪雨であった。この災害で木原線は全線不通となり開通までに二ヵ月半もかかるという事態となり、木原線区間はバス輸送となった。国鉄当局は、そのデータを基に廃止方針を一段と強めた。しかし「バスに乗り切れない高校生が生まれ授業に影響が出た」、「通勤や通学生は運賃が三倍も高くなった」という状況が生まれた。災害による不通という事態は住民に〝木原線は重要な足であること〟を改めて認識させる結果となった。地域住民たちも反対運動を起こそうと夷隅地区労（労働組合組織）の音頭で七一年三月二七日、大多喜小学校講堂で「木原線を守る会」が七〇〇人の参加で結成された。これまでの反対運動は行政当局が中心であったが、住民運動への出発となった。「守る会」は一万四千部の会報（七号まで）を発行し、当面の運動として、①廃止反対の二万個のバッジを付ける、②千葉鉄道管理局長と知事に陳情する署名を集める、③一市五町の全議員に「守る会」参加を呼びかけるなどを決めた。しかし国鉄当局は同年八月二四日、県知事に対して「七二年三月三一日をもって木原線は廃止し、バスに切り替えたい」、関係三町へは「七月ダイヤ改正で上り五本、下り四本の削減」を提案して来た。この厳しい局面にぶつかり「守る会」は同年九月二二日に大多喜町長と懇談会を持った。大多喜町長は「今まで〝守る会〟との話し合いや力を結集するための活動などで疎遠であった。私も今後は会に参加し出来る限りの援助をしたい」と協力を約束した。同年一〇月二三日、大多喜小学校講堂で一千人を集めた集会が行われた。集会に向けて大多喜町青年団は早朝から宣伝カーで道案内を行い、大多喜町の婦人会（会員二千人）は全員が「守る会」に入会した。近隣の御宿や岬、大原、大多喜町の老人クラブも入会し、町ぐるみの運動となった。また七二年三月一六日、「守る会」は三万六千人分の木原線廃止反対署名を県議会に提出した。この数は夷隅郡市の世帯数二万二千、人口九万三七〇〇人の中で一世帯当たり一・六人が署名したことになり、未曾有の出来事となった。反対運動の圧力に押され国鉄当局は後退を余儀なくされ、遂に三月二一日、県企画課に「木原線のダイヤ削減案は反対が強いので撤回したい」、「木原線廃止も保留したい」と申し出た。高度成長の中、開発から取り残され過疎化に悩み、自らの生活に自信を失いかけていた人々に、この運動は一つの励ましを与えるものとなった。[20]

⑤久留里線と木原線の接続運動

一九七二年（昭和四七）六月一五日、「久留里線・木原線接続促進期成同盟」の総会が千葉市の京成ホテルで行われた。総会には知事をはじめ木更津や君津、富津市、袖ケ浦、大多喜、夷隅、大原町の市町長、京葉地帯経済協議会（経営者団体）代表が参加した。会議では木原線廃止反対の運動をさらに強めることを確認し、本来の運動である久留里、木原線の接続について協議した。赤字ローカル線については田中首相が日本列島改造論の提言で「工業再配置を通じて全国総合開発を行いたい。地方鉄道は新しい角度から改めて評価を見直したい」、「国鉄財政再建対策要綱にある廃止路線については慎重に対処する必要がある」と指摘し、木原線の廃止については一応歯止めがかかる状況となった。七一年度の乗降客数は久留里線が六九三〇人（一日平均八二人）、木原線が四一〇八人（同六三人）となり、いずれも年々増加傾向にあった。こうした状況を受け、期成同盟は県選出の国会議員の協力を得て国鉄、運輸省をはじめとする関係機関に木原線廃止反対を訴えるとともに、久留里、木原線の接続の促進に向け強力に陳情運動を展開した。

（3）成田新幹線と県営鉄道の建設

① 成田新幹線計画

一九七二年（昭和四七）二月八日、鉄建公団は東京駅と成田空港Aターミナルビル駅を結ぶ成田新幹線工事計画を作成し、工事認可の申請を運輸大臣に提出した。ルートは東京駅地下駅を起点に越中島、葛西、原木、鎌ヶ谷、千葉ニュータウン、印旛沼付近、成田市土屋を経て新空港ターミナルビルに至る五六キロである。開業時の運行本数は一時間当たり五本とし、工事費は二千億円であった。認可が下り次第工事を開始する予定であった。完成すれば東京駅―新空港間は直通で三〇分で行くことが可能となる。七一年開港時の乗降客は一日二万五千人と想定し、上、下九〇本（六両編成）が走る計画であった。二月一〇日、運輸省は工事実施計画を認可した。一八日、鉄建公団による地元市町村長に対する説明会が千葉市内の京成ホテルで行われた。公団からは清崎義春東京新幹線建設局長ら担当者、地元からは浦安町、市川市、船橋市、鎌ヶ谷市、白井町、印西町、本埜村、印旛村、成田市の市町村長や関係職員が、県からは山岡企画部長らが出席した。公団は五万分の一の地図に示した新幹線図を基に計画概要を説明した。それを受け市町村長から質問や意見が出た。渡辺三郎船橋市長は「①通過地域のメリットは何か、②市の都市計画が線路で分断される場合への対応、③騒音や振動、電波障害などの公害への対策、④公共施設や民家の移転への対策、⑤中間駅増設の可能性はあるか」を質した。それに続き市川、浦安、成田、白井の市町長らは「①観光鉄道としての利用の可能性、②自然の景観や風致との調和、③日照権対策、④買収価格、⑤ルート変更の可能性、⑤地下鉄東西線との接続」などについて質した。これに対して公団は「まだ測量を行っていないので正確なルートは決まっていない。公害対策には出来る限りの手を打ちたい。公共施設や民家の移転、その他については地元とよく相談し解決したい」と答えた。しかし市町村長は公団の答弁に満足出来ず「東海道新幹線の騒音は市の公害防止条例の規制を上回っている」（船橋市）、「地域のメリットが考えられていない」（白井町）、「地元が長年実施してきた都市計画事業は無視されている。臨時町議会は白紙撤回を決めている」（浦安町）など厳しい発言が相続いた。[21]

五月二〇日、船橋市の自治会などで結成された「船橋市成田新幹線建設反対連絡協議会（会長・野上修市明治大学教授）」の代表三〇人は県庁を訪れ、友納知事に「東京都の美濃部知事のように知事は成田新幹線建設反対を表明すべきだ」と迫った。それに対して知事は「成田空港が完成すると旅客を大量に運ぶ輸送機関が必要となる。だが新幹線の建設計画には課題があるようだ。県としては千葉ニュータウンを走る県営鉄道を新幹線の代わりに利用する具体策を東京都と協議し、共同提案したい」と答え、建設に反対する意志表明には言葉を濁した。会見後、住民側は「知事は新幹線促進のニュアンスが強いと感じた」、「今後の運動は県に対する〝圧力〟を強める必要がある。そのため船橋市内で三万人の反対署名を集めること」などを決めた。同じ頃、東京都では美濃部知事に続いて東京都議会が「沿線住民の反対運動を支持し、運輸省や国鉄当局に建設反対を働きかけること」を決めた。七四年二月一日、建設工事が開始された。しかし経由地となる東京都江戸川区や浦安町、船橋市等では「都市計画の阻害になる」、「農地が潰される」、「騒音や振動がまき散らされる」、「通過するだけでメリットが全くない」と猛反発し、住民たちが議会や首長に対し建設反対の集会や交渉を行った。市川、船橋両市議会では反対決議が採択された。江戸川区では土地区画整理組合の土地所有者八人が運輸大臣に対し工事認可の取消訴訟を行い、最高裁まで争われた。沿線の用地交渉はほとんど進まず建設計画は暗礁に乗り上げた。（その後）八三年五月、建設工事は凍結された。

②千葉ニュータウンの足、県営鉄道建設計画

一九七二年（昭和四七）三月、運輸省都市交通運輸審議会は千葉ニュータウン入居者の輸送路線として二つの案を答申した。その一つは「都営浅草線を延伸し京成高砂から松戸、市川両市の境を東進し鎌ヶ谷市新鎌ヶ谷駅を経由し千葉ニュータウン船橋市小室駅に至るルート（京成電鉄担当案）」で、もう一つは「都営新宿線を市川市本八幡駅まで延伸し、そこから鎌ヶ谷市新鎌ヶ谷駅を経由して千葉ニュータウン小室駅、中央駅、印

（図 3）県営鉄道概略平面図

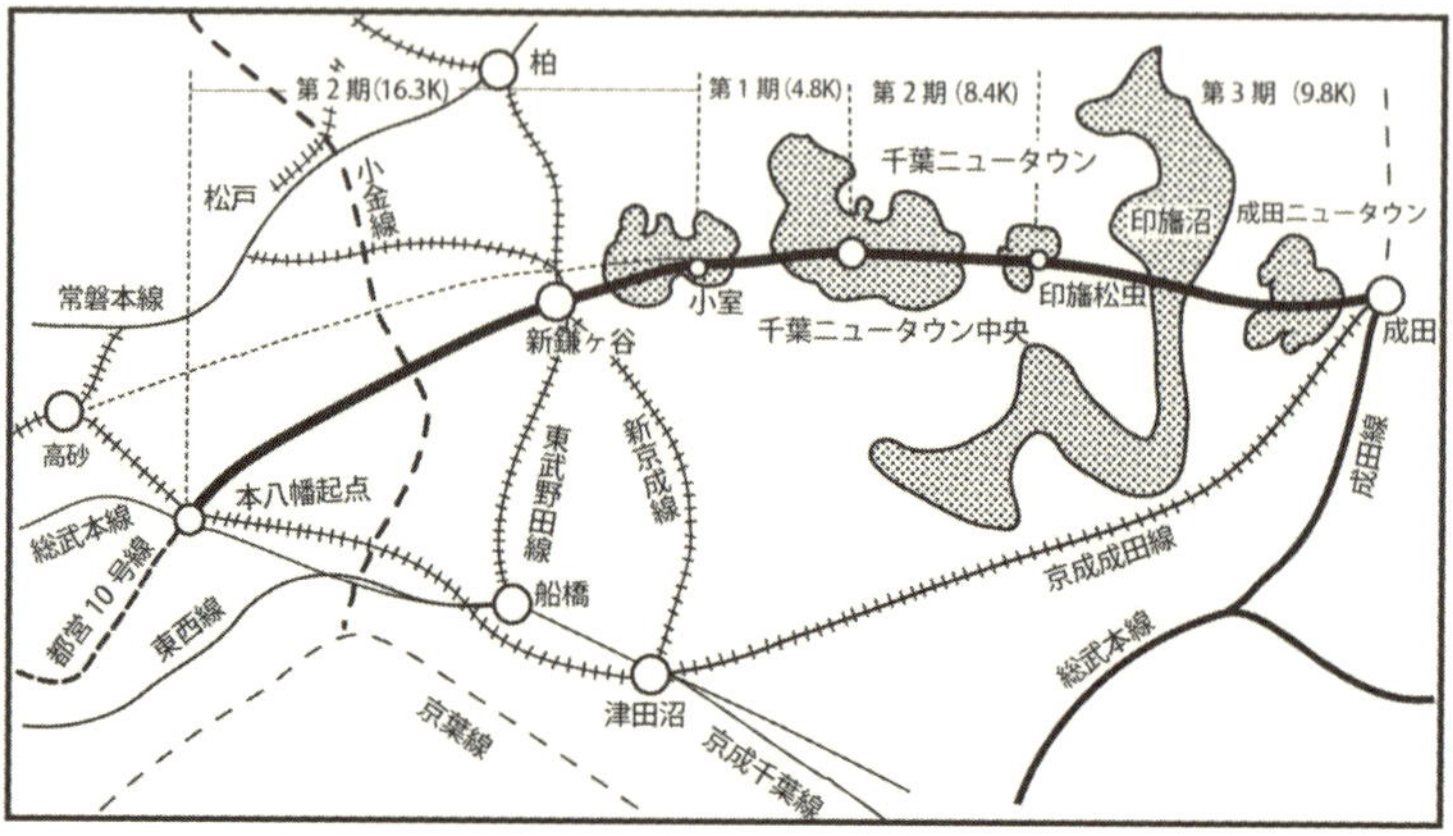

旛村松虫に至るルート（千葉県担当案）」であった。この案は多摩ニュータウンが建設された際に京王線と小田急線の二本の鉄道路線が敷設されたケースを参考にした案であった。この答申を受け県は建設工事の準備に入った。また京成電鉄も新会社設立に向け準備に入った。県は総武本線（含む京成）成田駅から鎌ヶ谷市新鎌ヶ谷駅までの県営鉄道の計画案を発表した。（図3）県営鉄道概略平面図を参照されたい。千葉ニュータウン内に八つの駅を造り、東京方面に近い新鎌ヶ谷駅方面から第一から第八までの駅の位置を決め、七四年（昭和四九）までに東武野田線（仮称）新鎌ヶ谷駅—千葉ニュータウン第三駅まで七キロメートルは京成電鉄、第三駅—第五駅までは県営で工事を行い一本の鉄道とする。その後、都営新宿線と結んで総武線本八幡駅まで延長させる。京成電鉄は第三駅から京成線高砂《たかさご》駅まで一九・五キロメートルを完成させるというのが全体計画であった。六月、計画案は県議会で承認され、県は運輸省に免許を申請した。

　七二年（昭和四七）四月二八日、北総開発鉄道株式会社（社長・川崎千春京成電鉄社長）が設立された。主な株主は京成電鉄、新京成電鉄、日本長期信用銀行、日本興業銀行、三和銀行、三井信託銀行、東洋信託銀行、千葉銀行、日本生命などであった。資本金は当初は二〇億円でスタートし、第二期工事着手頃には四〇億円とするとした。第一期工事は千葉ニュータウン第三駅と新京成線新鎌ヶ谷駅を結ぶ計画で、七四年一〇月に開業を開始する。建設費は八〇億円、完成すると新京成線、常磐線を経由してニュータウンと都心の大手町まで一時間で行けることになる。（その後）第二期工事は京成線高砂駅と鎌ヶ谷駅付近の一二キロメートルを結ぶ計画で、七八年（昭和五三）四月の開業を目指す。建設費は三二〇億円で、完成すると新京成線と京成線が直線で繋がり、京成上野線と都営地下鉄浅草線に直通輸送が可能となる。ニュータウン駅―東銀座駅までが四四分、京成上野駅までが三七分で行けることになる。

（二）ハイウェイ時代と道路建設

（1）バイパス建設の急増

バイパス建設は道路の安全性の向上や物流の高速化などを目的に行われる。交通量が増加し渋滞が発生した場合、道路拡幅やバイパス道路の建設で解消が図られる。バイパスのメリットは交通量の解消や交通事故の抑制、走行時間の短縮などにある。一方、バイパス建設に伴い様々な被害が発生することも忘れてはならない。建設対象地域となった住民の移転や賠償、貴重な動植物への影響、通過による地域コミュニティの分断、工事に伴う騒音や振動、排気ガスの増加などが生まれる。そのため建設地域では反対運動が起こり、計画から建設まで長期化するケースが多い。七一年四月から七五年三月の四年間に建設または計画された県内の主なバイパスは袖ケ浦―木更津、鴨川―天津小湊、市川―松戸、銚子―佐原、東金、市原潤井戸、飯岡、本納、印西など多数あった。ここでは一六号バイパスと飯岡バイパスの問題を取り上げることにした。

①千草台団地自治会の一六号バイパス建設反対運動

一九七三年（昭和四八）九月から一〇月にかけて、千葉県では第二八回国民体育大会（通称「若潮国体」と言う）が開催された。陸上競技のメイン会場は千草台団地近くの県総合運動場であった。国は県と協議し国道一六号の混雑を避け総合運動場に短時間で行くことが出来る国道一六号バイパスを計画した。一六号バイパスは京葉道路穴川インターチェンジを起点に同団地周辺を経て市原市内に抜ける一〇・四㌖、このうち同団地に接する京葉道路の両側に上下線を建設する計画であった。工事は七二年一二月から行われ、翌年九月の千葉国体までに下り線だけでも間に合わせようと路盤舗装を行った。七三年二月二八日、バイパスが横を通る千草台団地自治会（会長・鈴木六三郎）は川上副知事と足立信義県議会議長に会い「私たちは国体そのものに反対するものではないが、国体の名のもとに環境を破壊し、公害をまき散らすバイパス建設に賛成出来ない」、「国道事務所は、私たちとの話し合いを拒絶したまま工事を進めている。県として対応して欲しい」と申し入れた。川上副知事（県国体局長兼務）は「バイパスが出来ないと国体開催のメドが立たなくなってしまう。何とか協力して欲しい。国道事務所との話し合いの機会を作る努力をしたい」と答えた。約束に基づき三月一日、同団地の児童センターで三者の話し合いが持たれた。県からは川上副知事と飯島土木部長、建設省からは会田千葉国道工事事務所副所長、住民からは同団地バイパス対策委員会のメンバーや主婦など二〇〇人が参加した。住民達は「工事を一時中止して住民の生活環境を守る対策を講じて欲しい」と要請したが、川上副知事は「国体の開、閉会式はバイパスが完成しないと出来ない。工事の中止は出来ない」、「住民と話し合いは続け、防音や公害防止などの対策は行うが工事は進めさせて欲しい」との態度で、五時間に及ぶ話し合いは平行線で終わった。県のかたくなな態度に、岡本自治会対策委員長は「県が住民サイドに立った解決案を示さない限り、工事中止の仮処分申請や座り込みなどの実力行使に訴える」と伝えた。その後も県や建設省との話し合いは進展が見られなかった。七月一六日、同自治会は参議院議員会館に千葉県選出の加瀬完議員（社会党）を訪ね、「建設は即時中止せよ」と書かれた四二二九人分の反対署名を添えて河野謙三参議院議長宛に提出した。署名は参議院建設委員会に付託されたが不採択となった。そのため同自治会は八月三一日、建設大臣を相手に「工事の即時中止を求める仮処分決定」を千葉地裁に求めた。訴えたのは同団地住民一九一四人で公害訴訟では異例のマンモス裁判となった。裁判で同自治会は「京葉道路が通過することになった影響で自動車がまき散らす排気ガスは七一年、七二両年度の千草台小学校の調査では一時間当たりの亜硫酸ガス濃度が〇・一ＰＰＭを記録した。環境基準専門委員会が健康を保持するために必要と勧告している数値を超える汚染が三二時間もあった。バイパスが完成すると大気汚染は飛躍的に増加する」と訴えた。しかし千葉地裁は「一六号バイパスは渋滞緩和にとっては必要である」とし、訴えを棄却した。

②町を二分した飯岡バイパス建設工事

海上郡飯岡町三川地区から上永井地区までの七・五キロメートル間の国道一二六号線は道幅が狭く、商店街が国道沿いにあることから歩行者も安心して通行出来ない状況にあった。運転者にとってもこの区間は渋滞し、飯岡町を抜けるのに一五分以上もかかることがしばしばあった。そのためバイパスが完成すると五、六分で通過出来ることになり、歩行者にも運転者にも早期建設が期待された。ところがバイパス建設に真っ先に反対運動を起こしたのは路線で田畑を潰される二四〇戸の農家であった。国道バイパスは大利根用水路沿いに建設される。この付近は同町の農物産であるカリフラワーやパセリ、キャベツの耕作者が多く、「この農地を潰されたら生活が出来なくなってしまう」ということが反対理由であった。その後、町中心街からもバイパス建設に反対の声が上がった。理由は国道バイパスの建設によって現在の町役場が二キロメートル程西に寄った横根地区のバイパス沿いに移転することが明らかになったからである。これまで傍観していた商店街は、町役場が移転されては商売に影響が出ることからバイパス建設に反対したのである。国道バイパス建設案は一九六六年（昭和四一）に持ち上がり、すでに七年余の歳月が流れていた。この間、現在の磯村貞雄町長を含めて三人も町長が交代していた。七三年夏、話し合いが煮詰まり一部の農家を残して買収に応じることが決まった。一方、農家の大半が買収交渉に応じたことにより商店街も柔軟な態度を見せはじめ「これ以上反対していてもプラス面は引き出せない。各商店が一致して独自の商店街を形成しよう」という姿勢に変わった。農家との買収契約は秋の取入れが終わる九月下旬となった。一二月、バイパスをめぐって揺れ動いた飯岡町の国道バイパス工事が開始され、七四年（昭和四九）三月に開通した。

（2）ハイウェイ到来と高速道路の整備

一九六五年（昭和四〇）七月に名神高速道路が、四年後の六九年に東名高速道路が全線開通し、日本の高速道路網の幕開けとなった。これを機にそれまで輸送手段の中心だった鉄道に代わり、自動車が主役となった。

① 東関東自動車道の開通

一九七二年（昭和四七）八月三日、東関東自動車道の千葉市―成田市間のうち富里インターから成田インターまでの五・四キロメートルの建設工事が完成し、供用開始となった。同区間の完成で七一年一〇月二七日に開通した千葉市宮野木―富里間二三・一キロメートルと合わせて二八・五キロメートルが全線開通した。これにより千葉市―成田市間は約二〇分で行けることになった。

② 東京湾横断道路の建設計画

一九六八年度（昭和四三）、建設省は都心部や周辺部の交通混雑の緩和と産業活動の向上を目指して東京湾の中央部を横断し、川崎市と木更津市を結ぶ有料道路の建設の検討を開始した。七三年八月二八日、「東京湾横断道路は技術的にも建設は可能である」とし建設計画を発表した。七四年度に事業主体となる官民共同出資の（仮称）東京湾横断道路株式会社」を設立し、一二億円を概算要求に盛り込んだ。美濃部東京都知事は「湾岸横断道路は過密と環境破壊を引き起こすことになるので建設に反対する」と表明し、促進母体の東京湾総合開発協議会を脱会した。また各地で反対運動が起きた。建設省は、①湾内汚濁や航行上の心配はない、②京浜地域の過密解消に大きな役割を果たすことが出来る、③首都圏の均衡ある発展も期待出来る等と主張し、総事業費五三〇〇億円で七六年度着工、八五年度完成を目指して建設することを決定した。

一九七三年（昭和四八）五月、「東京湾総合開発協議会（会長・友納知事）」は関係都県と市町村を集めて説明会を開いた。説明会は建設省も参加し説明を行った。それによると「①建設場所は木更津市盤洲と川崎市浮島を結ぶ一五キロメートル、②道幅は三〇メートル、六車線、③設計速度は一〇〇キロメートル、④中間に人工島を造る、⑤大型船が通る主要航路の下は沈埋トンネルにする、⑥総事業費は四千億円から六千億円が見込まれる」と説明した。現在東京湾を航行する船舶は一日一一〇〇隻、このうち三千トン以上の船舶が六％を占めていた。千葉県は「東京湾横断道路は袋小路になっている千葉県の交通網に大きな変化をもたらし、首都圏の光化学スモッグや環境問題などの行き詰まりを解決する上でも大きな役割を果たすことになる」と歓迎した。

③　県営有料道路の建設

友納三期県政は三つの県営有料道路の建設を行った。

（あ）　房総スカイラインの建設

南総地域は恵まれた観光資源を持ちながら人口の減少が著しく、産業面では農林水産業が中心であった。特に袋小路的な立地条件にあり道路や鉄道の整備が遅れていた。しかし地域住民が求めていた道路は生活道路の整備であった。房総スカイライン（以下、「スカイライン」と言う）のような有料道路ではなかった。スカイラインは内房の国道一二七号線（木更津―館山線）と外房国道一二八号線（館山―茂原―東金線）を最短距離で結ぶ観光道路として計画された。計画当初のスカイラインの建設ルートは鹿野山―豊英ダム―君津市香木原《かぎはら》地区までの一八・五キロメートルであった。しかし一九七一年（昭和四六）二月、「同ルートは国定公園や県立自然公園、サルの天然記念物指定区域、鳥獣保護区域を通過するため自然を破壊する恐れがある」として千葉県生物学会ほか三団体が、三月には京都大学霊長類研究所有志や木更津みちくさ会、木更津むしろの会、千葉県山岳連盟等が建設反対の要望書を県に提出した[22]。その動きを受け同年七月二三日、県は房総スカイライン問題審議会（会長・柴田等元千葉県知事）を千葉市内の京成ホテルで開催した。最初に知事が挨拶し「南総地方は過疎地帯で道路、鉄道の建設が遅れている。房総スカイラインはこの地域の発展に必要なものだが、計画路線は国の天然記念物である高宕山のサルの生息地を通過し、自然環境を破壊する恐れがある。難しい問題があるが後世に悔いを残さないよう最も妥当な結論を出して欲しい。答申は九月中に結論を出すようお願いしたい」と計画ルートの是非を諮問した。審議会の委員は山階《やましな》芳麿（山階鳥類研究所理事長）古賀忠道（日本動物園協会理事長）、川村俊藏（京都大学霊長類研究所教授）、柴田等（県共同募金会会長、元県知事）、沼田真《まこと》（千葉大学理学部教授）、近藤精造（千葉大学教授）、今野源八郎（東京大学名誉教授）、福岡正巳（東京大学教授）、星《ほし》埜《の》和（中央大学教授）、金瀬俊雄（県議会議員）、三浦正行（同）、野口岡治（同）、吉野吉暉《よしてる》（勝浦市長）、四宮喜八郎（君津町参与）、猪形敏（同）の一五人であった。この会議で川村、沼田両委員はスカイラインは自然を破壊するという立場から「諮問委員会には路線を変更する権限はあるか」などの意見が出された。しかし賛否などの意見は次回以降で審議することになった。九月二六日、第四回審議会が開かれた。同審議会で学者グループの沼田真委員は「スカイラインは中途半端な道路であるうえ、計画地域は地盤が弱く大雨が降れば崩れる恐れがある」、山階委員は「計画は自然破壊以外の何物でもない。計画道路に並行して生活道路があるのになぜ新たに道路を造る必要があるのか理解出来ない。根本的に考え直して欲しい」と建設の必要性を否定した。しかし柴田会長は「スカイライン建設はすでに決まっていること。審議会は道路建設に当たってどのような自然保護策が必要かの検討を諮問されているに過ぎない」、「知事からは九月一杯に答申を出してもらいたいとの意向であった」と答え、建設無用論を退けた。しかし審議会では「①全国のスカイラインの調査、②動植物等への影響調査をする必要がある」との意見も強く出された。そのため審議会は全国のスカイライン施設が周辺に与えた影響などを調べ参考にしようとの結論となり答申は延期された。この日、県は審議会に対して自然保護対策として、①管理事務所を設置し周辺植物に対処する、②天然記念物のサルの生息地がスカイラインで分断されないようトンネルを造る、③道路は山並みの景観を壊さないよう山の中腹を走らせるなどの提案を行った。この審議会に「房総の自然を守る会」は建設反対の決議文を提出した。七二年三月二九日、第五回審議会が開かれた。答申内容は「南総地域の振興のため道路が必要なことは認めるが、自然保護も大切で天然記念物であるサルの生息地や清和県民の森建設地などを避けた計画とすべきである」とされた。答申を受け県は新しいルートを検討した。その結果、新しいルートは君津市西粟倉地先から県道君津—天羽線を分岐し峯山ロッジ、三島ダム、県民の森などの北側を通り、君津市片倉地先の県道千葉—鴨川線と接続するまでの一〇キロメートルの県営有料道路となった。しかし「房総の自然を守る会」などは、〝尾根沿いの観光有料道路は斜面全体が破壊される。地元の要望は県道など生活道路の拡充整備の方が先決だ〟などの理由で新しいルートについても反対した。運動の結果、愛宕山付近の自然は守られることになった。同年一二月県議会では県が計画した新しいルートが承認された。

（い）東総有料道路の建設

一九七四年（昭和四九）一月、県は銚子市など東総地域開発の大動脈となる東総有料道路を着工した。同道路は成田市所—佐原市大角までの一一・四キロメートルであった。印旛郡大栄町に建設予定の大栄インターで東関東自動道から分離し、銚子方面へ向かう道路でこれが完成すると千葉—銚子間は東関東自動車道、東総有料道路、銚子有料道路が連結され、車で一時間の距離に短縮される。

（う）銚子有料道路の建設

一九七三年（昭和四八）七月二三日、銚子有料道路が開通した。この道路は同市三崎町の国道一二六号から同市名洗港入口に至る五・一キロメートルである。当初、天王台の愛宕山までの六・四キロメートルが計画されたが用地買収が難航し、一・二キロメートルに短縮し県道路公社が四年の歳月をかけて建設した。景勝地・屏風ケ浦《びょうぶがうら》の上を走り、市街地を避けて犬吠埼方面へ抜けられるようになった。工事費は一九億円で、観光面だけでなく道路の開通によって名洗港とその周辺の工業開発も促進された。

（3）住宅団地とバス・タクシー

①幸町団地自治会のミニバス運行問題

一九七三年（昭和四八）年四月、千葉市内の幸町団地自治会（会長・石田順之助、六千世帯）は通勤の足を確保するためタクシー会社三社と契約し、同月二日から一〇人乗りのミニバス二台を運行することにしていたが、県陸運事務所から〝待った〟がかかった。理由は「路線バスと同じ形態となり、採算の取れない路線バスを圧迫すること」であった。自治会の計画では、ミニバスで国鉄西千葉駅と同団地間（二・七㌔）を朝六時半から八時半まで、夜は六時から翌日午前一時一五分の終電までの通勤時間帯に一五から二〇分間隔で運行するとなっていた。このミニバスは、西千葉駅の相乗りタクシーが頭割りで料金を取るうえ、同団地以外は乗車拒否をするなどの問題を起こしていることから、同駅に構内権を持つタクシー会社三社と自治会が話し合って考え出した方法だった。県陸運事務所の小鷲幸司運輸課長は「検討中なので待って欲しいと言っているだけ。違法ではないが認めると採算が苦しい路線バスに与える影響が大きい。事故を起こした場合の責任はどうなるのかなどの問題もあり、対応を東京陸運局と相談している。今は何とも言えない」としていた。このバスの運行を認めると、同じように足の問題で悩む首都圏の団地に波及する恐れがあるため、取り扱いが注目された。

②もうけ過ぎ相乗りタクシー

一九七一年（昭和四六）一月、相乗りタクシーの実態を調査しようと習志野市内の袖ケ浦団地自治会（会長・前沢健）は「タクシー相乗り実態調査」を行った。同団地の通勤・通学者は約四千人。ほとんどが国鉄津田沼駅を利用していた。利用するバスは午前七時台が四分、八時台が六分間隔で運行していたが運び切れないのが実態だった。夜も九時を過ぎるとバスの運行回数も極端に減るため、急ぐ人たちはタクシーを利用するようになり四、五人の相乗りが常態化していた。駅から団地入口付近までの小型車の料金は一三〇円だが、相乗りの場合は五〇円で、四人乗せれば二〇〇円となり七〇円が儲けとなっていた。利用者もバス代が三〇円なので二〇円位の出費なら混雑したバスに乗るより楽だと思っていた。ところが最近は急ぎの場合でも「相乗り以外はダメ」と乗車を拒否したり、家族で乗っても一人五〇円をとるようになっていた。そこで同団地自治会は一月二五日から四日間、午前七時から八時半まで実態を調査した。この時間に走ったタクシーは六社、一三〇台。料金収入は一四万八八五〇円で、このうち小型タクシーは八万五五六八〇円、相乗りは六万三一七〇円で全収入の四二％を占めていた。相乗り料金は夜になると一人一〇〇円となり、時間が遅くなるに従って一五〇円、二五〇円となり相当の儲けとなっていた。そこで同自治会はタクシー会社に対し、①料金は朝昼三〇か四〇円、夜五〇円にすること、②悪質運転手は追放すること、バス会社に対しては、①バスの増発を、②運転時間の延長を申し入れた。

6　手薄な医療と社会福祉行政

（一）貧弱な県内の医療行政

（1）一〇万人に対して病院七つ

一九七二年（昭和四七）六月、県は七一年一二月末時点での医療施設の状況（厚生省調査結果）を発表した。それによると県内に病院は二五七ヵ所、一般診療所は一七三五ヵ所、歯科診療所は八九八ヵ所しかなかった。同年一〇月一日の人口は約三六六万九千人（男性一八五万二千人、女性一八一万七千人）であった。病院は人口一〇万人に対して七・三ヵ所、診療所は四九・三ヵ所、歯科診療所は二五・五ヵ所となっていた。七〇年度の全国平均と比較するといずれも医療施設の不足が目立っていた。この状況は患者の「待ち時間三時間、診察三分」という深刻な状況を表していた。

（2）少ない公立病院数と連携不足

公立病院は国立病院が一三ヵ所、県立病院が四ヵ所、市町村立病院（含む診療所）が二二ヵ所の計三九ヵ所しかなく、各病院間の連携や組織化、体系化は全く放置されていた。県立病院の四ヵ所とは東金病院（五三年開業）、佐原病院（五五年開業）、鶴舞病院（市原市、五五年開業）、ガンセンター（千葉市、七二年開業）であった。地域的にも東葛地域や南房総地域には県立病院はなく、全て民間病院に依存していた。知事は言葉では「南房総を重視し地域間格差を是正するのが私の使命」と言っていたが、県立病院を建設する意思も計画も全くなかった。公立病院三九病院の一病院当たりのベッド数は一〇九・五床しかなかった。

（3）県、計画づくりに着手

知事は「人口増や医療需要に対処するため、①病院の新・増設及び病床の増設を行う、②公立病院を中心とした医療施設の効率的運用を図る、③県内を一二ブロックに分け、中核を担う病院を指定しブロック毎の目指す病院数、病床数を決める。それらは一九八〇年度（昭和五五）か八五年までに達成し、全国平均を上回る医療施設を完備する。目標値は七八年度から始まる第四次総合五ヵ年計画に盛り込みたい」と述べた。

（二）日本医師会の保険医総辞退

（1）保険医総辞退の目的と行動

一九七一年（昭和四六）四月一四日、日本医師会（会長・武見太郎、会員八万七千人）は東京・神田の共立講堂で「健康保険法近代化促進全国医師大会」を開催した。その大会で医師会は「経済成長下において物価の上昇、人件費の増大は医療経営を危機に貶めている」とし、「健康保険法の改正と診療報酬体系の改悪（中医協全員懇談会案）阻止のため保険医総辞退体制で闘う」と決議した。保険医総辞退とは医師が健康保険適用に基づく治療を行わないことを知事に申し出ることで、患者の治療には健康保険が適用されなくなること（自由診療）であった。四月二七日、武見会長は「保険医総辞退は健康保険法関係だけを対象とし、国民健康保険法や結核予防法、生活保護法に基づく治療は対象外とする」、「健康保険の中でも政府管掌健康保険は零細所得層が多いのでその権利は守る。そのため診療料金は総辞退後も現行の診療報酬点数とする」、「組合健康保険関係は日本医師会が示す料金にする」と述べた。翌二八日、都道府県医師会長宛に「五月二〇日までに会員の保険医辞退届を纏めるよう」に指令した。五月一五日の常任理事会では「保険医辞退届を五月三一日に各都道府県知事に提出すること」を決めた。五月一九日、日本歯科医師会も全国大会を開き、医師会に同調して総辞退戦術を行うことを決めた。医療法では医師の辞退届は提出一ヵ月後に効力が発生することになっているので、総辞退は七月一日からになった。厚生省は五月七日、「保険医総辞退は国民に大きな迷惑をかける」として都道府県知事宛に「医師会に自粛を呼びかけ、公立病院の医師は辞退届を出さないように」との通知を出した。また五月二四日、内田常雄厚生大臣は「医師会や個々の医師には慎重な行動をとることを期待する」との談話を出した。また「物価や人件費の上昇もあるので医療料金の緊急是正は当然の課題である」とも述べ、「診療報酬の引け上げに応じる用意がある」と述べ、武見医師会長に会談を申し入れたが、武見会長は拒否した。日本医師会と歯科医師会は五月三一日、各都道府県ごとに会員の保険医辞退届を一斉に知事に提出した。山口県を除く四五都道府県（沖縄は復帰前）で七万一千人（八三・九％）が辞退届を提出した。山口県は日本医師会執行部の運営に不満があったため執行部の指令した期日を外し、六月一一日に一一五五人分を知事に提出した。七月一日、遂に総辞退に突入した。行動には四二都道府県で六万六千人が参加した。しかし山口や愛知、岡山、島根の四県は突入しなかった。京都府と滋賀県は窓口で患者が現金で医療費を支払わなくて済むように医療機関が代わりに保険者に医療費を請求する受領委任方式を採用し、名目的な参加にとどめた。七月五日の佐藤内閣改造で厚生大臣は内田から斎藤昇に代わった。七月一三、二〇、二七日に斎藤厚生大臣と武見医師会長が協議し、翌二八日に佐藤首相と斎藤厚生大臣、武見日医会長の三者会談で辞退の収拾案が纏まり、総辞退は七月末日で終了した。合意内容は、①厚生省の医療行政に関する姿勢を正す、②医療保険制度の抜本改正案を次期通常国会に提出する、③医療基本法を制定する、④診療報酬は物価や人件費へのスライド制を導入する、⑤各種保険の負担と給付を公平化する、⑥医療従事者の質的向上を図る、⑦大学研究費の公費負担を増やす、⑧保険請求事務を簡素化するなどであった。[23]

(2) 千葉県医師会の対応

千葉県ではどうであったのか調べてみた。

① 県医師会、保険医総辞退を決議

一九七一年（昭和四六）五月四日、県医師会（会長・高木良雄元船橋市長、会員二三四〇人）は理事会を開き、日本医師会の指示に基づき七月一日から保険医総辞退を行うことを決めた。五月四日の理事会開催日には県内一八地区で健康保険法改正に反対する集会を開いた。一斉休診は勝浦市夷隅郡医師会が一日、他地区は午後一、二時間程度行った。しかし救急指定病院や国立、県立、市立病院は参加しなかった。そのため患者には大きな影響は出なかった。

② 県、保険医総辞退で二会長に申し入れ

五月二六日、県衛生部は保険医総辞退の動きを見せている県医師会、県歯科医師会（会長・磯貝豊）の両会長に対し友納知事名で「非常事態を避け、円満に解決しよう」と申し入れた。また「万一保険医総辞退が行われた場合には県立、市立病院などが緊急事態に備える体制を作る」と伝えた。一方、県医師会は保険医総辞退についての委任状を全会員の九〇％を集め、二八日以降に知事宛に保険医登録の取消し、申請を提出する準備を整えていた。

③ 県医師会、一九〇〇人分の辞退届提出

五月三一日、県医師会は千葉市内の県医師会館で代議員会を開き、その後高木会長と田那村保副会長が友納

知事を訪ね一八九四人分の保険医抹消届を提出した。友納知事は「一応お預かりするが、一ヵ月の期間内に医師会の意見もよく聴き、打開策を見つけるよう努力したい」と答えた。県医師会は知事に対し現行の健康保険制度のうち、「特に社会保険制度が、①大企業のために有利で零細企業が対象の保険組合を圧迫し、正常な保険診療が行えていない、②政府と厚生省は医療の経済性を無視して、診療点数の単価を引き上げる考えを持っていない」などが不満だと述べ、抜本的な健康保険制度の改正の必要性を訴えた。また「一ヵ月の間に話し合いに前進が見られない場合は社会保険医指定は抹消されるため、七月一日からは国民健康保険や特殊な医療保険（結核予防法や生活保護法、原爆患者など）以外の適用患者の診療や入院、治療費などは患者に全額現金で支払ってもらうことになる。医師が領収書を発行するので患者はその領収書を勤務先の保険組合に提出し、払い戻し金はそこから受けることになる」と説明した。「自由診療になると治療費は初診料千円、再診料五〇〇円、さらにこれに薬代や入院料が加わり、一回の診療には最低二千円は必要となるだろう」と説明した。

④知事、保険医辞退撤回を文書で要請

六月九日、県は知事名で医師に対し保険医辞退撤回を求める文書を発送した。県は「皆保険制度の下では万一保険医辞退が発生すると県民医療の確保に重大な支障をきたし、非常事態が起こる」とし、撤回するよう要請した。

⑤保険医辞退に高まる住民の不安や怒り

七月一日、県医師会の保険医総辞退が開始された。この動きに県内の団地自治会など住民から「しわ寄せを避けよう」との声が上がった。前日の六月三〇日には「非常事態回避」に対する住民からの要望が各市長や地区医師会に集中した。県団地連絡協議会（会長・渡辺伊造《ばんぞう》前原団地自治会長、一四団地）では加盟団地代表が千葉や船橋市など団地所在地の市長に会い「医師会の言い分も分かるが、患者へのしわ寄せの大きいことを考えて、行政が解決するよう努力して欲しい」と申し入れた。千葉市の花見川団地自治会では、花見川地区の医師

会に話し合いを申し入れたが断られたため「臨時自治会ニュース」を発行し、県社会部が発行した「辞退後の保険診療機関一覧」から同団地周辺の千葉や八千代、習志野三市の保険診療機関を抜き書きして各戸に配った。流山市内では健康保険が使える病院はゼロだった。そのため同市では近隣の松戸や柏、市川市の保険のきく病院や診療所を広報で知らせ、市内四ヵ所の出張所に掲示するなど対策に追われた。また同市の医師会（会長・深瀬欽也）に対し市独自で保険医辞退を避けるよう要請した。しかし保険医総辞退問題は国の医療制度のあり方に対する問題であり、県や市などのレベルで解決出来る問題ではなかった。そのため中央の推移を見守るしかなかった。

（三）乳幼児医療の無料化

乳幼児医療の無料化は一九六一年（昭和三六）四月から岩手県沢内村（現・西和賀町）が「ゼロ歳児医療無料化」を実施したことが始まりであった。沢内村の乳児死亡率は五七年は六九・六／千人であったが、実施後の六二年には〇／千人になったことが全国から注目を浴びた。そのことを知った新日本婦人の会（通称「新婦人」と言う）が六八年に全国運動を呼びかけたことが始まりだと言われている。こうした動きが反映し七二年から七四年の三年間で四二道府県が市町村が行う乳幼児医療助成事業に対し助成を行った。千葉県ではどのようになっていたのかを調べてみた。

（１）館山市、県内初のゼロ歳児医療費無料に

一九七二年度（昭和四七）四月、館山市（市長・本間譲）はゼロ歳児の医療費を市負担で無料にした。ゼロ歳児の医療費無料は国民健康保険（農業や漁業、自営業者）に限り旭市と浦安町（現・浦安市）で実施していたが国保や社保（会社員など）も含め無料にしたのは県内では初、全国でも沢内村を除いて未だ無かった。ゼロ歳児の医療費無料は、四月一日の一歳未満児が満一歳になるまでの期間で、市の調査では該当児は国保が三五〇

人、社保が五五〇人、計九〇〇人であった。市は過去の状況から乳児が年六回病気になり治療を受けると一回の治療費は一三一七円とし、国保で八三万円、社保で二一七万円の合計三〇〇万円が年間支出されると予算化した。支払い方法は国保は保険証を病院で見せれば医療費を支払わなくてよい。社保は半額をいったん本人が立て替え、あとで市が本人に払戻す方法とした。

（2）乳幼児医療費の無料化を求め直接請求

一九七二年（昭和四七）八月二二日から九月二〇日まで社会党や県労連、日本婦人会議など五団体で組織する「県乳幼児医療費無料化の直接請求をすすめる会（会長・赤桐操県労連議長）」は県内一一五万の全有権者を対象に直接請求運動を行った。一〇月二七日、有効署名数一二万六九五一人の名簿を添えて友納知事に対し乳幼児医療費無料化の直接請求を行った。地方自治法第一二条（現・第七四条）が定める全有権者数の五〇分の一（二万三千人）をはるかに超える数であった。知事は有効と認め受理し一一月一三日、臨時県議会が開催された。請求内容は、①四歳児未満の乳幼児の医療費は全て無料にすること、②七三年四月から実施することであった。知事は「①乳幼児の医療費問題は県議会からの強い要請もあり、七三年度から市町村に助成したいと考え、九月議会で調査費を議決した、②対象者や方法、事業主体となる市町村や医療担当事業者などと協議中であり結論は少し待って欲しい」と述べた。これに対し石井薫（社会党）、須田章（共産党）の両議員が質問に立ち「直接請求で臨時県議会が開催されたのは初めてのこと。知事は直接請求の意義をどうとらえているのか」、「これを機会に開発優先の県政を社会福祉優先に大転換すべきではないか。請求に基づき条例を早急に制定すべきである」と述べた。これに対し知事は「直接請求は民主主義の根幹をなすもので真剣に受け止めている。社会福祉対策については来年度から始まる第四次総合五ヵ年計画で〝環境とくらしの充実〟をテーマとして取り組む予定である。条例制定にイエスやノーは言えない」と答えた。同議案は社会衛生常任委員会に付託されたが、自民党議員の圧倒的多数で「継続審議扱い」とされた。

（3）不充分な県の乳幼児医療費無料化

一九七三年（昭和四八）二月、県は県議会に乳幼児医療費無料化を提案した。その内容は「①対象は入院一五日以上の六歳未満の乳幼児とする、②所得は二〇〇万円以下の家庭を対象とする、③実施主体は市町村とし、県はその事業費の二分の一を助成する、④実施は一九七三年四月とする」というものであった。社会党や共産党は「県の内容は不充分で乳幼児医療費無料化とは言えない」と反対した。三月二四日、共産党県議団は県の提案に反対する声明を発表した。理由は「①一五日以上の入院条件は撤廃すべきである、②適用者は所得二〇〇万以下が条件となると無料化の恩恵を受けるのは生活保護世帯と市町村税非課税世帯だけとなり、ほとんどの家庭は対象から外れることになる。③所得制限は撤廃すべきである」であった。

（四）こども病院建設計画

一九七二年（昭和四七）二月、県は七三年度から県立こども病院（仮称）建設に向けた調査を開始すると発表した。それは六八年九月に「全国心臓病の子どもを守る会千葉支部」などの地道な運動の成果であった（第二章（四）（1）心臓病の子ども医療費の増額 P234を参照されたい）。先天的な子供の病気には心臓の左右の壁に穴が空いている中隔欠損や生まれつき腰の脱臼、けいれん、てんかん、頭蓋骨の異常、神経疾患、言語障害、奇形、眼や耳、鼻の異常、小児がん、糖尿病、腎臓病などがある。いずれも慢性病のため町の開業医では手に負えず、大きな病院でも子供専用の治療施設は少ない。子供の時に専門的な治療を施せば健康に育つが、放置すると身体障害者になったり虚弱になって早死にすることが多いと言われていた。そこで県は子供達のための治療や訓練（リハビリテーション）、特殊教育を同時に行える県立こども病院の建設を決めた。当時、こども病院があったのは全国では神奈川県と兵庫県だけであった。同年八月、県立こども病院建設に向けた「建設推進委員会（会長・鈴木五郎国立千葉病院名誉院長）」が設置された。計画では七二年度中に基本構想を策定し、七三年度に設計方針と基本設計を行い、七四年度に実施計画を作り建設工事を開始する。七五年度に職員募集や採用、機器、備品購入などを行い、七六年七月開業となっていた。場所は千葉市仁戸名町の「健康の森」とした。（その後）様々な理由から建設は大幅に遅れ、開業は八八年一〇月となり、場所も千葉市辺田町（現・緑区）となった。

（五）県の難病対策事業

（1）スモン病友の会結成と県の助成

手足のしびれや歩行困難や視力障害が発生するスモン病は当初原因が分からなかった。しかし一九七二年（昭和四七）三月、原因は整腸剤（キノホルム）であることが解明された。七一年八月の時点で、県内で判明している患者は九八人いた。県衛生部は一〇月、「県スモン調査研究協議会」を発足させ、スモン病患者の救済や原因調査、研究を行うことにした。協議会のメンバーは医師や学識経験者など一〇人で構成された。同年一〇月一九日、「千葉県スモンの会（会長・中村あい千葉市在住）」が結成された。会に参加したのは県内九四人の患者のうち二〇人と付き添いの家族であった。会議では、①関係行政機関に救済の陳情、②スモン病専門病院の設立、③全国のスモンの会との連携、④事業計画を決めた。挨拶に立った中村会長は「今年五月、市川市の主婦が病気に負けたと自殺をされた。すぐにでも会を作ろうと考えたが暑い季節で患者の疲労を考え、また患者には冷房が一番敵ということもあって今日まで延期してきた。私たちは信頼していた医師から否応なしにキノホルムを飲まされた。それなのに医師にも製薬会社にも国にも責任はないというのはどういうことか。これまで私は自分に〝怒るな、憎むな〟と言い聞かせて生活して来た。この会は慰めの会ではない。結成を機会に強い姿勢で行政に働きかけて行こう。皆さんと心を合わせて行動すれば、きっと明るい未来が開けてくる」と述べた。七二年一二月、千葉県スモンの会は友納知事に医療手当の増額を要望した。それに対し知事は「①

現行見舞金二千円は増額する、②重症患者の入院は何とかしたい」と約束した。

(2) ベーチェット病友の会結成

口腔粘膜の炎症や外陰部潰瘍、皮膚炎症、眼炎症を引き起こすベーチェット病は指定難病となっている。一九七三年(昭和四八)三月二五日、患者五〇人が千葉市国保会館に集まり、「ベーチェット病友の会(会長・野口宗雄)」を結成した。会は県や市に対して、①治療費の公費負担、②患者の実態調査、③専門の研究や治療、訓練機関の設置、④研究費の補助、⑤生活資金の貸し付け、⑥県市民税の減免などを要求して行くことを決めた。

(3) ネフローゼ児を守る会結成

ネフローゼ症候群は尿に蛋白が沢山出てしまうため血液中の蛋白が減り、その結果足や腕などにむくみ(浮腫)や倦怠感が起こる難病と言われている。一度罹ると治りにくく入退院を繰り返すケースが多い。県教育委員会の調べによると一九七一年度(昭和四六)の長欠児や生徒は小学生一二〇九人、中学生一二〇二人。このうち小学生の一五%、中学生の一〇%はネフローゼ児だと言われていた。ネフローゼ児に対する医療費補助は東京都が一八歳未満まで一〇〇%、神奈川県は六歳未満まで九〇%、群馬県は一八歳未満まで五〇%補助していたが、千葉県はゼロであった。また県下には教育機関を備えた入院施設は県立四街道養護学校(定員二〇〇人)と長生郡一宮町の私立一宮学院(同一三〇人)だけであった。しかしこの二施設はネフローゼの医療や教育施設ではなく喘息や小児麻痺、知恵遅れ児なども同居してネフローゼ児の入居は少なかった。そのため大部分の子どもは自宅療養を余儀なくされていた。入院費は一ヵ月最低で一万二千円、これに検査や治療費を含めると五、六万円は必要となり、患者を持つ親にとっては大きな出費だった。千葉市村田町の大工・長島さん宅でも長男の小学二年生が三歳の時、ネフローゼに罹った。すでに三回も入退院を繰り返し、国立千葉病院に入院していた。毎月の療養費の負担は重く、「一人の稼ぎでは家計が圧迫され、とてもやりくりがつかない」と嘆いていた。七二年四月一五日、こうした状況を打開しようと千葉市内の県自治会館で「千葉県ネフローゼ児を守る会」が結成された。

（六）不充分な県の母子家庭への融資制度

一九七一年（昭和四六）六月の時点で、県内には一万五千世帯の母子家庭があった。母子家庭は子供の将来を考えて再婚を出来ない場合が多い。また今までの主婦の生活から一転して、就職を希望する時も特殊技能を習得していないと適当な職場を見つけるのは難しかった。また子供を抱えているため時間的にも大きな制約を受けていた。経済的にも精神的にも大きな負担を背負っている母子家庭の生活を支援するため、県では各種の融資があった。しかしその制度は充実しているとは言えなかった。主な制度は、①事業開始資金（四〇万円、一年据え置き、六年償還）、②就職支援資金（二万五千円、一年据え置き、五年償還）、③技能習得資金（月額三千円、三年間、六ヵ月据え置き、一〇年償還）、④生活資金（月額七五〇〇円を三年間、一〇年償還）、⑤住宅資金（二〇万円、六ヵ月据え置き、六年償還）、⑥就学資金（高校月額三千円、大学五千円を卒業するまで、六ヵ月据え置き、二〇年償還）、⑦就学支度資金（高校一万五千円、大学二万五千円、六ヵ月据え置き、二〇年償還）、⑧療養資金（一五万円、六ヵ月据え置き、五年償還）などであった。例えば七〇年時の一万円は現在（二〇二四年）の三・二万円（三・二倍）に相当する。実態はかなり低い金額であったので増額と無償支援を求める声が強かった。

（七）老人医療費の無料化

老人医療費の無料化は岩手県沢内村（現・西和賀町）が一九六〇年（昭和三五）一二月から全国で最初に六五歳以上の老人医療費の無料化を、六一年四月から六〇歳以上に拡大したことが端緒であった。同村では老人が気軽に病院へ行けるようになり、病人が減り村の医療費支出が少なくなったと発表し、全国から注目された。

その後、自治体の選挙では老人医療費の無料化が候補者の公約となった。しかし大きな流れとなったのは六九年一二月、美濃部都知事が七〇歳以上の老人医療費を無料にしたことにあった。さらに都は七三年七月から六五歳以上七〇歳未満の医療費も無料にした。こうした動きの中で革新、保守を問わず全国の八割を超える自治体で老人医療費を無料にした。無視出来なくなった政府は、七三年一月から七〇歳以上の老人の医療費を無料にした。しかし友納知事は東京や神奈川、埼玉の革新知事が老人医療費を無料化しても冷たい姿勢でこの課題に対応した。県が実施しないため、県内の幾つかの自治体がこの課題に取り組むことになった。

（1）県内初は館山市

一九七〇年四月、県内のトップを切って館山市は七五歳以上（該当者二二五八人）を、七二年四月からは七〇歳からの老人医療費を無料にした。同市社会福祉事務所によると約四千人が恩恵を受けた。また一人暮らしの老人に緊急連絡用のベルを贈り、市民総ぐるみで老人を守る施策を実施した。

（2）千葉市、七〇歳以上の老人医療費無料に

一九七二年（昭和四七）四月、千葉市（市長・宮内三朗）は社会保険の対象者で七〇歳以上の老人と六五歳以上七〇歳までの寝たきり老人の医療費を無料にした。これに該当する者は約七五〇〇人であった。治療した病名では高血圧が圧倒的に多く四割を占め、次いで白内障、動脈硬化、気管支炎であった。

（3）県、国民健康保険適用者に限定し市町村に助成

一九七一年（昭和四六）四月、県は国民健康保険に加入している七〇歳以上の老人の医療費を無料にしている市町村に対し医療費を助成した。

（八）老人休暇村の建設

一九七二年（昭和四七）九月、県は長生郡長南町の山間部四〇ヘクタル（一二万一千坪）に県民休暇村を建設する計画を発表した。場所は県立野美山自然公園内の山林や牧草地であった。付近には農業用ダムもあり、自然の景観を生かした老人福祉センターや貸し別荘、キャンプ場、釣り堀、遊歩道などを造る。総工費は二〇億円で七四年着工とした。

（九）足りない身障者支援策

(1) 看護婦不足で開所出来ない重症身障児施設

一九七三年（昭和四八）三月にオープンした国立千葉東病院（千葉市仁戸名町）の心身障害者収容施設（定員四〇人）は看護婦不足で一年五ヵ月も空き状態となっていた。心身障害者収容施設は千葉市桜木園（同三九人）、四街道市の国立下総病院（同八〇人）、千葉東病院のもう一つの施設（同四五人）の三ヵ所しかなかった。県内には県社会部の調査で約二五〇人の脳性小児まひなどの重症心身障害児がいた。うち約一五〇人が三施設に入所していた。残り一〇〇人は在宅で、そのうち三〇人は早期入院を希望していた。七二年秋、脳性まひの八歳の重症心身障害児を持つ母親が五年間もベッドが空くのを待っていたが、看病疲れから子どもを道連れに無理心中する痛ましい事件も起きていた。

(2) 心身障害者、やっと医療費無料に

一九七三年（昭和四八）一〇月、県は重度心身障害者の医療費を無料にした。医療費が無料になるのは身体障害者六三一八人や同障害児一〇八六人、精神薄弱者一六一六人、同精神薄弱児五一二人、計九五三二人であった。これまで無料（除く歯科診療）になっていたのは千葉や市川、松戸、館山、銚子、木更津、野田、流山、浦安の八市一町であった。県の決定で全市町村が歯科を含む全ての心身障害者の医療費が無料となった。

(3) 障害者への就職相談や就職支援

一九七三年（昭和四八）四月、県は心身障害者雇用相談員制度をスタートさせた。この制度は障害者の就職

相談を行うことを目的とし、職業安定所を訪れる身障者だけでなく、家庭内にいる身障者にも訪問し相談することにした。当面、千葉や船橋、市川、松戸の職業安定所に各一人の相談員を配置した。行う仕事は、①身障者の求職相談、②就職後の作業条件や人間関係、③身障者からの苦情、④事業者側からの注文などを行う。事業主は法律で全従業員の二・五％（「法定雇用率」と言う）以上の身障者を雇用する義務があった。県内に対象になる事業所は七一一あったが、法定雇用率を守っている事業所は三一二事業所（四三・九九％）で全国でも低い状態にあった。

（十）急がれる乳児保育・カギっ子対策

（1）乳児保育の開始

①野田市で県内初の乳児保育所

一九七二年（昭和四七）五月、野田市（市長・新村勝雄）は一〇月着工、七三年四月開所予定でゼロ歳から三歳児までを対象とした乳児保育所をオープンさせると発表した。場所は市内中野台で人数は八〇人、鉄筋平屋建てとなる。同年五月末時点での該当者が一五一六人いた。同市は「老人や子供、障害者などを守る福祉都市」を宣言し、福祉対策を積極的に進めていた。この施設が出来ると県内初となる。

②県、乳児院の規模二倍で建設

一九七二年（昭和四七）八月、県は千葉市加曽利町（現・若葉区）の桜が丘育成園の隣に県立乳児院を建設した。乳児院は両親の死亡や病気、生活苦、家出、その他やむを得ない理由で養育出来ない乳児を満一歳になるまで預かり保育する施設である。収容する人数は三〇人であった。乳児院は市川市内に民間施設が一ヵ所（定員二〇人）あるのみであった。

③船橋市、県下初のゼロ歳児専用保育園

一九七五年（昭和五〇年）一一月、船橋市（市長・藤代七郎）は県下初のゼロ歳児専用（「産休明け保育」と言う）の保育園を建設すると発表した。同市の保育園は生後六ヵ月以上の乳児しか保育をしていなかった。そのため共働きの家庭では出産後、母親が勤めを辞めるか、無認可の保育園、家庭福祉員などに預けなければならなかった。産休明けの生後二カ月から保育をしてもらえることは働く婦人にとっては大きな喜びであった。同市内には二九の保育園があり、五歳以下の乳幼児三五〇〇人が保育されていた。うち一歳以下の乳児は約三〇〇人いた。毎年八千人から九千人の赤ちゃんが誕生していた。母親たちは市に対し「乳児専用の保育園を建設して欲しい」と長年運動をして来た。その要望が叶い七六年四月からゼロ歳児専用の保育園が出来ることになった。場所は船橋駅北口から三〇〇メートルの市立天沼《あまぬま》公園近くの交通の便が良い場所（現・本町保育園）であった。

（2）切実だったカギっ子対策

県内の人口急増都市ではどの都市も放課後のカギっ子（「学童保育」と言う）対策は深刻な問題になっていた。船橋市の例を調べてみた。同市では一九六八年（昭和四三）からカギっ子対策を開始した。七二年四月の時点で、同市社会教育課の調査では市内三一小学校には一年から三年生のカギっ子とみられる児童は一六七一人いた。うち六小学校で面倒を見てもらっているカギっ子はたった六八人（四％）しかいなかった。カギっ子のほとんどは近所の家に預かってもらうか、一人で留守番をして親の帰宅を待っていた。団地や新興住宅地の小学校ではカギっ子を預かって放課後の教室を開いていたが、その条件は良いとは言えなかった。市から一小学校当たり年間六五万円が補助されていたが、そこで働く指導員はパートで賃金は安く身分保障もないボランティアのような扱いとなっていた。そのため父母は毎年バザーなどを行い運営費を捻出していた。人口急増で悩む同市では学校建設に追われ、プレハブ校舎の特別教室まで普通教室に使わなければならないほどの教室不足で、カギっ子対策は放置されている状態にあった。

7 大気汚染の深刻化と県民運動の高揚

友納三期県政の公害の特徴は、①公害に関する被害が毎日報道され、社会問題や知事選挙の争点にまで浮上したこと、②大気汚染が深刻となり「公害病」と認定され、死者や自殺者が発生したこと、③公害から命を守るため議会への陳情や請願、被害補償運動が行われたこと、④市原市や千葉市では市民による公害防止条例制定運動が取り組まれたこと、⑤川崎製鉄（「川鉄」と言う）千葉工場六号高炉増設計画には増設阻止と損害補償を求めた裁判が開始されたことであった。行政の対応では、①公害認定患者への医療費補償や見舞金創設、②健康診断や健康調査の実施、③公害企業と公害防止協定の締結、④住民運動への対応などがあった。こうした動きの中で友納知事が進めて来た京葉工業地帯開発政策が公害を生み出した原因であることが明らかとなり、知事もそれを認め方針変更を余儀なくされた。

（一）深刻さを増す公害の被害

（1）拡大する公害被害

一九七二年（昭和四七）一月の時点で、県に対する公害の訴え数を友納一期、二期県政と比較すると、①河川汚染や騒音、振動は三期が一番多い、②地盤沈下は二期の二倍に増加した、③中でも大気汚染が圧倒的に多かった。また新たな公害被害では重金属による公害が発生している。船橋市北本町の旭硝子船橋工場のテレビブラウン管製造従事者の鉛中毒と周辺住民の健康被害、市原市八幡海岸通りの米田物産千葉工場の六価クロム垂れ流し、船橋市習志野台の帝国電子習志野工場の高濃度カドウミウム不法投棄事件、千葉市花見川地域の下水道工事や成田空港暫定パイプライン工事での凝固剤注入による周辺地域の水質汚染などがあった。

①光化学スモッグによる被害

一九七〇年（昭和四五）の初夏、木更津市周辺で原因不明の公害被害が発生した。それは光化学スモッグであった。当時の様子について友納知事が次のように語っている。

「昭和四五年六月二八日、日曜日のことである。降って湧いた如くに公害事件が発生した。午後二時過ぎから四時頃にかけて木更津市鳥居崎海岸で魚釣などをして遊んでいた小学生一二から三名が突然〝のどが痛い〟〝せきこんで止まらない〟〝胸が痛くて深く呼吸が出来ない〟などの症状を訴え、その場で横になる者、医師の手当を受ける者が続出した。県は早速保健所や関係市町村と共同調査をした。急性症状を呈した者は木更津保健所館内だけで約五千人に及び、そのほか北は市川市から南は館山市まで、県外では神奈川県横浜市、さらに東京都内にまで拡がっていることがわかった。なにぶん原因不明の怪事件、新聞は連日この事件を書き立てた。私は河野平公害規制課長を呼び、早急に原因を究明するように指示した。河野課長は〝被害が一都二県に拡大していることから、何かが東京湾沿岸一帯に広域的に起こったものと考えられます。原因としては例えば航空機からの異常物質の散布のような広範囲に影響を及ぼしうる移動発生源か、あるいは全く新しい公害現象か、この二つが考えられますが、いずれにしても早急に検討して報告致します〟とのことであった。その後、公害規制課ではずいぶん苦労して色々な調査をしたようだが七月一四日、河野課長が検討結果の報告にやって来た。〝この事件は光化学スモッグによるものではないかと考えます。光化学スモッグと断定するにはオキシダント濃度を計測しなければなりませんが、本県には測定器を配置しておりません。関東地方で測定しているのは東京都衛生研究所だけです。そこで事件の起きた六月二八日のオキシダント濃度を都に問い合わせましたが、まだ回答がありません。新聞記者に早く調査結果を発表しろと責め立てられるので何らかのコメントを出さざるを得なくなって来ました。はっきり断定は出来ませんが、〝我が国で初めての光化学スモッグによるものと推論される〟と発表したいと思います。〝あの日は好天で紫外線が強かったこと、被害が同時に広範囲に及んでいること、他に原因となるものがないことなどから、それしか考えられません〟とのことであっ

た。私は発表に同意した」(24)

② 子どもや高齢者、婦人への被害

光化学スモッグとは、自動車や工場からの排出ガスなどに含まれる窒素酸化物と揮発性有機化合物が太陽からの紫外線を受けて化学反応を起こし、物質（「光化学オキシダント」と言う）を作り、その濃度が高くなると遠くのビルや山などが「もや」がかかったように見えにくくなる。その「もや」を光化学スモッグと言う。この状態が発生すると目の痛みや咳、気分の悪さなどを訴える人が多くなる。重症化すると呼吸困難や手足のしびれ、頭痛、発熱、嘔吐、意識障害などを引き起こす。幼児や子ども、病弱な人、アレルギー体質の人、ぜンソクのある人は特に注意が必要となる。一九七一年（昭和四六）六月一日、県はオキシダント測定器などを市川市役所、船橋市役所、千葉市役所、県公害研究所（市原市内）、木更津市役所の五ヵ所に設置し測定を開始した。その測定器で市川市は〇・一九ＰＰＭ、船橋と千葉市で〇・二一ＰＰＭであった。その値は県の注意報基準〇・一五ＰＰＭを上回った。千葉市内の小中台小学校（現・稲毛区）の六年生がプール開きをするため校庭のプールを清掃していた。そのうち二六人が喉の痛みを訴えた。九日午後、県公害対策局は市川や船橋市など葛南地区と千葉や市原を中心とする臨海工業地区、木更津や君津両地区に光化学注意報を発令した。この年県内では五月から一〇月にかけ光化学注意報が一〇数回発令された。

③ 拡がる植物への被害

一九七二年（昭和四七）八月、県農林部は光化学スモッグによると見られる植物被害の状況を発表した。前年は主としてネギやサトイモだったが本年はインゲンや稲、トウモロコシ、タバコなどにも被害が現れ、面積は前年を上回った。農家からの被害報告は七件あった。被害の状況はいずれも注意報の発令から数日後で四月二九日は習志野や八千代、千葉市の三市でネギの穂先が枯れるなど計一〇・五ヘクタール（三万二千坪）あった。習志野市ではホウレンソウ五アール（一五一坪）、トウモロコシなどの葉に茶褐色の斑点が出た。六月には君津郡袖ケ浦町

でサトイモやトウモロコシの葉に茶褐色の斑点が、市原市五井や姉崎地区では六月から七月にかけてインゲン三五ヘクタール（一〇万六千坪）やサトイモ三〇アール（九〇八坪）、イチョウ六六ヘクタール（二〇万坪）が枯れた。同市養老や南総地区ではネギやインゲン、タバコの葉に茶褐色の斑点が出た。木更津市畔戸地区では稲の穂先が黒くなった。同市岩根地区では温室メロンの葉脈に白い斑点が発生した。県農業改良課は植物被害状況に「作物全部にビニールをかぶせるわけにいかないし、大気が汚染されないようにするしかない」と嘆いていた。

④ 光化学スモッグの治療費、県が負担

一九七二年（昭和四七）七月一日、県は医師会と協力し、光化学スモッグによる被害者の治療費を全額補助することにした。対象者は光化学スモッグ注意報が発令された日に、光化学スモッグによる疾病と認められる患者に医療機関が眼科や呼吸器系を中心に治療や検査を行った場合であった。対象地域は野田、柏、流山、松戸、市川、鎌ケ谷、船橋、習志野、八千代、千葉、市原、木更津、君津の各市と浦安、袖ケ浦町であった。

（２）企業と公害防止協定を締結

① 県公害防止条例の全面改正と排気ガスの総量規制

一九七一年（昭和四六）七月二一日、県は公害防止条例を全面改正し、名称も県環境保全条例と改め施行した。県はこの条例に基づき工場から排出される煤煙や亜硫酸ガスの総量規制を行った。七月三一日、知事は記者会見で「千葉や市原地区の企業、工場から排出される亜硫酸ガス推定総排出量一万八千トン／時間を、七七年度末までに九千トンまで規制する」と述べた。この方針に基づき公害対策局は、①煙燃中の硫黄分を減らす、②公害発生工場に排煙脱硫装置を義務付ける、③煙突を高くし集合化を防ぐ、④亜硫酸ガスを減らすため重油をＬＰＧ（石油液化ガス）やＬＮＧ（液化天然ガス）に切り替えるよう指導した。また年内に企業毎に亜流酸ガス排出目標数値を設定し、排煙脱硫装置の設置を義務付ける公害防止協定の見直しを行った。そして一〇月、（財）県公害防止協力団体を設立した。

②公害防止協定の締結状況

一九七一年（昭和四六）年七月、県と君津町は新日本製鉄君津製鉄所と公害防止基本協定を結んだ。七一年八月の時点で、千葉、市原（含む袖ケ浦）両地区内の企業のうち、公害防止協定を結んでいたのは東京電力、川崎製鉄、旭硝子など四〇社、四四工場だけであった。七一年一二月末の時点で、県内に進出していた企業は臨海部に一〇九六社、内陸部に九八四社あった。[25] 全ての会社が公害排出企業ではないが、それにしても公害防止協定を締結していた企業は、ほんの一握りの数であった。県が野放し状態を許していた結果、大気汚染は深刻となり被害は人や植物、動物にまで及んだのであった。

（3）大気汚染によるゼンソクと公害病の発生

①川鉄周辺主婦の呼吸器疾患調査

一九七一年（昭和四六）九月、千葉市は県公害対策局と協力して千葉市煤煙影響調査会（会長・吉田亮千葉大学医学部教授）を結成し、一〇月初めから川鉄千葉製鉄所周辺の主婦五〇〇人を対象にノドや呼吸器の状態を調査した。同周辺は降り注ぐ粉塵と亜硫酸ガスでゼンソクやノドの痛みを訴える住民が多く発生し、「公害病ではないか」との声が高まり、日弁連の公害対策委員会も調査に乗り出していた。この問題に曖昧な態度をとり続けて来た県や千葉市も住民の訴えを無視出来なくなり、調査を行うことにしたのであった。同調査に参加したのは市公害対策課や県公害対策局、千葉大学公衆衛生教室、千葉市医師会の四団体で、調査対象は同製鉄所に隣接した今井や寒川、蘇我、白旗、末広町など七町内に三年以上住んでいる四〇歳以上の主婦五〇〇人であった。調査は同市の保健婦が行い、医師会も調査に参加した。集まったデーターは公衆衛生学専門の吉田教授が分析した。主婦が選ばれた理由は、男性に比べ汚染地域で生活している時間が長いためであった。吉田教授は市内の学童の呼吸器について数年前から調査を続け、ゼンソク患者の比率が製紙工場の集中している静岡県富士市並みであることを確認していたが、成人のデーターは持っていなかった。市は今度の調査で成人のデーターを分析することにした。

② 公害病の蔓延

一九七二（昭和四七）三月七日、調査結果が判明した。県や千葉市は川鉄周辺のゼンソクや気管支炎を〝公害病〟と認定した。公害病と認定されたことで大気汚染は川崎や四日市、富士市など全国六市に次ぐ汚染市となった。聞き取り調査では次のような状態が明らかになった。同市白旗一丁目の阿部さんは咳込みながら寝たきりの床から訴えた。「一〇年前、アパートに入居し間もなく気管支炎を患った。この辺の人たちは昨日や今日の話ではないんですよ。充分予想された結果なのに、県や市はなぜもっと早く手を打ってくれなかったんですかね。咳込むと腰までギシギシ痛みます。食事も満足に通らず、お粥などを少し食べるだけです。今のアパートに住む前までは元気に生活をしていました。近くの病院に週一回通院していますが、薬代も月に一万円かかります」。阿部さんを診察している近くの今井町診療所の小田島光男医師は「大気汚染による気管支炎だ」と診断していた。七二年一二月五日、公害病認定患者から初の死者が出た。同市川崎町七丁目の岡崎武吉さん（七四歳）で戦後間もなくから川鉄から八〇〇メートルの場所で製材業に従事していた。妻かつさん（七〇歳）と共に肺気腫《きしゅ》に七月一一日に認定された。同市は七月一日から「公害病患者認定審査会（会長・木村薫千葉市医師会長）」をスタートさせ、一二月までに一九二人を〝千葉ゼンソク患者〟に認定した。岡崎さんの死因は大動脈瘤の破裂で、大気汚染との因果関係ははっきりしていない。地域住民は「四日市や川崎のように死者が出るのは御免だ」と思っていたただけにショックは大きかった。市は遺族に見舞金五万円を手渡した。

七三年一二月二八日、前年七月の公害病認定制度のスタートから一〇人目の死者が出た。本年だけで九人が亡くなった。亡くなったのは同市港町の無職Aさんだった。Aさんは前年七月、肺性心で公害病の認定を受け、自宅で療養中であった。死因は肺性心に因る呼吸困難であった。その他の八人は内五人が肺気腫、三人が肺性心であった。同年一二月末の公害認定患者は前年の一九二人から一七九人増え三七一人となった。

③県公害防止協力財団の発足

一九七二年（昭和四七）一〇月二日、千葉市内のニューパークホテルで公害病認定患者に対する医療補償などの窓口となる「（財）千葉県公害防止協力財団（「公害防止協力財団」と言う）の設立総会が行われた。公害が年々深刻化しているため企業側も拠出金を積み立て、公害患者の補償に対応するためであった。同財団は公害被害者の救済と公害防止のための調査や研究を目的としていた。初年度となる七二年度の事業は、千葉市の大気汚染による公害病認定患者への補償（二七〇〇万円）であった。理事長は安西浩東京ガス社長、副理事長は川島譲新日鉄君津製鉄所副所長、井上金次郎東京電力千葉支店長、常務理事は京葉工業地帯経済協議会専務が担当、監事は藤本三郎極東石油社長、椎野吉之助チッソ石油化学五井工場長が就任した。参加企業は京葉工業地帯の大企業四四社であった。

④公害病患者へ冷たい千葉市の見舞金

一九七二年（昭和四七）七月、千葉市は「大気汚染に係る健康被害に関する条例」を制定し、公害病被害者の救済として遺族見舞金や医療費、介護手当を支給した。しかしその額は少なく被害者や市議会から「極めて不充分だ」との声が上がった。この補償制度の原資は県と千葉市が各五％負担し、残りの九〇％は公害防止協力財団の拠出金で賄われた。公害病認定患者の見舞金は公害病が原因で死亡した遺族に一〇万円、公害病の認定を受けていたが死因が別の病気の場合は五万円であった。介護手当は月一万五千円、医療費は通院四日から一四日まで四千円、一五日以上五千円、入院は一日から七日まで五千円、八日から一四日まで六千円、一五日以上七千円であった。これらの額は「川崎や横浜市などと比べると低すぎる」と問題となった。そこで千葉市は公害防止協力財団と交渉し、七四年四月から増額した。見舞金は一〇万円から一〇〇万円に、その他は千円引き上げた。しかし川崎市の場合、直接死因の見舞金は一〇〇万円で千葉市と同額だが、間接見舞金は五〇万円、医療費は入院の場合一日から一四日まで世帯主は二万円、それ以外は一万二千円、一五日以上は三万円

（世帯主）であった。通院の医療費は最低四千円から一万八千円で、千葉市より高い金額であった。同年六月市議会で条例案が議題となった。西巻義道議員（社会党）は「間接死因の見舞金を据え置いた理由は何か」、「市長はこの間川崎市並みに引き上げると約束したがそうなっていない」と追及した。それに対し荒木市長は「先進都市に見習うとは言ったが全部同じにするとは言っていない」と答弁した。岩品《いわしな》正男議員（共産党）は「川崎市は指定地域外の患者にも見舞金などを適用している。公害指定地域以外の患者にも補償は適用すべきである」と追及したが、市長は「見解の相違だ」と答弁した。条例案は総務常任委員会（一〇人）の内、三人が反対（社会・公明・共産党）したが賛成多数で決議され、本会議で可決された。

⑤ 千葉市公害病患者救済制度の実現

一九六九年（昭和四四）一二月、「公害に係る健康被害の救済に関する特別措置法（「健康被害補償法」と言う）」が公布された。それに基づき四日市や川崎、横浜市などの公害病認定患者に医療費や医療手当（含む見舞金や死亡補償など）が給付されることになった。しかし国は千葉市の公害病患者には適用しなかった。そのため千葉市では、前述したように七二年七月から公害病認定患者に対して市独自の条例を制定し見舞金等を支給していた。七四年一一月、国は千葉市の川鉄周辺地域を指定した。そこで市は同年一二月、これまでの条例を廃止し新たな条例を制定した。それが「公害病患者救済制度」であった。主な内容は遺族見舞金として直接死亡者は一二〇〇万円、間接死亡者は六〇〇万円を支給するとした。認定期間が二年未満の者一〇〇万円、二年以上三年未満の者に一五〇万円の補償一時金を支給する。また生存者に療養手当として月額四千円支給するというもので「公害病患者救済制度」は七五年二月一日から施行された。同市には転居した者を含めると認定期間が二年未満の者が二四〇人、二年以上三年未満の者が二二〇人いた。患者や死亡者に対する過去分補償額は約六億六千万円、生存者分は「毎年一億円程度になりそうだ」（同市環境部）と述べていた。過去分（新条例適用以前の分）の扱いは実施要綱で対応することになった。補償金を支払う組織は千葉市ではなく公害防止協力財団であった。しかしこの制度には問題点が多いと公害反対運動を進めていた関係者たちは反対した。主な理由は、①公害病になった原因は川鉄の大気汚染なのだから補償額は川鉄が支払うべきである、②公害防止協力財団からの給付では川鉄の責任が曖昧にされてしまう、③公害被害者は川鉄周辺以外にも存在している。補償対象地域は限定すべきでない、④支給金額が低すぎるなどであった。

(4) 住民は要求掲げ組織的運動を展開

一九六八年(昭和四三)四月の時点で、県民生活課の調査では公害に反対し、環境を守る活動をしている住民組織が県内に三六あった。どのような組織があったのか列挙した。(順不同)市原から公害をなくす会、市原市民公害教室、市原公害追放市民の会、市川環境を守る会、千葉の公害懇談会、千葉市公開公害塾、千葉市内高校教諭グループ、千葉の公害を考える教師の会、千葉市公害病患者友の会、千葉市から公害をなくす会(川鉄周辺の公害を話す会と千葉市公害を話す会はその後一本化に)、公害からこどもを守る会、光化学スモッグ対策プロジェクトチーム、千葉県住民運動連絡会、千葉県生活者会議、千葉の干潟を守る会、稲毛東地域生活環境を守る会、千葉市民連絡会議、千葉の公害を記録する会、木更津の公害をなくす会、木更津みちくさの会、むしろの会、鴨川の自然を守る会、船橋から公害をなくす会、船橋海老川をきれいにする会、房総の自然を守る会、バイパスに反対する会、高層マンション建設に反対する会、日照権を守る会などであった。これらの住民組織は様々な要求を掲げ学習会や汚染測定、公害実態調査、公害白書作成、反対集会、署名活動、対県対市交渉、写真展、模擬裁判、映画上映、チラシ配布、デモ行進など宣伝行動を行っている。ここでは大気汚染に反対した幾つかの組織の取り組みを紹介したい。

① 県立千葉高校教諭グループの取り組み

県立千葉高校の先生を中心に作られた日本科学者会議千葉支部(責任者・稲葉正教諭)の人たちは、大気汚染の発生源である亜硫酸ガスの測定調査を行った。物理や地学を担当する教諭が中心であった。一九七一年(昭和四六）三月から稲葉教諭らは独自に亜硫酸ガス測定器を作り、測定器を職場の県立千葉高校内（千葉市中央区葛城町）、末広町と蘇我町の会員宅の三地点に設置し測定を開始した。三月から七月までの調査で〇・二ＰＰＭ（この値が三時間続くと注意報の発令）に達した日数は四月が蘇我町三日、葛城《かつらぎ》町一日、五月が葛城町二日であった。特に川鉄の煙突が真正面に見える千葉高〝葛城の丘〟では、生徒たちの健康管理に欠かせないものとなった。この活動はとかく難しいと思われがちな大気汚染の測定を民間でも簡単に出来ることを実証し、大きな意義のある活動であった。

②公害を話す会の公開公害塾

一九七二年（昭和四七）八月六日、川鉄周辺の住民が結成した公害を話す会（代表・国吉辰俊）主催の第六回公開公害塾が今井町会館で四〇人の参加で行われた。参加したのは木更津の公害をなくす会や房総の自然を守る会、千葉の干潟を守る会、習志野埋立てと公害に反対する会、市原市の公害をなくす会、公害問題で記録映画を作る千葉大学生の会、フリーのカメラマン、千葉高公害研究グループ、地元の今井町や蘇我町の住民、日本弁護士会公害対策委員の高橋勲弁護士などであった。最初に高橋弁護士から四日市公害訴訟勝利判決の報告と判決の四つの意義についての話があり、それを受けて各地の活動報告が行われた。最後に世話人の稲葉教諭から「公害や自然破壊の実態の究明を行い、公害絶滅を目指し、今後も交流や情報交換を進めて行こう」との呼びかけがあり散会した。

③千葉市今井町主婦の文集づくり

一九七二年（昭和四七）九月、煤煙や亜硫酸ガスに日夜さらされている川鉄周辺の今井町の主婦七人が「公害を見つめて――七人の主婦は訴える」と題するガリ版刷り文集（二三頁）を出版した。七人の手記とグリーンスクール（公害疎開授業）に参加した蘇我小学校の児童の作文である。その一部を紹介する。

▼忍び寄る汚染「子ネコが一晩外をうろついて帰って来た時には、のどがおかしくなっていて、思うよう

に鳴くことも出来ず、痛ましかった。また近所の奥さんが家のヒバリの籠を入れ忘れ一晩外に置いたら、翌日声が出なくなったと言っていた。夜中には亜硫酸ガスなどの排出量がひどいのではないかと疑いたくなる」（三八歳）「今井町に住み三年になる。どの家も赤茶け、秋でもないのに枯葉が多い。朝から晩までこの町で生活し、悪臭や騒音、亜硫酸ガス、粉じん、煤じんにつきあわされる主婦はたまりません」（二七歳）

▼悩み「主人には悪いですが、子どもはここで産みたくない気がします。大人たちは途中からこの空気を吸うようになったからいいが、生まれた時からこの空気の中で育ち、一生住むとしたらどんなことになるかと考えると、今すぐにでも逃げ出して行きたい気がします。かわいい子どもの健康と住み慣れた土地への愛着とどちらを選ぶべきか」（三六歳）

▼批判の目「小さいゴミを捨てても私たちは罰せられるというのに、毎日毎日ばい煙をまき散らしている企業が、罰せられたという話は聞かない。企業の一方的な利益と営業活動のために、なぜ私たち地元に住む者が被害を受け、犠牲にならなければならないのだろうか」（三八歳）

▼子どもの目「このあいだ、僕のお父さんがだいじにしているゴムの木がかれてしまいました。きっと、くうきがくさいからだと思います」（三年、男子）「けむりやガスのためめまいがしたり、目がいたくなったり、気もちが悪くなることがあります。煙がくさいときは、給食もおいしく食べられません」（五年、女子）

④千葉市の公害を考える教師の会の活動

一九七三年（昭和四八）一一月一四日、千葉市内の小・中学校の教師たちで結成した千葉市の公害を考える教師の会（代表・桐谷光子）は同市教育会館で、授業で公害をどう取り上げて行くかの話し合いを持った。この日は「千葉市の公害をなくす会」の代表者・稲葉正さんが作った八ミリフィルムを上映し、千葉大学薬学部の公害研究グループが市内の大気汚染の実態を調べた結果の話を聴いた。同会は月一回、定期集会を開き、ガリ版刷りの「公害粉砕」という機関紙を発行すること決めた。

⑤ 反公害グループが結集し県民運動連絡会を結成

一九七三年（昭和四八）一月二一日、「住民の立場に立った環境行政を」をスローガンに千葉市内の県農業会館で反公害・環境保護住民グループを総結集した「千葉県住民運動連絡会」が一二〇人の参加で結成された。主な団体は公害から銚子を守る市民の会や木更津の公害をなくす会、船橋・習志野台団地自治会、千葉の干潟を守る会、千葉市から公害をなくす会、三里塚空港から郷土とくらしを守る会、九十久里の自然と生活を守る会、房総の自然を守る会など地域団体をはじめ、青年法律家協会千葉支部、日本科学者会議千葉支部の弁護士、学者の団体も参加した。総会は加盟団体の自主性を尊重することなどを柱に、①住民団体の機関紙や資料、情報交換をする、②県などの自治体や企業に対して反公害の運動を展開するなどを決め、会則を拍手で採択した。その後、数団体が決意表明し、最後に県民へのアピール「全ての県民と連携し、大資本中心の開発政策に反対し、県民のいのちと生活を守るために闘う」を採択し散会した。この日決まった役員は代表松本文（公害から銚子を守る市民の会）、稲葉正（千葉市から公害をなくす会）、石川敏雄（房総の自然を守る会）であった。

（二） 川鉄、六号高炉増設計画を発表

（1） 六号高炉の増設内容

一九七三年（昭和四八）六月八日、川鉄千葉製鉄所は六号高炉の増設計画を明らかにした。その内容は現在ある一号高炉を廃止し、新たに六号高炉を建設する。生産量は現在より二〇〇万トン多い、年間粗鋼八五〇万トンを生産する計画となっていた。同社はすでに増設施設を含む公害防止計画を県に提出していた。計画では硫黄酸化物（ＳＯx）と煤塵等は減少するが、窒素酸化物（ＮＯx）は逆に増加することになる。川鉄のＳＯxは一時間当たりの排出量が一一〇九立方メートルだが、四年後の七七年には八二七立方メートル（二五％減）、煤塵は三七〇立方メートルが二三三立方メートル（三七％減）になる。しかし、光化学スモッグなど大気汚染で最も問題となるＮＯxは

六二〇立方メートルが二・八倍増の一七〇六立方メートルになる計画となっていた。

(2) 知事と県公害対策審議会会長の意見対立

この計画に対し友納知事は「ＮＯｘが増えるが、公害を最も排出している古い一号高炉が廃止される。公害の少ない新しい設備が出来るのであれば建設は認めても良いのではないか」と述べた。これに対し県公害対策審議会会長の吉田亮千葉大学医学部教授は「公害病患者が増え続ける千葉市で溶鉱炉の増設なんて、とんでもないことだ。先ず古い患部（一号高炉など）を切取るのが先決だ。現状では設備の新増設はストップすべきだ」と述べた。

(3) 三団体が建設反対で請願

一九七三年（昭和四八）一〇月二二日、千葉市の大気汚染公害反対運動を続ける「公害塾（代表・国吉辰俊）」や「千葉市から公害をなくす会（同・稲葉正）」、「公害病患者友の会（同・石井英夫）」の三団体は、川鉄六号高炉、川鉄・東電の共同火力発電所の新増設中止を求めて集めた一万六九〇二人の署名を県議会に提出した。東電共同火力発電所は川鉄六号高炉の電力源となるものであった。今回の署名運動は当初五千人を目標にしていたが意外なほどの反響があり、三倍強となった。その背景にはこれまで大気汚染は川鉄周辺の今井や白旗、寒川町など汚染地区に指定された地区の問題とされていた。しかし新設によって大気汚染は川鉄西工場の対岸となる幸町や高洲などの公団住宅や西風に乗って同市北部の花園や小仲台地区などにも影響が出ることが明らかとなった。大気汚染公害反対が身近な問題となって全市的な拡がりを見せていた。

(三) 公害防止基本条例制定求めた直接請求運動

(1) 法定数を超え、直接請求が成立

千葉市民連絡会議（議長・稲葉正）は公害防止基本条例を作った。一九七四年（昭和四九）三月二七日、その

条例の制定を目指し、五万五九一四人の署名を添えて荒木千葉市長に直接請求を行った。地方自治法第七四条には「住民から直接請求があった場合には、自治体の長はその翌日から二〇日以内（今回は四月一六日まで）に臨時議会を招集し、長の意見を添えて条例の改廃などに対応すること」が規定されている。その後、千葉市民連絡会議の請求者は千葉市公害病友の会（会長・石井英夫）も加わり三人となり、名称も「直接請求市民連絡会議」と改称した。署名集めは住民団体や団地自治会など三五団体が参加し、法定数（七五四二人、有権者の五〇分の一）の約一〇倍、七万五〇七七人の署名を集めた。市選挙管理委員会の署名審査では五万五九一四人に減ったが、法定数の七倍強となり直接請求は成立した。

(2) 市民提出の公害防止基本条例

千葉市には環境保全基本条例、公害防止協定締結などに関する条例、大気汚染に係る健康被害の救済に関する条例の三つがあった。市民連絡会議はこれらの条例に対して「大企業野放しの条例で、市民のための条例ではない」と評価していた。

そこで連絡会議は先進的と言われている川崎市や大阪市、名古屋市などの公害防止条例を参考に公害防止基本条例を作成した。条例案は九章、五七条からなり、市民の権利や市の権利と義務、企業の責務の三本を柱に構成されていた。前文では「われら千葉市民は健康で文化的な生活を営む権利を保障する憲法の精神にのっとり、自然及び文化を破壊し、健康で快適な暮らしの脅威となる全ての公害を厳しく防止絶滅するため次の原則を宣言し、この条例を制定する」と明記した。条例では汚染物質の地区別許容総量の設定（二一条）、それに対応する個々の工場の規制基準（二四条）、汚染物質の発生源とされる施設の排出基準（三一条）を設け、企業の規制を強化した。工場の新増設も市の条例は届け出制になっていたが、許可制（三三条）とした。条例案はさらに道路公害の規制や自然・文化財の保護にも触れていた。また条例に違反した場合は罰則も規定した。条文の付則では現在ある公害病患者への救済条例を改正し、地域制限の撤廃と見舞金引き上げを記述していた。条例請求の代表者は稲葉正（高校教諭）、三橋三郎副会長（弁護士）、長谷川理衛《りえい》（千葉大学前教授）となっていた。

(3) 荒木市長・臨時議会招集引き延ばす

千葉市では同年四月一一日告示、二一日投票で市長選があった。荒木市長は二期目の選挙に立候補する予定であった。今回の選挙では千葉市で初めて社会、公明、共産党が候補者を統一し佐久間彊《つとむ》（前消防庁長官）を擁立し戦った。新聞などでは〝選挙は伯仲した結果になる〟と報道した。そうした情勢下で、直接請求を審議する臨時市議会の期限は四月一六日であった。市長は意見書での即答を避けるため同月五日、「請求された条例の中には七項目の疑問点がある」として質問状を請求代表者三人に郵送した。また市長は「質問に対する返答を待って臨時市議会の開催を考えたい」と述べた。市長の行為は市長選での争点隠しであった。千葉市民連絡会議は「この質問状に対する扱いは市長の時間稼ぎであり、市長選が終わるまで臨時市議会を開かない行為であり、五万市民の願いをタナ上げするものだ」と反発し回答しなかった。

(4) 市長の意見書、住民の直接請求は〝不適当〟

四月一六日の市長選は三万票の僅差で荒木市長が再選された。五月一〇日、市長の意見書が市議会に提出された。内容は「①直接請求の趣旨は理解出来るが、政令や県条例を超えた独自の市条例は地方自治法で禁止されている、②公害は現在の千葉市環境保全基本条例（七一年制定）で充分対応出来る、③環境保全基本条例と並行して提案の公害防止基本条例を制定すると企業の義務を二重規制することとなる。直接請求の公害防止基本条例案は適当でない」というものであった。

(5) 公害防止基本条例は継続審議に

五月一六日、市長からの意見書提出を受け、臨時市議会総務常任委員会が開かれた。直接請求に基づく公害防止基本条例案が審議された。委員会では野党委員から「一日では充分な審議が出来ない」、「市議会議員の任期は一七日で切れるので新しい委員で時間をかけて審議をすべきだ」、「公聴会や専門家の意見を聞く必要がある」などの意見が出され、満場一致で継続審議扱いとなった。

(6) 市議会、直接請求を否決

七月一日、公害防止基本条例を審議する市議会総務常任委員会が午前一〇時から開始された。午後になって保守系議員から審議打ち切りの動議が出た。西巻義道(社会党)や岩品正男(共産党)、武田裕充(公明党)委員が激しく抗議したが同条例案は反対多数で否決された。否決理由は、①条例は法令の枠内で実施されるもので、公害防止関係法案が整備された現在、制定しても実効性がない、②請求にある工場単位の規制は法令に抵触する恐れがあり、法令以上の厳しい規制を行うには現在の公害防止協定で足りる、であった。この結果、九月市議会に総務委員長が審議結果を報告することとなった。この決定に対し「千葉市から公害をなくす会」など市民グループは「国に先駆けて市独自の規制を期待したが誠に残念な結果となってしまった」と述べた。九月一〇日、市議会本会議が開かれた。公害防止基本条例の取り扱いを付託された総務委員会の審議結果について同委員長から「提案否決」との報告があった。これに対し岩品委員(共産党)が条例制定賛成の立場から討論を行ったが、多数で否決された。

(四) 川鉄六号高炉増設阻止と公害訴訟の開始

(1) 川鉄六号高炉、増設認めれば訴訟

一九七四年(昭和四九)九月一三日、「千葉市から公害をなくす会(会長・稲葉正)」は千葉市と千葉県が川鉄六号高炉の増設を認めれば増設阻止と損害賠償を求めて裁判で争うこと、またその準備に入ることを決めた。一一月二三日、「同会」は訴訟に向けた原告団作りを開始した。会議では、①原告団の目標は一〇〇人とする、②全国の公害訴訟は損害賠償では大きな成果を上げているが、工場設備の差し止めを求めて裁判で争うのは初めてのケースとなる。そのため法廷では科学的データの占める役割が大きくなる。科学者団体や弁護団との密

接な連携強化を図る、③科学的データの収集は日本科学者会議と一緒に千葉市住民の健康調査などを行う、④一二月議会で県知事と千葉市長が増設を認めないよう街頭署名を行うことなどを決めた。

一二月二六日、川鉄や東電の公害反対運動を法律面から支援して来た「千葉川鉄公害訴訟弁護団（団長・三橋三郎）」は千葉市弁護士会館で一九人の弁護士が参加し、県と千葉市が六号高炉を認めた場合は住民団体をバックアップして闘うことを決めた。また「社会正義の実現と人権擁護を使命とする弁護士として、住民の生命と健康を守り、住みよい環境を取り戻すために全力を尽くす」との声明を出した。

(2) 県と千葉市、六号高炉増設に同意

一二月二三日、千葉市深谷守平環境部長は市議会公害特別委員会で「増設に同意したい」と表明した。千葉県阿部晃環境部長は同月二七日、県議会公害対策特別委員会で「川鉄から公害防止計画が出され事前協議を行って来た。その結果、環境基準を満たす計画が作られたので県も増設に同意したい」と表明した。これに対し小川国彦委員（社会党）から「国の産業計画会議では東京湾岸の生産設備はこれ以上増やすべきではないとしている。こうした基本議論が先に行われるべきだ」と反対した。須田章委員（共産党）は「いきなり公害防止計画を示して同意を押し付けるのは納得出来ない」と反対した。こうした反対意見が出たためこの日の会議では決まらなかった。

(3) 「会」、損害賠償と増設差し止め訴訟を決める

一二月一一日、「千葉市公害差し止め訴訟原告団結成を目指す会」は、早ければ翌年二月中にも六号高炉増設計画を県と千葉市が認可する見通しが強まって来たことを受け、増設差し止め訴訟の争点を決めた。訴訟は①増設差し止めと過去の健康被害に対する損害賠償請求の二本立てとする、②仮処分申請ではなく、本訴とする（本訴と仮処分との違いは仮処分はあくまで暫定的な措置のため覆ることもあり得るが、本訴は決定事項となるため結果が覆ることはない）、③すでに原告団への参加者は二〇〇人を超えているが、これを五〇〇人程度に増やすこと、

④「（仮称）訴訟を支援する会」を結成し、広く市民に参加を呼び掛けることなどを決めた。

（4）県公害対策審議会、県独走に〝慎重に検討せよ〟

二月二二日、六号高炉問題に関する県公害対策審議会（会長・吉田亮千葉大医学部教授）が開催された。特定企業の高炉を認めるかどうかをめぐって審議会が開かれるのは異例のことであった。これは一二日の審議会で委員から「住民に重大な影響を及ぼす高炉の増設の同意が行政サイドだけの判断で決められるのはおかしい。県公害審議会の意見を聞くべきではないか」との意見が出されたため、これを受けて開かれたのであった。県は「高炉の増設を契機に硫黄酸化物（ＳＯx）、窒素酸化物（ＮＯx）、煤塵などを減少させたい。川鉄の計画では一九八〇年度（昭和五五）までにＳＯxを五九％削減し一時間当たりの排出量は平均五〇六立方メートル、ＮＯxを七一％削減し同二四七立方メートルとなる、これは東電の排出量と合わせて県の指導値に達し、環境基準を満たすことになる」、「ＮＯxはＳＯxと同じように拡散すると仮定した実験で、削減目標を達成出来ることが分かった」などと報告した。この報告に対し委員から「ＳＯxとＮＯxは同じように拡散するのか」、「計画通りに行く保証はあるのか」、「脱硫装置の二次公害の心配はないのか」などの質問が出された。県は「脱硫装置が計画通りに作動しないなどでＮＯx濃度が環境基準を満たさない場合には生産を削減することになっている」と答えた。吉田会長は「県議会特別委員会では学者の意見を聞くなど充分な議論はされているのか」、「地元住民はアンケートなどによるとほとんどの人が川鉄周辺に住みたくないと言っている。高炉増設を急ぐ必要はないのではないか」、「充分な議論がなされていないと危惧する。行政だけで判断すべきではない。これが公害審議会の意見である」と県の姿勢を追及した。県は「今日の議論の内容は二五日開催される県議会公害特別委員会に報告し、充分議論していただくことにしたい」と約束し、審議会は散会した。

（5）県議会公害対策特別委員会、認可延期に

二月二五日、友納知事も参加して公害特別委員会が開催された。知事は「公害防止装置は画期的なものであ

る。万一防止出来ない場合は、生産量の削減まで歯止めをかけることが出来た」と説明した。議論が集中したのは公害防止策の有効性であった。委員の意見は見切り発車組と慎重・反対組の二つに分かれ、結論は得られず、必要なデータを取り寄せさらに議論を尽くすことになった。この日の会議は林孝衛委員長（自民党）が病気を理由に欠席、委員長代行の秋谷晃（社会党）が運営した。委員一三人の内、四人の自民党委員が欠席した。二八日、県から前回の委員会で小川国彦（社会党）と須田章（共産党）両委員から求められた脱硫装置のテストプラント実験データとコークス炉発がん性物質についての資料が提出され、議論が開始された。議論が集中したのは前回と同様、県と川鉄の言い分をそのまま信用出来るかどうかの一点であった。「とにかく信じよう」と言う自民党委員、「企業の秘密主義や川鉄べったりの県の行政姿勢から言って信用出来ない。やはり学者や専門家の客観的な意見を聞いてから判断したい」と言う野党委員。しかし自民党議員の反対で学識経験者の意見を聞くことは出来なかった。岡崎幸雄委員（公明党）の要請で川鉄吉田浩千葉製鉄所長ら幹部四人が出席し、約一時間質疑が交わされた。吉田所長は「県に提出した歯止めの内容は協定書の形で県と結びたい」と約束した。明け方の午前五時前、秋谷委員長代行は「もう審議が充分尽くされたようです。知事からの要請のあった六号高炉増設同意に了承する方の挙手を求めます」と採決を行った。自民党の六委員の手が上がった。野党側委員三人の手は動かなかった。今回も自民党委員は三人が欠席した。委員会を傍聴していた「千葉市から公害をなくす会」のメンバーの一人中山敏明さんは「こういう結論は予期していたが、専門家の意見も聞かずに着工が認められたのは片手落ちだと思う。今後、訴訟に力を入れたい」と語った。

（6）六号高炉増設で三者が協定締結

三月五日、県議会公害特別委員会で増設の了承を受け、千葉県、千葉市、川鉄は六号高炉増設で三者協定に調印した。協定の内容は、①公害健康被害者への補償、②汚染物質の削減計画、③公害防止施設の整備、④生産量、⑤工場敷地の緑化計画、⑥地域の環境改善、⑦住民との意見聴取（モニター制度の実施）など一一条からなっていた。この動きに対し反対する住民団体は「予想していたことだ」と冷静に受け止めた。

(7) 川鉄訴訟三五〇人で原告団結成

三月二三日、訴訟の準備を進めて来た「千葉川鉄公害訴訟原告団準備会」は千葉市内の国鉄蘇我駅近くの宮崎公民館で原告団結成総会を開き、原告三五〇人からなる「千葉川鉄公害訴訟原告団（団長・稲葉正）」を結成した。訴訟の柱は損害賠償と高炉増設差し止めの二本で提訴することを決めた。憲法二五条に基づく人格権と環境権を根拠に汚染源の製鉄所を相手取った差し止め訴訟は全国で初めてであった。総会には千葉川鉄公害弁護団や公害病認定患者、訴訟支援者など一〇〇人が参加した。稲葉団長は「短い期間に環境汚染が急速に進んだのは岡山県倉敷市と千葉市だ。両方とも川鉄が絡んでいる。全国の先駆けとなって企業に反省を求めよう」と挨拶した。弁護団からは高橋勲弁護士（事務局長）が「川鉄の後ろには建設に同意した千葉県と千葉市がいて厳しい闘いになる。これを突き破るには住民の団結以外にない」、「企業の賠償責任を認めたイタイイタイ病や水俣病訴訟、部分的にせよ差し止めを認めた四日市、大阪空港訴訟で主張された人格権と環境権を法的根拠に進めるが〝門前論争〟を避けるため第一次訴訟は公害病認定患者と指定区域の住民に絞り、短期間で内容を争うことにしたい」と提案した。その結果、支援者は原告団には加わらず、「青空裁判を支援する会（代表・田畑仁千葉県職員労働組合副委員長）」に参加し闘うことになった。この時点での公害病認定患者は四七五人、内一八人がすでに亡くなっていた。五月二六日、千葉川鉄公害訴訟が千葉地裁に提訴された。損害賠償を請求するのは原告団長を務める蘇我町に住む稲葉正さんを含む公害病認定地域に住む患者四七人で請求額（含む弁護費用）は四億六千万円であった。一方六号高炉ストップを訴える市民は一九七人（合計二四四人）であった。原告たちは〝千葉市に青空を取り戻そう〟という決意に燃えていた。

（五）市原市の公害防止条例直接請求運動

（1）公害をなくす会、条例求め運動開始

千葉市の公害防止基本条例制定を求めた直接請求運動より一年近く前の一九七三年（昭和四八）四月、京葉工業地帯の石油コンビナートの中心地・市原市で「大気汚染に係る健康被害の救済に関する条例」の制定を求めた直接請求運動があった。請求を行ったのは市原地区労働組合協議会（議長・熊谷豊、「市原地区労」と言う）を中心とした「市原から公害をなくす会（代表・小林勝利市原市職員労働組合前委員長）であった。条例案は、①大気汚染で被害を受けた市民に対し医療費（含む生活補償）を市が負担すること、②大気汚染疾病者の認定審査会の設置であった。同会は「四月いっぱい署名を集め、五月一日に鈴木貞一市原市長と同市選挙管理委員会に請求書と署名簿を提出したい」としていた。同会は「市内には石油コンビナート群の進出で硫黄酸化物など大気汚染が進み、気管支炎等の症状を訴える人が増えている。同会の医師の調べだけでも二〇人を超える公害病患者が出た。同会は七一年六月、市が制定した公害条例改正の際にも患者の救済を図る制度を盛り込むよう署名を集めて市議会に請願したが不採択になっていた。

（2）署名、法定数の三倍集まる

五月七日、条例制定に向けた直接請求署名が市選挙管理委員会に提出された。請求代表者は原村正憲（同市玉前、医師）と熊谷豊（同市若宮、会社員）の両氏がなった。署名提出数は八三三九人で、うち有効数は七一六二人であった。直接請求が成立するには同市の有権者の五〇分の一に当たる二三六七人の有効署名数があれば良いので、法定数の三倍以上となり、直接請求は成立した。その結果、鈴木市長は同会が提出した条例案に対する意見書を添えて二〇日以内に臨時市議会を開くことになった。

（3）市長、〝公害病患者はいない〟と意見書提出

市長は意見書で「空気は年々綺麗になっている。大気汚染の数値は国の環境基準を下回っている。順天堂大

学と医師会に依頼した住民健康診断では公害病患者はいなかった」と新たな条例制定に反対の意見を述べた。

（４）市議会での審議は継続審議扱いに

①公害病患者の公表めぐり紛糾

七月一日、市長の意見書提出を受け市議会条例審査特別委員会（委員長・小野田栄一）が開催された。委員会では市長の「地元医師会や順天堂大学に委託して行った老人や学童の肺機能検査の結果で大気汚染による健康被害は見られなかった」、「公害病認定制度をつくる必要はない」という意見に対し、市原から公害をなくす会の請求理由にある「明らかに大気汚染が原因とみられる公害病患者二三人を把握している。大気汚染がある限り健康に影響がないことはあり得ない」との主張が議論となった。その結果、審査特別委員会は請求者に対し「七月五日までに公害病患者の名簿を提出するよう」求めた。要請に対し原村、熊谷両代表は「患者の名前を明らかにすれば就職や結婚などの妨げになるほか、就職者が解雇される恐れがある」とし、「名簿の提出は出来ない」と回答した。その結果、同委員会は二班に分かれ、①東京都、岡山県水島、大阪府堺、静岡県富士、川崎、千葉市など公害病認定制度を実施している一都五市を視察する、②市医師会や順天堂大学、千葉大学、千葉市公害病認定委員会などから意見を聞くことを決め、この条例請求は継続審議扱いとした。

九月一一日、市議会本会議で小野田特別審査委員会委員長は六月に行った審査結果を報告した。その内容は「①公害病認定制度を実施している一都五市を視察する、②鈴木市長から英国医学研究協議会（ＢＭＲＣ）が考案したゼンソク患者の健康調査を七四年二月頃に実施したいとの申し出があった。調査結果が出るまで継続審議扱いとしたい」であった。本会議はその委員会報告を承認した。

②市、市民健康調査を実施

一九七四年（昭和四九）二月、市原市は公害病患者は存在するのか、認定制度は必要かを確認するため市民健康調査を実施した。実施日は同月一四日から一八日までの五日間で、調査地域は工業地帯に隣接した八幡や五井、姉崎町に三年以上住む四〇から五九歳の男女八五〇人、工場地帯から離れた山間部の高滝地区から同年齢の三五〇人、計一二〇〇人を無作為抽出して行った。同市では六八年度から大気汚染の影響を受けやすい学童や老人の肺機能検査を順天堂大学や市医師会に委託し継続して行っていた。その検査結果では「工業地帯住民と内陸部住民との間に有症率に差はなかった」としていた。ところが市議会条例審査特別委員会で千葉大学医学部吉田亮公衆衛生学教授は「①同市のＢＭＲＣ（多項目アンケート調査）方式の面接調査は無作為抽出で行われていない、②市は公害病の基準となる疾患を比較的重症の疾患としているが、ＢＭＲＣ方式の検査では軽度の疾患を基準とすべきである、③老年層の健康調査は老人性疾患の検診の意味しかないなど、これまでの市の検査には疑問がある」と指摘した。その指摘を受け鈴木市長は「認定制度の必要はないとしながらも、四〇から五九歳の健康調査を八幡や五井、姉崎、椎津、加茂《かも》の五公民館と五井支所で、ＢＭＲＣ調査と合わせて肺機能検査と咳検査、レントゲン撮影など三七項目を行った。七月一三日、ＢＭＲＣ調査委員会から結果が発表された。主な内容は、①受診率は臨海地域で八四・五％、高滝地域で九七・七％であった、②男性の呼吸器症状群有症率は咳やタンの場合、高滝地区が三・九％に対し臨海地域は七・二％と高く、女性の場合は差がほとんどなかった。単純性慢性気管支炎（一年間に三ヵ月以上持続する咳やタン）は高滝地区の二・五％に対し臨海地域は四・六％と高く、しかもこの中で八幡地区は六・五％と圧倒的に高かった。いずれも非汚染地区に対し臨海地域の有症率は高かった、③肺機能障害でも「正常」が高滝地区八三・七％に対し臨海地域は八一・六％と低い率を示した、④これらの有症率は公害病認定制度を設けている四日市や川崎市など他都市に比べて臨海地域の大気汚染の数値四・六％は中間に位置していた。市原市は七三年の亜硫酸ガスの総量規制に続き、七四年度は企業別の総量規制も行う予定なので「公害病認定制度は必要ない」との結論であった。

③市議会、公害病救済条例を否決

九月二〇日、「市原から公害をなくす会」からの直接請求で審議していた「大気汚染に係る健康被害の救済条例案」は本会議で否決された。同年二月の調査で慢性気管支炎の有症率は臨海地域は四・六％であったが、この結果について特別審査委員会の小野田委員長は「自然有症率より高い数値だが市内の大気汚染は今後さらに改善される」と報告した。これに対して直接請求を支援して来た社会、公明、共産党議員は「健康調査の結果、慢性気管支炎有症率は国の数値を超え、八幡地区では六・五％と他都市では認定制度が出来るような数値が出ている」とし、市に対して認定制度を実現すべきだと追及した。鈴木市長は「福祉行政の一環として大気汚染四疾患については七三年度分からに遡って医療費の補助を行いたい」と答弁し拒否した。

（５）請求運動の効果

住民の手による「公害病患者の救済条例を作れ」という直接請求運動は全国で初めての取り組みであった。「大気汚染に係る健康被害救済条例案」は保守色が強い市原市では否決されたが、この運動を通じて公害問題の改善で幾つかの成果を上げることが出来た。また千葉市の公害防止基本条例制定運動へ引き継がれて行った。

① 大気汚染防止の新基準の制定

一九七一年（昭和四六）、市原市は電力や石油精製、石油化学など三一社、三二工場と公害防止協定を締結していたが、七三年一〇月、大気汚染防止の新基準を作成した。その内容は市内の電力や石油化学など大手企業二五社に対し硫黄酸化物（ＳＯｘ）やチッソ酸化物（ＮＯｘ）の大幅削減を七五年四月までに実施する数値を示した。これらは住民からの大気汚染に対する公害病認定請求運動や七三年四月に環境庁が厳しい新環境基準を定めたことも影響し、今回の制定となったのであった。これまでの協定では一時間当たりのＳＯｘの総排出量は一万三千立方メートルとなっていたが、その量を四分の一削減し三六〇〇立方メートルに、ＮＯｘは六千立方メートルを四五〇〇立方メートル（二五％減）にするというものであった。この数値目標が達成出来るとＳＯｘは〇・〇一三ＰＰＭ（一日値）、ＮＯｘは着地濃度が〇・〇一九（同）まで下がり、国の環境基準ＳＯｘ〇・〇四ＰＰＭ・ＮＯｘ〇・

○二PPMを下回ることになる。

②石油化学工場付近住民への被害補償

一九七三年（昭和四八）八月、臨海工業地区に隣接する六町会（川岸や岩崎、出津、玉前、松ヶ崎、北青柳）の住民九〇人は知事に対し公害被害の補償要求を行った。被害の内容は「工場から排出された硫黄酸化物やチッソ酸化物、粉塵などのため庭木や盆栽が枯れ、トタン屋根や雨どいが腐食した。これらの被害を補償して欲しい」というものであった。企業（市原や五井南地区、五一社）は県の申し入れを受け止め、七四年一〇月、市原市役所で「生活環境整備対策協力金」の名目で二億二千万円を地元四七町会（七一九四世帯）に支払った。配分方法は、臨海工業地区の六町会に一億七千万円、その他四一町会に五千万円とした。

③チッソ五井工場付近住民の集団移転

一九七三年（昭和四八）一〇月八日夜、市原五井海岸のチッソ石油化学五井工場のプラントが大音響をたて爆発した。爆発と同時に巨大な火柱が立ち、火の塊が二〇〇《メートル》離れた八軒町の住民たちが住む屋根まで飛んで来た。工場は精製塔の上部が吹っ飛び、そこから炎が夜空を焦がした。爆発事故の数日後、町民大会が開かれた。もはやこの地に住むことは危険だということになり、集団移転が決まった。一〇月二六日、住民たちは知事宛に集団移転の請願書を提出した。請願の趣旨は「①不安で夜も眠れない、②特別工業地区に指定され建築制限などの条例の適用を受け、土地価格は値下がりしている、③八軒町住民八八人を安全な場所に集団移転をさせて欲しい」という内容であった。県はこの請願を受け川上副知事や沼田総務部長、角坂開発庁長官などが協議し、「稀なことであるが協力すべきだ」との結論になった。一一月下旬、住民たちは「八軒町生活環境安全協議会（会長・細野城一）」を結成した。県は移転希望者に宅地や建物、その他の工作物から墓地に至るまでを申告してもらった。移転費用は三〇億円となった。県は住民たちと何回も協議し、七四年一二月四日、合意書に調印した。移転場所は市内君塚地区の区画整理地、大厩地区の県有地、辰巳台団地内の店舗兼用住宅などとなった。県が示した土地の交換条件は、①現在の宅地と同価格の土地であること、②面積は五〇〇平方メートル（二五一坪）以内、③移転費用は県が確保する（利子補給など）、④税の免除は行うなどであった。内容について細野会長は「公害問題を起こした責任者は県であり、県は事故の補償などに責任を持って当たるべきだという我々の主張が受け入れられなかったのは残念であった。しかしタンカー事故や地震が頻繁にあるなど、住民は一日も早い移転を希望していた。名より実を取らざるを得なかった」と述べた。一方、県は企業の責任を厳しく追及することもなく、この調印をもってチッソ五井工場の操業再開を認めてしまった。

8　観光開発、地域の特性重視に変更

（一）海水浴客依存の千葉県観光からの脱皮

一九七一年（昭和四六）八月末、県観光課の調べによると七月一日から八月二一日までの県内の海水浴客数は一三〇〇万人であった。地域別では外房の五〇〇万、九十九里四〇〇万、内房三〇〇万、その他地域一〇〇万人で外房一帯の地域が前年より大幅に伸びていた。訪れたマイカー利用者は五五万台（前年三七万台）で、どの道路も海水浴場に向かう車で渋滞した。七三年の海水浴客は八三〇万人で、外房四一〇万、九十九里二六〇万、内房一六〇万人であった。マイカー利用者は五〇万台であった。海水浴客の増減は天候に左右される傾向にあり、必ずしも安定しているとは言えなかった。そのため千葉県の観光は海水浴客依存からの脱皮が求められていた。

（二）地域の特性を生かす観光計画に着手

これまで千葉県の観光事業は一九七〇年（昭和四五）に作成された観光計画に沿って進められて来た。しか

しその後、成田空港の建設や人口急増、レクリエーション基地としての千葉県の果たす役割などに変化が生まれていたが、海水浴事業などに依存していた。その反省から県は八五年度を目標とした新たな観光開発計画を作成した。計画の柱は「地域の特性を重視した観光行政を進めること」にした。計画の土台となる基本調査の結果、千葉県は、①日帰り観光地としての魅力が強いこと、②宿泊観光地としても日光や箱根程度の魅力があること、③首都圏の人口は八五年には約四千万人（現在の一・三倍）となり、県内を訪れる観光客は年間一億一千万人（現在二八〇〇万人）に達すると予想されることであった。またこれまでの観光開発は各地に観光施設を建設する〝拠点主義〟を進めて来たが、新しい計画ではこの点を改善し、農業や水産業など地域の特性を重視した〝地域開発型〟に変更するとした。そのため観光地域の型も都市自然公園地域、臨海スポーツ・レクリエーション地域、緑地スポーツ・レクリエーション地域、山村自然環境地域、農業公園地域などに分け、①北総・水郷地帯、②南総海岸地帯、③南総山岳地帯、④九十九里海岸地帯、⑤京葉都市近郊地帯に分けて観光開発を行うことにした。

（1）北総・水郷地帯

一九六九年（昭和四四）六月、県は利根川の北、佐原市（現・香取市）与田浦に八《ヘクタル》（二万四千坪）の水性植物園を造成した。アヤメ四〇〇品種、ハナショウブ一五〇万本が咲き乱れる水郷の拠点とした。また観光船（笹船）で水郷十二橋めぐりも可能とした。近くには有名な香取神宮もある。七四年（昭和四九）には文化庁が行った「伝統的建造物保存調査」に協力し、佐原市の昔からの街並みを保存し、〝北総の小江戸〟と呼ばれるようにした。また、小野川沿いには伊能忠敬（江戸時代に実測で日本地図を作成）宅もあり水郷・北総地域の観光開発に力を注いだ。

（2）南総海岸地帯

① 南総開発局を新設、南房総を観光の拠点に

一九七〇年（昭和四五）四月、県開発庁は南房総の観光開発に力を入れるため南総開発局を新設した。南房総観光開発の拠点を館山市と安房郡鴨川町（現・鴨川市）と位置づけ、県下最大の「海浜植物園」と「水族館」造りに着手した。館山市の「海浜植物園」は県道路観光公社が五億七千万円をかけ、同市平砂浦海岸の県営有料道路フラワーライン沿いにに一四・三㌶（四万三千坪）の用地を確保し房州産草花や観葉植物を栽培する他、展望台やロッジ、熱帯植物園を作った。七一年八月、館山市南館山地区が国の「自然休養村」候補地に選定された。そのため七二年三月、県農林部は農林省に事業計画案を提出した。計画案では同地区三六六二㌶（一一〇七万八千坪）に二億四千万円（うち国補助一億二千万円）を投入し「花狩り園（一二三㌶・七万坪）」、「果樹もぎとり園（一〇㌶・三万坪）」、「花木園（一・五㌶・四五三八坪）」、「イモ掘り園（五㌶・一万五千坪）」、「レクリエーション園地（二㌶・六千坪）」を造成し、中心部に休養村センターを設置し同村の案内や情報、連絡、サービスを行う施設とした。南房総を訪れる観光客は年間一二〇万人で、フラワーライン利用者は七、八月の海水浴シーズンを過ぎると著しく減少していた。この休養村が完成すれば春は花狩り、秋はイモ掘り、冬は花木園と年間を通じて観光客を誘致出来ると関係者は期待していた。また鴨川町東条海岸にある五㌶（一万五千坪）の県有地に民間資本（八重洲観光会社）を活用し、二〇億円をかけ水族館を中心に高さ五〇㍍のスカイタワーや流水式の一二〇㍍マンモスプール、宿泊施設（ホテル）を配置し、夏だけの観光地と言われて来た南房州に四季を通して近代的なレジャーを提供出来る施設を造るとし、七一年に開業させた。

②南房総海岸、高層ホテル、別荘、マンション相次ぐ

一九七四年（昭和四九）四月、南房総国定公園沿いにはホテルや別荘、マンションが相次いで建った。鴨川市東条海岸には一四階建て、安房郡天津小湊町城崎海岸には二五〇人が宿泊出来る五階建てのホテルが工事中であった。鴨川市の一四階建てマンションは三階から一〇階までの二〇〇室は分譲で、購入者がシーズンオフなどで部屋を使用しない時はホテル側が借り受けて客室にするという新しい試みのホテルであった。御宿町でも中央海水浴場入口に一一階建てのマンションが建設中で、２ＬＤＫで分譲価格は一千五、六百万円で売れていた。七三年は勝浦市に三七二万三千人、鴨川市に二五〇万人が訪れ、そのうち勝浦市内に九五万二千人、鴨川市内に七七万七千人が宿泊した。東京に近いことや週休二日制の会社が増えたことなどが要因で、毎年二、三〇％ずつ増加していた。ホテル、別荘、マンションブームが起こっていた。

（3）南総山岳地帯

一九七二年度（昭和四七）四月、県南総開発局は夷隅郡市の各種施設を整え、多額的な観光開発事業を開始した。計画は観光農業や別荘用地、ゴルフ場、ヨットハーバなどの施設を配置し、これらの施設を道路で結び有機的に連携させる試みであった。これまでの千葉県の観光開発事業は南房パラダイスや県民の森などの様々な拠点を各地に造り、それらを結び付て行く手法が取られていた。しかしこのやり方は各施設間の距離が遠すぎたため、期待していた程の効果を上げなかった。そのため観光施設を近接した地域に造る方法に切り替えた。初めての試みとして夷隅郡市を対象に施設造りを開始した。事業期間は五年間、事業費は一〇〇億円を見込んだ。農林部を中心に各種施設を造り、勝浦市を起点に夷隅郡内各町を抜け、茂原市に至る大規模農道（幅員七メートル、延長三三キロメートル）を軸に両側に各施設を配置し、これらをワンセットとした観光地にしようという計画であった。観光施設としては海岸部にヨットハーバーや水族館、山間部には分譲別荘地やゴルフ場、観光農業的性格を持つ畜産団地、ハイキングコース、多目的ダムを利用した釣り場やボート遊びなどが検討された。

（4）九十九里海岸地帯

九十九里浜は北は銚子市刑部《ぎょうぶ》岬から南は岬町（現・いすみ市）太東《たいとう》岬までの五五キロメートルの遠浅海岸で、一三ヵ市町村がこの海浜に連なっていた。九十九里浜が観光地化したのは白子町に国民宿舎が出来た一九六五年（昭和四〇）以降であった。それ以前は〝地引網〟が有名な程度であった。六五年から七二年にかけてこの海岸に六つの国民宿舎が誕生した。いずれも海岸沿いに建設され、近くに民宿も誕生し、従来宿泊施設の乏しかった九十九里浜の観光地化に大きな役割を果たした。これらは主に海水浴客の需要に応える性格を持った施設であった。七三年頃からは海水浴客数は内房を抜き、外房に次ぐ位置を占めるようになった。六九年五月、新全国総合開発計画（「新全総」）は〝豊かな環境の創造〟を基本目標に千葉県内では「九十九里沿岸一帯のレクリエーション基地構想」を打ち出した。これに基づき運輸、建設両省が九十九里浜レクリエーション計画を打ち出した。とりわけ運輸省は山武郡蓮沼村一帯を〝海浜公園〟にする計画で用地の先行取得を開始していた。しかし国の計画に対して地元関係者から「県が主体性を持った計画を作り、それを国がサイドから指導援助するのが好ましい」との声が上がり、また県議会の中からも「県内開発なのだから県が主体的になるべきだ」との声が高まった。そこで県は両省と協議し、七三年に大型リゾート建設に着手した。これに先立ち七二年三月に隣接する横芝町東雲《しののめ》地区の県道路公社所有地三・二ヘクタール（一万坪弱）に「横芝海のこどもの国」が建設された。主な施設は大小のプールや水族館などで総事業費は九億六千万円であった。また七五年七月には「蓮沼ウォーターガーデン」がオープンした。道路交通面では七二年六月に片貝―一宮間に県営有料道路（「波乗り道路」）が開通し、途中の豊海や白里、白子にインターチェンジが設けられた。この道路は九十九里浜の海岸部を結ぶ観光道路として大きな力を発揮した。六九年四月に京葉道路の千葉市殿台までが開通、七一年四月には東関東自動車道の成田市までが開通し、東京から車で二時間以内となり、九十九里浜は人気を集めることになった。

9　開港の見通し立たない新東京国際空港

　運輸省が決めた新東京国際空港の開港予定日は、友納三期県政の一九七二年（昭和四七）五月であった。空港公団や知事はそれを目指し努力した。しかし、①空港建設反対派への対応、②第二次行政代執行、③航空機燃料の輸送、④空港周辺の騒音対策などが予定通りに進まず、知事の任期が切れる七五年四月までに開港は出来なかった。どのような問題があったのか調べてみた。

（一）第一次行政代執行

（1）行政代執行の実施

一九七一年（昭和四六）二月一日、公団は知事に行政代執行を要請した。翌二日、知事は「一二日までに土地などを明け渡さない場合は行政代執行を行う」旨の戒告書を空港敷地内の地権者に送付したが、地権者は明け渡さなかった。県は「二月二二日から三月一四日までの間に代執行を行う」旨の代執行令書を送付し代執行を行った。

（2）多数の負傷者と検挙者

二月二五日、県と公団は午前九時から機動隊を前面に押し立て、二二日に代執行宣言を行ったままになっていた三ヵ所を中心に収用作業を開始した。しかし反対運動用地に集結した農民や支援学生の実力阻止行動は、これまでにない激しさを見せた。催涙性農薬クロルピクリンを投げ込むなど機動隊と各地で衝突し、初めて農民を含む一四一人の逮捕者が出、警察官やガードマンにも一〇〇人を超える負傷者が出た。

（3）代執行、一三日ぶりに終了

二月二二日から始まった行政代執行は連日激しい抵抗にあいながらも三月六日までの一三日間で終了した。その結果、一坪地主の土地一五〇〇平方《メートル》（四五四坪）に及ぶ土地の作業は終了した。代執行の終了で一九七一年度（昭和四六）中の完成を目指す空港第一期工事は大きな山場を乗り越えた。

（二）公開審理の実施と結果

一九七一年三月二二日、県収用委員会（会長・但場弘衛）の公開審理が千葉市内の県営体育館で行われた。審理の内容は公団が明け渡しを求めている空港敷地内にある成田市駒井野、取香、天浪、木の根地区の土地、反対派の団結小屋、墓地など一二件、面積一・二ヘクタール（三六三〇坪）であった。そこには土地所有者と関係者が三六〇人いた。当日は八〇人が参加した。公開審理の冒頭、反対同盟は、①土地や物件関係者は一万一三〇〇人いるのに全員の参加を認めないのは不当だ、②第一次行政代執行をめぐる公団側の責任について追及した。収用委員会は審理に入ることを求めたが反対同盟と支援学生はそれを認めず審理は紛糾した。会場に学生たちが乱入し、デモ行進を開始した。また公団の事業説明の途中、反対同盟がマイクを取り上げるなどをしたため、警察官とガードマンが数回出動する事態となった。会場は混乱し収用委員会は二時間半で審理を打ち切り、再度四月二七日に行うことを決め散会した。四月二七日、第二回公開審理が開かれたが、反対同盟や支援学生は「公開審理日を収用委員会が一方的に決めた」と抗議した。公団は収用委員会の決裁認可が下りないと建設工事に大幅な遅れが生じるため審理を求めたが、双方の意見は平行線となり散会した。六月一二日、収用委員会は「公開審理の開催は無理だ」と判断し、「地権者と関係者側の開け渡し期限は九月まで」と決裁を行った。

（三）第二次行政代執行

（1）代執行回避の動き

一九七一年（昭和四六）四月一九日、友納知事は上京し、橋本運輸大臣と今井栄文公団総裁と個別に会い、「政府や公団が反対派農民との話し合いを積極的に進めて欲しい」と要望した。その理由について「①第一次行政代執行は公団側、住民側双方にプラスにはならなかったこと、②県町村会や成田市議会からお互いの話し合いの努力が要請されていること、③第二次行政代執行の対象物は第一次行政代執行とは異なり、住宅や農地といった農民の直接の生活に関係する物が含まれていること。これらがあるため公団の要請で〝工事の遅れを回復するため〟という理由だけで実施することは極力避けて欲しいこと、④空港敷地内には未買収用地が七八ヘクタル（一二三万六千坪）もある。これまで一本釣り交渉で進めてきたが限界に来ていること」などであった。知事の要請を受け運輸大臣は戸村一作反対同盟代表に「四月中にも長谷川録太郎成田市長の仲介で話し合いを行いたい」と文書で要請した。反対同盟は同月二四日、「会談に応じる意思はない」と表明し、会談は行われなかった。

（２）反対派、〝地下要塞〟で抵抗

国と公団、反対同盟との話し合いは消えたため、知事は九月に行政代執行を行うことを決めた。それに対し反対同盟や支援学生集団などは実力で阻止するため〝地下要塞〟を築き、徹底抗戦の準備に入った。反対同盟は全国動員を呼びかけ、急進派の各学生集団は八月末から九月始めの集会で〝代執行を行うなら爆弾武装闘争を行う〟と宣言した。この動きに備え千葉県警は〝臨戦体制で臨む〟とし、全国から六千から九千人の機動隊員を集め、爆発物の使用に備えて重症者を病院などへ運ぶためヘリコプターを用意するなど警備体制を強化した。

（３）第二次行政代執行終わる

九月一一日、友納知事は記者会見で「成田市駒井野の団結小屋など四件は一六日から二九日までの二週間で行政代執行を行いたい」と発表した。また一一日、関係者七二人（土地所有者五八人と関係人一四人）に対し代執行令書を送付したことを明らかにした。代執行の対象となった場所はいずれも反対派が闘争本部としている地域であった。そのため最後の山場を迎えることになる。代執行の対象は同市駒井野字天並野の社会党一坪用地一二八〇平方メートル（三八七坪）、同市天浪字大里の団結小屋三八五平方メートル（一一六坪）、同市木の根字横峰木の根団結小屋一七〇平方メートル（五一坪）、同市駒井野団結小屋二五一〇平方メートル（七五九坪）の計四三四五平方メートル（一三一四坪）の土地とその上の物件であった。

二月に行われた第一次行政代執行は対象地点が窪地や崖沿いの草藪で面積は小さかったが、今回の行政代執行が行われる駒井野や木の根、天浪の各団結小屋は反対同盟や支援学生が反対運動の本部としている場所であった。それだけに各地ともバリケードや地下壕もあり、構えも強固であった。第二次行政代執行は一六日早朝から四地点で一斉に行われた。県と公団は午前六時に現地作業本部（本部長・川上紀一副知事）を設置した。撤去作業員は五五〇人、四班に分けブルドーザーやバックホーン（自動車の後退用警音器）、ブルキャリー（トラックの後ろが斜面となりブルドーザーなどを乗せられる構造の車）など七七台の土木重機械を配置した。千葉県警も公団分室に空港用地第二次代執行警備本部（本部長・荒木貞一県警本部長）を設置。制服私服合わせて五三〇〇人を配置し警備にあたった。反対同盟は土嚢《どのう》や丸太で強固に固めた各団結小屋周辺に中核派やブント派などの支援学生をはじめ農民や少年行動隊など三千人が終結し気勢を上げた。砦の前面では少年行動隊が投石や火炎瓶をブルドーザーに投げつけ激しく抵抗した。しかし時間が経つにつれ反対派は劣勢となり社会党一坪用地と木の根、天浪の両団結小屋が撤去された。続いて反対派の最大の拠点であった駒井野団結小屋やバリケード、ヤグラなど大部分も撤去された。昼食抜きで撤去作業は行われ、立て籠っていた全員も排除された、午後一時四八分、「終了宣言」が行われた。一連の行動に野党各党は〝代執行手段の再検討、過激派学生の行動自粛〟を要求する談話を発表した。

（四）進まないパイプライン敷設工事

（1）千葉市内、反対強く見通し立たず

一九七一年（昭和四六）八月一九日、公団は燃料輸送用のパイプライン埋設ルート案を発表した。輸送ルートは千葉港から海浜埋立地先端を通し花見川河口の川底を利用し、東関東自動車道（「東関道」）の真下に燃料輸送パイプを埋め、新東京国際空港へ運ぶ計画であった。しかし、東関道の千葉市宮野木付近が未だ完成し

ていないため、千葉市内の市街地の一部を経由してすでに完成している東関道に接続するルート（「水道道路」）とした。同日、山本力蔵公団副総裁は荒木市長に会い、協力を要請した。計画案が発表されると、ルート沿いの住民（幸町団地や稲毛海岸、朝日ヶ丘地域など）は〝危険だ、爆発事故が起きたら大変なことになる〟と強く反対した。反対の動きを受け、九月下旬、荒木市長は山本公団副総裁に会い「①沿線住民を説得するためには地域住民が恩恵を受ける施設（消防署や公民館）を造りたい。そのため公団は環境整備費として一一億円を出して欲しい、②七二年度予算に環境整備費として計上したい、③約束してくれないと公団に市内一一㌖を埋設する道路占有許可は出せない」と要請した。公団副総裁は要請に対し「約束します」と応えた。一一月一五日、千葉市議会特別委員会はパイプライン埋設の是非を審議した。審議中に二〇人の学生が〝パイプライン埋設反対〟と叫びながら議場になだれ込み議会は流会となった。七二年一月一四日、機動隊が見守る中、千葉市議会特別委員会は市長提案のパイプライン埋設計画を賛成多数で可決した。三月一〇日、公団は千葉市に対し「一一億円（七二年度六億二五〇〇万円、七三年度四億八七二〇万円）を提供する」と回答し、千葉市長と九項目の内容で協定書を締結した。同月一五日、千葉市は公団にパイプライン埋設の道路占有許可を与え、工事は開始された。この動きに対し六月一日　パイプライン埋設に反対する花見川沿線の市民代表三人が二万五六九〇人の署名を持参し、千葉市選挙管理委員会に埋設許可の取り消しを求める直接請求を行った。しかし直接請求は市議会で否決された。そのため反対市民は二一日、千葉地裁に埋設許可取り消しを求めて仮処分申請を行った。二九日、公団は千葉市に「約束した一一億円余は大蔵省と運輸省に反対され、支払いは困難になった」と伝えた。七月三一日、千葉地裁は沿線住民の訴えを棄却した。しかし棄却決定の理由の申し渡し書の中に「①市、公団とも市民感情に対する配慮に欠けている、②距離の保安面には疑問がある、③市、公団は住民とよく協議すべきである」との意見が付けられていた。それを受け八月二日、千葉市は山本公団副総裁と協議した。その結果、①反対派住民のうち大多数が納得するまで工事を無期延期する、②市、公団、住民との三者協議を開始することで意見が一致した。直接請求運動や仮処分申請は大きな効果を発揮した。

（２）成田市議会、埋設審議継続扱いに

一九七三年（昭和四八）二月一日、新東京国際空港関係閣僚協議会幹事会が開かれた。早期開港へのメドを付けるため、①パイプライン工事が完成するまで航空機燃料は千葉港と茨城県鹿島港から鉄道輸送（「暫定輸送」と言う）で新東京国際空港まで運ぶ、②成田市内の資材置き場から空港までは暫定パイプラインを埋設して行うことを決めた。報道で知った航空機燃料輸送近くの成田市山之作地区住民は直ちに暫定パイプライン敷設反対の運動を開始した。同じ日、公団は成田市にパイプラインを埋設する道路占用許可申請を行った。しかし成田市は山之作地区住民が反対していることを考慮し、同月三一日、公団に対して「現時点では住民感情などからも適切ではない。申請は許可出来ない」と回答した。三月七日、山之作地区住民は暫定パイプライン敷設について公団から「①安全保証の確認がとれたこと、②同地区に水道施設と消火栓を設置すること、③一部敷設ルートの変更が約束されたこと」を理由に、成田市の道路占有許可の承認へ理解を示した。二八日、公団は成田市に暫定パイプライン敷設申請書を提出した。三月始め、成田市は公団に道路占有許可を与えた。市長の許可に対し社会党成田総支部（支部長・小川国彦県議会議員）が中心となり、教職員組合や成田市内の労働組合の組織である地区労などは二〇三五人の署名を添えて開会中の三月市議会に「埋設反対、市長の道路占有許可の取り消し」を求めて請願を行った。請願を受けた成田市議会は「①パイプライン問題を審議するのは初めてである、②我々が研究もしないで結論を出してしまうのは無責任である」とし、継続審議扱いとした。議会終了後、市議会は、①前年に事故を起こした新潟県下のガスパイプラインや青森県三沢基地の空港燃料パイプラインへの視察、②大学教授を招き説明を聞いた後に判断することにした。こうした動きを受け五月二三日、成田市長は暫定パイプライン敷設に関する条例案を成田市議会に提出した。条例案は機動隊に守られる中、可決した。二五日、暫定パイプライン敷設に関する協定を成田市は公団と締結した。二六日、公団は成田市に敷

設工事のため道路占用許可書を再提出した。

（3）空港反対派、安全求め直接請求

四月九日、暫定パイプライン埋設に反対する社会党成田総支部などは、航空燃料輸送の安全確保のための市条例の制定を求めて直接請求を行うことを決めた。小川県議会議員ら三人が代表者となり長谷川成田市長に請求を行った。請求理由は「暫定パイプラインコース付近には一般民家や工場があり、上水道の水源にも近いので油漏れや火災などの危険性がある。安全性が確立していない」であった。条例案には暫定パイプラインの安全性を確保するためとして「①周辺の民家から五〇メートル以上離れて埋設すること、②油漏れで火災が起きたり、上水道の水源が汚染されないよう万全の措置をとること、③燃料の鉄道輸送は全ての踏切を立体交差にしてから行うこと、④輸送に伴う振動や騒音、災害防止には万全の措置をとること、⑤暫定パイプラインの埋設や燃料の鉄道輸送には周辺住民の五分の四以上の同意が必要であること」であった。小川代表は「請求が行われている間に暫定パイプラインの結論を市議会は出すべきではない。署名は法定上必要な六三七人の二倍以上を集め、成功させたい」と述べた。五月二二日、小川代表など直接請求代理人が提出した「成田市空港燃料輸送の安全確保に関する条例案」が成田市議会で徹夜で審議された。傍聴席からヤジや怒号による議事妨害があり、機動隊が傍聴者を排除する中、不採択となった。

（4）埋設工事は難問続出

一九七四年（昭和四九）一月七日、暫定パイプライン敷設工事が開始された。完成目標は九月末であった。最初の工事は空港から資材置き場である同市土屋までの八キロメートルの内、一・二キロメートルの埋設工事であった。埋設溝に一本五メートルのパイプが埋められた。暫定パイプライン敷設工事は同市土屋を含む七ヵ所で行われる予定であった。同市寺台地区の根木名川トンネル工事は川底を掘り抜きパイプを通す難工事であった。二月一六日、出水が噴き出した。そのため工事は中止となった。出水を止めるため出水場所周辺に凝固剤を使い止めることにした。

凝固剤を使用したので出水は止まり埋設工事は再開された。四月二六日、寺台地区で井戸の水枯れが発生した。その原因は暫定パイプラインを通すため川底を掘削し、出水が出たため出水をポンプで汲み上げたことにあった。出水の量は毎分二〇〇〓《リットル》であった。出水を止めるため凝固剤を使って土砂を固めたがその後、凝固剤（二二〇〇〓《トン》）には多量のホルムアルデヒド（発がん性物質）を含む材料が使われていたことが判明した。五月七日、県土木部は公団に暫定パイプライン工事に使用した土壌凝固剤の安全性が確認されるまで工事の中止命令を出した。一三日、成田市は井戸水を使用していた寺台や山之作地区は、水質検査の結果が出る二〇日まで周辺五〇戸の井戸水の使用を禁止した。市と公団は一四日から生活用水の給水活動を開始した。二三日、寺台地区の住民で結成した「成田市の水を守る会（代表・早野久雄）」の二二一人は千葉地裁に、①地盤凝固剤を含んだ土砂の撤去、②薬剤注入工法の禁止を求め仮処分申請を行った。六月六日、第一回審尋（裁判官が当事者の意見を聞くこと）が行われた。小松峻《しゅん》裁判官は公団に対し「仮処分決定前に工事は再開しないよう」伝えた。七月一五日、成田市は暫定パイプライン工事周辺の地下水調査の結果を発表した。「渇水の原因は暫定パイプライン工事によるものだ」との結論を出した。成田市は公団と工事工法や工事ルートの変更などで再協議した。一〇月二五日、成田市は「安全確認がとれた」とし、公団に暫定パイプライン工事の再開を許可した。二六日、「成田市の水を守る会」の早野代表ら一五人は千葉地裁に「凝固剤撤去の仮処分の決定が出るまで工事再開は禁止せよ」と工事続行禁止の仮処分を再度申請した。禁止場所は凝固剤が使用された根木名川や資材輸送道路、国道五一号線、二九六号線、県道小見川線であった。二九日、千葉地裁は工事続行禁止の仮処分の申請を却下した。理由は「現在、凝固剤撤去の仮処分についての審理が進行中であり、重ねて仮処分を求める必要は認められない」であった。一一月一日、暫定パイプライン工事は再開された。八日、公団は工事再開後の現場周辺の水質検査の結果を発表した。「一四本の観測井戸からはホルムアルデヒドは検出されなかったが、立坑内の汚水からは最高一九ＰＰＭが検出された。これらの汚染水は全て処理槽に入れた。他への汚染の影響は出ない」と述べた。ホルムアルデヒドの入った凝固剤を使用している限り汚染問題は解決出来ず、地域住民の不安は解消されなかった。

（五）パイプライン工事完成まで鉄道輸送で

一九七二年（昭和四七）八月三日、今井公団総裁は佐々木秀典運輸大臣に「パイプライン工事が難航し遅れているので成田空港の年度内（七三年三月末）開港は困難となった」、「航空機燃料の輸送は千葉港と茨城県鹿島港から成田市土屋の資材置場までのパイプライン工事が完成するまでの期間は鉄道輸送で行いたい」、「土屋の資材置き場から空港ターミナルまでの間（八キロメートル）は暫定パイプラインを敷設して対応したい」と伝えた。それに対し佐々木運輸大臣は「航空機燃料の鉄道輸送と暫定パイプラインでの輸送はやむを得ない」、「七三年三月開港に向けて全力を注いで欲しい」と応えた。八月一一日、公団は石油連盟に「空港までの燃料輸送は暫定パイプラインで行いたいので協力をお願いしたい」と要請した。

（1）地元民は〝寝耳に水〟

公団が鉄道輸送に方針を切り替えたことは空港周辺の住民や茨城県にとって〝寝耳に水〟であった。燃料基地となる成田市土屋の資材置場の広さは一一ヘクタール（三万三千坪）であった。資材置場は一九七〇年（昭和四五）四月から公団が空港建設のための資材（砕石やセメント、骨材など）の保管場所として地主から借り受け使用していた。その場所に燃料タンク群が建設される計画を知って、公団に七ヘクタール（二万一千坪）の土地を貸している四四人の地主は驚いた。この資材置き場は元は水田であった。そこを公団が資材置き場に埋立て、空港建設が終了した後は水田に掘り直す約束になっていた。契約期は七〇年四月から七六年三月までの六年間であった。九月八日、「ジェット燃料輸送に反対する成田市民の会」が結成された。陸上輸送は成田市土屋の資材置き場に建設される一千キロリットル用タンク四基からタンクローリーを使って、県道大株線―国道五一号線―資材輸送道路―空港までの八キロメートルである。タンクローリーは一台一〇キロリットルとして毎日八〇〇台が通過する計画であった。沿道には三〇戸の民家が在り、かなりの振動や騒音に加え交通事故の危険も予想された。「市民の会」は成田地区労や社会党、共産党などが支援し「ジェット燃料輸送阻止」の運動を行った。

（2）燃料輸送、一九七四年末は無理に

燃料輸送工事は一九七四年（昭和四九）一二月末までに完了することは無理となった。その理由は、①茨城県から鹿島港の貯油タンク建設許可が下りないこと、②成田市内の暫定パイプライン工事が予定通りに進んでいないこと、③千葉鉄道管理局から千葉駅―成田駅間の燃料輸送ダイヤの許可が下りないことであった。茨城県では地元鹿島、神栖《かみす》両町がジェット燃料輸送貨物車の通過に反対しているため知事は許可を出せなかった。航空機燃料の輸送はパイプラインの敷設や陸上輸送問題で住民の反対が強く、友納知事は任期中に解決出来ず、新しい知事へ引き継がれることになった。

（六）空港周辺の騒音対策

（1）騒音問題で運輸大臣に要望

一九七一年（昭和四六）一月八日、友納知事は新東京国際空港建設実施本部長である橋本登美三郎運輸大臣に対し七項目の騒音対策を申し入れた。七項目とは、①着陸時の進入角度は三度とし、着陸やり直しのための上昇は直進上昇とすること。待機飛行空域は海上（太平洋上）とし、県内上空の飛行高度は六千フィート（一九〇〇メートル）以上とすること、②運航時間は六時から二三時までとし、二二時以降の便数は極力制限すること、③滑走路の中心から幅六〇〇メートル、両端から二キロメートルまでの騒音区域は開港前までに買収し、土地所有者には代替地を用意すること、④学校や病院などには防音工事を行うこと、⑤エンジンの試運転に際しては防音壁を設置し、移動式消音装置を使用すること、⑥県が行う民家などの騒音工事に起債などの財源措置を講じ、償

還財源は地方交付税に算入すること、⑦県が行う空港南部地域の開発計画に財政的援助を行うことであった。一二日、運輸省航空行政局から「深夜の離着陸時間の制限と一般民家の防音施設への財源措置を除く全ての要望は了解します」と文書回答が届いた。

(2) 成田空港の管制空域決まる

一九七一年(昭和四六)二月一日、運輸省航空局は成田空港上空の管制空域を決めた。(図4)成田空港管制空域図を参照されたい。進入と発進は各四コースとなった。米軍空域(ブルー一四)や自衛隊百里基地空域、羽田空港空域の三つの管制空域がすでにあるため、成田空港空域はその空域を避けるため四コースのうち三コースは千葉県内陸部上空を通ることになった。そのため茨城県土浦から銚子—蓮沼—成田空港のコースは幅二キロメートル、延長四五キロメートルの範囲で七〇ホン以上の騒音が発生することが明らかとなった。七三年六月一八日、銚子市議会で嶋田隆市長は「成田空港発着航空機の銚子上空飛行に反対する」と表明した。七〇年三月、運輸省は銚子市内にボルタック(航空保安無線施設)を設置する際に「銚子上空は飛行しない」と約束していたが、最近は市の問い合わせに曖昧な態度をとっていた。また七四年五月二〇日、銚子市議会は「銚子上空飛行コース反対、銚子市内に設置したボルタックは撤去せよ」と全会一致で決議した。

(図4) 成田空港管制空域

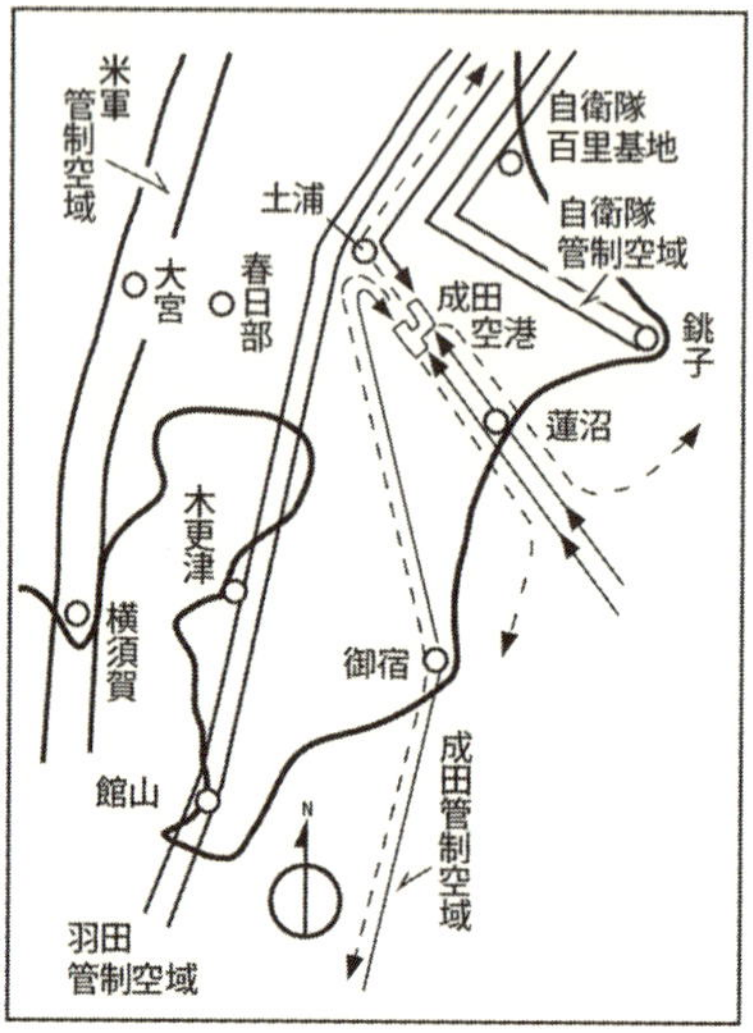

(3) 県、防音工事に着手

一九七一年(昭和四六)五月二四日、一般民家の防音対策を進めていた県は基礎調査結果と今後の防音工事計画を発表した。七一年度は一千戸、七億円をかけて防音工事を行うこと決めた。そのため一月以来、NHK

総合技術研究所などの協力を得て、各種の防音施設が実際にどの程度の防音効果を保つことが出来るか実験した。面積二一・五平方メートル（六・五坪）の鉄筋プレハブ一戸建て（八畳、廊下や玄関、押し入れ、壁面のパネル裏面に防音機を取付、防音扉や二重窓ガラス）の住宅上空でヘリコプターを飛ばし騒音測定をした。屋外で九〇ホン（騒々しい工場の中程度）の音量の時、戸内では五七ホンとなり、日常生活に支障を来たさない六〇ホン（静かな乗用車の中程度）以下であった。木造住宅では八畳間の窓を二重に、天井や板壁に遮音材を入れて計測すると七〇ホン程度になった。また鉄筋プレハブ一戸建ての建築費は約一〇〇万円、八畳間の改造費は約五〇万円であった。これらを参考にして県は四千メートル滑走路の両端延長線上にあたる成田市と山武郡芝山町の民家約千戸を滑走路に近い場所から順次工事をして行くことにした。

（４）防音室二部屋まで全額補助を要求

一九七一年（昭和四六）九月、県は騒音地域内の防音工事を一千戸から四千戸に拡大した。また防音室工事は一世帯一部屋とし全額県が負担した。しかし、強い不満の声が出たため二部屋まで広げたが、その一部は自己負担とした。新築の場合、建設費は一〇〇万円かかったが、うち七〇万円は県が補助し、三〇万円を自己負担とした。しかし一〇月、この決定に不満を持った住民たちは新東京国際空港騒音対策協議会（会長・石橋義佑、一二〇〇人）を結成し、県と公団に「防音工事は家族構成に関係なく二部屋以上とし、工事費と冷暖房工事費は全額県が負担して欲しい」と要望した。県は工事の希望者を募ったが七二年二月末の時点で希望者は一割で防音工事は進まなかった。石橋会長は「国が造る空港なのに我々に金を出せと言うのはおかしい。国を相手に陳情を続け要求を認めさせる」と語った。

（５）騒音区域外の集団移転への対応

空港騒音により騒音区域外に移る希望者が増えていた。県に集団移転を希望しているのは成田市野毛平五六戸や小菅三一戸、芝山町山田一四戸の三地区であった。これらの地域は国や県の補助金対象区域には入っていなかった。そのため県は公団と折衝し、宅地は対象区域内と同額（一〇《アール》・三〇〇坪当たり二〇〇万円）で買い上げ、建物の移転補償を行った。

（6）知事、伊丹空港を視察

一九七二年（昭和四七）九月二一日、友納知事は大阪・伊丹空港（豊中市）を訪れた。その時の様子を当時の河野平秘書課長が『続・疾風怒涛』に寄稿している。「知事は千葉国体の鹿児島県への引継ぎが終わった翌日の二一日、伊丹空港に立ち寄られた。目的は大阪国際空港周辺の航空機騒音の実態把握であった。知事は以前から運輸省や公団が公表している騒音コンター（同じ音の値を結んだ曲線）は実情に合っていないのではないか、もっとひどいのではないかとの疑念を持っておられた。随行したのは山岡雄教企画部長、小池淳達空港騒音対策室長、それに私の三人だけであった。前夜は成田空港でいえば松尾町に相当する空港から約一〇《キロメートル》離れた飛行航路直下の大阪市内の木賃宿だったが、騒音体験には絶好だった。頭上を飛行機が通るたびに大きい騒音が飛び込んできた。そのたびに知事は騒音計をにらみつけていた。（略）伊丹空港周辺はびっしりと民家が立ち並んでいた。何丁目何番地は三里塚担当、どこは芝山の岩屋小学校担当、どこは成田市小菅担当という具合に騒音計を付けて音を測量した。調査の結果は予想通りであった。国の作った騒音コンターは小さすぎた。空港に至近距離で飛行航路直下の野毛平部落などは集団移転やむなしとの結論に達したのもこの時だった」[26]

（7）飛行規制時間、〝伊丹並みは無理〟

一九七二年（昭和四七）一二月一六日、知事は丹羽喬四郎運輸大臣に「午後一〇時から午前七時まで飛行禁止にしている大阪・伊丹空港並みか、それ以上厳しい規制をして欲しい」と要請した。丹羽運輸大臣は「地元の要望だから検討するが、伊丹空港の場合は国際線の発着が少ない」、「新東京国際空港は羽田空港並みの午後一一時から午前六時までとしたい」と応えた。

（8）県基準より低い国の補助率

一九七三年（昭和四八）一月一六日、国は七四年度の予算案を発表した。新東京国際空港の防音工事費の補助基準は、①民家の改造費は一室七五％、二室目は五〇％補助とする、②増築の場合は補助しない、③工事費の単価は未定とした。七一年度から県が行っている補助は一室（工事費五五万円以内）は一〇〇％、二室目（同八〇万円以内）は八〇％であった。増築は一室は七〇％、二室目は五〇％となっていた。しかし国は「七三年度以降での防音工事の補助は国の基準に従って行うように」と県に指示した。新東京国際空港周辺の民家は七三年一月の時点で七六戸が完成し、三月末には三五〇戸が着工する予定となっていた。国の基準はあまりにも冷たい基準であった。地元住民は「国は県の基準よりさらに上積みせよ」と言っており、県は苦しい立場に立たされることになった。

10　友納四選不出馬と後任の知事選び

（一）任期途中の不出馬発言の波紋

一九七四年（昭和四九）二月一九日朝、知事は渡辺昇司（自民党県連幹事長・県議会議員）に「お会いしたい」と電話した。夕方知事公舎に招き、「私は八年が限度と思っていたが、成田空港や富津の埋立てなどの難問が片付かず、今日まで来てしまった。しかし難問にも見通しがついたので知事を辞めたい。四選には出馬しない」と伝えた。知事は渡辺に伝える前に盟友菅野に相談しなかった。渡辺に伝えた四選不出馬の話は外部に漏れない約束となっていた。友納の狙いは友納追い出しの動きが陰に陽に出て来たことを抑え、任期を全うするための手段として党幹事長だけに伝えるつもりであった。しかし渡辺は二五日の自民党県選出の国会議員団会議にその内容を報告した。内容はマスコミに漏れ二六日朝、友納は記者会見を行い「四選不出馬」を表明した。友納の四選を期待していた人にとっては〝ショック〟であった。しかし友納の不出馬表明には自民党県連や川上副知事も安心出来なかった。友納には三選時の前歴があったからである。早速「友納に辞任時期を明確にさせよう」という動きが開始された。任期はあと一年余も残っていたが、友納は辞任の時期を明らかにしなかった。

(1) 県議会で知事に質問集中

二月二八日、県議会が開会された。二六日の知事の四選不出馬発言で議会は初日から荒れた。議事運営委員会で社会党の三ツ松要議員は「一九七四年度当初予算を審議する議会である以上、知事がいつ辞めるか分からない状態では審議に責任が持てない」とし、知事の辞任発言に関して緊急質問することを提案した。オブザーバー参加の公明や民社、共産三党も同調したが、自民党は「緊急質問の必要はない。代表質問や一般質問の中で各党が質問すればよい」と拒否した。野党側は「自民党のお家の事情で知事を辞めさせようと追い込んでおきながら、知事が県民に進退の時期を明らかにしないのは、県政を私物化するものだ」とさらに追及した。午前一〇時から議会は断続的に開かれた。午後四時過ぎ、議会代表者会議に友納知事が出席し「四選には出馬しない。任期途中で辞任する場合は各党に必ず相談する」と応えた。三月一二日、県議会本会議が再開された。高橋誉冨（自民党）、秋谷昇（社会党）、岡崎幸雄（公明党）の三議員は代表質問で知事の辞任問題を取り上げた。

与党の立場から高橋議員は「知事辞任発言の心意はどこにあるのか」と質した。知事は「もともと私は二期八年が限度と考えていたが、成田空港や京葉工業地帯の公害問題にメドを付けるために三選した。四選には出ない」、「辞任については中途で辞めようとは考えていない」と応えた。秋谷議員は「知事は記者会見で中途辞任を示唆したと受け取れる発言をしている。県民は知事の政治姿勢に疑惑と不信を抱いている。①中途辞任の発表をしなければならなかった背景には自民党の内紛に知事は巻き込まれているのではないか、②自民党は七月の参議院選挙と知事選を同時に行おうとしているのではないか、③途中で辞めるなら予算案は年間編成ではなく暫定予算にすべきだ」と辞任問題の背景を質した。知事は「任期途中で辞めるつもりはない。任期いっぱい務めるつもりである。途中で辞める時は、①県民の支持を失った時、②議会の支持を失った時、③県庁内の統率がとれなくなった時である」と応えた。岡崎議員は「①任期途中に辞意を表明した理由、②辞任の時期」を質問した。知事は「任期いっぱいやるつもりである。辞めざるを得ない不測の事態が起きればその時は潔く辞めたい」と応えた。

一三日、須田章議員（共産党）は「知事の辞任表明は本心ではなく、自民党からの圧力によるものだ。自民党は一党一派の利益を県民の利益の上に置き、民主主義に逆行する行為だ。知事に対する自民党の圧力が事実だとすれば、百万県民の投票を得て当選した知事さえも自党や自派の利益のために任期途中で知事を辞任に追い込む暴挙は自由と民主主義を踏みにじるものではないか。知事は本心から任期いっぱいやるつもりなら一党一派の圧力に抵抗し脱党してでも初心を貫くべきではないか」と質した。知事は「私の進退問題の真意を述べよということですが、二月のある日、自民党の渡辺幹事長と二月県議会に臨む協議を行った際、四選について私の考えを伝えました。その後、自民党の関係者が集まり幹事長の報告を聞かれたようです。その内容が新聞に報道されました。自民党から任期の途中で辞めるべきだとかそういう話はございません。そういうことですのでご了解ください」と応えた。[27]

(2) 自民党県連内の動き

三月二五日、自民党県議会議員団のグループ「一一会《いちいち》」（代表・藤代七郎、一一人）と「二輝会《にき》」（幹事・藤崎薫、三〇人）は、自民党県連に「次期知事に川上紀一副知事を公認して欲しい」と四一人の議員連署を提出した。「一一会」は当選一期目、「二輝会」は二期目の議員たちであった。二つの要望書に渡辺昇司幹事長（反友納派）は「慎重に取り扱いたい」と対応した。次期知事選の候補者名が自民党県連に要望という形で公に出されたのは初めてであった。正式な決定には県選出国会議員団会議の決定が必要だが、県議会議員団のほとんどの支持を取り付けた二つの要望書で、川上副知事の公認決定はほぼ確実となった。友納知事は、「来年四月の任期いっぱいは務める」と表明しているが、今回の要望書提出は友納知事に「早期退陣」を迫る一つの〝圧力〟でもあった。四月に入っても友納知事は辞任問題で特に意思表示をしなかった。これに対し染谷誠や山村新治郎、水田三喜男、水野清代議士を中心とする反友納勢力は「知事選、参議院議員選挙の同時選挙構想が崩れる」といらだちを募らせていた。県連役員の中には「知事がズルズルと任期いっぱい務めれば来年四月の統一地方選挙で〝保守知事の座を守る〟として友納知事四選出馬が党内から出て来ることもあり得る」という不安の声があった。そこで反友納派は知事の辞任を迫る手段として四月二〇日、県内の保守系議員の組織「千葉県地方議員連絡協議会（会長・千代田鶴松銚子市議会議員）」は千葉駅前の塚本ビル大ホールで議員団総会を行った。総会には保守系無所属の県、市、町、村議会議員約五〇〇人が参加した。来賓として浜田幸一（親友納派）や染谷誠（反友納派）代議士、川上副知事ら二〇人が参加した。この総会で「友納知事の後任に川上副知事を推薦し、実現を期す」との決議を行った。会議の根回しは自民党県連の渡辺昇司幹事長であった。

（3）自民党、川上を知事候補に推薦

五月一八日、自民党県連（会長・千葉三郎代議士）は役員会（千葉会長、渡辺幹事長、土屋米一政調会長、伊能選対委員長、高橋裕二党県議員会長ら一〇人）を開き、①次期知事候補に川上紀一副知事を推薦する、②七月の参議院議員選挙では定数二議席を確保するため全力をあげる、③参議院議員選挙後に友納知事の辞表を取り付けることを決めた。この役員会に先立ち一七日、千葉県連会長と渡辺県連幹事長が友納知事と会い、同知事の意向を質した。友納知事は「菅野儀作参議院議員と中途辞任の話し合いの協議が行われていないため態度を決めかねている」と述べ、辞任時期を明確に示さなかった。

六月三日、知事選について話し合う自民党県選出国会議員団会議が東京永田町の党本部で開かれた。国会議員側からは千葉三郎県連会長や水田三喜男、水野清、山村新治郎、浜田幸一、染谷誠、伊能繁次郎、森清代議

士ら八人、県連を代表して渡辺幹事長が出席した。会議では最初に渡辺幹事長から「県連役員会で川上副知事を推薦する決定をした」との報告があった。約一時間の話し合いの結果、大勢として「川上副知事を推薦すること」が合意された。会議で浜田代議士は「友納知事が現にいる以上、次期知事候補者を決めることは友納知事に早く辞めろということを意味する」と推薦決定に反対した。それに対し山村代議士や渡辺幹事長は「地元役員会で決めた以上、出来るだけ早く公認を決め、知事選で有利な状況を作るべきだ」と川上推薦の即時決定を主張し激しく対立した。そのため正式決定は七月の参議院議員選挙後に行うことになった。

七月七日、参議院議員選挙が行われた。自民党からは現職の渡辺一太郎（元副知事、反友納派）と新人の高橋誉富（前県議会議員）が立候補した。選挙結果は高橋誉富（自民党）が当選し、渡辺は三六万九七五票で次点となり落選した。八月初め、自民党県連は知事選対策会議を開き「次期知事候補に川上副知事を推すこと」を正式に決めた。八月三一日、川上副知事は友納知事に辞表届を提出した。退任後の記者会見で川上は友納県政を方針転換する考えを明らかにした。一〇月一六日、友納知事は「松本健二出納長を副知事にしたい。出納長は来年の知事の任期が切れるまでは置かない」と県議会に提案し承認された。当初副知事候補者には大橋和夫教育長や沼田武総務部長などを考えたが、大橋教育長は教職員の処分問題で自民党の受けが悪く、次期知事選挙に革新陣営からの候補者の噂があり政治色が強すぎるため断念した。一方、沼田総務部長は一貫して千葉県庁で総務畑を歩んで来ていて、川上知事実現の際には副知事の最有力候補と言われていたので避けた。

一二月一四日、千葉市内の千葉銀行中央支店横に川上紀一選挙事務所が設置され、川上擁立体制の一本化が注目された。約三〇〇人が激励に駆け付けた。自民党県連千葉会長、〝後見人〟の水田代議士、県連反主流派の菅野参議院議員、友納知事も参加した。選挙体制は友納派と川上派の対立があり、まとまりにかけていた。友納知事は激励の挨拶で「新しい人に県政を委ねたい。私は任期まで知事を務め勇退を考えている」と述べた。これで自民党県連内は一本化したように見えた。

(二) 野党共闘の実現

公害などの都市問題の解決を求める住民運動の中から全国で革新自治体が続々と誕生していた。東京都(美濃部亮吉知事)や大阪府(黒田了一知事)、横浜市(飛鳥田一雄《あすかたいちお》市長)、沖縄県(屋良朝苗《やらちょうびょう》知事)、埼玉県(畑和《はたやわら》知事)などはその代表であった。関東では神奈川県、東京都、埼玉県と千葉県の周辺まで拡がっていた。七月に行われた参議院議員選挙千葉選挙区の結果は、社会党をはじめとする野党(社・公・共)の得票数は一〇二万票(五六・六%)に対し、自民党は七八万票(四四・四%)であった。知事選挙で野党共闘が実現すれば革新県政実現も可能な結果となった。

(1) 社会党、全野党共闘目ざす

八月二九日、社会党県本部(委員長・木原実代議士、党内左派)は民社、公明、共産党に知事選での共闘を申し入れた。民社党や公明党の反応を見た社会党は加瀬完(参議院議員、党内右派)を候補者の本命とした。加瀬本人は「①赤桐の四五万票、鶴岡の三五万票は予想以上の結果だ。保守層からも票がとれる人でないと簡単には勝てない、②県議会は四党合わせて二〇人そこそこ。当選してもそれではやって行けない」と分析していた。県本部も「加瀬で必ず勝てる保証はない。負ければ県本部の損失は計り知れないものがある」と分析した。「党本部も加瀬出馬に反対しているし、大橋教育長を説得し出馬させるのがベストではないか」と考えた。加瀬は社公民共闘を主張したが、県本部は木原委員長をはじめ左派系役員が中心を占めているため「全野党共闘で戦う方針」を決めた。

(2) 民社党、非共産・社公民共闘を主張

八月二九日、民社党県連(委員長・加藤正蔵)は、千葉市内の自治会館で執行委員会を開き、社会党からの共闘申し入れを検討した結果、「社公民での共闘は可能だが、共産党との共闘は出来ない」と決定した。

（３）公明党、社公民共闘がベスト

七月初め、参議院議員選挙の応援に来た矢野絢也公明党本部書記長は「党として知事選での共闘は社公民と決めている。加瀬完（社会党）が無所属で出馬するなら文句なし」と述べていた。公明党は加瀬が出馬しないということを聞いて「社会党は結局は責任を取りたくないのではないか。大橋の知名度が低いこと」を心配した。また「四月の千葉市長選挙では共産党と共闘したが、同時に行われた市議会議員補欠選挙では地盤を荒らされた」という被害者意識を強く持っていた。「出来るだけ早く社公民で組織協定を結び知事選を戦いたい」と社会党に要望した。

（４）共産党、政策と組織協定で判断

社会党の共産党に対する要望は「共産党が独自候補を立てて革新票を割ることだけは避けて欲しい」ということだった。社会党が考えた案は社公民と県労連などが一つの確認団体をつくり、実際の選挙は社公民と社共が別々に選挙事務所を作り戦う体制であった。社会党の提案に対し共産党は「誰を候補者にするかより政党や候補者が政策と組織協定が結べるかどうかが判断基準だ」とした。「協定が結べないなら独自候補を検討する」という対応であった。協議の結果、社会党が組織協定の折衷案として出して来たのが「大橋後援会が確認団体となり、社公民、社共が個別にこの確認団体と協定を結び選挙を戦う」というものであった。この案だと共産党と公明、民社党の間で協定を結ぶ必要がなくなるからであった。この提案に共産党は反対した。「政党が確認団体の中に入って候補者と組織、政策協定を結んでこそ本当の共闘だ。それが出来なければ県民に対する責任は果たせなくなってしまう。政策案では他党のことを考慮して党の主張をセーブしたのだから、組織協定では共産党の考えを取り入れて欲しい」（佐藤二郎党県政策委員長）と対応した。

（５）候補者大橋に決まる

社会党は当初から加瀬完参議院議員か大橋和夫県教育長を対象としていた。しかし共闘選挙で一党が独走す

ると他党の反発を招き、形式だけの共闘に終わる恐れがあることを心配していた。八月始め、木原や金瀬俊雄両代議士は大橋教育長と密かに会い、「知事選に出る意思はないか」と打診した。なぜ大橋に打診したのかには理由があった。一九六七年（昭和四二）九月、山下重輔教育長が退任し、文部省出身の鈴木勲（前・文部省大臣官房総務課長）が就任した。地方公務員である小中学校、高校の教師たちの組合である千葉県教職員組合（千教組）と県立高等学校教職員組合（高教組）は、給与改定の人事院勧告の完全実施を求めてストライキを実施した。県教育委員会は違法なストに参加したとして小、中学校一三六八人、高校一八九二人の教職員に賃金カット、次期ベースアップ三ヵ月延期を含む処分を行った。これに対し両組合は「人事院勧告通りに給与を支払わなかった責任は取らずに、我々を処分するのは納得が出来ない。教職員（公務員）だからストライキ権がないとするのは、基本的権利を踏みにじる行為だ」と抗議し、県に行政不服審査請求を行い闘った。県庁九階の教育委員会事務局へ連日押しかけ、「鈴木教育長は文部省に帰れ」と声を上げた。比較的穏やかだった教育界に文部省と日教組の対立が持ち込まれることになった。その後も毎年処分が行われ六九年、七〇年には計二三七三人の教職員が戒告以上の処分を受けた。学校の教員室の空気はとげとげしくなり、先生同士の不信感も生まれ子どもにも影響が出ていた。七一年七月、事態収拾の役目を背負って大橋（県企画部長）が教育長に就任した。就任最初の県議会で自民党渡辺議員（県連幹事長）の追及に、大橋は「学校を刑務所にするような教育行政にしたくない」、「処分は組合幹部程度で収めるのが良いと思っている」と答弁した。その対応を評価した組合側は提訴を取り下げた。大橋教育長の対応に自民党県連主流派は県議会でさらに激しい追及を行った。「学業を放棄する反社会的な教師集団に鉄槌を加え、教育の現場を正常に戻せ」と、あくまでも「断固たる処分を行うように」と追及した。大橋は「行政当局と現場の対立は子どもを置き去りにし、教育の破壊につながる」とし、ハト派路線を貫いた。この姿勢に保守派は「教育長は組合追従的だ」と批判し、大橋に教育長を任せた友納知事に不信感を募らせた。七四年一〇月二一日、社会党県本部は各党に「知事候補者は大橋で異論がないか」と打診することを決めた。一〇月二六日、社会党は県本部臨時大会を開き、大橋推薦を決めた。今後の対応は木原委員長以下三役に一任するとした。一一月一日、社会党県本部山村実選対委員長は公明党県本部（本部長・上林繁次郎参議院議員）を訪れ「加瀬ではなく大橋県教育長でどうか」と申し入れた。六日、公明党は社会党に対し「革新県政実現のためには加瀬を立てるべきだ」と回答した。しかし一一月一二日、公明党県本部は社会党県本部に「次期知事選の革新統一候補として大橋県教育長の擁立を受け入れたい」と回答した。理由は「革新知事誕生の絶好の機会であり、候補者人選をこれ以上遅らせてはならない」（同党森田景一県本部書記長）と述べた。一一月一九日、共産党県委員会（委員長・木島宏）は知事選に対する態度を明らかにした。内容は「①政策協定と組織協定が出来てから候補者の人選に入るべきである、②一七日に社公民は革新統一候補者として大橋県教育長に正式出馬要請をしたが同意出来ない、③民社党が野党共闘に共産党が加わることを拒否しているが革新県政実現にとって許される態度ではない、④我党は共闘に参加出来ないので友好労組や民主団体と独自候補の擁立を検討していること」を明らかにした。しかし林長太郎党選対部長は「この声明は候補者として大橋を拒否したものではない」と述べた。一一月三〇日、民社党県連は千葉市内の国保会館で定期大会を開き、知事選に対する方針を決めた。その内容は「①社公民三党共同で自民党県政を打倒し、県民本位の革新県政実現のため広く県民の結集を図る、②これまでの社公民の話し合いの経過を踏まえ統一候補として大橋を推薦する、③共闘の政策や組織は社公二党と協議し、統一的に対処する、④社会党が社公民と並行して社共両党で共闘の交渉をしているが、民社党は共産党と同一テーブルにつくことはない。両党の話し合いには干渉しないが、社公民共闘への共産党とのブリッジ方式の共闘は拒否する」（吉川成《なる》夫《お》県本部副委員長）と決めた。同じ三〇日、社会党県本部と社会党を支持する県内文化人有志との懇談会が千葉駅ビルで行われた。懇談会には佐久間彊千葉経済学園理事長など六人が参加した。その席で木原県本部委員長は「①大橋に一七日に出馬要請を行った。そのタイムリミットは一二月一二日の県議会最終日とした、②大橋は身辺の整理をしていると聞いている。出馬はほぼ間違いない」と述べた。一一月一三日、椎名彰光町長ら近隣四町長が知事室を訪れ友納に四選出馬を要請した。一二月初めには多田勇（昭和二〇年代の自由党衆議院議員、友納三選時の選挙事務長）、磯貝豊（前教育委員会委員長）、森桂一（千葉大学名誉教授）らが友納に四選出馬を要請した。友納は「四選に出る気はない」と断った。多田らは友納四選が無理だと分かると腹心の大橋教育長を担ぎ出す方向に切り替え「県民の県政を守る会」を結成し同月二〇日、大橋支援を決めた。(28)

一二月一二日、社会党上野、村山実両副委員長と共産党林長太郎選対委員長、佐藤政策委員長との協議が行われた。協議の目的は、①革新県政実現のためには全野党が共闘体制を組んで戦うこと、②共産党が候補者の選考に参加出来る状況を作ることであった。両党は全野党が協力して戦うことを確認した。

（6）学者や文化人などの動き

一二月一九日、県内の学者や文化人ら有志六一人は「革新県政実現について」の声明を出した。声明は「県民本位、福祉重点の革新県政を実現するためには政党だけの〝密室協議〟に任せてはおけない。革新県政を目ざす全ての政党や団体、個人が結集し、県民の力で県民のための知事を誕生させよう」と訴えた。この声明を社公民共四党、主要な労働組合に送り、少なくとも三桁以上の賛同者（含む団体）の署名を集め、懇談会を持つ計画とした。

（7）大橋和夫・立候補を受託

一二月二七日、社公民や県労連（議長・高橋保）、「県民の県政を守る会（代表・多田勇）」、社会党を支持する文化人有志で結成した「県政に革新を求める会」などから出馬要請を受けていた大橋県教育長は、千葉市内の教育会館で社公民三党と三団体に対し立候補を受諾すると応えた。大橋は「①知事は一党一派に偏すべきではなく、住民の幸せを実現すれば良い、②保守か革新かの対決ではなく、保守も県民であるとし〝無所属で出馬する〟」と表明した。この表明には保守層が組織した「県民の県政を守る会」などへの配慮があった。大橋の

〝無所属発言〟は社公民の「革新」の強調とは微妙な表現の食い違いを見せた。一方、共産党を支援する人達は、県政の革新を求めて「革新県政を期す会（座長・奥山順三県民医連名誉会長）」、「革新県政実現をめざす市民団体連絡会」などを結成した。県労連内の自治労（現・自治労連）は政党中心の知事選を労働組合や市民団体中心に転換させることを目ざし動きを強めていた。

（三）川上知事の誕生

(1) 川上と大橋の対決に

① 川上陣営の選挙体制

一二月二日、自民党県連は川上副知事が知事選に勝利するためには友納知事の支援が必要だと考え、友納知事を訪ね支援を要請した。友納知事は「私は自民党員として川上さんを支持している。しかし支援については考えさせて欲しい」と要請を断った。

一九七五年（昭和五〇）三月二日、「住みよい千葉連合（代表・川名正義）」主催の「川上氏を励ます集会」が県営体育館で行われた。集会には三木武夫首相、友納知事、党県連千葉会長、水田代議士、菅野参議院議員など自民党の衆参議員、農業、漁業団体代表など一万人が参加した。来賓の挨拶の後、川上が登場し「千葉県は一級県になった。友納知事の功績は誠に大きい。空港問題など様々な課題が山積しているが、友納知事の考えを継承して行きたい」と〝友納路線〟の継承を力説した。友納知事と川上が握手する場面も演出され、参加者に〝挙党一致体制〟を印象づけた。川上は自民党を離党し、無所属で立候補すると表明した。三月一二日、川上は基本政策を発表した。基本政策は前段で「〝友納県政を継承〟し、残された空港や富津埋立て問題などを解決すること」を強調し、政策の柱は次の六項目とした。①未来を切り開く教育の振興、②心のふれあいを大切にする県政、③税金を安くする、④過密、過疎の格差是正、⑤物価問題の解決、⑥美しい郷土を守るであった。その中で「最近始まった高校進学志望の自由を奪う学校群制度の再検討」を挙げ、前教育長大橋和夫との対決姿勢を鮮明にした。

② 大橋陣営の選挙体制

一九七五年（昭和五〇）一月七日、大橋は浅野毅一県教育委員長に辞表を提出した。一一日、大橋は社公民三党と政策協定に調印した。大橋は出馬要請のあった三党と県労連、新たに加わった千葉地方同盟（会長・秋山禎二）の五団体で「千葉県に革新県政をつくる会」を結成し、これを知事選の選挙母体にすることを決めた。同会は加瀬完社会党参議院議員、上林繁次郎公明党県本部長、加藤正蔵民社党県連委員長が代表委員となり、三党と県労連、地方同盟から事務局員を派遣することを決めた。しかし同会は「確認団体は大橋後援会」とした。一月二一日、社会党は「千葉県に革新県政をつくる会」常任委員会で、「共産党は独自候補を立てず、大橋を支持することで社会党県本部と合意した」と報告した。社会党との協議では社共両党、県労連、「革新県政をのぞむ千葉県学者・文化人の会」などで「革新県政協議会」を結成し、「大橋とは政策協定を結ぶが組織協定は結ばないことで合意した」と説明した。その結果、確認団体となる大橋後援会を「千葉県に革新県政をつくる会」と「革新県政協議会」の二つの組織が支える選挙体制（ブリッジ共闘）となった。二五日、「革新県政協議会」の社共両党、「学者・文化人の会」、県労連の四団体は知事選で大橋を推して戦うことを確認し、組織協定と政策協定に調印した。社公民、社共が二つの選挙事務所に分かれて知事選を戦うこの体制には大きな制約があった。社公民など「千葉県に革新県政をつくる会」の提案には、①宣言カーや法定ビラ等に共産党の名前は出さない、②大橋は「革新県政協議会」の集会には参加しないなどがあった。そのため大橋は「革新県政協議会」に対し確認書（「政策協定を尊重し、その実行に誠実に努力する」）は提出したが、集会には一度も顔を出さなかった。三回の法定ビラの配布分担なども曖昧であった。この提案では「革新県政協議会」に結集する住民団体や労働組合が力を発揮出来る保証がなかった。

(2) 友納知事の中立発言の波紋

三月一四日、知事選への態度が注目されていた友納知事は自民党県連伊能選対委員長に「川上の応援、大橋の応援もしない」と親書を届けた。〝中立宣言〟であった。これまで自民党員として川上支援の集会に出席していたが、この〝宣言〟で今後は川上の支援集会には出席しないことになった。この日、午後四時半から知事応接室で記者会見を行い、「誤解を避けるため」と前置きし、「川上氏は私の副知事として支えてくれた人。大橋氏は企画部長として行政代執行の時には指揮を取ってくれた恩人。その後、教育長として支えてくれた。私の気持ちは義理で川上、情で大橋だ。したがって今回の知事選は〝中立的立場〟で対応したいと思っている」、「自民党などの批判は甘受する」と述べた。この〝宣言〟は友納知事の川上不支持と受け止められた。党県連に〝反旗〟を翻した行為であり、投げかけた波紋は大きかった。一五日、千葉市内のニューパークホテルで大橋の著書『河童の反骨』の出版記念会があった。友納知事は出版記念会の発起人となっていたが、先の発言もあり代理として真弓夫人が駆けつけ挨拶をした。「いつも私は主人をこき下ろしておりますが、今日は別。苦境に立った時の我慢強さ、反骨精神は主人と大橋さんに共通のものがある。それに大橋さんは思いやりの精神のある方」と支持を表明した。

(3) 知事選がスタート

三月一九日告示、四月一三日投票で知事選挙が始まった。有権者数は二七三万七五五七人(前回比四八万人増)であった。両陣営は一〇〇万票を獲得目標に選挙を戦った。新聞は一斉に〝保革対決〟と報道した。

① 川上候補の動きと選挙公約

川上紀一(五五歳)は前年八月に副知事を辞任し、早々と選挙準備に入り全市町村に後援会作りを進め、各種団体に働きかけ「住みよい千葉県民連合」を結成していた。後援会の参加者は一五万人と言われ、「県民連合」には県医師会や遺族会などをはじめとして農業、漁業、商工団体等二五〇団体約二〇万人が加入していた。川上を推薦した自民党県連は伊能選対委員長が選挙責任者を務め、臼井壮一県連会長代行、浜田幸一代議士がこれに協力する支援体制を組み、保守の砦を死守しようと頑張った。川上は出身地（富浦町）の安房地域をはじめとした衆議院議員選挙の二、三区の郡部で優勢と見られていた。大橋は一区の都市部で優勢と見られていた。有権者数では二区、三区を合わせた数より一区の方が多いため一区の票の出方が勝敗のカギを握ると予想された。三月二六日から立会演説会が始まった。立会演説会で川上は「私は約三〇年の大半を千葉県一筋に捧げて来た。富津埋立てや成田空港問題などの懸案を副知事として携わって来たので責任を持って解決する。千葉県はこの三〇年間で大きく変わり発展した。川鉄を無税、無料の土地付きで誘致した時から隔世の感がある。しかし生じた公害に環境整備が追いついていない。過密過疎も今後解決して行かなければならない課題である。県政を六つの柱でやって行くとして、①教育の振興、②福祉の充実、③産業の振興、④地域格差の是正、⑤物価への対応、⑥環境の保全である。特に教育は次代を担う青少年に夢と希望を与えるものでなくてはならない。高校進学率は九五％となり、高校増設は急務となっている。公私立の格差をなくし、父母負担の軽減を行う。学校群制度はどの学校に入りたいという生徒の選択の自由を奪うもので廃止したい。入試の激化をなくすには学校をつくり、学校差をなくすために教師の適正配置を行う。福祉は施設や老人に助成を行い、保育所も増設して行く。過密過疎対策は積極策が必要で農村は生活団地を中心に農村生活環境を整備し、農村にも都市と同じ社会整備を図る。水産業も高所得産業へと新たな観点から対策を立てる。物価は東京からの生産物のUターンをなくし、市場を整備する。知事の権限の公共料金は全て据え置く。人間尊重を基本に自由を守り、千葉県をつくる」と述べた。

②大橋候補の動きと選挙公約

大橋和夫（四六歳）は立会演説会で「県民党の立場を維持し、革新から立候補した。フレッシュで実行力ある県政を実行する。物価高、金権政治などから生じた政治不信を取り除くことが知事の使命だと思っている。相手候補と私の根本的相違点は三つある。①立っている基盤が違う。相手候補は自民党一つだが、それもニューライトと言われた友納知事が中立宣言をせざるを得ないほど保守良識派を離れさせた自民党である。私は一つの政党一つの組織ではなく、多くの政党、多くの組織の支持を受け、幅広い推薦を受けている、②歴史の歯車をどちらに回すのか。相手候補は逆に回す者。私は若い世代と古い世代の大きな架け橋として正しい方向に回す、③地方自治への考え方にも違いもある。私には誰とでも話し合い、誰とでも相談が出来る力がある。私は何のヒモもない庶民の自治を目ざす。差別なく困っている人を診療する地方行政の開業医。相手候補は権力者の自治を進める人。この三原則を基本に七つの基本政策を実行したい。①暮らしを守る県政。千葉県にとって何が一番大切かを考え、産直、流通対策の強化、首都圏広域生活圏構想を基本に新しい料金体系をめざす、②公害と災害から県民を守る。住民サイドに立った対策を進める、③第一級の文化県、教育県にして行く。子どもたちのために公、私立の格差是正と父母や市町村の意見を尊重する。若い感覚に期待し県民文化会議を開催し基本戦略を練る、④食糧供給の立場から消費者と一緒になって農漁業中心の県政を進める、⑥中小企業は戦後最大の不況を迎えている。近県が結束し国の政策の転換を要求して行く、⑦過密過疎解消に努める。この分野が最も遅れている。国の縦割り行政に対し千葉県は市町村と一緒になって対応し、首都圏に働きかけ是正させる。過疎問題は鉄道網の整備、九十九里の観光開発などを行い、なだらかな人口増を図る。知事のポストが党利党略、金権に汚されてはならない。民主主義の基本、住民自治を守り、科学的な県政を目ざす。座っているのではなく現場に出かけて行くフレッシュな県政を実現する」と述べた。

(4) 川上、大差で勝利

四月一三日、知事選が行われた。投票率は六八・二八％（前回六四・六五％）で前回を三・六三％上回った。過去九回の知事選で二番目に高い投票率となった。知事選には二人しか立候補者がなく、保革一騎打ちの闘いとなった。選挙結果は川上九八万八五二〇票、大橋七八万七〇九四票であった。川上は大橋に二〇万票余の大差をつけて圧勝した。同時に行われた県議会議員選挙では公明、共産両党は二人増、民社党は一人増やした。社会党は前回より二人減となった。保守系無所属を含めた自民党は県議会議員定数七九人の内五四人を占め、川上与党は絶対多数となった。川上の選挙は県内の業者組織が産業別、業種別に網羅され、その上に自民党代議士後援会をオーバーラップさせるこれまでにない試みの戦いであった。その結果、川上の出身地であった県南部、東部（衆議院議員選挙区の二・三区）をはじめ全ての町村で大橋に対して二倍から三倍の大差をつけて勝利した。厳しいと予想された都市部（同一区）でも互角以上の戦いを行った。大橋が勝利したのは二六市の内九市のみであった。都市部で大橋が一万票以上の大差で川上に勝ったのは千葉、船橋、松戸の三市だけであった。川上も大橋も無所属でお互い〝県民党〟を名乗り、政策もあまり違いがなかった。唯一の争点となったのは学校群制度の存続の是非くらいであった。世論調査では序盤大橋がリードしていたが、自民党は友納知事の「中立宣言」が引き金となり、党内の危機意識が高まり、組織が引き締まり勝利に繋がった。大橋は社公民共闘を重視し社共共闘を軽視した。共産党や文化人、市民団体は選挙活動を制限されたため充分な力が発揮出来なかった。ブリッジ共闘の要となった社会党の責任は大きかった。そのことは県議選での社会党議員の後退にも表れていた。

選挙が終わり各野党が談話を出した。社会党高山秀次郎県本部書記長は「初めての全野党共闘であったが共闘の成果を出しきれなかった。候補者の決定が遅かったことも敗因だ」と述べた。公明党鳥居一雄副委員長は「各団体の自主性を尊重した今回の共闘方式の限界だ」と述べた。民社党加藤県連委員長は「日頃の活動の中での協力が必要だった。選挙の時だけの共闘では力にならない」と述べた。不平等な扱いを受けた共産党木島県委員長は「最大の敗因は共闘内部にあった。我党や住民団体の手足を抑えて票だけを期待し、保守層からも票を貰おうという小細工を克服出来なかったからだ」と述べた。(29) 五月一日、自民党県連は友納前知事に離党勧告、多田元衆議院議員を除名処分とした。両者の処分は大橋候補を支援したことが理由であった。友納は

「何も言うことはない」と述べ、菅野参議院議員を通じて離党届を提出した。（その後）大勝した川上であったが、選挙中のあせりから一九七四年（昭和四九）三月六日に東京の実業家深石鉄夫ニッタン社長から選挙資金五千万円を受け取っていた。そして、数年後この事件が発覚し知事を辞任した。五年八カ月知事を務めて受け取った川上の退職金は三二〇〇万円であった。

注

（1）千葉県立中央図書館蔵「千葉日報」一九七〇年二月二七日付
（2）前掲図書館蔵「毎日新聞千葉」一九七〇年一一月一八日付
（3）前掲図書館蔵「千葉日報」一九七一年三月一八日、一九日付
（4）千葉県選挙管理員会「過去の千葉県知事選挙（一般選挙・補欠選挙）の結果」より作成
（5）前掲図書館蔵『千葉県議会史』第八巻（千葉県議会、二〇〇三年）九頁
（6）千葉県選挙管理員会「過去の千葉県議会議員選挙（一般選挙・補欠選挙）の結果」より作成
（7）前掲図書館蔵「朝日新聞千葉」一九七二年一二月一二日付
（8）前掲図書館蔵「朝日新聞千葉」一九七一年一一月二〇日付
（9）前掲図書館蔵「毎日新聞千葉」一九七一年一二月三日付
（10）前掲図書館蔵「千葉読売」一九七一年一二月一〇日付
（11）前掲図書館蔵「千葉日報」一九七二年九月二七日付
（12）前掲図書館蔵「朝日新聞千葉」一九七二年一〇月二〇日付
（13）前掲図書館蔵『戦後船橋と市職労の五〇年・上巻』五七二〜五七三頁
（14）前掲図書館蔵「毎日新聞千葉」一九七四年一一月一五日付
（15）前掲図書館蔵「千葉日報」一九七一年四月八日付
（16）前掲図書館蔵　友納武人著『続・疾風怒涛』（千葉日報社、一九八四年）六〇〜六一頁
（17）前掲図書館蔵　千葉県自然保護連合『房総の自然を守る　第3集』「千葉ニュータウン開発の実像」一二九〜一三一頁

（18）前掲図書館蔵　小川国彦著『新利権の海――青べか物語の浜から』（社会新報、一九七三年）一六六～一七一頁
（19）前掲図書館蔵「朝日新聞千葉」一九七一年一〇月二三日付
（20）前掲図書館蔵　川名登編『郷土千葉の歴史』（ぎょうせい、一九八四年）池田宏樹論文　三六六～三六八頁
（21）前掲図書館蔵「千葉日報」一九七二年二月一九日付
（22）前掲図書館蔵　千葉県自然保護連合『房総の自然を守る　第3集』「房総スカイラインの巡検」八七頁
（23）「日本医師会通史」一一七～一二三頁
（24）前掲図書館蔵『続・疾風怒涛』八九～一〇〇頁
（25）前掲図書館蔵　千葉県史料研究財団編『千葉県の歴史、歴史　別編　年表』（千葉県、二〇〇九年）三八四頁
（26）前掲図書館蔵『続・疾風怒涛』二九〇～二九二頁
（27）前掲図書館蔵『千葉県議会史』第八巻　七七六～七七七頁
（28）前掲図書館蔵『千葉県議会史』第八巻　一九四頁
（29）前掲図書館蔵『千葉県議会史』第八巻　一九六頁

終　章

一　大型開発で変貌した千葉県

友納県政の一二年は、日本経済が高度成長の最盛期から末期を迎えた時期と重なっていた。一九七五年（昭和五〇）四月一六日、友納知事は県庁職員を前にした退任挨拶で「私は常日頃知事も職員も県民の使用人であるという立場で仕事をして来た。副知事時代を含めた二〇年間で千葉県の基盤である鉄道や河川、上下水道、農水産業などの基礎・土台造りに努力し、県の力を付けることが出来たと思っている。そこに新しい知事と職員が種をまき、美しい花を咲かせて欲しい」と述べた。(1) 確かに友納県政は東京湾を埋立て京葉工業地帯を造成し幕張新都心構想、千葉ニュータウン計画、内陸工業団地の造成、成田空港建設など開発行政に取組み房総半島を変えた。浦安市から富津市までの海は三井不動産などによって埋立てられ、漁民は安い補償金で海を手放した。臨海工業地帯には石油や電力、鉄鋼など大企業が続々と進出した。県には法人事業税や固定資産税などが納税され、全国で有数の財政力のある県になった。しかし急激な開発は、自然を破壊し大気汚染や地盤沈下などの公害を生み出した。

二　県民格差の広がりと公害の激化

「友納県政で県民は幸せになれたのか」ということが本書の研究テーマの一つであった。埋立てにより大企業は安く土地を手に入れ、工場を進出させ繁栄した。しかし多くの県民は企業がもたらした公害で自然環境が破壊され、人体が蝕まれる結果となった。公害から命を守ろうと県民が挑んだのが川崎製鉄六号高炉増設反対の闘いであった。房総半島を航空写真で見ると東京湾岸は砂浜がほとんどない。緑に覆われていた丘陵地帯は至る所が削りとられ、ゴルフ場や山砂利採取で褐色化した場所となっている。知事は三選目、開発のヒズミを是正することを公約に知事選挙を戦った。しかし過密（千葉市周辺や東葛地域）と過疎（県南・北総地域など）化は一層拡大し、解決出来なかった。県民所得も格差が拡がった。人口が急増した都市部では医療施設や学校、福祉施設、住宅などが不足し、道路渋滞などが発生した。農漁村地域では過疎化が進み後継者不足が深刻となり耕作放棄地が増え、漁業が衰退した。総合的に考えると「友納県政は県民を幸せにすることが出来なかった」と言えるのではなかろうか。

三　友納知事退場の真の原因

友納知事は一二年間、自民党県連内の友納支持派と反支持派の対立の中で県政を行った。二期目以降は反支持派が県連の主導権を握り議会運営に苦労した。知事の計画は思い通りに行かなくなった。また副知事は反支持派との妥協で一期目の当初は渡辺一太郎が、その後の一一年間は同じく反支持派の影響力の強い川上紀一であった。三期目の知事選の六カ月前には川上と知事選に出馬するしないで確執が生まれ、溝が深まった。そのこともあり三期目の任期一年を前にして〝知事辞任〟を公言した。それ以降知事はレイムダック状態となり、残務整理に追われる日々となった。三期目の公約として取組んだ新東京国際空港開港や富津埋立ての処理は新しい知事に引き継がざるを得なくなった。マスコミはこうした状態が知事退場の原因だと分析している。確かにそうした経緯は事実であり否定は出来ない。しかし私は次の点が真の原因ではなかったかと思う。

友納県政は大型開発を強力に進めるため県財政に沢山の特別会計と公社をつくり、そこで開発事業を推進した。その結果、起債（債務負担額）が三期目には一般会計予算の二・八倍に増加していた。また日本経済の二度の危機（七一年八月のドルショック、七三年一〇月の第一次オイルショック）の影響で県財政は企業からの法人事業税などが激減し、開発事業は全く見通しが立たない状態に追い込まれた。その上に開発による公害が発生し、二期目以降は各地で公害反対運動が起こり、三期目には反対運動は組織化され激しさを増していた。このことが影響し、与党自民党の中からも県議会や集会で公然と友納知事の開発行政を批判する者（県議会で自民党村上睦朗県議は知事が銚子市に東京電力火力発電所を誘致することで公害が拡大すると反対した）も現れた。三期目の知事選に至っては友納知事の開発県政の賛否を争点とする無所属候補者（柳沢正毅自民党県議、反友納派）まで現れた。こうした動きの中で友納知事は三期目の選挙公約に「公害の解消」を入れざるを得なくなった。三期当選後、国からも富津工業地帯造成に反対され、「規模縮小と無公害企業の誘致」、「三井石油化学など公害企業は進出を認めない」と言わざるを得なくなった。親しい関係にあった三井グループなどとの関係も対立が生まれていた。こうした自らの政策の行き詰まりが県政を続ける意欲をなくす原因となったのではないかと考える。

四　県民運動の残した課題

一九七〇年代の日本の工業地帯では公害が発生し、「公害列島日本」と呼ばれた。各地で公害反対運動が盛り上がり、その運動の中から革新自治体が誕生した。千葉県でも千葉市や市原市を中心に公害反対の運動や組織が誕生した。そうした運動の中から公害をなくすためには知事や自治体の首長を変えなければ解決出来ないと千葉市の市長選挙（七四年四月）や県知事選挙（七五年四月）が戦われた。しかし両選挙とも政党の組み合わせが中心となり、県民が主体となった選挙とはならなかった。ポスト県知事選については「友納四選不出馬と後任の知事選び」で記述した。しかし筆者は革新側はなぜ敗北したのか、その原因について深く分析はしていなかった。そこでここで分析し、今後の課題を考えることにした。

①革新統一を目ざす時、社会党の一部や民社党、公明党の中には共産党が一緒に参加する選挙はしたくないという〝反共アレルギー〟が強く存在していた。言うまでもなく政党は共通の政治的目的を持つ者によって組織された政治団体である。それ故に政党毎に違いがある。その違いをお互いの政党が認め合い、リスペクト（尊重）するから共闘が成立するのである。大橋候補の知事選挙では政党間にリスペクトが欠けていた。これらを克服するため学者や文化人が間に入って努力した。共闘は社公民と社共のブリッジ共闘となってしまったが学者や文化人の果たした役割は大きかった。現在の選挙（衆議院選挙や首長選挙）では市民団体や学者・文化人が繋ぎの役割を担って活躍している。最近、東京都の区長選や市長選で革新共闘が実現し勝利している。リスペクトが実現出来れば大きな力を発揮し勝利することは可能なのではなかろうか。

②労働組合は自分達の待遇改善の運動に目が奪われ、地域で起きている課題には無関心な組合が多い。また市民団体などと一緒に運動すると主導権を奪われ、組織内部まで干渉されるのではないかという企業意識が強くある。県労連内の多くの組合にはそうした体質が存在していた。労働組合の体質改善も必要であった。

③政党や労働組合は選挙になると地域の繋がりを重視するが、日常的な地域運動には参加しない傾向がある。日常的な活動なくして信頼や共闘は生まれない。知事選の総括で民社党県連の加藤正蔵委員長が「日頃の活動の中での協力が必要であった。選挙の時だけの共闘では力にならない」と述べているがその通りだと思う。(2)

④住民（市民）団体は個別課題で結成された者の集まりであるため、自治体行政に必ずしも精通していると

は言えない。日頃から県政についての学習や分析活動を行い、政策能力を高めておくことも必要であった。どのような県政をつくりたいのか、政策を県民に示すことも大切な仕事であった。

⑤人口急増地域の住民は昼間は東京などに通勤し、夜や休日を地域で過ごしているため、地域で起きている問題にあまり関心を示さない傾向にあった。そのため地元の選挙の投票には行かない。一方、農漁村地域では自民党に任せておけば何とかなるだろうという他力本願的意識が強かった。そこが自民党の支持基盤となっていた。友納県政期に行われた県議会議員選挙では無投票選挙区が幾つも存在していた。

これら五つの課題の解決は難しいが、この課題が克服出来ないと千葉県には革新知事実現は難しいのではなかろうか。

千葉県では友納県政が敷いた大型開発行政は、その後知事となった川上、沼田、堂本、森田、現・熊谷県政にも引き継がれ今日を迎えている。県民が主人公となる県政の実現が求められているのである。

注

（1）千葉県立中央図書館蔵「毎日新聞千葉」一九七五年四月一七日付
（2）前掲図書館蔵「朝日新聞千葉」一九七五年四月一五日付

あとがき

　実兄の池田宏樹は二〇二〇年（令和二）一月、アルファベータブックスから『戦後復興と地域社会――千葉県政と社会運動の展開』を出版した。この本は戦後千葉県の知事を務めた初代小野哲《あきら》から広橋真光《ただみつ》、柴田等知事までの県政について分析し記述した書である。入稿した直後の一九年（平成三一）三月下旬に兄は持病が急変し病院に入院した。幸い短期間で退院出来たが、校正作業に耐えられる健康状態への回復は困難となった。そこで弟の池田邦樹と友人の浮辺厚夫氏（岩手県花巻市「ケンジの宿」前経営者）に校正の依頼があった。私は千葉県政には興味はあったが、戦争直後からの千葉県政については不勉強であった。その後、兄は健康を回復し二一年（令和四）四月、同社から『大型開発と地方政治――沼田・堂本・森田三知事の千葉県政』を出版した。その校正も浮辺氏と一緒に手伝うことになった。二冊の本の完成で戦後の千葉県政の記述で残されていたのは「友納県政の一二年」だけとなった。そのこともあり兄は執筆構想を練っていた。しかし、八四歳の高齢を迎え体力的にも無理だと判断し、二一年八月頃、私に「執筆を託したい」との相談があった。「無理だ」と断った。しかし兄は「手伝うから」と強く要望した。しばらく考えた。私以外にこの分野を執筆出来る人もいるはずだと。頭に浮かんだ人達は高齢で多忙な人達だった。そのこともあり九月、引き受けることを決意した。そこで友納県政期を書いている本にはどのようなものがあるのか調べてみたが、次の三冊しかなかった。『自治労千葉の三五年（房総の現代）』と千葉県刊行の『千葉県の歴史（通史編近現代三）』、『千葉県議会史（第七・八巻）』である。『自治労千葉の三五年』は友納県政をコンパクトに分析した力作である。しかし目的は、千葉県の自治体に働く労働者の闘いの歴史書であり、全ての分野について書かれたものではない。『千葉県の歴史』は千葉県の立場から友納県政が取組んだ課題について書いた歴史書である。しかし、その過程で発生した影の部分や県民の運動はあまり触れられていない。『千葉県議会史』は県議会で各党が県政の課題に対し、どのように考えていたのか、それに対し友納知事はどのように答弁したのかを記述した書である。当時の状況を知るうえで大変参考になった。その他に友納は知事退任後に『疾風怒涛』と『続・疾風怒涛』という二冊の本を出版している。両書には知事時代の思い出が書かれている。また関係者が当時の苦労やエピソードを寄せている。知事の書であり、県政を知る上で参考になった。執筆に際し活用した「参考文献」は序章に列記した書物である。それでも足らない箇所は、県立中央図書館に通い、その時期に書かれた新聞記事（千葉日報、朝日新聞千葉、毎日新聞千葉、読売新聞千葉、サンケイ新聞千葉）で該当箇所をマイクロフィルムからプリントし、当時の様子や雰囲気をイメージし活用した。五〇年以上前のマイクロフィルムは劣化が激しくプリント出来ない記事も多数あった。そのためちば情報課 千葉県資料室の石川歩、中田典子、森山美恵女史には別の資料をプリントしてもらい、大変助けていただいた。こうした経過を踏まえて本書は記述している。本書の完成で戦後の千葉県政が全て繋がることになる。兄は長年千葉経済短期大学で千葉県の近現代史を講義していた。そのこともあり随所でアドバイスを受けた。また執筆の心構えや注意点、参考文献、貴重な資料などを段ボール箱四個も渡された。また、上述の『戦後復興と地域社会』や『大型開発と地方政治』出版で一緒に協力しあった浮辺氏には激励を受けた。最後になって恐縮だが、アルファベータブックスの結城加奈女史には、編集にあたり大変ご尽力をいただいた。また代表の春日俊一様には出版不況が続いている中で便宜を図っていただいた。

本作成に係わっていただいた全ての皆さんのご協力がなかったらこの本は生まれなかったと思う。ご厚情に心から感謝したい。スタートから二年半が過ぎ、やっと完成に辿り着くことが出来た。この本が若い人々に千葉県の戦後の変貌を知る上で一つの参考になれば幸いである。

二〇二五年（令和七）三月

池田　邦樹

友納一期県政

（表１）昭和40年度一般会計歳出決算額　P31, 92, 98

	決算額	構成比
議会費	189,648千円	0.3%
総務費	2,898,620	5.2
民生費	2,082,691	3.7
衛生費	2,261,111	4.1
労働費	360,921	0.6
農林水産業費	7,663,002	13.7
商工費	2,598,801	4.6
土木費	12,035,597	21.5
警察費	3,291,001	5.9
教育費	19,937,209	35.8
災害復旧費	628,040	1.1
公債費	1,516,220	2.7
諸支出金	434,035	0.8
合計	55,897,166	100.0

（出典）『千葉県議会史』第７巻　83頁

（表２）京葉工業地帯造成で漁業権を放棄した漁協名と組合員数、交渉妥結日、補償面積、補償額　P51

漁協組合名	組合員数		交渉妥結日	補償面積	補償額	備考
	正組合員	准組合員				
千葉市蘇我	257人	117人	29, 10, 8	114ha	170,090千円	一部放棄
五井町君塚	139	4	32, 9, 16	320	274,700	一部放棄
市原町八幡五所	669	124	32, 10, 23	773	1,252,000	
五井町五井	694	288	33, 12, 29	114	285,000	一部放棄
五井町君塚	139	4	34, 10, 26	137	360,422	
五井町五井	694	288	36, 3, 20	721	3,293,639	
今津朝山	241	–	36, 7, 5	663	2,267,311	
君津町	217	–	36, 8, 10	556	1,502,218	
青柳	301	–	36, 9, 15	779	2,711,596	
姉崎町姉崎	439	–	36, 9, 22	470	2,451,936	
姉崎町椎津	173	27	36, 10, 30	264	1,447,644	
生浜	303	107	36, 12, 18	341	1,608,829	
松ケ島	62	–	37, 2, 2	88	458,602	
浦安町	1,245	–	37, 7, 13	1,241	1,573,137	一部放棄
浦安第一	432	–	同上	同上	550,225	一部放棄
船橋市	982	209	37, 9, 24	180	368,974	一部放棄

習志野	831	–	38, 8, 8	176	334,530	一部放棄
代 宿	186	–	38, 9, 16	181	387,166	一部放棄
久保田	186	14	38, 9, 18	同 上	442,629	一部放棄
千葉市千葉	1,910	–	38, 9, 24	1,401	4,810,263	
坂 田	121	1	40, 5, 26	450	1,043,315	
習志野	235	–	40, 5, 28	12	19,726	一部放棄
幕張町	617	–	40, 8, 25	94	171,300	一部放棄
千葉市蘇我	266	115	40, 9, 24	230	1,210,148	
代 宿	186	–	41, 2, 25	231	797,887	
久保田	200	–	41, 3, 9	270	1,809,955	
桜 井	257	35	41, 3, 15	297	1,835,255	
木更津市小浜	81	–	41, 3, 15	142	651,225	
木更津市畑沢	103	11	41, 3, 15	199	830,475	
検見川町	369	47	41, 3, 27	461	2,000,448	
千葉市稲毛町	448	116	43, 6, 21	525	1,928,860	
蔵 波	263	11	43, 6, 27	548	2,399,996	
千葉市今井町	20	4	43, 8, 27	10	72,704	
富津町富津	731	–	43, 11, 27	4,515	9,638,509	
船橋市	1,017	208	44, 3, 3	1,894	7,963,961	一部放棄
富津町青堀	335	–	45, 2, 18	807	4,491,468	
富津町青堀南部	267	–	45, 2, 18	715	3,699,094	
富津町新井	66	–	45, 2, 18	144	741,657	
習志野	831	1	45, 12, 1	643	3,431,539	
浦安町	1,296	–	46, 7, 26	3,288	11,081,782	
浦安第一	466	–	46, 7, 26	同上	3,986,445	
奈良輪	378	12	47, 2, 17	1,015	6,652,514	
幕張町	616	1	47, 7, 25	1,002	5,229,964	
船橋市	1,025	207	48, 3, 27	1,727	10,483,480	
木更津	308	2	48, 3, 28	359	3,133,592	一部放棄
木更津中央	44	–	48, 3, 29		359,715	
木更津第二	29	–	48, 3, 29		285,279	一部放棄
南行徳	222	73	51, 12, 27	65	2,919,450	一部放棄
市川市行徳	407	218	52, 5, 17		263,272	一部放棄
計	21,307	2,244		28,163	115,683,926	

（出典）千葉県立中央図書館蔵『千葉県企業庁事業のあゆみ』漁業補償状況 33 頁　平成 21 年 3 月発行　より作成

（表３）友納一期県政で造成した主な内陸工業団地　Ｐ53

工 業 団 地 名	所 在 地	事 業 年 度	団 地 面 積	事 業 主 体
野田市中里工業団地	野田市	1964～1965	33.6ha	県土地開発公社
野田市南部工業団地	野田市	1962～1966	50.6	県土地開発公社
柏機械金属工業団地	柏市	1963～1965	66.0	その他
北松戸工業団地	松戸市	1960～1966	66.0	その他
松飛台工業団地	松戸市	1962～1964	51.4	市町村公社
南習志野工業団地	船橋市	1962～1974	69.0	市町村公社
佐倉第一工業団地	佐倉市	1963～1964	51.9	県土地開発公社
小見川第一工業団地	小見川町	1965～1972	41.8	県土地開発公社
旭工業団地	旭市	1966～1968	12.5	県土地開発公社
八千代工業団地	八千代市	1963～1967	29.4	県土地開発公社
習志野工業団地	習志野市	1966～1968	5.5	習志野市
千葉鉄工業団地	千葉市	1963～1968	18.7	その他
土気(東京靴下)工業団地	千葉市	1965～1968	16.0	県土地開発公社
成東工業団地	成東町	1963～1965	17.1	県土地開発公社
東金工業団地	東金市	1966～1968	38.7	県土地開発公社
沼南工業団地	沼南町	1966～1968	17.9	県土地開発公社
根戸工業団地	柏市	1966～1969	18.7	市町村公社
白井第一工業団地	白井町	1966～1968	53.1	県土地開発公社

(出典)文教大学教育学部『教育学部紀要』1994 年第 28 号、菊池一郎論文 11 頁「千葉県工業開発図」
(平成５年１０月) より作成

（表４）友納一期県政期の世帯数、総人口、男性と女性数、対前年度増加数、女性 100 人に対する男性比　Ｐ73

年　月	世 帯 数	人　口　(人)			対前年増加数	女性 100 人に男性比
		総　数	男　性	女　性		
1950 年 10 月	407,609	2,139,037	1,036,932	1,102,105	37	94.1
1963 年 10 月	566,008	2,505,563	1,236,014	1,269,549	81,407	97.4
1964 年 10 月	607,457	2,610,198	1,293,285	1,316,913	104,635	98.2
1965 年 10 月	637,164	2,701,770	1,343,167	1,358,603	91,572	98.9
1966 年 10 月	675,162	2,786,225	1,389,083	1,397,142	84,455	99.4

(出典)　令和三年度『千葉県統計年鑑』15，世帯数及び人口の推移より作成

(表５)海浜ニュータウンの当初計画案　P 79

地　　区	造成主体	開 発 面 積	計 画 人 口	計 画 戸 数
稲毛地区	千葉市	428ha	64,000 人	17,400
検見川地区	千葉県	340	50,000	13,600
幕張A地区	千葉県	439	8,000	2,000
幕張B地区	千葉県	60	10,000	10,000
幕張C地区	千葉県	213	未　定	未　定
計		1,480	157,000	43,000

（出典）千葉日報社『千葉大百貨辞典』1982 年 3 月より作成

友納二期県政

（表６）乗用自動車の保有台数の推移　P228　　各年 3 月 31 日現在

	1963 年	1965 年	1966 年	1967 年	1968 年	1969 年
乗用車	12,406 台	28,216 台	38,836 台	54,230 台	77,380 台	110,070 台
軽自動車	87,148	62,510	70,344	78,401	91,169	105,167
計	99,554	90,726	109,180	132,631	168,549	215,237

1970 年	1971 年	1972 年	1973 年	1974 年	1975 年
150,943 台	199,494 台	247,148 台	312,981 台	370,553 台	425,753 台
121,521	139,474	153,305	162,537	163,003	163,247
272,464	338,968	400,453	475,518	533,556	589,000

（出典）千葉県立中央図書館蔵『昭和 50 年度千葉県統計年鑑』（千葉県陸運事務所資料）より作成

（表７）保育料金値上げ比較　P242　　船橋市立二宮保育園（定員 150 人）

改正年月	1963 年（昭和 38）4 月		1968 年（昭和 43）4 月		
階　層	3 歳以上児	3 歳未満児	4 歳以上児	3 歳児	3 歳未満児
C 1	500 円	700 円	1,100 円	1,100 円	1,550 円
C 2	700	900	1,350	1,350	1,750
C 3	900	1,100	1,600	1,600	2,000
D 1	1,300	1,600	2,150	2,150	2,600
D 2	1,440	2,000	3,040	3,290	3,290
D 3	1,440	2,000	3,040	3,290	4,800
D 4	1,440	2,000	3,040	3,290	7,000

（出典）『戦後船橋と市職労の 50 年』440 と 441 頁の合成

友納三期県政

（表８）県民税に占める事業税（決算額）　P300　　　　単位・千円

	県税額（A）	事業税額（B）	比率A/B（%）	歳入総額
1960年(昭和35)	38,172,278	目的税 236,601	=	18,326,892
1965年(昭和40)	16,590,001	59,882,805	36.1	56,512,671
1970年(昭和45)	55,513,490	21,016,878	37.9	147,803,841
1971年(昭和46)	62,305,407	22,221,325	35.7	180,303,992
1972年(昭和47)	73,178,601	25,069,702	34.3	220,890,089
1973年(昭和48)	103,171,519	41,325,576	40.1	249,009,047
1974年(昭和49)	129,034,503	51,427,379	39.9	317,874,005
1975年(昭和50)	113,225,261	36,539,107	32.3	345,369,072
1976年(昭和51)	132,072,470	39,003,570	29.5	388,493,250

（出典）千葉県出納局「千葉県歳入歳出決算書」より作成

（表９）千葉県の酪農家、乳牛数の数位　P334

	1960年（昭和35）	1965年（昭和40）	1970年（昭和45）	1975年（昭和50）
酪農家戸数	17,534	16,152	13,121	7,629
乳牛数	31,613	47,671	69,382	72,393

（出典）千葉県統計書（各年度）より作成

（表10）ノリ収穫量の推移　P342

	1960年（昭和35）	1965年（昭和40）	1970年(昭和45)	1975年（昭和50）
ノリ収穫量・千枚	1,185,530	590,673	506,364	546,612
経営体	11,284	9,013	7,712	3,368

（出典）昭和36年～昭和51年千葉県統計年鑑　千葉県農林水産統計年報より作成

【著者プロフィール】

池田邦樹（いけだ くにき）

1944 年 11 月　東京都豊島区池袋に生まれる
1969 年 3 月　立教大学経済学部卒
1969 年 4 月　船橋市役所職員となる
2003 年 3 月　定年退職
在職中、市民・企画・都市改造・下水道管理・税制・廃棄物・消費経済課勤務
船橋市役所職員労働組合中央執行委員長 17 年、全船橋地区労働組合協議会議長、
千葉県市役所職員組合連合協議会議長などを務める
『戦後船橋と市職労の 50 年（上・下）』『市民の目から見た船橋市政白書』発行責任者

高度成長《こうどせいちょう》と千葉《ちば》の変貌《へんぼう》　友納県政《とものうけんせい》の一二年《じゅうにねん》

発行日　2025 年 4 月 6 日　初版第 1 刷

著　者　池田 邦樹
発行人　春日 俊一

発行所　株式会社 アルファベータブックス
〒102-0072 東京都千代田区飯田橋 2-14-5 定谷ビル
Tel 03-3239-1850　Fax 03-3239-1851
website　https://alphabetabooks.com/
e-mail　alpha-beta@ab-books.co.jp

装幀　佐々木正見
印刷・製本　株式会社サンエー印刷

ISBN 978-4-86598-121-6　C0021

アルファベータブックスの本

大型開発と地方政治
ISBN978-4-86598-097-4（22・04）

沼田・堂本・森田三知事の千葉県政　池田 宏樹 著

沼田・堂本・森田知事の千葉県政について、大型開発を中心とした県政の展開や知事選挙・県議会議員選挙の動向、また各県政期の特徴をまとめて叙述、国政との関係も交えながら三県政が残した課題を浮き彫りにし、次の県政が担う役割までを考察する。　A5判上製　定価4400円（税込）

戦後復興と地域社会
ISBN978-4-86598-071-4（19・09）

千葉県政と社会運動の展開　池田 宏樹 著

地域社会は政治に対してどう関わったのか。千葉県初の「民主」県政となった柴田等知事（1950～1962）の動向を中心に、戦後復興期の矛盾の中で高揚する社会運動と政治のダイナミックな展開を資料を元に丹念に辿る。　A5判上製　定価4950円（税込）

戦争と地方政治
ISBN978-4-86598-015-8（16・06）

戦中期の千葉県政　池田 宏樹 著

日中戦争から太平洋戦争期に、国家と地方政治はどのような関係にあり、地域の人々は戦争にどのように組み込まれていったのか…千葉県の1937年から1945年までの5人の県知事の政治手法を資料に基づき検証し、庶民の「身近な歴史」を掘り起こす。　A5判上製　定価4400円（税込）

地図で見る渋谷東のあゆみ
ISBN978-4-86598-114-8（24・06）

南塚 信吾 編著

「渋谷東」は、現在の山手線の内側、北は「穏田神社」、南は「氷川神社」、東は青山学院までの地域を指す。「地図」をよく見ていくと、その時代の「渋谷東」の村や町、そこでの人々の生活が偲ばれる。「渋谷東」の人々のあゆみを、江戸時代から「地図」でたどる‼　B5判並製　定価1980円（税込）

神川松子・西川末三と測機舎
ISBN978-4-86598-090-5（21・11）

日本初の生産協同組合の誕生　南塚 信吾 編著　西川 正幹 編集協力

1920年にロバート・オーエンらの思想を取り入れた労働者の自主管理生産協同組合「測機舎」を樹立し、ユニークな組合を成功させた松子と末三の経歴から、測機舎の成立に至るまでの歴史。測機舎創立100周年記念出版‼　四六判並製　定価3850円（税込）

【増補版】シリア戦場からの声
ISBN978-4-86598-054-7（18・04）

桜木 武史 著

「もっと民衆蜂起の生の声を聞いてもらいたい…！」5度にわたりシリア内戦の現場に入り、自らも死の恐怖と闘いながら、必死で生きる人々の姿をペンと写真で描いた貴重な記録。2016年から18年の現状を増補。「山本美香記念国際ジャーナリスト賞」受賞。　四六判並製　定価1980円（税込）